PER ASPERA AD ASTRA...

ABÚSÍR
Tajemství pouště a pyramid

Secrets of the Desert and the Pyramids

Národní muzeum – Náprstkovo muzeum
asijských, afrických a amerických kultur

National Museum – Náprstek Museum
of Asian, African and American Cultures

České národní egyptologické centrum
Filozofické fakulty Univerzity Karlovy v Praze

Czech National Centre for Egyptology
Faculty of Arts, Charles University in Prague

Český egyptologický ústav
Filozofické fakulty Univerzity Karlovy v Praze

Czech Institute of Egyptology
Faculty of Arts, Charles University in Prague

**Praha, Národní muzeum – Náprstkovo
muzeum asijských, afrických
a amerických kultur
25. 11. 2004–6. 3. 2005**

**Prague, National Museum – Náprstek
Museum of Asian, African
and American Cultures
25. 11. 2004–6. 3. 2005**

ABÚSÍR

NÁRODNÍ MUZEUM

Tajemství pouště a pyramid

Secrets of the Desert and the Pyramids

Praha 2006

Vydání této publikace bylo financováno z prostředků projektu Českého národního egyptologického centra (Ministerstvo školství, mládeže a tělovýchovy, LN 00A064)

The publication of this volume was financed from the funds of the Czech National Centre for Egyptology (Ministry of Education, Youth and Sports, Project LN 00A064)

Na výstavě se finančně podílel Česko-německý fond budoucnosti

The exhibition was supported by the Czech-German Fund for the Future

ISBN 80-7036-171-9

Národní muzeum – Náprstkovo muzeum
asijských, afrických a amerických kultur

České národní egyptologické centrum
Filozofické fakulty Univerzity Karlovy v Praze

ABÚSÍR
Tajemství pouště a pyramid

Výstava konaná pod záštitou
ministra zahraničních věcí ČR
JUDr. Cyrila Svobody

Námět a scénář výstavy:
Mgr. Hana Benešovská
Mgr. Petra Vlčková

Spolupráce na scénáři:
Prof. PhDr. Ladislav Bareš, CSc.
Ing. Vladimír Brůna
Mgr. Jaromír Krejčí, Ph.D.
Mgr. Renata Landgráfová
Mgr. Jana Mynářová, Ph.D.
PhDr. Hana Navrátilová
Prof. MUDr. et PhDr. Eugen Strouhal, DrSc.

Komisaři výstavy a redakce scénáře:
Pavel Onderka
Bc. Lenka Suková

Výtvarně prostorové řešení:
Petr Sýkora, Adjust art

Realizace výstavy:
Adjust art – design
Miroslav Žálek

Fotografie:
Jan Brodský – Martin Frouz – Jaromír Krejčí
– Jiří Vaněk – Kamil Voděra – Milan Zemina
– Mirco Vieser – Marion Wenzel

Grafická spolupráce:
Mgr. Hana Benešovská
Mgr. Hana Vymazalová

Exponáty ze sbírek
Národního muzea – Náprstkova muzea
asijských, afrických a amerických kultur
Egyptského muzea Univerzity v Lipsku

Ošetření exponátů:
Jitka Barochová
Karl-Heinrich von Stülpnagel

Produkce:
Mgr. Marie Zothová

Odborná spolupráce:
Český egyptologický ústav
Filozofické fakulty Univerzity Karlovy v Praze

Poděkování:
Ministerstvu kultury České republiky
Česko-německému fondu budoucnosti
Vladimíru Brůnovi a Laboratoři geoinformatiky
Univerzity J. E. Purkyně v Ústí nad Labem

25. 11. 2004–6. 3. 2005

National Museum – Náprstek Museum
of Asian, African and American Cultures

Czech National Centre for Egyptology
Faculty of Arts, Charles University in Prague

ABUSIR
Secrets of the Desert and the Pyramids

Exhibition Organised under the Auspices of
the Minister of Foreign Affairs of the Czech Republic
Cyril Svoboda

Theme and Scenario of the Exhibition:
Hana Benešovská
Petra Vlčková

Co-authors:
Ladislav Bareš
Vladimír Brůna
Jaromír Krejčí
Renata Landgráfová
Jana Mynářová
Hana Navrátilová
Eugen Strouhal

Exhibition Curators and Editing:
Pavel Onderka
Lenka Suková

Design and Layout:
Petr Sýkova, Adjust art

Implementation:
Adjust art – design
Miroslav Žálek

Photographs:
Jan Brodský – Martin Frouz – Jaromír Krejčí
– Jiří Vaněk – Kamil Voděra – Milan Zemina
– Mirco Vieser – Marion Wenzel

Co-operation in Graphic Arrangement:
Hana Benešovská
Hana Vymazalová

Exhibits from the Collections of
National Museum – Náprstek Museum
of Asian, African and American Cultures
Egyptian Museum of the University of Leipzig

Treatment of Exhibits:
Jitka Barochová
Karl-Heinrich von Stülpnagel

Production:
Marie Zothová

Expert Co-operation:
Czech Institute of Egyptology, Faculty of Arts,
Charles University in Prague

Acknowledgements:
Ministry of Culture of the Czech Republic
Czech-German Fund for the Future
Vladimír Brůna and the Geoinformatics Laboratory
of the University of J. E. Purkyně in Ústí nad Labem

25. 11. 2004–6. 3. 2005

Editorky / Editors
Hana Benešovská
Petra Vlčková

Autoři / Authors
Tarek el-Awady
Ladislav Bareš
Miroslav Bárta
Hana Benešovská
Dirk Blaschta
Jaromír Krejčí
Renata Landgráfová
Dušan Magdolen
Jana Mynářová
Hana Navrátilová
Wolf B. Oerter
Friederike Seyfried
Jana Součková
Eugen Strouhal
Břetislav Vachala
Miroslav Verner
Petra Vlčková

OBSAH

CONTENTS

PŘEDMLUVA

Výstava „Abúsír – tajemství pouště a pyramid" se zařadila k nejvýznamnějším akcím Českého národního egyptologického centra, které vzniklo v roce 2000 v rámci vládního programu rozvoje vědy a výzkumu jako projekt Ministerstva školství, mládeže a tělovýchovy číslo LN 00A064, s trváním do roku 2004. Centrum bylo založeno v součinnosti Univerzity Karlovy v Praze, zastoupené Českým egyptologickým ústavem UK, pracovištěm Filozofické fakulty UK, Českého vysokého učení technického v Praze, zastoupeného katedrou speciální geodézie Stavební fakulty, a Národního muzea v Praze, zastoupeného Náprstkovým muzeem asijských, afrických a amerických kultur.

Základním cílem tohoto projektu bylo vybudování pracoviště, které by svými odbornými kapacitami, vědeckým profilem a činností i materiálně-technickou základnou vytvořilo předpoklady pro významný rozvoj egyptologického bádání v České republice a v návaznosti na již dosažené a mezinárodně vysoce hodnocené a uznávané výsledky české egyptologie zajistilo kvalitativně nové formy její integrace do mezinárodního vědeckého bádání. Jedním z dalších cílů mělo být i uskutečnění finančně a odborně náročných projektů, které zatím nebylo možno realizovat. Vznik centra umožnil podstatně rozšířit a díky novým možnostem mnohostranné interdisciplinární spolupráce i dále zkvalitnit činnost české egyptologie jak při terénním archeologickém výzkumu v Egyptě, tak při zpracovávání a uveřejňování výsledků tohoto výzkumu na pražském pracovišti.

Kromě podpory a rozvoje vědecké práce, zaměřené především na vyhledávání, zpracování a publikaci nových historických pramenů pro poznání vývoje staroegyptské civilizace, a kromě pedagogické činnosti, týkající se především dalšího zlepšení odborné přípravy mladých vědeckých pracovníků, považovalo České národní egyptologické centrum za svůj úkol seznamovat v co nejširší míře českou i mezinárodní veřejnost s výsledky práce českých egyptologů a v nemenší míře i s nejnovějšími poznatky o starém Egyptě.

Výstava, připravená na závěrečný rok práce centra, tak představovala určité vyvrcholení jeho dosavadní činnosti a podala co nejširší obraz dosažených výsledků. Pro pochopení kontinuity egyptologického bádání byly do celkového kontextu zkoumání staroegyptského pohřebiště u Abúsíru, na němž se v minulosti významně podíleli naši němečtí kolegové, zařazeny i nejnovější výsledky práce centra.

Sluší se připomenout, že příprava této výstavy probíhala současně s dalšími činnostmi centra. Velký dík proto patří všem jeho členům, kteří se na ní s mimořádným úsilím a nasazením podíleli, a také všem dalším spolupracovníkům. Poděkování si zaslouží i pracovníci Náprstkova muzea asijských, afrických a amerických kultur, složky Národního muzea, v jehož prostorách se výstava uskutečnila. Výstava by nemohla vzniknout ani bez pomoci a spolupráce našich egyptských partnerů a přátel z řad Nejvyšší rady pro památky a dalších institucí Arabské republiky Egypta a také bez našich egyptských spolupracovníků a dělníků při terénních výzkumech. Dík si zaslouží i Egyptské muzeum Univerzity v Lipsku, které ze svých sbírek zapůjčilo nálezy ze starších archeologických výzkumů v Abúsíru.

FOREWORD

The exhibition "Abusir – Secrets of the Desert and the Pyramids" belonged to the most important actions organized by the Czech National Centre for Egyptology. This centre was created in the year 2000 in terms of the government project of science and research development as the project of the Ministry of Culture, Youth and Sport no. LN 00A064, and it was to last until the year 2004. The Centre was founded in cooperation of the Charles University in Prague, represented by the Czech Institute of Egyptology at the Faculty of Arts, Czech Technical University in Prague, represented by the Department of Special Geodesy of the Faculty of Architecture, and the National Museum in Prague, represented by the Náprstek Museum.

The basic aim of this project was to create a research establishment with sufficient personal background, scholarly profile, activities, and material and technical base to guarantee the further development of Egyptological research in the Czech Republic. Continuing the already attained and internationally highly esteemed results of Czech Egyptology, the Centre was also planned to explore qualitatively new forms of its integration into international scholarly research. The aims included also the realization of financially and professionally demanding projects, which could not be carried out hitherto. The establishment of the Centre thus led to a substantial broadening and, owing to the new possibilities of wide interdisciplinary cooperation, also improving of the activities of Czech Egyptology, both in the archaeological research in Egypt and in the analysis and publication of the results of these excavations at the Prague research base.

Besides the support and development of research activities, focused above all on the search, analysis and publication of new historical sources pertaining to the development of the ancient Egyptian civilization, and besides the pedagogical activities, aiming above all at the further enhanced training of young researchers, one of the lasting and indispensable tasks of the Centre has been to introduce the Czech and international public to the results of the work of Czech Egyptologists, and to the most recent development in the research of ancient Egypt.

The exhibition, planned for the last year of the Centre's existence, thus was a certain climax of its activities, and as such it presented the broadest possible overview of the results attained by its members. In order to illustrate the continuity of Egyptological research, the most recent results of the works of the Centre were presented in the overall context of the exploration of the Abusir royal necropolis, in which our German colleagues took a major part in the past.

It should be mentioned that the preparation of this exhibition took place concurrently with other activities of the Centre. Thus I would like to thank all members of the Centre, who took part in the organization of the exhibition with great effort, and to all other colleagues as well. The Náprstek Museum, division of the National Museum, on the premises of which the exhibition was held and whose employees also played an important part in the organization of the exhibition, also deserves my gratitude. It should also be mentioned that this exhibition would not take place without the help and cooperation of our Egyptian partners and friends from the

Zvláštní dík patří panu Cyrilu Svobodovi, ministru zahraničních věcí České republiky, který nad touto výstavou převzal záštitu, dále velvyslanectví Arabské republiky Egypta v Praze, jmenovitě velvyslanci panu Muhammadu Mustafovi Kamálovi, a také Ministerstvu školství, mládeže a tělovýchovy České republiky, s jehož finančním přispěním v rámci projektu č. LN 00A064 se výstava uskutečnila.

Ladislav Bareš
Ředitel Českého egyptologického ústavu
Univerzity Karlovy v Praze

Supreme Council of Antiquities and other institutions of the Arab Republic of Egypt and also our Egyptian cooperators and workers at our excavations. I would also like to thank the Egyptian Museum of the University in Leipzig, that generously lent us objects from older excavations at Abusir kept in its collection.

We owe our special thanks to Mr. Cyril Svoboda, Minister of Foreign Affairs of the Czech Republic, who took over the patronage of this exhibition, to the Embassy of the Arab Republic of Egypt in Prague, namely the Ambassador Mr. Muhammad Mustafa Kamal, and also to the Ministry of Education, Youth, and Sport of the Czech Republic, whose financial support enabled the organization of the exhibition in terms of the project LN 00A064.

Ladislav Bareš
Director of the Czech Institute of Egyptology
Charles University in Prague

PŘEDMLUVA

Egypt hrál v historii lidstva významnou roli a po právu se říká, že patří ke kolébkám naší civilizace. Tato země nefascinuje jenom nás na prahu 21. století, i její tehdejší sousedé vzhlíželi k faraonskému Egyptu s obdivem, i jim byl ve své vyhraněnosti, barevnosti a bohatství měřítkem vlastního snažení. Egyptská kultura byla tak výrazná a plodná, že její výtvory neupadly v zapomnění ani v průběhu minulých tisíciletí a zůstávají již navždy neodmyslitelnou součástí celosvětového památkového dědictví.

Jakkoli se tato kultura staví na odiv především monumentálními díly, jež vznikla z příkazu vládců, je výrazem úsilí a každodenní píle celé společnosti, našich starověkých předků, které často honorujeme slovy „Již staří Egypťané…“. Někdy je vyřkneme mimoděk a nevědomky, jindy se však za těmito slovy skrývá také údiv až nevíra: jak mohli Egypťané vytvořit tak velkolepé stavby, mistrovská umělecká díla, tak pozoruhodné řemeslné výrobky, jejichž techniku výroby někdy ještě stále nedokážeme napodobit? Ve svém sebevědomí a technické povznesenosti počátku 3. tisíciletí nového věku se bráníme přečíst poselství minulých generací a pokorně čerpat z jejich odkazu a často raději pátráme po mimozemských civilizacích.

Výstava „Abúsír – tajemství pouště a pyramid“, kterou tato publikace připomíná, nabídla nový pohled na kulturu Egypta, poodkryla onu imaginární roušku a pozvala nás po stopách Českého (dříve Československého) egyptologického ústavu Univerzity Karlovy v Praze, spojeného se Stavební fakultou ČVUT a s Národním muzeem – Náprstkovým muzeem do Českého národního egyptologického centra, na jedno z nejvýznamnějších staroegyptských archeologických polí, na dlouhou cestu objevů. Přiblížila vrcholy výzkumných prací a ve výběru představila artefakty, které čeští egyptologové v šedesátých až osmdesátých letech 20. století získali pro sbírky Náprstkova muzea. Pozdější nálezy, jež s ohledem na zásady současné památkové péče ponechali na domácí půdě, tedy v Egyptském muzeu v Káhiře, bylo možné na výstavě obdivovat v bohaté fotografické dokumentaci. Výstavu provázela výstava haptická, jež – byť na užším půdorysu – nabídla poznání staroegyptské kultury ze širších aspektů našim zrakově postiženým spoluobčanům.

Čeští egyptologové nepracovali na rozsáhlých abúsírských pláních osamoceni. Autorky výstavy proto lokalitu představily v historickém kontextu a počáteční etapy objevování pohřebiště doložily nálezy německých expedic. Návštěvníkům se tak naskytla jedinečná možnost zhlédnout exponáty, které k této příležitosti laskavě zapůjčilo Egyptské muzeum Univerzity v Lipsku. Byli jsme lipskému muzeu velmi vděčni za ochotu, s níž se dočasně vzdalo svých sbírkových předmětů. Poděkování patřilo také Ministerstvu kultury ČR a Česko-německému fondu budoucnosti za velkorysou podporu, bez níž bychom nemohli uskutečnit vše, co příprava výstavy vyžadovala.

Výstava se těšila zasloužené pozornosti návštěvníků, kteří jen neradi vzali na vědomí její derniéru. Po ní se exponáty vrátily do chráněného klimatického režimu depozitářů v Praze a v Lipsku. Všem, kteří je již nemohli v celém kontextu spatřit, snad živé setkání alespoň zčásti nahradí tato publikace.

Jana Součková
Ředitelka Národního muzea – Náprstkova muzea v Praze

FOREWORD

Egypt played an important role in the history of mankind, and we justly call it the cradle of our civilisation. It is not only at the threshhold of the 21st century that we are fascinated by this culture. Even her contemporary neighbours beheld Pharaonic Egypt with admiration, even for them her focus, variety and fortune represented the scale against which they measured their own achievements. The Egyptian culture was so important and fertile, that its products have not fallen into oblivion during the past millennia, but forever remain an indispensable part of world cultural heritage.

Despite the fact that the most noticeable monuments of this ancient culture are represented by gigantic constructions built to the order of kings, it is the manifestation of the endeavour and everyday effort of the entire community, our ancestors, that we often honour with the phrase "Already the ancient Egyptians..." Sometimes these words are uttered only unconsciously, but more often than not they conceal amazement verging on disbelief: how could they have built so grandiose structures, masterpieces of art, such marvelous objects, produced by technology and methods which we are sometimes still unable to fathom? Taken aghast in our pride and technological superiority of the beginning of the 21st century, we refuse to read the message of the past generations and humbly learn from their heritage – and instead search for extraterrestrial civilisations.

The exhibition "Abusir – the secret of the desert and the pyramids" offered a new perspective, lifting the imaginary veil and tracing the footsteps of the Czech Institute of Egyptology of the Charles University in Prague to one of the most important ancient Egyptian archaeological fields, and to a long journey of discovery. It illustrates the most important moments of exploration works and displays some of the objects that Czech Egyptologists acquired between the 1960s and the 1980s for the collection of the Náprstek Museum. Objects from later excavations could be seen in extensive photographical documentation. The main exhibition was accompanied by a haptic exhibition, which – despite its smaller scale – represented the broader aspects of the ancient Egyptian culture to the visually handicapped.

Czech Egyptologists did not work alone on the large Abusir plane. The authors of the exhibition therefore chose to represent the site in its historical context and illustrated the first stages of the exploration of the necropolis by objects discovered by German expeditions. The visitors thus had a unique oportunity to see objects that were for this occassion lent by the Egyptian museum of the University in Leipzig. We would like to thank the Leipzig museum for its kind willingness to give up its objects for some time. We are also indebted to the Ministry of Culture of the Czech Republic and the Czech--German Fund for the Future for the generous support, without which we would not be able to realize all that was necessary for the organization of the exhibition.

The exhibition enjoyed a well-deserved attention of visitors, who only reluctantly accepted its conclusion. After the exhibition, the objects returned into the protected environments of the depositories in Prague and Leipzig. Perhaps this publication will at least partially mediate the experience of the exhibition to those, who were unable to see it.

Jana Součková
Director of the National Museum – Náprstek Museum in Prague

SLOVO ÚVODEM

Miroslav Verner

Západně a jihozápadně od Káhiry se v délce několika desítek kilometrů rozprostírá obrovská nekropole s pyramidovými komplexy egyptských králů a hrobkami velmožů z doby Staré říše, kdy byla hlavním městem Egypta Memfida (eg. Mennofer). V samém středu této nekropole, u vesnice Abúsír, leží pohřebiště, jemuž vévodí pyramidy králů 5. dynastie nazývaných někdy také „slunečními králi". Podle pohádky dochované na papyru Westcar se králové 5. dynastie měli zrodit ze spojení samotného slunečního boha Rea s pozemskou ženou kněze jeho kultu. Pohádka je však jen literárním odrazem skutečnosti, neboť právě v době 5. dynastie vrcholil v Egyptě sluneční kult, který významně poznamenal i vývoj abúsírského pohřebiště. Při jeho severním okraji byly totiž postaveny právě králi 5. dynastie dva velké sluneční chrámy a vybudování prvního z nich králem Veserkafem dalo nepochybně podnět i k založení abúsírského královského pohřebiště. Podle dochovaných písemných pramenů mělo být postaveno celkem šest chrámů, čtyři tedy ještě zbývá objevit (viz příspěvek J. Krejčího a D. Magdolena).

Součástí královských hrobek, pyramidových komplexů, považovaných za panovníkovu podsvětní rezidenci, byly vedle pyramid také chrámy, v nichž se pěstoval panovníkův záduší kult, a některé další stavby. Poblíž monumentálních bran do těchto komplexů, tzv. údolních chrámů, se rozkládala sídliště kněží a řemeslníků, kteří tento kult zajišťovali. Předpokládá se, že se v jejich blízkosti nacházely i královské paláce, které sice známe z písemných pramenů, ale dosud se je nepodařilo objevit. Ve stínu pyramid svých králů si dali postavit své hrobky také členové královské rodiny, velmoži, kněží a významní úředníci (viz příspěvek M. Bárty).

Poněkud odlišný ráz má pohřebiště ležící v jižní části Abúsíru, kde se nacházejí hrobky starší i mladší než zmíněné pyramidové komplexy. Vývoj této části pohřebiště úzce souvisel s přiléhajícím pohřebištěm v Sakkáře a bezprostředně se dotýkal nejstarší části memfidské nekropole (viz příspěvek D. Blaschty). Oblast jižního Abúsíru a severní Sakkáry byla významnou křižovatkou egyptských dějin. Ležela na okraji přirozené vodní nádrže, známé z nejstarších písemných památek jako jezero *Pedžu*, pravidelně doplňované vodami z každoročních nilských záplav. Východně od tohoto jezera byla založena rezidence prvních králů sjednoceného Egypta, Bílá zeď, později známá jako Mennofer (řec. Memfis). Západně od jezera *Pedžu* na skalnatém útesu na okraji pouště, v dnešní severní Sakkáře, bylo těmito králi založeno pohřebiště pro příslušníky vládnoucí elity. Zde také bylo místo kultu sokolího boha Sokara, vládce pohřebiště. Na západním konci mělkého údolí táhnoucího se jihozápadně od Abúsírského jezera a oddělujícího jižní Abúsír od severní Sakkáry si ve 2. dynastii postavili své hrobky někteří egyptští panovníci.

V Pozdní době se oblast na pomezí severní Sakkáry a jižního Abúsíru stala důležitým centrem náboženských kultů. Byly zde zakládány chrámy a vznikla tu i podzemní galerie s pohřebišti posvátných zvířat; nejvýznamnější z pohřebišť bylo Serapeum s hrobkami posvátných býků Apidů. S renesancí významu dávné nekropole pravděpodobně souviselo také založení pohřebiště z konce 26. a počátku 27. dynastie v západní části Abúsíru. Jeho jádrem je asi půl tuctu obrovských šachtových komplexů vý-

INTRODUCTION

Miroslav Verner

To the west and southwest of Cairo, a large necropolis extends over several dozens of kilometers. It contains the pyramid complexes of the Egyptian kings and tombs of the nobles from the time of the Old Kingdom, when Memphis (Eg. Mennofer) was the capital of Egypt. The royal cemetery, dominated by the pyramids of the kings of the 5th Dynasty, who were sometimes also called the "sun kings," lies in the very centre of this necropolis, at the village of Abusir. According to the fairy tale preserved on the Westcar Papyrus, these kings were born from the union of the sun god himself with the wife of a priest of his cult. The fairy tale reflects the fact that the fifth dynasty witnessed the greatest culmination of the solar cult in Egyptian history, which also significantly influenced the development of the Abusir necropolis. According to the preserved written sources, altogether six sun temples were built, four of which are still to be found (cf. the contribution of J. Krejčí and D. Magdolen).

The royal tombs, the pyramid complexes that were considered the underworld residence of the king, included besides the pyramids also temples, where the funerary cult of the king was practiced, and several other buildings. The settlements of priests and artisans, who maintained this cult, were located near the monumental gateways to these complexes, the so-called valley temples. Royal palaces, which are known from epigraphic sources, but were not discovered yet, lay presumably also in the vicinity. Members of the royal family, nobles, priests, and important officials had their tombs built in the shadow of the pyramids of their kings (cf. the contribution of M. Bárta).

The cemetery located in the southern part of Abusir is of a somewhat different character. It contains tombs both older and younger than the aforementioned royal burial complexes. The development of this part of the necropolis was tightly connected with the adjacent necropolis of Saqqara and with the oldest part of the Memphite necropolis. The area of Abusir South and north Saqqara was an important crossroad in Egyptian history. It was located at the edge of a natural water basin, known in the oldest written documents as lake *Pedju* (i. e. so called Lake of Abusir), which was regularly supplied by waters from the Nile floods. To the east of this lake, the residence of the first kings of united Egypt, White Walls, later known as Mennofer (Greek Memphis), was founded. To the west of the lake, on the rocky promontory at the desert edge in today's north Saqqara, these kings founded a cemetery for the members of the ruling elite. Here too was the place of the cult of the falcon god Sokar, the lord of the necropolis. Some Egyptian kings built their tombs at the western end of the shallow valley extending to the southeast of the Lake of Abusir and dividing south Abusir from north Saqqara.

In the Late Period, this area at the border of north Saqqara and south Abusir became an important centre of religious cults. Temples were founded here as well as underground galleries with cemeteries of sacred animals. The most important of these was the Serapeum with the tombs of the sacred Apis bulls. The foundation of the necropolis at the end of the 26th and beginning of the 27th Dynasty in the southwestern part of Abusir was probably also connected with this renaissance of the ancient

znamných hodnostářů oné doby. V okolí komplexů pak leží menší šachtové hroby (viz příspěvek L. Bareše).

Pohřebiště s šachtovými hroby se v Abúsíru podařilo objevit teprve nedávno a jeho výzkum, podobně jako výzkum hrobek v jižním Abúsíru i dříve neprozkoumaných pyramidových komplexů, je zatím v počátcích. Ačkoli se Abúsír nachází v samém srdci pyramidových polí, dlouhou dobu ležel stranou hlavního zájmu archeologů, jejichž pozornost poutala atraktivnější pohřebiště v Gíze a Sakkáře. Odhlédneme-li od krátkodobé návštěvy a práce jednotlivých badatelů, jsou hlavní výzkumy v Abúsíru spjaty se dvěma archeologickými expedicemi, německou a českou. Expedice Německé orientální společnosti vedená Ludwigem Borchardtem pracovala v Abúsíru několik let na počátku 20. století a zaměřila se zejména na výzkum tří dominantních pyramid – Sahureovy, Neferirkareovy a Niuserreovy. Jejich výzkumy přinesly velké množství poznatků a mnohé z tehdy objevených památek lze dnes spatřit v Egyptském muzeu v Káhiře i v některých německých muzeích. Po první světové válce však již německá expedice ve výzkumu Abúsíru nepokračovala.

Rychlá a kvalitní publikace jejich výsledků i skutečnost, že výzkum zahrnoval tři dominantní pyramidy Abúsíru, přispěly nepochybně k rozšíření názoru, že Abúsír již byl důkladně prozkoumán a nic významného zde již objevit nelze. Po více jak půlstoleté přestávce začala v Abúsíru pracovat česká expedice Univerzity Karlovy v Praze a již první výsledky jejích výzkumů prokázaly, jak mylná byla představa o tom, že kapitola Abúsír byla v dějinách egyptské archeologie uzavřena již na počátku 20. století. České výzkumy v Abúsíru pokračují a jejich systematický a multidisciplinární ráz i dosahované výsledky dnes učinily z Abúsíru jednu z prestižních archeologických lokalit v Egyptě i v mezinárodní archeologii. Výstava „Abúsír – tajemství pouště a pyramid", připravená v česko-německé spolupráci, umožnila nahlédnout za zatím pouze poodhalenou roušku zapomnění, která Abúsír na dlouhá tisíciletí zastřela.

necropolis. This new cemetery centers around approximately half a dozen large shaft complexes of important officials of that time. Smaller shaft tombs lay in their vicinity (cf. the contribution of L. Bareš).

The shaft tomb cemetery at Abusir was discovered only recently and its exploration began a short time ago, just like that of the tombs of Abusir South and the hitherto unexplored royal burial complexes. Despite the fact that Abusir lies in the very centre of the pyramid fields, it long lay outside the interest of archaeologists, who concentrated on more attractive cemeteries at Giza and Saqqara. If we leave aside short-term visits and works of the individual explorers, the main archaeological works at Abusir are connected with two archaeological expeditions, German and Czech. The expedition of the German Oriental Society led by Ludwig Borchardt worked at Abusir some years at the beginning of the 20th century and concentrated above all on the exploration of three main pyramids: that of Sahure, Neferirkare and Niuserre. The excavations brought to light a large amount of new information and many of the objects that were discovered then can now be found in the Egyptian Museum in Cairo and in some German museums. After WWI the German expedition did not continue the excavations.

The fast and high-quality publication of their results and the fact that the exploration concentrated on the three main Abusir pyramids undoubtedly led to the large-scale acceptance of the opinion that Abusir had already been thoroughly examined and nothing more could be discovered here. After more than half a century without any activities at Abusir, the expedition of the Charles University in Prague began to work here and already the first results of their excavations showed that the opinion that already at the beginning of the 20th century Abusir was a closed chapter of the history of Egyptian archaeology had been wrong. Czech excavations at Abusir continue and their systematical and multidisciplinary character, as well as the results attained, have now made Abusir one of the prestigious archaeological sites in Egypt and in terms of international archaeology. The exhibition "Abusir – Secrets of the Desert and the Pyramids", prepared in Czech-German cooperation, offered us a glimpse behind the curtain of forgetfulness, that had covered Abusir over long millennia.

CHRONOLOGICKÁ TABULKA

PŘEDDYNASTICKÁ DOBA
asi 5000–3150 př. n. l.
Bývá zpravidla členěna podle tří hlavních archeologických
kultur (badárská kultura, Nakáda I a Nakáda II), které se
v tomto časovém úseku na území Egypta vyskytovaly.

0. dynastie, asi 3100 př. n. l.
nejisté doklady
Irejhor (?)
Ro (?)
Ka (?)
Štír (?)
Narmer

ARCHAICKÁ DOBA
1. dynastie, asi 2950–2775 př. n. l.
Hor-Aha
Džer
Wadži (Džet)
Den
Merneit
Adžib
Semerchet
Kaa

2. dynastie, asi 2750–2650 př. n. l.
Hetepsechemuej
Raneb
Ninecer
Vadžnes (?)
Senedž (?)
Peribsen
Chasechemuej

STARÁ ŘÍŠE
3. dynastie, asi 2650–2575 př. n. l.
Sanacht
Necerichet
Sechemchet
Chaba
Hunej

4. dynastie, asi 2575–2450 př. n. l.
Snofru
Chufu
Radžedef
Rachef
Menkaure
Šepseskaf

5. dynastie, asi 2450–2325 př. n. l.
Veserkaf
Sahure
Neferirkare
Raneferef
Šepseskare
Niuserre
Menkauhor
Džedkare
Venis

6. dynastie, asi 2325–2175 př. n. l.
Teti
Veserkare
Pepi I.
Merenre I.
Pepi II.

PRVNÍ PŘECHODNÁ DOBA
7./8. dynastie, asi 2175–2125 př. n. l.
větší počet málo významných panovníků

9./10. dynastie, asi 2125–1975 př. n. l.
několik tzv. hérakleopolských panovníků, včetně:
Chetej I.
Chetej II.
Merikare
Chetej III.
Itej

STŘEDNÍ ŘÍŠE
11. dynastie, asi 2080–1940 př. n. l.
Antef I.
Antef II.
Antef III.
Mentuhotep II.
Mentuhotep III.
Mentuhotep IV.

CHRONOLOGICAL TABLE

PREDYNASTIC PERIOD
ca. 5000–3150 BC
This period is usually divided according to the three main archaeological cultures (Badarian culture, Naqada I and Naqada II) that appeared on Egyptian territory in this time.

Dynasty 0, ca. 3100 BC
evidence uncertain
Irihor (?)
Ra (?)
Ka (?)
Scorpion (?)
Narmer

EARLY DYNASTIC PERIOD
1st Dynasty, ca. 2950–2775 BC
Hor-Aha
Djer
Wadji (Djet)
Den
Merneith
Adjib
Semerkhet
Qaa

2nd Dynasty, ca. 2750–2650 BC
Hetepsekhemwy
Raneb
Ninetjer
Wadjnes (?)
Senedj (?)
Peribsen
Khasekhemwy

OLD KINGDOM
3rd Dynasty, ca. 2650–2575 BC
Sanakht
Netjerikhet/Djoser
Sekhemkhet
Khaba
Huni

4th Dynasty, ca. 2575–2450 BC
Snofru

Khufu (Kheops)
Radjedef
Rakhef (Khephren)
Menkaure (Mycerinus)
Shepseskaf

5th Dynasty, ca. 2450–2325 BC
Userkaf
Sahure
Neferirkare
Raneferef
Shepseskare
Niuserre
Menkauhor
Djedkare
Unas

6th Dynasty, ca. 2325–2175 BC
Teti
Userkare
Pepi I
Merenre I
Pepi II

FIRST INTERMEDIATE PERIOD
7th/8th Dynasties, ca. 2175–2125 BC
numerous ephemeral kings

9th/10th Dynasties, ca. 2125–1975 BC
several so-called Heracleopolitan kings, including:
Khety I
Khety II
Merykare
Khety III
Ity

MIDDLE KINGDOM
11th Dynasty, ca. 2080–1940 BC
Intef I
Intef II
Intef III
Mentuhotep II
Mentuhotep III
Mentuhotep IV

12. dynastie, asi 1938–1755 př. n. l.

Amenemhet I.

Senusret I.

Amenemhet II.

Senusret II.

Senusret III.

Amenemhet III.

Amenemhet IV.

Sobeknefru

DRUHÁ PŘECHODNÁ DOBA

13. dynastie, asi 1755–1630 př. n. l.

přibližně 70 panovníků včetně (nejisté pořadí):

Sebekhotep I.

Amenemhet V.

Kemau

Sihornedžhertef

Sebekhotep II.

Hor

Amenemhet VII.

Wagaf

Chendžer

Sebekhotep III.

Neferhotep I.

Sahathor

Sebekhotep IV.

Sebekhotep V.

Aj (I.)

Mentuemsaf

Dedumose

Neferhotep II.

14. dynastie

několik nevýznamných panovníků

15. dynastie, asi 1630–1520 př. n. l.

šest panovníků, včetně:

Šeši

Jakobher

Chaian

Apopi

Chamudi

16. dynastie

několik nevýznamných panovníků

17. dynastie, asi 1630–1539 př. n. l.

několik panovníků, pravděpodobně končících:

Antef V.

Antef VI.

Antef VII.

Sebekemsaf II.

Senachtenre (Tao?)

Sekenenre Tao

Kamose

NOVÁ ŘÍŠE

18. dynastie, asi 1539–1292 př. n. l.

Ahmose I. asi 1539–1514 př. n. l.

Amenhotep I. asi 1514–1493 př. n. l.

Thutmose I. asi 1493–1481 př. n. l.

Thutmose II. asi 1481–1479 př. n. l.

Thutmose III. asi 1479–1425 př. n. l. a Hatšepsut asi 1473–1458 př. n. l.

Amenhotep II. asi 1426–1400 př. n. l.

Thutmose IV. asi 1400–1390 př. n. l.

Amenhotep III. asi 1390–1353 př. n. l.

Amenhotep IV. (Achnaton) asi 1353–1336 př. n. l.

Smenchkare asi 1336–1332 př. n. l.

Tutanchamon asi 1332–1322 př. n. l.

Aj (II.) asi 1322–1319 př. n. l.

Haremheb asi 1319–1292 př. n. l.

19. dynastie, asi 1292–1190 př. n. l.

Ramesse I. asi 1292–1290 př. n. l.

Sethi I. asi 1290–1279 př. n. l.

Ramesse II. asi 1279–1213 př. n. l.

Merenptah asi 1213–1198 př. n. l.

Sethi II. asi 1198–1193 př. n. l.

Amenmesse asi 1202–1200 př. n. l.

Siptah asi 1198–1193 př. n. l.

Tausret asi 1198–1190 př. n. l.

20. dynastie, asi 1190–1069 př. n. l.

Sethnacht asi 1190–1187 př. n. l.

Ramesse III. asi 1187–1156 př. n. l.

Ramesse IV. asi 1156–1150 př. n. l.

Ramesse V. asi 1150–1145 př. n. l.

Ramesse VI. asi 1145–1137 př. n. l.

Ramesse VII. asi 1137–1129 př. n. l.

Ramesse VIII. asi 1129–1126 př. n. l.

Ramesse IX. asi 1126–1108 př. n. l.

Ramesse X. asi 1108–1099 př. n. l.

Ramesse XI. asi 1099–1069 př. n. l.

TŘETÍ PŘECHODNÁ DOBA

21. dynastie, asi 1069–945 př. n. l.

Nesbanebdžed asi 1069–1045 př. n. l.

Amenemnesut asi 1045–1040 př. n. l.

Pasbachaenniut I. asi 1040–985 př. n. l.

Amenemope asi 985–975 př. n. l.

Osorkon (Starší) asi 975–970 př. n. l.

Siamon asi 970–950 př. n. l.

Pasbachaenniut II. asi 950–945 př. n. l.

12ᵗʰ Dynasty, ca. 1938–1755 BC

Amenemhet I
Senwosret I
Amenemhet II
Senwosret II
Senwosret III
Amenemhet III
Amenemhet IV
Sobekneferu

SECOND INTERMEDIATE PERIOD
13ᵗʰ Dynasty, ca. 1755–1630 BC
approximately 70 kings including (sequence uncertain):
Sobekhotep I
Amenemhet V
Kemau
Sahornedjhertef
Sobekhotep II
Hor
Amenemhet VII
Wagaf
Khendjer
Sobekhotep III
Neferhotep I
Sahathor
Sobekhotep IV
Sobekhotep V
Ay (I)
Mentuemsaf
Dedumose
Neferhotep II

14ᵗʰ Dynasty
several unimportant kings

15ᵗʰ Dynasty, ca. 1630–1520 BC
six kings, including:
Sheshi
Yaakobher
Khaian
Apopi
Khamudi

16ᵗʰ Dynasty
several unimportant kings

17ᵗʰ Dynasty, ca. 1630–1539 BC
several kings, the last being in all likelihood:
Intef V
Intef VI
Intef VII
Sobekemsaf II

Senakhtenre (Tao?)
Seqenenre Tao
Kamose

NEW KINGDOM
18ᵗʰ Dynasty, ca. 1539–1292 BC
Ahmose I ca. 1539–1514 BC
Amenhotep I ca. 1514–1493 BC
Thutmose I ca. 1493–1481 BC
Thutmose II ca. 1481–1479 BC
Thutmose III ca. 1479–1425 BC and Hatshepsut ca. 1473–1458 BC
Amenhotep II ca. 1426–1400 BC
Thutmose IV ca. 1400–1390 BC
Amenhotep III ca. 1390–1353 BC
Amenhotep IV (Akhenaton) ca. 1353–1336 BC
Smenkhkare ca. 1336–1332 BC
Tutankhamun ca. 1332–1322 BC
Ay (II) ca. 1322–1319 BC
Horemheb ca. 1319–1292 BC

19ᵗʰ Dynasty, ca. 1292–1190 BC
Rameses I ca. 1292–1290 BC
Sety I ca. 1290–1279 BC
Rameses II ca. 1279–1213 BC
Merenptah ca 1213–1198 BC
Sety II ca. 1198–1193 BC
Amenmessu ca. 1202–1200 BC
Saptah ca. 1198–1193 BC
Tausret ca. 1198–1190 BC

20ᵗʰ Dynasty, ca. 1190–1069 BC
Sethnakhte ca. 1190–1187 BC
Rameses III ca. 1187–1156 BC
Rameses IV ca. 1156–1150 BC
Rameses V ca. 1150–1145 BC
Rameses VI ca. 1145–1137 BC
Rameses VII ca. 1137–1129 BC
Rameses VIII ca. 1129–1126 BC
Rameses IX ca. 1126–1108 BC
Rameses X ca. 1108–1099 BC
Rameses XI ca. 1099–1069 BC

THIRD INTERMEDIATE PERIOD
21ˢᵗ Dynasty, ca. 1069–945 BC
Smendes ca. 1069–1045 BC
Amenemnisu ca. 1045–1040 BC
Psusennes I ca. 1040–985 BC
Amenemope ca. 985–975 BC
Osorkon (the Elder) ca. 975–970 BC
Siamun ca. 970–950 BC
Psusennes II ca. 950–945 BC

22. dynastie, asi 945–715 př. n. l.
Šešonk I. asi 945–925 př. n. l.
Osorkon I. asi 925–890 př. n. l.
a Šešonk II. asi 890 př. n. l.
Takelot I. asi 890–875 př. n. l.
Osorkon II. asi 875–835 př. n. l.
Šešonk III. asi 835–795 př. n. l.
Šešonk IV. asi 795–785 př. n. l.
Pimej asi 785–775 př. n. l.
Šešonk V. asi 775–735 př. n. l.
Osorkon IV. asi 735–715 př. n. l.

23. dynastie, asi 830–715 př. n. l.
Takelot II. asi 840–815 př. n. l.
Padibastet I. asi 825–800 př. n. l.
a Iupet I. asi 800 př. n. l.
Šešonk VI. asi 800–780 př. n. l.
Osorkon III. asi 780–750 př. n. l.
Takelot III. asi 750–735 př. n. l.
Rudžamon asi 755–735 př. n. l.
Pefcauauejbast asi 735–725 př. n. l.
Šešonk VII. asi 725–715 př. n. l.

24. dynastie, asi 730–715 př. n. l.
Tefnacht asi 730–720 př. n. l.
Bakenrenef asi 720–715 př. n. l.

25. dynastie, asi 800–657 př. n. l.
Alara asi 800–770 př. n. l.
Kašta asi 770–747 př. n. l.
Pianchi asi 747–715 př. n. l.
Šabaka asi 715–702 př. n. l.
Šabataka asi 702–690 př. n. l.
Taharka 690–664 př. n. l.
Tanutamon 664–657 př. n. l.

POZDNÍ DOBA
26. dynastie, 664–525 př. n. l.
Neko I. 672–664 př. n. l.
Psammetik I. 664–610 př. n. l.
Neko II. 610–595 př. n. l.
Psammetik II. 595–589 př. n. l.
Haibre 589–570 př. n. l.
Ahmose II. 570–526 př. n. l.
Psammetik III. 526–525 př. n. l.

27. dynastie (perská), 525–404 př. n. l.
Kambýsés 525–522 př. n. l.
Dareios I. 522–486 př. n. l.
Xerxés I. 486–466 př. n. l.
Artaxerxés I. 465–424 př. n. l.
Dareios II. 424–404 př. n. l.

28. dynastie, 404–399 př. n. l.
Amenardis 404–399 př. n. l.

29. dynastie, 399–380 př. n. l.
Nefaarudž I. 399–393 př. n. l.
Pašerimut 393 př. n. l.
Hakor 393–380 př. n. l.
Nefaarudž II. 380 př. n. l.

30. dynastie, 380–343 př. n. l.
Nachtnebef 380–362 př. n. l.
Džedhor 365–360 př. n. l.
Nachthareheb 360–343 př. n. l.

31. dynastie (perská), 343–332 př. n. l.
Artaxerxés III. 343–338 př. n. l.
Arses 338–336 př. n. l.
Dareios III. 335–332 př. n. l.

PTOLEMAIOVSKÁ DOBA
332–30 př. n. l.
Alexandr (Veliký) 332–323 př. n. l.
Filip Arrhidaios 323–317 př. n. l.
Alexandr IV. 317–309 př. n. l.
Ptolemaios I. 305–282 př. n. l.
Ptolemaios II. 285–246 př. n. l.
Ptolemaios III. 246–221 př. n. l.
Ptolemaios IV. 221–205 př. n. l.
Ptolemaios V. 205–180 př. n. l.
Ptolemaios VI. 180–145 př. n. l.
Ptolemaios VIII. a Kleopatra II. 170–116 př. n. l.
Ptolemaios IX. 116–107 př. n. l. a Kleopatra III. 116–101 př. n. l.
Ptolemaios X. 107–88 př. n. l.
Ptolemaios IX. (znovu nastoupil na trůn) 88–80 př. n. l.
Ptolemaios XI. a Bereníké III. 80 př. n. l.
Ptolemaios XII. 80–58 př. n. l.
Kleopatra VII. 58–57 př. n. l. a Bereníké IV. 58–55 př. n. l.
Ptolemaios XII. (znovu nastoupil na trůn) 55–51 př. n. l.
Kleopatra VII. a Ptolemaios XIII. 51–47 př. n. l.
Kleopatra VII. a Ptolemaios XIV. 47–44 př. n. l.
Kleopatra VII. a Ptolemaios XV. 44–30 př. n. l.

22nd Dynasty, ca. 945–715 BC
Sheshonq I ca. 945–925 BC
Osorkon I ca. 925–890 BC
and Sheshonq II ca. 890 BC
Takelot I ca. 890–875 BC
Osorkon II ca. 875–835 BC
Sheshonq III ca. 835–795 BC
Sheshonq IV ca. 795–785 BC
Pimay ca. 785–775 BC
Sheshonq V ca. 775–735 BC
Osorkon IV ca. 735–715 BC

23rd Dynasty, ca. 830–715 BC
Takelot II ca. 840–815 BC
Pedubastis I ca. 825–800 BC
and Iupet I ca. 800 BC
Sheshonq VI ca. 800–780 BC
Osorkon III ca. 780–750 BC
Takelot III ca. 750–735 BC
Rudjamun ca. 755–735 BC
Peftjauauibastis ca. 735–725 BC
Sheshonq VII ca. 725–715 BC

24th Dynasty, ca. 730–715 BC
Tefnakhte ca. 730–720 BC
Bakenrenef ca. 720–715 BC

25th Dynasty, ca. 800–657 BC
Alara ca. 800–770 BC
Kashta ca. 770–747 BC
Piankhy ca. 747–715 BC
Shabaqo ca. 715–702 BC
Shabitqo ca. 702–690 BC
Taharqo 690–664 BC
Tanutamani 664–657 BC

LATE PERIOD
26th Dynasty, 664–525 BC
Nekau I 672–664 BC
Psamtek I 664–610 BC
Nekau II 610–595 BC
Psamtek II 595–589 BC
Apries 589–570 BC
Ahmose II 570–526 BC
Psamtek III 526–525 BC

27th Dynasty (Persian), 525–404 BC
Cambyses 525–522 BC
Darius I 522–486 BC
Xerxes I 486–466 BC
Artaxerxes I 465–424 BC
Darius II 424–404 BC

28th Dynasty, 404–399 BC
Amyrtaios 404–399 BC

29th Dynasty, 399–380 BC
Nepherites I 399–393 BC
Pasherimut 393 BC
Hakor 393–380 BC
Nepherites II 380 BC

30th Dynasty, 380–343 BC
Nactanebo I 380–362 BC
Teos 365–360 BC
Nactanebo II 360–343 BC

31st Dynasty (Persian), 343–332 BC
Artaxerxes III 343–338 BC
Arses 338–336 BC
Darius III 335–332 BC

PTOLEMAIC PERIOD
332–30 BC
Alexander (the Great) 332–323 BC
Philip Arrhidaeus 323–317 BC
Alexander IV 317–309 BC
Ptolemy I 305–282 BC
Ptolemy II 285–246 BC
Ptolemy III 246–221 BC
Ptolemy IV 221–205 BC
Ptolemy V 205–180 BC
Ptolemy VI 180–145 BC
Ptolemy VIII and Cleopatra II 170–116 BC
Ptolemy IX 116–107 BC and Cleopatra III 116–101 BC
Ptolemy X 107–88 BC
Ptolemy IX (enthroned again) 88–80 BC
Ptolemy XI and Berenice III 80 BC
Ptolemy XII 80–58 BC
Cleopatra VII 58–57 BC and Berenice IV 58–55 BC
Ptolemy XII (enthroned again) 55–51 BC
Cleopatra VII and Ptolemy XIII 51–47 BC
Cleopatra VII and Ptolemy XIV 47–44 BC
Cleopatra VII and Ptolemy XV 44–30 BC

VÝZKUMY ČESKÝCH EGYPTOLOGŮ V EGYPTSKÉ ARABSKÉ REPUBLICE

Břetislav Vachala

Velký mezník v dějinách české egyptologie představuje založení Československého (dnes Českého) egyptologického ústavu Univerzity Karlovy v Praze a Káhiře v roce 1958. Zřízení ústavu, jenž se zabývá zkoumáním starého Egypta a jeho kulturního odkazu, umožnilo českým egyptologům uskutečňovat v zemi na Nilu vlastní archeologické výzkumy, získávat z nich původní pramenný materiál a zapojit se tak přímo do proudu světové egyptologie. Prvním ředitelem ústavu byl ustanoven zakladatel české egyptologie František Lexa (1876–1960), jenž se však zahájení českých archeologických výzkumů v Egyptě bohužel už nedočkal. V roce 1960 byl Lexovým nástupcem v čele ústavu jmenován jeho někdejší žák Zbyněk Žába (1917–1971).

Prvním úkolem Československého egyptologického ústavu byla účast na mezinárodní akci organizované na záchranu a dokumentaci núbijských památek, ohrožených stoupajícími vodami Nilu v souvislosti se stavbou Vysoké asuánské přehrady – záchrannou akci vyhlásilo UNESCO jako odpověď na žádost egyptské vlády z 6. dubna 1959. V letech 1961–1965 se uskutečnilo pod Žábovým vedením pět výprav, které provedly průzkum dvou rozlehlých koncesních oblastí mezi dolnonúbijskou Kalábšou a Gerf Husénem a mezi Wádí es-Sebúou a Girgáwí. Na stokilometrovém úseku po obou březích Nilu zdokumentovaly naše expedice stovky skalních kreseb, maleb a nápisů přibližujících vývoj Dolní Núbie od pravěku až po islámský středověk, znovu odhalily římský Jižní chrám v Táfě, prozkoumaly římskou pevnost v Kertási a odkryly rozsáhlá mohylová pohřebiště z období pozdně římského a raně byzantského (4.–5. století) v Kalábši a Wádí Kitně. Egypt ocenil práci českých egyptologů podílem na hodnotných archeologických nálezech, které obohatily sbírky pražského Náprstkova muzea. Zmíněné núbijské expedice jsou rovněž připomenuty v expozici Muzea Núbie v Asuánu, jehož otevření v roce 1997 udělalo tečku za dosud největším mezinárodním projektem světové archeologie, který probíhal v letech 1960–1985.

Při zvažování otázky, ve které lokalitě v Egyptě by měli zahájit své terénní práce čeští egyptologové, se nakonec přihlédlo k doporučení Jaroslava Černého (1898–1970), významného českého egyptologa působícího na univerzitě v Oxfordu, jenž se vypracoval ve světového znalce hieratického písma a novoegyptštiny. Jeho jméno je úzce spjato s výzkumem vesnice staroegyptských řemeslníků v Dér el-Medíně, kteří tesali a zdobili velkolepé skalní hrobky v Údolí králů a Údolí královen. Černý byl zároveň prvním Čechem, který se přímo účastnil archeologických výkopů v Egyptě (od roku 1925), byť jako člen francouzských archeologických expedic v již zmíněné Dér el-Medíně.

Během svého dlouhodobého pobytu v Egyptě měl Černý možnost procestovat celou zemi a poznat mnoho archeologických lokalit. Patřil mezi ně rovněž Abúsír – pohřebiště období stavitelů pyramid, které se nachází na západním břehu Nilu na okraji

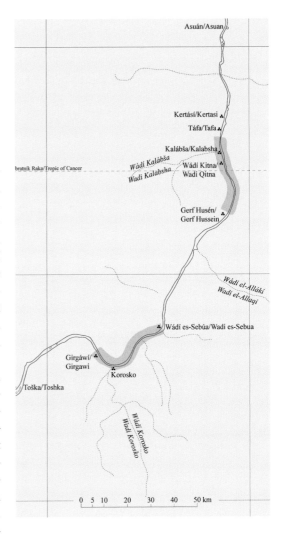

Obr. 1 Mapa Núbie s vyznačenými lokalitami, na nichž pracovala expedice Československého egyptologického ústavu v rámci kampaně za záchranu a dokumentaci núbijských památek. © Petra Vlčková

Fig. 1 Map of Nubia with locations explored by the Czechoslovak Institute of Egyptology during the campaign for the rescue and documentation of Nubian monuments. © Petra Vlčková

THE EXPLORATIONS OF CZECH EGYPTOLOGISTS IN THE ARAB REPUBLIC OF EGYPT

Břetislav Vachala

Obr. 2 Zakladatel české egyptologie František Lexa (1876–1960).

Fig. 2 The founder of Czech Egyptology František Lexa (1876–1960).

The foundation of the Czechoslovak (today Czech) Institute of Egyptology, Charles University in Prague and Cairo in 1958 was an important event in the history of Czech Egyptology. The foundation of an institute, dedicated to the investigation of ancient Egypt and its cultural heritage, enabled Czech Egyptologists to undertake their own archaeological excavations in the land on the Nile and to acquire primary source material, as well as to take an active part in world Egyptology. The founder of Czech Egyptology, František Lexa (1876–1960) was appointed the fist director of the institute, but he unfortunately did not live to witness the first Czech archaeological excavations in Egypt. In 1960, Lexa's former pupil Zbyněk Žába (1917–1971) succeeded him as director.

The first task of the Czechoslovak Institute of Egyptology was the participation in the international UNESCO campaign for the rescue and documentation of Nubian monuments endangered by the rising waters of the Nile in connection with the construction of the Aswan High Dam. In the years 1961–1965, Žába headed five expeditions, which explored two large concession areas between Kalabsha in Lower Nubia and Gerf Hussein and between Wadi es-Sebua and Girgawi. In a hundred-kilometer long strip of territory along both banks of the Nile, our expeditions documented hundreds of rock drawings, paintings and inscriptions which shed light on the development of Lower Nubia from the prehistory into the Islamic Middle ages, rediscovered the Roman Southern Temple at Tafa, explored the Roman fortress in Qertassi and uncovered large tumuli cemeteries from late Roman and early Byzantine periods (4th to 5th centuries) at Kalabsha and Wadi Qitna. Egypt acknowledged the work of Czech Egyptologists by a share of valuable archaeological finds, which enriched the collection of the Prague Náprstek Museum. These Nubian expeditions are also remembered in the exhibition of the Nubian Museum in Aswan, the opening of which marked in 1997 the pinnacle of the hitherto largest international project of world archaeology, which took place in the years 1960–1985.

The decision concerning at which site in Egypt Czech Egyptologists should begin their work was made following the recommendation of Jaroslav Černý (1898–1970), an important Czech Egyptologist working at the University of Oxford, who became a leading world expert on the hieratic script and on Late Egyptian. His name is tightly connected with the village of ancient Egyptian workers in Deir el-Medineh, who dug and decorated magnificent rock tombs in the Valley of the Kings and Valley of the Queens. Černý was also the first Czech, who took an active part in archaeological excavations in Egypt (since 1925), although as a member of French missions in the aforementioned Deir el-Medineh.

In the course of his long-term stay in Egypt, Černý had the opportunity to travel through the entire country and to acquaint himself with a lot of archaeological sites.

písečné Západní (Libyjské) pouště, přibližně 25 km jižně od Káhiry. Abúsír je součástí rozsáhlého pyramidového pole táhnoucího se v délce okolo 130 km od Abú Rawáše na severu až po okraj Fajjúmské oázy na jihu.

Časté egyptské místní jméno Abúsír je odvozeno ze staroegyptského *Per Usir* (řecky Búsiris), což v překladu znamená „Dům (chrám, doména) Usira" a kdysi skutečně označovalo místa kultu tohoto hojně uctívaného vládce říše mrtvých. Uvedený Abúsír dosáhl svého vrcholu za vlády panovníků 5. dynastie (asi 2450–2325 př. n. l.), jejichž paláce se musely nacházet nedaleko

Obr. 3 Profesor Žába při dokumentaci skalních kreseb v Núbii. Foto: Jaroslav Novotný

Fig. 3 Professor Žába documenting rock drawings in Nubia. Photo: Jaroslav Novotný

odtud v nilském údolí a tvořily součást tehdejšího hlavního města Egypta, později zvaného Mennofer (řecky Memfis). A byl to zakladatel 5. dynastie Veserkaf, jenž si jako první zvolil Abúsír pro stavbu svého slunečního chrámu zasvěceného bohu slunce Reovi. Po něm si zde nechali postavit rozsáhlé výstavní zádušní pyramidové komplexy vládci Sahure, Neferirkare, Raneferef a Niuserre. V bezprostředním okolí pyramid ve stejné době přirozeně vznikly i rozlehlé hřbitovy s kamennými a cihlovými hrobkami dalších členů královské rodiny, příslušníků dvora a kněžského personálu.

Když Černý navštěvoval Abúsír počátkem 40. let minulého století, byla tato lokalita, kde soustavně pracovaly již počátkem 20. století Borchardtovy německé expedice, stranou zájmu egyptologů. Ti se totiž domnívali, že Abúsír je prozkoumaný a že v něm už nelze nic nového objevit. A trvalo ještě celá desetiletí, než byl tento názor jednoznačně vyvrácen, a to díky českým egyptologům.

Jaroslava Černého tehdy v Abúsíru mimo jiné zaujala do té doby jen z malé části odkrytá hrobka vezíra Ptahšepsese, v níž si opsal nápisy doprovázející scény vytesané do jejích vápencových stěn. Majitel hrobky byl sice znám již od roku 1893, kdy v ní uskutečnil sondážní archeologický výzkum francouzský egyptolog Jacques de Morgan, avšak celý její rozsah a význam zůstával nepoznán. Černý si byl vědom důležitosti této stavební památky a jeho názor posléze vzali v úvahu i František Lexa a Zbyněk Žába při rozhodování o volbě lokality a archeologického objektu.

Pro volbu Abúsíru také hovořily některé ryze praktické důvody ekonomického a organizačního rázu. Důležitá byla zejména blízkost Káhiry a tehdejšího sídla ústavu na Třídě pyramid v Gíze, odkud bylo možné bez potíží denně dojíždět na místo výkopů. Podmínkou zahájení prací v Abúsíru byl přirozeně souhlas egyptské strany, k jehož udělení napomohlo již zmíněné zapojení našeho ústavu do mezinárodní záchranné akce UNESCO v Núbii.

První expedice začala pracovat v Ptahšepsesově mastabě v Abúsíru v květnu 1960 pod vedením Zbyňka Žáby, jenž byl především filologem. Ve svých egyptologických bádáních se zaměřil jak na staroegyptskou literaturu a její významné dílo – Ptahhotepovo naučení –, tak na astronomii, dějiny, právo a skalní nápisy, které v Dolní Núbii nalezly výpravy československých egyptologů. Výkopové práce v Ptahšepsesově hrobce, jež měly podle egyptského administrativního členění

Obr. 4 Jaroslav Černý (1898–1970).

Fig. 4 Jaroslav Černý (1898–1970).

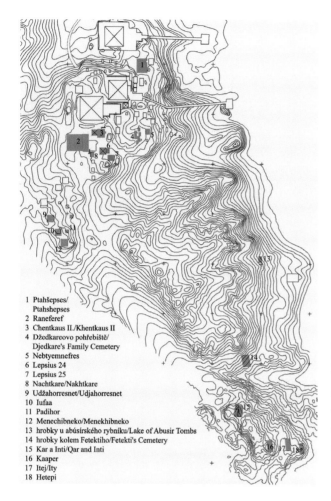

1 Ptahšepses/
  Ptahshepses
2 Raneferef
3 Chentkaus II./Khentkaus II
4 Džedkareovo pohřebiště/
  Djedkare's Family Cemetery
5 Nebtyemnefres
6 Lepsius 24
7 Lepsius 25
8 Nachtkare/Nakhtkare
9 Udžahorresnet/Udjahorresnet
10 Iufaa
11 Padihor
12 Menechibneko/Menekhibneko
13 hrobky u abúsírského rybníku/Lake of Abusir Tombs
14 hrobky kolem Fetektiho/Fetekti's Cemetery
15 Kar a Inti/Qar and Inti
16 Kaaper
17 Itej/Ity
18 Hetepi

**Obr. 5 Mapa Abúsíru
s vyznačením objektů
zkoumaných českými
egyptology.**
© Ing. Vladimír Brůna,
Laboratoř geoinformatiky
Univerzity J. E. Purkyně
v Ústí nad Labem

**Fig. 5 Map of Abusir
indicating locations
excavated by Czech
archaeologists.**
© Ing. Vladimír Brůna,
Geoinformatics
Laboratory of
the University of
J. E. Purkyně in Ústí
nad Labem

They included also Abusir – the famous burial ground of the time of the pyramid builders, which lies on the western bank of the Nile at the edge of the sandy Western (Libyan) desert, ca. 25 km to the south of Cairo, and is a part of the famous pyramid field stretching ca. 130 km between Abu Rawash in the north and the edge of the Fayoum oasis to the south.

The local name of Abusir is derived from the ancient Egyptian *Per Usir* (Greek Busiris), which means "House (temple, domain) of Osiris" and once indeed denoted the place of the cult of this greatly worshipped ruler of the realm of the dead. Abusir reached the pinnacle of its development during the reign of the kings of the 5th Dynasty (ca. 2450–2325 BC), whose palaces must have been located in the nearby Nile valley and formed part of the capital of Egypt, later called Mennofer (Greek Memphis). The founder of the 5th Dynasty Userkaf first chose Abusir for the construction of his sun temple dedicated to the sun god Re. After him, kings Sahure, Neferirkare, Raneferef and Niuserre built their large, magnificent pyramid complexes on this site. At the same time, the immediate vicinity of the pyramids naturally witnessed the rise of extensive cemeteries with stone and brick tombs of other members of the royal family, members of the court and temple personnel.

When Černý visited Abusir in the early 1940s, the site – which had been systematically explored already in the beginning of the 20th century by Borchardt's German expeditions – was outside the interest of Egyptologists, who thought that the exploration of Abusir was over and that there no longer was anything to discover. It lasted whole decades, before this opinion was finally refuted – thanks to Czech Egyptologists.

The interest of Jaroslav Černý in Abusir at that time was connected, among others, with the only partially explored tomb of vizier Ptahshepses, and he copied the inscriptions labelling the scenes carved into its limestone walls. The owner of the tomb was known already since 1893, when a probe archaeological excavation of the tomb was undertaken by the French Egyptologist Jacques de Morgan, but its extent and importance remained unknown. Černý was aware of the importance of this monument, and F. Lexa and Z. Žába took his opinion into account while deciding which site and which building to explore.

There were other, purely practical reasons of economic and organisational character that spoke in favour of Abusir. An important factor was its vicinity to Cairo and the residence of the institute at that time, on the Pyramid Street in Giza, whence it was possible to easily travel to the excavation site each day. Of course, a necessary precondition for the initiation of works in Abusir was the agreement of the Egyptian side, which was awarded thanks to the aforementioned participation of our institute in the international UNESCO rescue campaign in Nubia.

The first expedition began to work in the mastaba of Ptahshepses in Abusir in May 1960. It was headed by Z. Žába, who was an Egyptologist with above all philological interests and wrote studies on an important Egyptian literary work – the Maxims of

archeologických výzkumů statut „čištění" (cleaning), probíhaly až do roku 1974, kdy je po dobu 10. expedice (od ledna do června) vedl Žábův nástupce František Váhala (1911–1974) – Lexův žák a uznávaný lingvista a epigraf, který se intenzivně věnoval studiu núbijských skalních kreseb. Na systematickém výzkumu mastaby se ovšem kromě egyptologů podíleli i odborníci z dalších vědních oborů (zvláště geodézie a kartografie, architektury a antropologie).

Obr. 6 Zbyněk Žába (1917–1971).

Fig. 6 Zbyněk Žába (1917–1971).

Velkolepé ruiny Ptahšepsesovy mastaby nyní neodmyslitelně patří k dominantám abúsírského pohřebiště. Vezír Ptahšepses, nejvyšší soudce a správce všech královských staveb, završil svou závratnou kariéru, když se z královského holiče a manikuristy vypracoval na druhého muže po panovníkovi a faraonova zetě za Niuserreovy vlády, poblíž jehož pyramidy si také nechal postavit svůj vlastní věčný příbytek. Jeho hrobka je pozoruhodné architektonické dílo s členitou nadzemní částí (56,2 × 42,2 m). Zahrnuje portiky, kaple, skladištní prostory a schodiště, z nichž vyniká jedinečný vstupní portik s dvojicí vápencových osmistvolých lotosoformních sloupů a kaple se třemi výklenky pro Ptahšepsesovy sochy, zdobená malovanými reliéfy a nápisy. Mezi celkem čtyřiceti prostorami hrobky se vyjímá pilířový dvůr s dvaceti pilíři a místnost slunečního kultu. Reliéfní výzdoba jednotlivých místností s podrobným zachycením zidealizovaného pozemského života, jež měla Ptahšepsesovi zaručit obdobný život i na onom světě, patří jak náměty, tak provedením k absolutním vrcholům reliéfního umění nekrálovských hrobek Staré říše.

V podzemní části je pozoruhodná konstrukce pohřební místnosti, jejíž strop kdysi tvořily obrovské vápencové bloky zaklesnuté do sebe a připomínající obrácené písmeno „V", což byl způsob používaný tehdy pouze v královských pyramidách. V pohřební komoře se nacházejí dva nepopsané žulové sarkofágy určené pro majitele hrobky a jeho manželku princeznu Chamerernebtej.

V Ptahšepsesově hrobce zaznamenali čeští egyptologové nejen okolo 16 000 nálezů, většinou zlomků reliéfů, soch, kamenných nádob, keramiky, měděných a pazourkových nástrojů a kultovních předmětů, ale i sekundární pohřebiště z 1. tisíciletí př. n. l. Mezi nálezy byl výjimečný soubor 424 stavebních graffiti zaznamenaných hieratickým písmem na neopracovaných plochách vápencových bloků jádra zdiva. Jelikož obsahují názvy pracovních jednotek, kalendářní údaje, stavební pokyny, různé konstrukční záznamy, osobní jména a tituly, představují tyto stavební nápisy důležitý pramen poznání nejen vlastního stavebního postupu, ale také organizace dělníků a řemeslníků.

Obr. 7 Nález povalených sloupů v portiku Ptahšepsesovy mastaby.

Fig. 7 The discovery of tumbled columns in the portico of Ptahshepses' mastaba.

Práce v Ptahšepsesově hrobce však neskončily zmíněným rokem 1974. V rámci komplexního výzkumu této hrobky byl nedávno připraven digitální návrh její rekonstrukce, na němž spolupracovali egyptologové, architekti a počítačoví odborníci. Na základě návrhu nyní probíhá stavební rekonstrukce, která je součástí projektu zpřístupnění Abúsíru pro veřejnost, organizovaného egyptskou Nejvyšší radou pro památky.

Důležitým mezníkem pro české egyptology pracující v Abúsíru pod vedením Miroslava Vernera (nar. 1941), žáka a nástupce Zbyňka Žáby a Františka Váhaly, byl rok 1976, kdy získali novou rozsáhlou archeologickou koncesi na abúsírském Jižním pyramidovém poli. Československý egyptologický ústav požádal o rozšíření na základě dobře promyšleného záměru, který schválil Stálý výbor tehdejší Egyptské památkové organizace (nynější název je Nejvyšší rada pro památky) při ministerstvu kultury EAR. Terénní práce se rozběhly ještě téhož roku v říjnu, přičemž jejich cílem bylo získávat

Ptahhotep, as well as on ancient Egyptian literature, astronomy, history, law, and rock inscriptions, which were found in Lower Nubia by the expeditions of Czech Egyptologists. The excavations in the tomb of Ptahsepses, which had in the Egyptian administrative system the status of "cleaning," continued until the year 1974, when the 10th expedition was led by Žába's successor František Váhala (1911–1974) – Lexa's pupil and a renowned linguist and epigrapher, who intensively studied Nubian rock drawings. Experts from other fields (such as geodesy and cartography, architecture and anthropology) also took part in the exploration of the mastaba of Ptahshepses.

The magnificent ruins of the mastaba of Ptahshepses now form an integral part of the Abusir necropolis. This vizier, chief judge and leader of all royal construction works, finished his breathtaking career, in the course of which he rose from a royal barber and manicurist to the second man after the pharaoh and son-in-law of king Niuserre, at whose pyramid he also constructed his own splendid eternal dwelling. His tomb is a remarkable work of architecture with a complicated superstructure (56.2 × 42.2 m), which includes porticoes, chapels, magazines and stairways. The most noteworthy among these is the entrance portico with a pair of limestone eight-reed lotus-formed columns and a chapel with three niches for the statues of Ptahshepses, decorated with painted reliefs and inscriptions. The altogether 40 rooms of the tomb include also the magnificent pillared court with 20 pillars and a solar cult chamber.

The relief decoration of the individual rooms depicts details of an idealized earthly life and was supposed to guarantee Ptahshepses a similar life in the hereafter. Both its motifs and execution belong to the pinnacles of the relief decoration of non-royal tombs in the Old Kingdom.

The underground part includes a remarkable burial chamber, the ceiling of which was once formed by huge limestone blocks locked on each other and resembling a letter "V". At this time, this type of roofing was used only in royal pyramids. The burial chamber contains two uninscribed granite sarcophagi for the tomb owner and his wife, princess Khamerernebty.

Czech Egyptologists discovered around 16 000 objects in the tomb of Ptahshepses, above all fragments of reliefs, statues, stone vessels, pottery, copper and flint tools and cult objects, as well as a secondary cemetery from the 1st millennium BC. The finds included also an exceptional set of 424 building graffiti, written in the hieratic script on the unpolished surface of the limestone blocks of the core masonry. Since they contain the names of working units, dates, building instructions, various construction records, personal names and titles, these inscriptions are an important source of information not only about the methods of construction, but also about the organization of workers and artisans.

Works in the mastaba of Ptahshepses did not, however, end in the year 1974. In terms of its complex exploration, a project for the reconstruction of this unique ancient monument was prepared using all available computer technologies, and currently the mastaba is being reconstructed as part of the project of the opening of Abusir for the public, organised by the Egyptian Supreme Council of Antiquities.

Obr. 8 Miroslav Verner (nar. 1941).

Fig. 8 Miroslav Verner (*1941).

One of the most important events for Czech Egyptologists working in Abusir under the leadership of Miroslav Verner (born 1941), a pupil and successor of Zbyněk Žába and František Váhala, was the accession of a new large archaeological concession in the Abusir South in the year 1976. The well-worded request of the institute was approved by the Permanent Committee of the Egyptian Antiquities Organisation (today's

historické hmotné i písemné prameny o vývoji tohoto ústředního královského pohřebiště 5. dynastie, které by zároveň přiblížily a objasnily tehdejší historický, společenský a hospodářský vývoj egyptského státu. Archeologický výzkum tzv. Jižního pyramidového pole, které je na severu vymezeno pyramidovými komplexy panovníků Neferirkarea a Niuserrea, byl od samého začátku koncipován jako multidisciplinární, pročež byla také okamžitě a úspěšně aplikována například geofyzikální prospekce. Po zjištění rozsahu a charakteru stavebních objektů bylo možné celou novou archeologickou koncesi rozdělit na tři sektory: centrální, východní a západní.

V centrálním sektoru koncese se v následujících letech podařilo objevit doslova ztracené, velice zajímavé pyramidové komplexy. První dva, jež odkrývaly české expedice v letech 1976–1986, patřily královně Chentkaus (II.), manželce krále Neferirkarea, a málo známému panovníkovi 5. dynastie Raneferefovi. Součástí nevelkého pyramidového komplexu královny byl také její zádušní chrám a dokonce i satelitní kultovní pyramidka. Starší část chrámu (s otevřeným pilířovým dvorem, síní pro kultovní sochy, obětní místností a skladištními komorami) při východní stěně pyramidy byla postavena z vápence, zatímco jeho mladší část byla vybudována ze sušených cihel a později v ní vznikly kněžské příbytky a dílny. Většinu zde učiněných nálezů tvořily předměty běžné denní a chrámové potřeby, avšak nejdůležitější byl soubor asi dvou set různě velkých zlomků popsaných papyrových svitků (tzv. druhý nález abúsírských papyrů v roce 1978), které byly kdysi součástí chrámového archivu a obsahovaly cenné údaje hospodářského, správního a kultovního charakteru.

Než čeští egyptologové započali s výzkumem Raneferefova zádušního komplexu, byl tento panovník pokládán pouze za nevýznamného vladaře 5. dynastie. Přestože zádušní komplex, jenž se nazýval *Božská je Raneferefova síla*, zůstal vinou panovníkovy předčasné smrti nedokončený, nabídl egyptologům pohled do nitra rozestavěné pyramidy. Bylo tak možné získat cenné poznatky o stavebních postupech a zjistit, jak se vlastně staroegyptské pyramidy stavěly. V případě budované Raneferefovy hrobky stavitelé stačili urychleně dokončit a obložit první stupeň jádra stavby a shora ho pokrýt vrstvou jílu, udusanou pouštními valouny. Místo pyramidy tak stavba dostala podobu mastaby se čtvercovým půdorysem a výškou pouhých 7 metrů, jež dávným Egypťanům připomínala prapahorek – posvátné místo zrození, zmrtvýchvstání i věčného života.

Z množství významných nálezů z Raneferefova zádušního chrámu zmíníme tři nejdůležitější soubory. Především jde o papyry tvořící součást chrámového archivu (tzv. třetí nález abúsírských papyrů v roce 1982), které svým významem přispívají k pochopení tehdejšího historického vývoje a hospodářských poměrů. Dále se jedná o kolekci královských kamenných soch (z vápence, travertinu, dioritu a čediče) a realisticky provedených dřevěných plastik zobrazujících zajaté, spoutané a klečící tradiční nepřátele Egypta (Núbijce, Libyjce a Asijce), kteří měli být poraženi a zničeni, neboť znamenali trvalou hrozbu pro zemi a pro bohy zavedený a obecně platný řád pravdy a spravedlnosti (zvaný *maat*). K Raneferefovu pohřebnímu komplexu přiléhala tzv. svatyně nože. Komplex představoval rituální jatka – stavbu, kterou se podařilo prokázat v egyptské archeologii vůbec poprvé. Šlo o jednoduchou cihlovou budovu, v níž byla porážena obětní zvířata a zpracováváno a skladováno jejich maso.

V centrálním sektoru královského pohřebiště věnovaly české expedice v 80. a 90. letech pozornost dvěma téměř zcela zničeným pyramidovým komplexům, jež se nacházejí jižně od pyramidy královny Chentkaus (II.). Výzkum severnějšího komplexu

**Obr. 9 Profesorka Paule Posenerová-Kriégerová (1925–1996) dokumentuje zlomky Raneferefova papyrového archivu.
Foto: Milan Zemina**

**Fig. 9 Professor Paule Posener-Kriéger (1925–1996) during the documentation of fragments from Raneferef's papyrus archive.
Photo: Milan Zemina**

Supreme Council of Antiquities) of the Ministry of Culture of the A.R.E. The fieldworks were launched already in October of the same year. The main aims of the archaeological excavation of this central royal necropolis of the 5th Dynasty included the acquisition of historical sources of material and epigraphic character, which would help explain the historical, social, and economic development of the Egyptian state. Since the exploration of the Abusir South (located to the south of the pyramid complexes of kings Neferirkare and Niuserre) was from the very beginning conceived as an interdisciplinary project, geophysical survey was immediately and successfully employed. When the extent and character of the buildings was determined, it was possible to divide the area of the archaeological concession into three sectors: central, eastern, and western.

In the central sector, several lost, very interesting pyramid complexes were discovered. The first two, which were discovered by the Czech expeditions in the years 1976–1986, belonged to Queen Khentkaus II, the wife of King Neferirkare, and to the little known ruler of the 5th Dynasty Raneferef. The funerary complex of the queen included also a funerary temple and even a small satellite cultic pyramid. The older part of the temple (with an open pillared court, hall for cult statues, offering chamber and magazines) at the eastern side of the pyramid was built out of limestone, while its later part was built of mud bricks, and later priestly houses and workshops were built here. Most of the objects found here were of daily use, but of greatest importance was the set of ca. 200 fragments of inscribed papyrus rolls (the so-called second discovery of Abusir papyri in 1978), which were once part of the temple archive and included valuable data of economic, administrative and cultic character.

The pyramid complex of Raneferef, which was called *Divine is the Might of Raneferef* and remained due to the early death of the king unfinished, allowed the Egyptologists an insight into a pyramid under construction. It was thus possible to acquire important information about the methods of pyramid building and to formulate general hypotheses about the construction of ancient Egyptian pyramids. In the case of the pyramid of Raneferef, the architects cased the first step of its core and covered it from above with a layer of clay, pounded with desert boulders. Instead of a pyramid, the building acquired the shape of a mastaba of a square ground plan reaching only 7 metres in height, which for the ancient Egyptians resembled the primeval hill – a holy place of birth, resurrection, and eternal life.

Out of the numerous finds from the funerary complex of Raneferef, the most important are three sets. First and foremost the papyri forming part of the papyrus archive (the so-called third discovery of Abusir papyri in 1982), which provide us with valuable information concerning the historical development and economic situation of this time. Further the collection of stone statues (made of limestone, travertine, diorite and basalt) of the king, and realistically formed wooden statues depicting captives, bound and kneeling traditional enemies of Egypt (Nubians, Libyans and Asians), which were to be defeated and destroyed, since they represented a lasting danger for the country and for the universally valid order of truth and justice (called *maat*), which was founded by gods. Attached to the pyramid complex of Raneferef, there was the so-called Sanctuary of the Knife, a ritual slaughterhouse, here for the first time attested archaeologically. It was a simple brick building, where sacrificial animals were slaughtered and where their meat was prepared and stored.

In the 1980s and 1990s, Czech expeditions concentrated in the central sector on two devastated pyramid complexes, located to the south of the pyramid of Queen Khentkaus II. The exploration of the more northerly complex (denoted according to the numbering of Lepsius as no. 24) unearthed a pyramid, funerary temple and a small cult pyramid. There are several reasons that lead to the conclusion that Niuserre's wife –

(označovaný podle Lepsiova číslování jako č. 24) odkryl pozůstatky pyramidy, nevelkého zádušního chrámu a malé kultovní pyramidky. Na základě určitých indicií se zdá, že majitelku tohoto komplexu lze ztotožnit s manželkou panovníka Niuserrea – královnou Reputnub (v roce 1995 v pohřební komoře nalezená, poškozená mumie ženy pravděpodobně patří majitelce). Výzkum jižního komplexu (č. 25), jenž dosud probíhá, prokázal poprvé v dějinách egyptské architektury existenci unikátní dvojice pyramid, jejíž název také zněl *Obě pyramidy jsou bdělé*.

Ve východním sektoru Jižního pyramidového pole pracovaly české expedice mezi lety 1976–1987, přičemž zde odkrývaly tzv. východní pole mastab s hrobkami členů královské rodiny a vysokých hodnostářů ze závěru 5. dynastie. Šlo o dosti jednoduché, nevelké stavby postavené ze sušených cihel, obložené vápencovými bloky, které nicméně poskytly zajímavé nálezy (kostrové pozůstatky, vápencové sarkofágy, zbytky pohřebních výbav, dřevěné sochy a nedokončené nástěnné malby). Majiteli těchto mastab jsou osoby žijící za vlády předposledního panovníka 5. dynastie Džedkarea Isesiho: princezna Chekeretnebtej a její dcera Tisethor, princezna Hedžetnebu, princ Neserkauhor, správce královského paláce Mernefu, písař královských dětí Idu a jeho žena Chenit a jedna bezejmenná žena.

Od počátku 80. let probíhá terénní práce zároveň i v západním sektoru, kde bylo překvapivě odhaleno několik velkých šachtových hrobů, jejichž základem byla pohřební komora vybudovaná na dně široké a hluboké šachty. Hroby tohoto typu se stavěly od 7. snad až do 4. století př. n. l. a byly určeny pro pohřby nejvyšších hodnostářů. Překvapivé bylo i zjištění majitele hrobu, jenž byl odkryt jako první. Byl jím totiž hodnostář Vedžahorresnet do té doby známý především z životopisného nápisu vytesaného do jeho sochy uložené ve vatikánském Museo Gregoriano Egizio. Tento životopis dosud představuje základní egyptský pramen k poznání bouřlivého počátku první perské nadvlády v zemi po roce 525 př. n. l. V dané situaci se Vedžahorresnet zachoval velice pragmaticky, když vydatně pomáhal perským králům a Kambýsés ho jmenoval svým vrchním lékařem, přítelem a dohlížitelem nad palácem. Vedžahorresnetova pohřební komora se v jeho abúsírském hrobu nachází v hloubce 23 m a obsahuje obří vápencový sarkofág, v němž byl umístěn menší, dokonale vypracovaný a popsaný antropoidní sarkofág z čediče. Avšak i přes stavitelsky důmyslný bezpečnostní systém byla i tato hrobka již ve starověku vyloupena.

V roce 1998 vyvrcholilo po stránce technické, bezpečností a finanční velice náročné odkrývání další šachtové hrobky v západním sektoru, která nebyla vyloupena. Její čtvercová šachta (14 × 14 m) dosahovala tentokrát hloubky 25 m. Nad pohřební komorou na jejím dně bylo třeba vybudovat železobetonový ochranný štít, jenž by byl schopen udržet tíhu písku a kamene. Nedotčený pohřeb majitele hrobky, jímž byl správce paláců a kněz předčitatel Iufaa ze sklonku 6. století př. n. l., chránil vápencový a vnitřní čedičový sarkofág a dřevěná rakev. Iufaovu mumii zabalenou do pruhů lněných obinadel ještě pokrývala síť z fajánsových korálků a amulety.

Od konce 90. let se těžiště systematického archeologického výzkumu Abúsíru přesunulo do vzdálenější jižní části lokality (jež bezprostředně sousedí se severní Sakkárou), kde byla zjištěna existence hřbitova významných hodnostářů, úředníků a kněží z éry stavitelů pyramid (3.–6. dynastie). Práce zde byly zahájeny již v roce 1991 a postupně byla odkryta celá řada hrobek, z nichž zmíníme alespoň věčné příbytky soudce Hetepiho, armádního velitele Kaapera a kněze Fetektiho. Pozoruhodné jsou dva rozsáhlé rodinné hrobové komplexy vezíra Kara a jeho syna, soudce a kněze Intiho (pol. 6. dynastie). Intiho hrobka (půdorys 20 × 12 m), jež byla objevena v roce 2000, zahrnovala ve své nadzemní části vápencové průčelí s malovanými reliéfy a hieroglyfickými nápisy, otevřený dvůr, kapli s nepravými dveřmi a serdáb (místnost pro sochy zesnulého).

Obr. 10 Detail
víka bazaltového
sarkofágu kněze Iufaa.
Foto: Kamil Voděra

Fig. 10 Detail
of the lid of the
basalt sarcophagus
of the priest Iufaa.
Photo: Kamil Voděra

perhaps Queen Reputnub – could have been the owner of this complex (the damaged mummy of a woman, found in the burial chamber in 1995, probably belongs to the owner of the complex). The exploration of the southern complex (no. 25), which is still under way, led to the first discovery in the history of Egyptian archaeology of a pair of pyramids, which was called *Both Pyramids are Vigilant*.

Between the years 1976–1987, Czech expeditions worked in the eastern sector of the Abusir South, unearthing the so-called Eastern Field of mastabas with tombs of the members of the royal family and officials of the late 5th Dynasty. These were quite simple, smaller structures built of mud bricks and cased with limestone blocks, which nonetheless yielded interesting finds (skeletal remains, limestone sarcophagi, remains of funerary equipment, wooden statues and unfinished wall paintings). The owners of these mastabas lived during the reign of the last-but-one ruler of the 5th Dynasty Djedkare: princess Khekeretnebty and her daughter Tisethor, princess Hedjetnebu, prince Neserkauhor, keeper of the royal palace Mernefu, scribe of the royal children Idu and his wife Khenit, and one nameless woman.

Since the beginning of the 1980s, fieldworks are going on also in the western sector, where surprisingly several large shaft tombs were discovered, containing a burial chamber constructed at the bottom of a large and deep shaft. Tombs of this type were built since the 7th until the 4th century BC, and they housed the burials of the highest officials. Another surprise was the discovery of the name of the owner of the tomb, which was excavated first. The tomb belonged to the official Udjahorresnet, until then known above all from the biographical inscription on his statue stored in the Vatican Museo Gregoriano Egizio. This biography represents our basic historical source for the stormy beginning of the first Persian rule in the country after the year 525 BC. Udjahorresnet took a pragmatic stand in the situation, assisted the Persian kings to a great extent and was appointed chief physician, friend and overseer of the palace by Kambyses. Udjahorresnet's burial chamber in his Abusir tomb lies 23 m deep and contains a huge limestone sarcophagus, within which lay a smaller, finely worked and inscribed anthropomorphic basalt sarcophagus. Despite the elaborate safety precautions, this tomb was also robbed already in antiquity.

The year 1998 witnessed the final stages of the technically and financially demanding uncovering of another shaft tomb in the western sector, which was not robbed. Its square shaft (14×14 m) reached the depth of 25 m. Over the burial chamber at its bottom, it was necessary to build a ferroconcrete protection shield, which would hold the weight of the sand and stones above. The intact burial of the tomb owner, the overseer of palaces and lector priest Iufaa from the end of the 6th century BC, was protected by an outer limestone and inner basalt sarcophagi, as well as by a wooden coffin. Iufaa's mummy, wrapped in strips of linen bandages, was covered with a net of faience beads with amulets.

Since the end of the 1990s, systematic archaeological excavations in Abusir concentrated on the more southern part of the site (which lies in the immediate neighbourhood of north Saqqara), where a cemetery of important noblemen, officials, and priests from the era of the pyramid builders (3rd–6th Dynasty) was found. Works were initiated here already in 1991, and gradually, a whole line of tombs were discovered, of which we will mention at least the eternal resting places of judge Hetepi, army

Ústředním motivem reliéfové výzdoby stěn kaple je Intiho zádušního hostina, jejíž součástí je i hudební a zpěvácké vystoupení (zde je zřejmě zaznamenán začátek nejstarší dochované milostné písně). Místem posledního odpočinku majitele hrobky byla pohřební komora přístupná 22 m hlubokou šachtou v podzemí hrobky a obsahující jeho popsaný vápencový sarkofág, kostrové pozůstatky a pohřební výbavu. Po dokončení výzkumu a vyhodnocení všech hmotných a písemných pramenů objevených jak v Intiho, tak v Karově hrobce bude možné sledovat cesty a osudy této rozvětvené soudcovské rodiny z doby před 4300 lety.

Komplexní výzkum lokality Abúsír je koncipován jako multidisciplinární a podílí se na něm čeští i zahraniční odborníci v oborech egyptologie, archeologie, geofyziky, geodézie, architektury, konzervování, restaurování a rekonstrukce památek, antropologie či paleozoologie. Cílem je nejen prozkoumání a publikace objevených objektů, ale také jejich konzervace a záchrana pro budoucnost.

Je důležité připomenout, že kromě ryze odborných publikačních výstupů (monografická řada „Abúsír", vědecká pojednání a studie ve světových egyptologických periodikách a sbornících) se značná pozornost věnuje zpřístupňování výsledků výzkumu Abúsíru a odkazu starého Egypta vůbec široké veřejnosti doma i v zahraničí prostřednictvím populárních knih a článků, rozhlasových a televizních pořadů a přednášek. Významné jsou přirozeně také výstavy, jichž byla uspořádána již celá řada. V České republice jsou na nich pravidelně prezentovány hodnotné nálezy expedic z Abúsíru i Núbie, které obdržela česká strana od egyptské jako projev díku a uznání při dělení objevených památek v letech 1965, 1974, 1977, 1982 a 1986. Mezi hlavní „abúsírské výstavy" přitom patřily: V hrobce egyptské princezny (NM – Náprstkovo muzeum, 1980), Umění starého Egypta (Galerie výtvarného umění v Chebu, 1980 – Krajské vlastivědné muzeum v Olomouci, 1981 – NM – Náprstkovo muzeum, 1982), Czechoslovak Institute of Egyptology, 1959–1984 (Egyptské muzeum v Káhiře, 1985), Europe and Egypt – Cooperation in Archaeology (spoluúčast, Egyptské muzeum v Káhiře, 1994–1995), Země pyramid a faraonů (NM – Náprstkovo muzeum, 1997), Odkrývání minulosti – čeští egyptologové v Egyptě (Muzeum Podkrkonoší v Trutnově, 1998), The Egyptian Museum at the Millenium (spoluúčast, Egyptské muzeum v Káhiře, 2000), Recent Excavations of the Czech Egyptologists in the Tomb of Iufaa at Abusir (Mubárakova veřejná knihovna v Káhiře, 2001), Osudy staré 4500 let (Galerie Jaroslava Fragnera v Praze, 2002 – Galerie Opera v Ostravě, 2003) a Memories of 4500 Years Ago (Egyptské muzeum v Káhiře, 2002).

Zcela jedinečná a velice úspěšná byla výstava pro nevidomé „Egypt dotekem", která byla uspořádána v Praze (NM – Náprstkovo muzeum, 1995), Brně (Muzeum města Brna, 1996), Káhiře (Egyptské středisko mezinárodní kulturní spolupráce, 1997) a v Sydney (Parlament Nového Jižního Walesu, 2000). Kromě toho se v České republice a v zahraničí uskutečnilo mnoho samostatných fotografických výstav s abúsírskou tematikou autorů Michaela Balíka, Jana Brodského, Kamila Voděry a Milana Zeminy.

Důkladný výzkum a důstojnou prezentaci si abúsírské stavební památky a nálezy nepochybně zaslouží. Jejich historický význam je obrovský. Abúsír je ostatně zcela právem jako důležitá součást egyptských pyramidových polí zanesen od roku 1979 do seznamu světového kulturního a přírodního dědictví UNESCO.

Obr. 11 Nepravé dveře soudce Intiho. Foto: Kamil Voděra

Fig. 11 False door belonginig to the judge Inti. Photo: Kamil Voděra

general Kaaper and priest Fetekti. Of special interest are two large tomb complexes of the vizier Qar and his son, judge and priest Inti (middle of the 6th Dynasty). Inti's mastaba (ground plan 20 × 12 m), which was discovered in the year 2000, included a limestone facade with painted reliefs and hieroglyphic inscriptions, open court, chapel with false door, and serdab (room for a statue of the deceased). The central motif of the relief decoration of the chapel walls is the funerary repast of Inti, which includes also the performance of musicians and singers (with the record of perhaps the most ancient love song). The tomb owner lay in the burial chamber accessible via a 22 m deep shaft in the underground of the tomb, which contained also his limestone sarcophagus, skeletal remains and burial equipment. After the conclusion of archaeological works and evaluation of all material and epigraphic sources discovered in the tomb of Inti and Qar it will be possible to trace the lives of this large family of judges from the time of 4300 years ago.

The complex exploration of the site of Abusir is conceived as a multidisciplinary task, solved jointly by Czech and foreign experts in Egyptology, archaeology, geophysics, geodesy, architecture, conservation, restoration and reconstruction of monuments, anthropology or palaeozoology. The aim is not only to examine and publish the discovered objects, but also to conserve and preserve them for the future.

Besides purely scholarly publications (the monograph series "Abusir", scholarly treatises and studies in international Egyptological periodicals and collected volumes), great attention is paid also to the presentation of the results of the Abusir explorations and of the heritage of ancient Egypt in general to the general public at home and abroad by means of popular books and articles, radio and TV programmes and lectures. Exhibitions are also important in this respect, and many have already been organised. In the Czech Republic, they regularly present valuable finds from expeditions to Abusir and Nubia, which the Czech side received from Egypt as an expression of thanks and acknowledgement in the course of object division in the years 1965, 1974, 1977, 1982, and 1986. The most important "Abusir" exhibitions included: In the Tomb of an Egyptian Princess (NM – Náprstek Museum, 1980), Art of Ancient Egypt (Gallery of Fine Arts in Cheb, 1980 – Regional Museum in Olomouc, 1981 – NM – Náprstek Museum, 1982), Czechoslovak Institute of Egyptology, 1959–1984 (Egyptian Museum in Cairo, 1985), Europe and Egypt – Cooperation in Archaeology (in cooperation, Egyptian Museum in Cairo, 1994–1995), The Land of Pyramids and Pharaohs (NM – Náprstek Museum, 1997), Unearthing the Past – Czech Egyptologists in Egypt (Museum of Podkrkonoší in Trutnov, 1998), The Egyptian Museum at the Millennium (in cooperation, Egyptian Museum in Cairo, 2000), Recent Excavations of the Czech Egyptologists in the Tomb of Iufaa at Abusir (Mubarak public library in Cairo, 2001) and Memories of 4500 Years Ago (Jaroslav Fragner Gallery in Prague, 2002 – Opera Gallery in Ostrava, 2003 – Egyptian Museum in Cairo, 2003).

A unique and very successful event was the exhibition for sightless, "Egypt by Touch," which was organized in Prague (NM – Náprstek Museum, 1995), Brno (City Museum Brno, 1996), Cairo (Egyptian Center for International Cultural Cooperation, 1997) and Sydney (Parliament of New South Wales, 2000). Besides this, many independent exhibitions of photographs from Egypt of the photographers Michael Balík, Jan Brodský, Kamil Voděra and Milan Zemina were organized both in the Czech Republic and abroad.

The Abusir monuments and the objects found in them undoubtedly deserve a rigorous exploration and proper presentation. Their historical importance is invaluable. As an important part of the Egyptian pyramid fields, Abusir is after all since 1979 justly included in the list of the world cultural and natural heritage of the UNESCO.

EGYPTŠTÍ ARCHEOLOGOVÉ V ABÚSÍRU

Tarek El Awady

1 Ptahšepses junior / Ptahshepses Junior
2 Ghaliho výzkum (dále na jihovýchod)
   Ghali's excavations (further southeastwards)
3 Radwanův výzkum (dále na sever)
   Radwan's excavations (further northwards)
4 Sahureova vzestupná cesta / Sahure's causeway

Poloha Abúsíru mezi dvěma nejzajímavějšími archeologickými nalezišti světa určila i jeho osud. Na severozápadě se rozkládá gízské pyramidové pole se svými gigantickými pyramidami a na jihu nádherná Stupňovitá pyramida krále Džosera. Jak by se Abúsír se svými malými, rozpadlými pyramidami mohl vyrovnat těmto bohatým lokalitám, které odedávna přitahují zájem návštěvníků a vědců? Abúsír léta trpěl přehlížením a sloužil jako bezpečné pole působnosti zlodějů kamene, kteří jen prohlubovali beznaděj nad věčně tichou nekropolí. Také archeologové se zpočátku domnívali, že Abúsír toho k dějinám starých Egypťanů mnoho nedodá, a o výzkum abúsírských památek nejevili přílišný zájem. Dokonce i po rozsáhlých vykopávkách, jež zde provedla na počátku 20. století německá expedice pod vedením architekta Ludwiga Borchardta[1], byli egyptologové přesvědčeni, že všechny „důležité" památky byly již dostatečně prozkoumány a že v Abúsíru nezbývá nic, co by mohlo být objeveno. Proto také egyptští archeologové, kteří v Abúsíru začali působit o více než půlstoletí později, zahájili své práce pouhým čištěním již objevených staveb. Dnes však vykopávky Nejvyšší rady pro památky vynášejí na světlo památky, které mění naše pojetí dějin Staré říše.

Mohamed El Soghaiar: Utrpení v abúsírském autobuse

Zhruba ve svých třiceti letech byl památkový inspektor Mohamed El Soghaiar pověřen sakkárským inspektorátem, aby dohlížel nad čisticími pracemi kolem rozsáhlé Ptahšepsesovy mastaby v Abúsíru, jež je považována za největší nekrálovskou hrobku Staré říše.[2] El Soghaiar žil v Káhiře, asi 25 km od Abúsíru a jediný způsob, jak se mohl dostat do práce, byla jízda autobusem, ovšem na trase mezi Káhirou a Sakkárou (se zastávkou v Abúsíru) jezdil pouze jediný. Řidičem autobusu byl asi padesátiletý muž, který znal většinu rolníků a rodin z Abúsíru a Sakkáry. Na cestě do Sakkáry a zpět vždy několikrát zastavil, volal na své přátele, kteří pracovali na polích, a nabízel jim svezení domů či do města. Nikdy mu nevadilo na ně počkat, než se umyjí a obléčou si své galábíje (galábíja je obvyklý oděv egyptských rolníků, podobající se dlouhé košili). Pro Soghaiara se tak cesta autobusem do práce a zpět stala každodenním utrpením.

El Soghaiar neočekával, že ho během jeho působení v Abúsíru práce kolem Ptahšepsesovy hrobky přivede k objevu hrobky Ptahšepsese Juniora, syna mocného vezíra Ptahšepsese. Jelikož dokončoval doktorát v Asjútu, snažil se zbavit mučednického cestování autobusem a vytrvale se pokoušel o své převedení do Horního Egypta, kde se narodil, aby zde mohl pracovat a žít se svou rodinou. Když konečně v polovině 70. let dosáhl svého a byl jmenován památkovým inspektorem v Luxoru, na publikaci objevené

Obr. 1 Mapa Abúsíru s vyznačenými místy, kde pracovali egyptští archeologové. © Ing. Vladimír Brůna, Laboratoř geoinformatiky Univerzity J. E. Purkyně v Ústí nad Labem

Fig. 1 Map of Abusir showing locations excavated by Egyptian archaeologists. © Ing. Vladimír Brůna, Geoinformatics Laboratory of the University of J. E. Purkyně in Ústí nad Labem

EGYPTIAN ARCHAEOLOGISTS AT ABUSIR

Tarek El Awady

Obr. 2 Pohled od severovýchodu na mastabu Ptahšepsese Juniora. V pozadí je nedostavěná rekonstrukce průčelí hrobky jeho otce, vezíra Ptahšepsese, na obzoru pyramida panovníka Niuserrea.
Foto: Milan Zemina

Fig. 2 View of the mastaba of Ptahshepses junior from the north--east. The unfinished reconstruction of the façade of the mastaba of his father, vizier Ptahshepses, and Niuserre's pyramid can be seen in the background.
Photo: Milan Zemina

[1] Borchardt (1907, 1909, 1910–1913).
[2] Verner (ed.) (1976).

It is the destiny of Abusir to be located between two of the most fascinating archaeological sites in the world; the Giza plateau to the northwest with its gigantic pyramids and Saqqara to the south with its marvelous Step Pyramid of king Djoser. How can Abusir with its small ruined pyramids compete with these two large-scale sites, which have always attracted the attention of visitors and scholars? Abusir suffered years of neglect and served as a safe field for the stone robbers who added more despair to the eternal silent necropolis. Believing that Abusir had nothing to add to the history of the ancient Egyptians, scholars did not show an interest in exploring the monuments of Abusir. Even after the major excavations carried out under the direction of the German architect Ludwig Borchardt at the beginning of the 20th century,[1] Egyptologists believed that every (important) monument had been sufficiently excavated and that there was nothing left to be discovered at Abusir. Egyptian archaeologists thus began their activities at Abusir by mere cleaning works. Today, however, excavations of the Supreme Council of Antiquities continually bring to light objects that change our view of the history of the Old Kingdom.

Mohamed El Soghaiar: The Torture of the Abusir Bus

In his early thirties, Inspector of Antiquities Mohamed El Soghaiar was commissioned by the Saqqara Inspectorate Office to supervise the cleaning work around the big mastaba of Ptahshepses at Abusir.[2] El Soghaiar was living in Cairo, some 25 km away from Abusir. The only way for him to reach his job was by bus, and there was only one bus that went the roundtrip between Cairo and Saqqara (passing by Abusir). The bus driver was a man in his fifties and he knew most of the farmers and families from Abusir and Saqqara. He used to stop several times on the way to Saqqara and on the way to Cairo to shout out to his friends working in the fields and ask them if they wanted a ride home or to the city. He never minded waiting for them to wash themselves and put on their galabias (the galabia is still the ordinary dress for all the farmers in Egypt). The bus ride to and from work was a daily torture that Soghaiar was forced to endure.

Soghaiar did not expect that his work around the tomb of Ptahshepses would lead him to the discovery of the tomb of Ptahshepses junior, son of the powerful vizier Ptahshepses. Soghaiar, who read for his doctorate in Asyut, wanted to escape his torture of traveling on the bus, and therefore he persistently tried to get transferred to Upper Egypt, his birthplace, to work and live with his family. When he was finally

mastaby Ptahšepsese Juniora již nemohl pracovat. Práva na zveřejnění této památky byla tedy převedena na Český egyptologický ústav.[3]

Holeil Ghali: Nikdy nedokončená práce

Ghali dokončil doktorské studium ve Vídni a poté byl jmenován ředitelem památkového inspektorátu v Sakkáře. V polovině 80. let 20. století začal pracovat poblíž moderního islámského pohřebiště v Abúsíru, poté, co se dozvěděl, že místo, kde muslimové pohřbívají své mrtvé, skrývá starověké hroby. Jeho vykopávky vedly k nálezu rozsáhlého pohřebiště nižších vrstev z Archaické doby. Objev těchto hrobek je velmi důležitý pro pochopení vývoje abúsírsko-sakkárské nekropole v Archaické době. Ghali bohužel zastavil práce dříve, než mohl dokončit celkový průzkum této části Abúsíru, nacházející se poblíž pohřebiště ze stejného období zkoumaného Georgem Steindorffem v roce 1910.[4]

Ali Radwan: Sluneční chrámy a pohřebiště 1. dynastie

V roce 1988 získala povolení provádět vykopávky v Abúsíru archeologická expedice Káhirské univerzity. Expedici vedl profesor Ali Radwan. Své výzkumy zaměřil na hledání „ztracených" slunečních chrámů z 5. dynastie. Doposud byly nalezeny pouze dva ze šesti doložených chrámů, a to Veserkafův a Niuserreův, ostatní známe pouze z písemných pramenů, zejména z nápisů a titulů kněží, kteří v těchto chrámech pracovali.[5] Hledání ztracených slunečních chrámů však přivedlo Radwana k jednomu z nejdůležitějších objevů v Abúsíru, k objevu velkého pohřebiště z kultury Nakáda III a 1. dynastie. Hrobky se nacházejí na severním okraji Abúsíru, severozápadně od slunečního chrámu krále Niuserrea.[6] Celkový plán pohřebiště zahrnuje velké hrobky pravoúhlého půdorysu, mezi nimiž bylo nalezeno velké množství vedlejších pohřbů.[7] Velké hrobky patřily příslušníkům střední třídy, jejichž bohatství je patrné z velmi kvalitních nástrojů a pohřební výbavy, ukládané k jejich tělům. Hrobky obklopují masivní zdi z nepálených cihel zdobené nikami. Připomínají ohradní zeď okrsku Stupňovité pyramidy zakladatele 3. dynastie krále Džosera.[8] Na pohřebišti byly nalezeny také pohřby zádušních bárek a oslů.

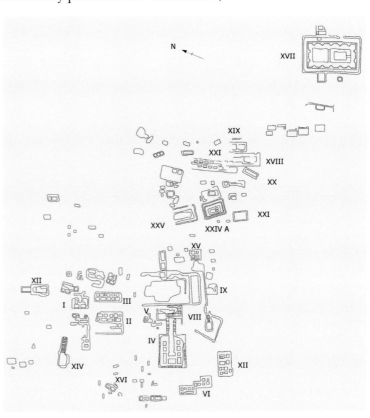

Obr. 3 Půdorys pohřebiště z Archaického období zkoumaného Ali Radwanem.

Fig. 3 Plan of the Early Dynastic necropolis excavated by Ali Radwan.

Zahi Hawass: Archeolog, který přitahuje objevy

Profesor Zahi Hawass zasvětil svůj odborný život studiu pyramid. Zahájil a vedl velké výkopové projekty, především v Gíze a Sakkáře. Dvakrát byl však okolnostmi přinucen řídit vykopávky tam, kde to nikdy neplánoval. Poprvé se tak stalo v oáze Bahríja, v níž byla díky oslovi, který zakopl v poušti, objevena bohatá rodinná hrobka z římské doby. Tato náhodná událost přivedla Hawasse k objevu Údolí zlatých mumií.[9]

Podruhé se tak stalo v Abúsíru v roce 1994 – tedy poté, co se správci památek rozhodli otevřít Abúsír pro turisty a bylo nezbytné provést zde čisticí a restaurační práce.

Obr. 4 Profesor Zahi Hawass v Údolí zlatých mumií.
Foto: Kenneth Gareth

Fig. 4 Professor Zahi Hawass in the Valley of the Golden Mummies.
Photo: Kenneth Gareth

granted the transfer and was appointed as an Inspector of Antiquities in Luxor in the mid 1970's, he was no longer able to work on the publication of the mastaba of Ptahshepses junior. Hence, the credit of the publication was moved to the Czech Institute of Egyptology.[3]

Holeil Ghali: A Work that was Never Completed

Ghali read for his doctorate in Wien, and was appointed Director of the Saqqara inspectorate. In the mid 1980's he started to excavate near the modern Islamic cemetery at Abusir after he was told that the site which the Muslims used as a burial ground contained ancient graves. His excavation proved that the site included a large cemetery of lower class people from the Early Dynastic Period. The discovery of this cemetery is very important to complete the development of the Abusir-Saqqara area in this period. Unfortunately, Ghali's work stopped before he could accomplish a complete investigation of the Early Dynastic cemetery that is located somewhere near the cemetery excavated by Georg Steindorff in 1910.[4]

Ali Radwan: Sun temples and the 1st Dynasty Cemetery

In 1988 the Cairo University archaeological expedition was permitted to excavate at Abusir. The expedition was directed by Prof. Ali Radwan. His excavation at Abusir aimed to search for the (lost) sun temples from the 5th Dynasty, which are known only from the written evidence, especially from the inscriptions and the titles of the priests who served in these temples.[5] However, looking for the lost sun temples led Radwan to one of the most important discoveries in Abusir, a large cemetery dating back to Naqada III and the 1st Dynasty. The cemetery is situated at the northern edge of Abusir, to the northwest of the sun temple of king Niuserre.[6] The general plan of the cemetery shows large tombs with a rectangular plan, between which hundreds of subsidiary burials were found.[7] The large tombs belonged to people of the middle class, whose wealth is apparently clear from the very fine tools and funerary equipment that accompanied their burials. The tombs are surrounded with massive mud brick walls with niches. They resemble the enclosure walls that appear at the famous Step pyramid of Djoser; founder of the 3rd Dynasty.[8] Also in the cemetery, graves of funerary boats and donkeys were found.

Zahi Hawass: Discoveries are Always Running to Him

Prof. Hawass devoted himself to the science of the Pyramids and launched major excavations mainly in Giza and Saqqara. However, Hawass was forced twice to run excavations at sites that he had never planned on. The first time was in Bahariya Oasis when a donkey stumbled in the desert revealing a rich family tomb from the Roman period. This accident led Hawass to his important discovery the Valley of the Golden Mummies.[9]

The second time was in Abusir, in 1994, when the antiquities managers decided to open Abusir for tourists, and cleaning and restoration work was essential. Therefore,

[3] Bárta (2000: 45–66).
[4] Bonnet (1928).
[5] Verner (2003: 44–57).
[6] Radwan (1991: 305, 1995: 311).
[7] Radwan (2000: fig.1).
[8] Radwan (2000: 509).
[9] Hawass (2000).

Z technického oddělení správy gízského pyramidového pole byl tedy vyslán bagr, aby odstranil starou suť, která zbyla po Borchardtových vykopávkách kolem abúsírských pyramid. Bagrista Mohamed Moselhy začal odstraňovat haldu písku nad horní částí severní strany Sahureovy vzestupné cesty, která vede k panovníkovu zádušnímu chrámu. Pracoval v palčivém horku egyptského léta, kdy žlutý pouštní písek září, odráží sluneční paprsky i horko a způsobuje, že si na poušti všichni přejí jediné – stín. Moselhy začal pomalu nabírat suť a po dvou hodinách práce se rozhodl, že si on i jeho rozpálený bagr zaslouží odpočinek. Pokoušel se zasunout přední lžíci do písku, aby tak bagr stabilizoval, když vtom narazil na kámen, a to zjevně značně veliký. Jako člen rodiny, jejíž mužští členové pracovali na archeologických nalezištích, pojal jisté podezření, opustil svůj bagr, sklonil se dolů a pokusil se písek odhrabat rukama. Ke svému překvapení odhalil „krásné, červeně malované obrázky". Svůj objev sdělil Hawassovi, který se okamžitě vydal do Abúsíru a přemýšlel, co se asi pod „krásnými obrázky" skrývá. Během jediné krátké sezony po tomto náhodném objevu odkryl Hawass čtyři obrovské vápencové bloky zdobené polychromovanými reliéfy a desítky dalších fragmentů reliéfů.[10] Bloky byly původně součástí severní stěny vzestupné cesty. Jejich objev vyvolal mnoho otázek. Jak mohl Borchardt tyto obrovské bloky přehlédnout? Jsou tyto čtyři bloky jedinými zdobenými bloky, které se ze vzestupné cesty dochovaly? Odpověď na první otázku nalezneme v jeho publikaci Sahureova pyramidového komplexu – Borchardt se spokojil pouze se třemi zkušebními sondami podél vzestupné cesty, ve kterých nic nenašel. Na druhou otázku však bylo možno odpovědět jedině tak, že se bude pokračovat ve vykopávkách. Stěny vzestupné cesty byly zničeny již ve starověku, krátce po zničení Sahureovy pyramidy a zádušního chrámu,[11] a bylo opodstatněné se domnívat, že pod nánosy písku leží ještě další zdobené bloky, po staletí schované před zloději památek a kamene. Hawass byl však již naneštěstí zaměstnán několika velkými projekty: globální správou gízského pyramidového pole, která výrazně napomohla zlepšení stavu gízských pyramid, restaurováním Sfingy a později záchrannými pracemi v Údolí zlatých mumií v oáze Bahríja, jejichž cílem bylo ochránit lokalitu před vykradači hrobů. Výzkum okolí Sahureovy vzestupné cesty tak musel počkat až do roku 2002.

Hawassova výkopová sezona v Abúsíru v roce 1994 vynesla na světlo reliéfy se scénami, například scénu tažení pyramidia na jeho konečné místo na vrcholku pyramidy, v jejichž spatření vědci nikdy ani nedoufali. Práce v tomto roce odhalily také motiv známý jako „vyzáblí Asijci", který již dříve, na počátku 20. století, objevil Selim Hassan během vykopávek v okolí vzestupné cesty krále Venise z konce 5. dynastie.[12] Egyptologové se domnívali, že právě „vyzáblí Asijci" z Venisovy vzestupné cesty představují narativní pramen, jenž se vztahuje k událostem z doby panovníkovy vlády. Objev identické scény ze Sahureovy vzestupné cesty, jež je o několik desítek let starší než Venisova, dokázal, že tento motiv byl ustálenou součástí královského výzdobného

Obr. 5 Vyobrazení sedících vyzáblých beduínů. Scéna původně tvořila součást výzdobného programu Sahureovy vzestupné cesty. Foto: Milan Zemina

Fig. 5 Representation of sitting gaunt bedouins. The scene originally formed part of the decoration programme of Sahure's causeway. Photo: Milan Zemina

a front-loader was sent from the engineering department of the Giza pyramids to remove the old debris that was left over from the excavations that had been carried out by Ludwig Borchardt around the pyramids of Abusir. Mohamed Moselhy, the loader driver, started with a hill of sand left over the upper northern side of Sahure's causeway which leads to the mortuary temple of the king. It was during the blistering hot summer of Egypt, which make the yellow sands of the desert shine, reflecting both the sunrays and the heat making everyone working in the desert dream of only one thing, shade. Moselhy slowly began to deal with the debris and after two hours of work he decided to take a break for himself and his overheated loader. Moselhy was trying to embed the front fork into the deep sand to keep his loader stable, when the fork hit a stone, and it was obviously a big stone! Moselhy, as a member of a family whose male members all work at antiquities sites, left his loader, bent down, with his hands he tried to remove the sand. Then, he was surprised to see "beautiful pictures painted red". Moselhy told Hawass, who immediately headed to Abusir thinking about what these "beautiful pictures" might be. In one short season after the accidental discovery, Hawass was able to uncover four huge limestone blocks, inscribed with polychrome bas-relief and dozens of fragments.[10] The blocks were originally, before they fell down, part of the northern sidewall of the causeway. The discovery raised many questions: How did Borchardt miss these huge blocks? Are the four blocks the only inscribed blocks that survived from the causeway? The answer to the first question can be found in Borchardt publication of Sahure's pyramid complex where he was satisfied with only three trial diggings along the causeway and the results were not encouraging, even though the sidewalls of the causeway were demolished and gone shortly after the destruction of Sahure's monument in Antiquity.[11] However, there is only one way to answer the second question; that is to continue the excavations. Unfortunately, Hawass was busy with other main projects: his site management developing project at the Giza pyramids, which richly improved the preservation status of the Giza pyramids, the restoration of the Sphinx, and later with the excavation of the Valley of the Golden Mummies in Bahariya Oasis, which was indeed a salvage excavation to protect the site from tombs robbers. Thus, the exploration of the area around Sahures's causeway had to wait until the year 2002.

The Hawass's excavation season at Abusir in the 1994 brought to light royal reliefs with scenes that scholars never expected to see, especially the scene of dragging the pyramidion to its final place on the top of the pyramid. The work in the same year led also to the discovery of the scene known as the 'emaciated Asians' which was discovered before by Selim Hassan, earlier in the 20th century, during his excavation of the causeway of king Unas from the end of the 5th Dynasty.[12] Scholars believed that the scene of the 'emaciated Asians' from the causeway of Unas represented a narrative scene which commemorated an event in the time of the king, however the discovery of an identical scene from the causeway of Sahure, earlier than the causeway of Unas, proved that the scene is part of the program of the relief decoration of the causeway, and it is not necessarily a scene expressing a real event.

On October 1, 2002 the excavations conducted by the Supreme Council of Antiquities were resumed around the adjacent area of Sahure's causeway, at the close of the last excavation season (2003–2004), an area of about 60 meters long and 10 meters wide had been completely examined. However, more than 170 meters on both sides of the causeway are waiting to be investigated in the future. Next three excavation seasons unearthed 17 huge limestone blocks with colored reliefs and more than 500 fragments of different sizes.

[10] Hawass–Verner (1996: 177–186); Hawass––Verner (2003: 263).

[11] Baines (1973: 9–14).

[12] Hassan (1938: 519, 1955: 136–139), Hussein (1943: 441–442).

Obr. 6 I při současných archeologických výzkumech se používají staré metody.
Foto: Tarek el-Awady

Fig. 6 Even the latest archaeological excavations some times employ ancient methods of work.
Photo: Tarek el-Awady

programu vzestupné cesty a nemusel tedy nutně znázorňovat skutečnost, zejména ne z Venisovy doby.

Nejvyšší egyptská rada pro památky znovu zahájila vykopávky v okolí Sahureovy vzestupné cesty 1. října 2002 a na konci poslední výkopové sezony (2003–2004) dokončila průzkum oblasti o délce 60 m a šířce 10 m v západní polovině této cesty. Na budoucí průzkum však stále čeká více než 170 metrů po obou stranách vzestupné cesty. Během tří výkopových sezon bylo objeveno 17 obrovských vápencových bloků s polychromovanými reliéfy a přes 500 fragmentů různé velikosti.

Tento objev je významný nejen tím, že odhalil umělecky jedinečné provedení reliéfů s dosud nevídanou královskou tematikou z doby Staré říše, ale také kvůli důležitým historickým pramenům, které nám reliéfy poskytují. Například jedna z nově objevených scén znázorňuje Sahureovu rodinu při oslavách králova úspěchu poté, co byl do Egypta přivezen cenný myrhovník z tajemné země Punt. Tato scéna rovněž vyřešila záhadu původu Sahureova nástupce, krále Neferirkarea. Ačkoliv se většina badatelů domnívala, že Neferirkare byl Sahureovým bratrem, nová scéna dokazuje, že ve skutečnosti byl jeho synem.

Další zajímavou scénou mezi nově nalezenými reliéfy je první známé zobrazení příjezdu expedice z Puntu. Tato jedinečná scéna znázorňuje rodiny z Puntu, paviány, psy a rozličné předměty, přivezené do Egypta na lodích. Neuvěřitelný je umělcův smysl pro detail – zřetelně jsou znázorněny rysy, svaly, účesy, oděv i činnosti lidí z Puntu přicházejících do královského paláce.[13]

Výzkumy Sahureovy vzestupné cesty jsou upozorněním pro egyptology a další badatele, že abúsírské písky dosud nevydaly všechna svá tajemství.

[13] El-Awady (2006).

Obr. 7 Příjezd
lodí z Puntu.
Foto: Patti Rabbitt

Fig. 7 The arrival
of boats from Punt.
Photo: Patti Rabbitt

This discovery is important not only for the unique reliefs with hitherto unseen royal motifs from the Old Kingdom, but also for the significant historical sources provided by these reliefs. One of the newly discovered scenes shows the royal family of Sahure celebrating the king's success in bringing the most valuable myrrh tree from the mysterious land of Punt. This scene solved the mystery of the origin of king Neferirkare, Sahure's successor, whom most scholars believed to be Sahure's brother. However, the new evidence proved that he is actually Sahure's son.

Another fascinating scene among the newly discovered reliefs is the earliest depiction that shows an expedition's arrival from Punt. This unique scene depicts families from Punt, baboons, dogs and other goods being transported to Egypt on ships. The artists' attention to detail is incredible, illustrating the features, muscles, hairstyles, cloths and activities of the people from Punt as they arrive at the palace of the king.[13]

The excavations of Sahure's causeway is an alert to the Egyptologists and other scholars to tell them that there is still more to be revealed from the sand of Abusir.

POHŘEBIŠTĚ Z ARCHAICKÉ DOBY V JIŽNÍM ABÚSÍRU

Dirk Blaschta

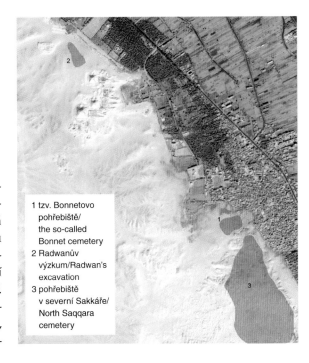

1 tzv. Bonnetovo
pohřebiště/
the so-called
Bonnet cemetery
2 Radwanův
výzkum/Radwan's
excavation
3 pohřebiště
v severní Sakkáře/
North Saqqara
cemetery

Výzkumná sezona 1910

V současné egyptologické terminologii zahrnuje Archaická doba první dvě dynastie, během nichž se Egypt změnil v centrálně organizovaný jednotný stát. Archeologická kultura, která na území nilského údolí Archaickou dobu charakterizuje, je označována jako nakádská. Její chronologický stupeň IIIC1 (3100–3000 př. n. l.) odpovídá první polovině 1. dynastie, zatímco stupeň IIIC2 (3000–2900 př. n. l.) se překrývá s druhou polovinou 1. dynastie. Celý vývoj nakádského kulturního komplexu vrcholí stupněm IIID, který pokrývá časový úsek mezi samotným závěrem 1. dynastie a vrcholnou 2. dynastií (2900–2700 př. n. l.).[1]

Předměty z Archaické doby, které jsou vystavené na této výstavě, pocházejí z pohřebiště rozkládajícího se na jižním okraji dnes již vyschlého abúsírského rybníka u paty severovýchodního výběžku skalnatého sakkárského plata. Prostor byl archeologicky prozkoumán během výzkumné sezony roku 1910 Georgem Steindorffem, ředitelem tehdejšího Egyptologického ústavu v Lipsku, a jeho terénním asistentem Uvo Hölscherem. Oba badatelé strávili v Abúsíru přibližně jeden měsíc – od konce února do konce března. Výzkum tamního pohřebiště proběhl v rámci expedice Ernesta von Sieglina, která poskytovala potřebné finanční prostředky pro výzkum lipské univerzity a současně pracovala v údolním a zádušním chrámu přináležejícím pyramidě panovníka Rachefa v Gíze.

Pohřebiště z Archaické doby rozkládající se na samotné jižní hranici Abúsíru však bylo nejdříve vyrabováno vykradači hrobů. Členové Německého ústavu pro egyptské starožitnosti v Káhiře se o abúsírském pohřebišti dozvěděli právě ve chvíli, když se na trhu s památkami začaly objevovat cenné kamenné nádoby a jejich fragmenty. Tehdejší ředitel ústavu Ludwig Borchardt nakoupil od překupníků z Abúsíru soubor archaických kamenných nádob. Již dříve projevilo vedení expedice Ernesta von Sieglina zájem o otevření dalšího výzkumu, který by byl stejně úspěšný jako odkryv chrámů Rachefova pohřebního komplexu, a proto byl přijat Borchardtův návrh prozkoumat oblast při jižní hranici Abúsíru.

Z výkopové dokumentace se do dnešních dnů bohužel dochoval pouze deník, který svého času při výzkumu vedli Steindorff a Hölscher. V současnosti je uložen v archivu Egyptského muzea Univerzity v Lipsku. Nelze s určitostí prokázat, zda kromě výkopového deníku byla pořizována další dokumentace, která buď nebyla uložena na lipské univerzitě nebo byla zničena během bombardování za 2. světové války. Monografii zpracovávající abúsírské pohřebiště z Archaické doby vydal teprve roku 1928 Hans Bonnet.[2] Díky němu dnes máme k dispozici nejen celkový plán pohřebiště, ale i velké množství nákresů architektury jednotlivých hrobek, které by jinak byly nenávratně ztraceny. Přesto i nadále zůstává vedle Bonnetovy publikace deník nejvýznamnějším zdrojem informací pro další zpracování abúsírského archeologického materiálu, neboť zaznamenává informace o poloze jednotlivých nálezů v pohřebních komorách.[3] Tyto informace mají nedozírnou hodnotu při rekonstruování pohřebních zvyklostí a s nimi spojených nábo-

Obr. 1 Výřez ze satelitního snímku abúsírsko-sakkárské oblasti s vyznačením přibližné polohy pohřebiště zkoumaného Georgem Steindorffem v roce 1910 a dalších památek z tohoto období. © Ing. Vladimír Brůna, Laboratoř geoinformatiky Univerzity J. E. Purkyně v Ústí nad Labem

Fig. 1 Section of the satellite image of the Abusir-Saqqara area with the approximate location of the Early Dynastic cemetery excavated by Georg Steindoff in 1910 and other monuments dating to the same period. © Ing. Vladimír Brůna, Geoinformatics Laboratory of the University of J. E. Purkyně in Ústí nad Labem

THE EARLY DYNASTIC NECROPOLIS AT SOUTH ABUSIR

Dirk Blaschta

Excavations in the year 1910

According to the Egyptological definition, the Early Dynastic Period includes the first two dynasties, marked above all by the development of Egypt towards a united, centrally governed state. The contemporary culture, which can be followed archaeologically, is called the Naqada culture. Stage IIIC1 of this culture (3100–3000 BC) covers the first half of the 1st Dynasty, stage IIIC2 (3000–2900 BC) the second half of the 1st Dynasty. The final stage of the development of the Naqada culture, known as Naqada IIID, ranges in time from the end of the 1st Dynasty well into the second (2900–2700 BC).[1]

The Early Dynastic objects on display in the exhibition were found at the site located at the southern edge of the now dry Lake of Abusir, directly at the foot of the north-eastern part of the Saqqara plateau. The area was excavated in 1910 by Georg Steindorff, the leader of the Egyptological Institute in Leipzig, and by his technical assistant Uvo Hölscher. Both spent there approximately a month, between the end of February and the end of March. The excavation was financed from the means of the Ernst von Sieglin-Expedition, which at the same time supported also an excavation of the Leipzig University in the funerary and valley temples of king Khephren.

The Early Dynastic site in Abusir South was, as is often the case, first found by tomb robbers. Only when some of the high-quality stone vessels and sherds of these robberies came to the antiquities market, was the site investigated by the members of the German Institute for Egyptian Antiquities in Cairo. The director of the Institute, Ludwig Borchardt, was offered some Early Dynastic stone vessels, the sellers of which came from Abusir. Since the leadership of the Ernst von Sieglin Expedition had already voiced a wish for a second promising excavation site in addition to the temples of the Khephren pyramid, the choice quickly fell, following Borchardt's suggestion, on southern Abusir.

Unfortunately only the diary, which was kept during the excavation works of Steindorff and Hölscher, now remains from the field documentation. It is now located in the archive of the Egyptian Museum of the University of Leipzig. It cannot be said with certainty whether other documentation exists outside the Leipzig University, or whether it was burnt during the bombing raids of the Second World War. The publication of the Early Dynastic tombs of Abusir was realized first in 1928 by Hans Bonnet.[2] We thus nowadays possess a plan of the site as well as a number of drawings of the tomb architecture, which would otherwise have been completely lost. Despite Bonnet's publication, the diary remains the most important source of information for further analysis of Early Dynastic finds from Abusir, since it contains information concerning the location of the individual objects within the tombs.[3] This type of information is of immense value for the reconstruction of burial practices and religious ideas connected with them. It is unfortunately the case that even the diary contains only very limited information concerning the location of objects within the burial chambers. Where such information is present, it is moreover limited to the richer

[1] Hendrickx (1996: 36–69).

[2] Bonnet (1928).

[3] Blaschta (2003).

ženských představ. Je však rovněž třeba uvést, že v deníku zmiňované podrobnosti o nálezových situacích jednotlivých předmětů z pohřebních výbav nejsou příliš početné, a pokud existují, omezují se pouze na bohaté pohřby. Jakékoli vyčerpávající statistické zhodnocení tedy není na základě stávajících pramenů možné.

Díky nepřetržitému rozšiřování vesnice Abúsír leží pohřebiště odkryté v roce 1910 v současnosti bezprostředně západně od moderního osídlení. Muslimský hřbitov, který se na plánu zakresleném Bonnetem[4] nachází ještě východně od místa vykopávek, mezitím již prozkoumané místo zcela překryl.[5] Z tohoto důvodu není možné provést případný revizní výzkum.

Předměty, které byly získány během archeologického výzkumu, byly na základě tehdy používaného způsobu dělení nálezů z velké části předány lipskému Egyptskému muzeu. Pouze malá část, složená výhradně z kamenných nádob, je uskladněna v Egyptském muzeu v Káhiře. Většina lipských nálezů však byla během druhé světové války zničena či rozkradena. Z těchto příčin je zcela nemožné složit z dochovaných nálezů jediný kompletně zachovaný hrob s jeho výbavou. Vystavené předměty tak mají pouze poskytnout představu o složení pohřební výbavy ukládané v Archaické době do hrobek.

Předměty datované do Archaické doby pocházejí, zjednodušeně řečeno, ze čtyř morfologicky odlišných typů hrobek. K nim patří zaprvé hrobky přístupné schodištěm, dále tzv. šachtové hrobky a jednoduché pohřební jámy obložené sušenými cihlami. Čtvrtý typ hrobek sestává z do země zapuštěné cihlové pohřební komory, která má na kratší straně rozeznatelný skladištní prostor. Tento typ je na pohřebišti zastoupen pouze jednou hrobkou (označenou 9A-6). S určitou jistotou snad lze konstatovat, že představuje nejstarší hrobku v této části nekropole a lze ji datovat do první poloviny, maximálně do poloviny 1. dynastie.[6] Téměř všechny hrobky z přibližně sedmdesáti, které byly v roce 1910 prozkoumány, náležely k tzv. šachtovým hrobkám. Pouze čtyřikrát jsou zde zastoupeny hrobky se schodištěm a třikrát prosté pohřební jámy. Z již prostého výčtu jednotlivých četností je zřejmé, že hrobky se schodištěm představují na abúsírské nekropoli zvláštní typ. Toto zjištění bylo podpořeno i faktem, že v nich byla nalezena poměrně bohatá pohřební výbava. Malý počet prostých hrobových jam může být na druhou stranu způsoben malým zájmem archeologů o jen velmi skromně vybavené hrobky. V deníku[7] se konstatuje, že ty se soustřeďovaly především při severním okraji prozkoumané plochy, kde tvořily „celou řadu".

Do podzemních prostor šachtových hrobek se sestupovalo prostou šachtou. Podobně také hrobky se schodištěm získaly své označení podle architektonické podoby přístupu do pohřební komory, tj. schodiště, které sestávalo ze šesti až osmi stupňů. Jednotlivé stupně byly vertikálně vysekány do skalnatého podloží. Jedna poznámka v deníku[8] naznačuje, že se na pohřebišti nacházel i jeden hrob, který měl přístupové schodiště vybudováno ze sušených cihel. Bohužel v něm nebyly nalezeny žádné předměty, podle kterých by ho bylo možné chronologicky zařadit, a tak není jisté, zda vůbec pocházel z Archaické doby. Pohřební komory se nacházely na dně schodišť a vstupovalo se do nich skrze zúžený průchod. Rozměry komor se pohybovaly od 1,5 do 2 m a byly horizontálně vysekány do skalnatého podloží. Z možných nadzemních struktur, které případně abúsírské hrobky se schodištěm i šachtou označovaly, se v době archeologického výzkumu již nic nedochovalo.

Šachtové hrobky lze z morfologického hlediska rozdělit do několika podskupin. Všem je společná šachta, kterou se sestupovalo do podzemí a jež nahrazovala schodiště. Nejjednodušší šachtové hrobky pohřební komoru dokonce postrádají. V několika případech se postupně šachta stupňovitě zužovala. O podobě a velikosti šachet se nám dochovaly pouze útržkovité informace. Je zřejmé, že u nich převládal přibližně kvadratický tvar a jejich horní třetiny byly obkládány lomovým kamenem či sušenými cihlami. V jednom

[4] Bonnet (1928: Taf. 1).

[5] Jeffreys–Tavares (1994: 149).

[6] Blaschta (2003: 82).

[7] Hölscher–Steindorff (1910: 42).

[8] Hölscher–Steindorff (1910: 43).

Obr. 2 Pohled na plochu pohřebiště z Archaické doby směrem k severu, rok 1910. Archiv Egyptského muzea Univerzity v Lipsku. Foto č. N 4157a

Fig. 2 View over the Early Dynastic cemetery towards the north, year 1910. Courtesy of the Egyptian Museum of the University of Leipzig. Photo-Nr. N 4157a

tombs. Thus, the information that remains at our disposal does not permit a large-scale statistical analysis of the situation as it existed at the time of excavation.

Due to the continuous growth of the town of Abusir, the excavation site of 1910 now directly adjoins the modern settlement from the west. An Islamic cemetery, which Bonnet[4] rendered as still lying to the east of the excavation site, has by now spread over the entire area.[5] Revision excavation of this site is thus at the moment impossible.

In terms of the then usual division of finds, most of the objects that were discovered in the course of the Leipzig excavation were given to the Egyptian Museum of Leipzig. Only a small part, consisting exclusively of stone vessels, was kept in the Egyptian Museum of Cairo. Most of the Leipzig pieces were destroyed or stolen during the Second World War. It is therefore not possible to display a tomb with its entire equipment in this exhibition. Instead, individual pieces should illustrate the range of finds from the beginning of the formation of the Egyptian state.

The Early Dynastic objects come, in general, from four morphologically different tomb types. These include the stairway tombs, the so-called shaft tombs, and pit graves lined with bricks. The fourth tomb type is characterized by a mud brick building sunk in the ground and equipped with a magazine on both of the shorter sides. This tomb type is represented only by a single tomb on our site (Tomb 9 A-6). It may be stated with some certainty that this is the oldest tomb here, dating approximately to the first half, but certainly at the latest to the middle, of the 1st Dynasty.[6] Almost all of the tombs (around 70) that were discovered in 1910 belong to the shaft tombs type. Only four are stairway tombs, and no more than three consist of a simple pit graves. The mere comparison of the number of tombs belonging to the individual types makes it clear that the stairway tombs must have been of a special character. This theory is supported also by the richer tomb equipment in the stairway tombs. The small number of pit graves is rather the result of the small interest of the excavators in these mostly only poorly equipped tombs; it should be stressed that, above all, the northern part of the excavation area must have contained „a row" of these tombs.[7]

The stairway tombs differ from the shaft tombs by having their burial chamber accessible by a stairway of six to eight steps. The stairway is cut vertically into the rock. A simple note in the diary[8] suggests that there was also a tomb with a stairway built of mud bricks, however, the lack of finds in this tomb makes its dating into the Early Dynastic Period uncertain. The burial chambers of the stairway tombs adjoin

případě byla šachta hluboká dokonce 12 m. Do jaké hloubky však byla ve skalnatém podloží většina šachet vytesána, nám stávající nedostatečná dokumentace zamlčuje.

Jednoduché hrobové jámy nelze chronologicky přesněji zařadit, neboť jejich architektonická podoba se v průběhu Archaické doby neměnila. Hrobky se schodišti jsou doloženy nejdříve od poloviny 1. dynastie a pokračují i v následující dynastii.[9] Nalezené předměty z abúsírských hrobek vybavených schodištěm neumožňují zpřesnění tohoto časového zařazení. Šachtové hrobky jsou typické pro celou Archaickou dobu,[10] a tak je lze i v Abúsíru zařadit do prvních dvou dynastií.

Během archeologického výzkumu uskutečněného roku 1910 bylo nalezeno pouze osm hrobek, které poskytly antropologický materiál. Postřehy o kostrách se omezují pouze na šachtové hrobky či prosté pohřební jámy s obloženými stěnami. Ve všech pohřbech, u nichž je známa poloha kostry, spočívali zemřelí ve skrčené poloze na levém boku. Obličej byl, až na jednu výjimku, obrácen na jih či jihovýchod. U pohřbu, který se vymykal pravidlu, hleděl zemřelý k severu. Pokud se dochovaly stopy po schránách, v nichž byli zemřelí pohřbeni, byly to dřevěné rakve. Na abúsírském pohřebišti nebyly nalezeny žádné stopy po rohožích, koších či keramických rakvích, které jsou jinak pro Archaickou dobu typické na dalších nekropolích.

Pohřební výbava

Do abúsírských hrobek byly jako pohřební výbava přidávány překvapivě velké keramické zásobnice. Především se jednalo o přibližně 30 cm vysoké nádoby vejčitého tvaru a 70 až 90 cm vysoké zásobnice s výdutí v horní třetině těla. Vystavená vysoká zásobnice (3506) je na plecích zdobená plastickou lištou a do jejího povrchu byla (rovněž na plecích) ještě před vypálením vyrytá značka v podobě kříže.

Umístění vysokých zásobnic v abúsírských pohřebních komorách sleduje stále stejný vzor. Žádná z nádob nebyla nalezena v přístupových prostorách do podzemí, tj. ani na jednotlivých stupních schodišť, ani v šachtách. Veškeré zásobnice byly umístěny v pohřebních komorách, kde se zpravidla nacházely v blízkosti těla.

Stopy po původním obsahu nádob v podobě hroznových a fíkových zrníček, které byly nalezeny na hornoegyptském pohřebišti v Abydu,[11] dokládají, že tyto vysoké keramické tvary byly používány pro uskladnění vína. Při této příležitosti je nutné poznamenat, že především ve skupině hrobek přístupných schodišti byly nálezy těchto zásobnic poměrně hojné. Ve starověkém Egyptě nepatřilo víno k běžným nápojům – tuto funkci plnilo pivo, nýbrž bylo považováno za luxusní nápoj. V tomto případě lze uložení většího počtu nádob na víno chápat jako ukazatel vyššího společenského postavení majitele hrobky. Vlastní cenný obsah zásobnice byl chráněn hliněnou zátkou, která kryla ústí nádoby a měla zpravidla kónický tvar. Funkce značek vyrytých do povrchu nádob nebyla dosud uspokojivě vysvětlena. Pravděpodobně však označovaly obsah zásobnice.

Ačkoli se vysoké keramické zásobnice s vně vytaženým okrajem používaly od počátku 1. dynastie, teprve v jejím závěru se projevila tendence redukovat okraje nádob, jako tomu je u vystaveného exponátu.[12] Značka na pleci nádoby v podobě kříže se poprvé objevuje uprostřed 1. dynastie.[13]

Kromě keramiky bylo v Abúsíru nalezeno přes 300 kusů kamenných nádob, mezi nimiž převažují otevřené tvary (hluboké

Obr. 3 Příklad zápisu z deníku výkopových prací z roku 1910. Archiv Egyptského muzea Univerzity v Lipsku

Fig. 3 A page from the excavation diary from 1910. Courtesy of the Egyptian Museum of the University of Leipzig

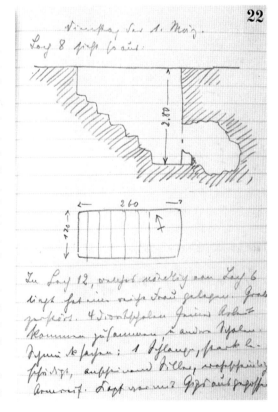

directly to the stairway and are accessible through passages leading from the foot of the stairway. The chambers were dug horizontally into the ground. They range from 1.5 to 2.0 m in length and width. Nothing was found from the possible superstructures of the Abusir shaft and stairway tombs.

The shaft tombs can be morphologically divided into several different subgroups. They all have a shaft, which instead of the stairway leads to the subterranean burial chamber. Simple shaft tombs lack a burial chamber altogether. The shaft entrance is in some cases narrowed down in steps. Only little is known of the shape and size of the shafts. They are mostly rectangular in form, sometimes dressed in the upper part with stone debris or mud bricks, and in extreme cases they reach a depth of 12 m. Due to missing documentation, however, it is unclear how deep most of the shafts of these tombs were.

The dating of the simple pit graves cannot be determined precisely, since their form is chronologically insignificant. Stairway tombs appear in the middle of the 1st Dynasty and belong also to the tomb forms of the 2nd dynasty.[9] The finds from the Abusir stairway tombs allow no more precise dating of these tombs within this time span. Shaft tombs are typical for the Early Dynastic Period, and are attested also in Abusir in the course of the 1st and 2nd Dynasties.[10]

Altogether, only eight tombs that included skeletal remains were documented in the course of the excavations of 1910. The skeletal remains come only from shaft tombs or simple, brick-lined pit graves. In all cases where the location of the skeleton was documented, the deceased was placed on the left side in contracted position, looking to the south or south-east. In one exceptional case the deceased faced the north. The bodies lay in all known cases in wooden coffins. There is no evidence in Abusir for mats, baskets or clay coffins, which are otherwise attested for the Early Dynastic Period.

Tomb equipment

As far as pottery is concerned, the deceased in the Abusir tombs received mostly large storage jars. These include above all about 30 cm high ovoid and ca. 70–90 cm high tall ovoid vessels. Except for the shoulder, the tall ovoid vessel shown in the exhibition (3506) is decorated with a plastic strip. Before burning, a pottery mark in the form of a cross was incised into the vessel at the shoulder level.

The placing of tall ovoid vessels in the tombs follows a recurrent pattern in Abusir. None of these vessels was discovered in the stairway area of the stairway tombs or in the shaft of the shaft tombs. All high ovoid vessels were placed in the burial chamber, mostly in the vicinity of the burial.

Finds of vessel contents in the form of grape- and fig seeds at the Upper Egyptian cemetery of Abydos[11] let us presume that these tall vessels were used as wine jars. In this context it is interesting to note that a great number of these wine jars were found above all in the stairway tombs. Since unlike beer, wine never belonged to the everyday staples in Egypt and was considered a luxury item, the inclusion of a large number of wine jars in a tomb can be considered a sign of the elite social status of the owner. The expensive content was usually protected by placing conical stoppers of mud into the mouths of the jars. The function of the pottery marks has not yet been satisfactorily explained. Most probably they were placed on the vessels in order to identify their contents.

Tall ovoid vessels with plastic strips were in use since the beginning of the 1st Dynasty. The gradual reduction of vessel volume, as is the case with the displayed piece, can be found only after the end of the 1st Dynasty.[12] The pottery mark in the form of a cross incised at shoulder height was in use since the middle of the 1st Dynasty.[13]

[9] Kaiser (1998: 78).

[10] Reisner (1936: 52–56).

[11] Dreyer et al (1996: 52).

[12] Emery (1958: Tomb 3505, pl. 29–30 Type A8–11).

[13] Helck (1990: 52, Abb. 70 i, k; 53, Abb. 70 l, m, r, v, w).

či mělké mísy a talíře), vejčité nádoby a cylindrické vázy. Tyto kamenné nádoby byly na abúsírském pohřebišti objeveny v téměř všech pohřebních komorách a byly výlučně vyrobeny z tzv. egyptského alabastru (geol. travertinu). Jejich výška se pohybuje od 10 cm u malých nádobek po 67 cm u vysokých nádob. Přes velkou tvarovou rozmanitost, která je pro cylindrické vázy typická, lze rozeznat dva základní tvary. Zjednodušeně lze říci, že existují cylindrické nádoby, které buď mají plastickou lištu (3216), či ji nemají (3491, 3213). Plastická lišta se vždy nachází v horní třetině nádoby bezprostředně v podhrdlí a mívá podobu obtočené šňůry. Odkazuje tak na způsob pečetění cylindrických váz, kdy byl přes její okraj přetažen kousek kůže, který byl v horní třetině těla nádoby pevně přichycen provázkem usoukaným z rostlinných vláken.[14] Jedna z vystavených nádob (3284) představuje pouze zpola dokončený výrobek, na němž se dochovaly jasné stopy po pracovních nástrojích používaných při výrobě kamenných nádob. Na vnější stěně jsou dosud viditelné záseky po kamenném kladivu, zatímco na vnitřních stěnách vidíme spirálovité drážky, které po sobě zanechala kamenná pracovní hlavice z vrtáku.

Původní umístění kamenných cylindrických váz v prostoru pohřební komory bylo v Abúsíru zdokumentováno pouze u jednoho pohřbu, kde nádoby stály v rozích rakve u hlavy zemřelého. Na základě této zmínky snad lze vyslovit hypotézu, že toto umístění bylo v Abúsíru rovněž dodržováno.

V Abúsíru nebyly prokázány stopy po skladovaném olejnatém obsahu, jejž by bylo možné u cylindrických kamenných nádob předpokládat. Byly však nalezeny předměty, které jsou na první pohled poněkud nečekané. Ve zde vystavené cylindrické váze (3216) byla např. objevena písařská paleta (2656). V další nádobě, která rovněž pochází z Abúsíru, byly uschovány zlomky měděné misky. Lze předpokládat, že původně tyto zmíněné předměty spočívaly na koženém uzávěru ústí nádob a teprve poté, co se kůže rozpadla, spadly dovnitř nádob.

Bohužel cylindrické kamenné nádoby nelze použít ke zpřesnění datování jednotlivých hrobek v rámci Archaické doby. Jejich podoba se od závěru pozdně Předdynastické doby po počátek Staré říše téměř nemění.[15] Proto se musí pro určení jejich stáří použít další součásti pohřební výbavy zkoumaných hrobek, u nichž lze vysledovat výraznější proměny tvaru v čase. Tímto způsobem lze určit, že dvě zde vystavené cylindrické nádoby pocházejí ze stupňů IIIC2 (3216) a IIID (3491) nakádské kultury. Zbývající dvě nádoby (3213, 3284) nelze, kvůli nedostatku chronologicky jemných nálezů či z důvodů neznalosti místa jejich původního umístění, přesněji datovat.

V porovnání s četnými cylindrickými vázami jsou nálezy vejčitých kamenných nádob v hrobech méně časté. Podstava u obou vystavených exemplářů (3417, 3255) je plochá. Stěny nádob probíhají od okrajů k plecím téměř horizontálně a po dosažení maximální výduti se náhle prudce lomí směrem dolů k podstavě. Dno u menší vejčité nádoby (3255) bylo pečlivě odstraněno.

Archeologická situace, v níž byly nádoby nalezeny v pohřebních komorách, je zachycena pouze u menší vejčité nádobky (3255), která byla umístěna v dolní části rakve, u nohou zemřelého. Zde byla postavena do mělké měděné misky, která zase spočívala na okraji nádoby s širokým okrajem a maximální výdutí v horní třetině těla. Chybějící dno může naznačovat specifickou rituální funkci této menší nádoby, neboť spolu s ní byla v pohřební komoře nalezena další vejčitá kamenná nádoba s nápisem „Teti, *sem*–kněz (bohyně) Neity".

Vejčité kamenné nádoby známe z vyobrazení z doby Staré říše, kdy byly používány jako zásobnice na masti nebo vonné oleje.[16] Mnohdy mají tak úzké ústí, že bez speciálních nástrojů by nebylo možné se dostat ke skladovanému obsahu. Oněmi nástroji byly pravděpodobně lžičky, které byly v jiných lokalitách[17] nalezeny vložené uvnitř nádob. Rovněž tyto nádoby byly uzavírány kouskem látky nebo kůže; u výjimečně ceněných

Besides pottery, about 300 stone vessels were placed in the Abusir tombs. They include above all open forms (bowls, plates), or ovoid and cylindrical shapes. Cylindrical stone jars were found almost in all tombs and were made exclusively of Egyptian alabaster (geologically travertine). The height of the cylindrical vessels ranges from 10 cm in the case of small vessels to 67 cm in the case of the largest ones. Despite the large variety of forms, which is typical for cylindrical jars, two main types are clearly distinguishable. The first are cylindrical jars with a ridge of decoration (3216), the other those that are made without it (3491, 3213). The ridge is always located in the upper third of the vessel under the rim and can be decorated with a cord motif. This decoration points to the method of sealing of cylindrical jars: they were closed with a piece of leather, which was bound to the upper part of the vessel with a, presumably linen, string.[14] One of the cylindrical jars (3284) is unfinished and shows in an impressive way the methods employed in the making of a stone vessel. The outer part bears numerous traces of stone hammer blows. The traces on the inside, however, were left by a stone borer.

As far as the location of cylindrical stone vessels in the burial chambers is concerned, the evidence from Abusir is limited to one tomb. Cylindrical vessels stood here at both corners of the coffin at the head of the deceased. This burial suggests that the above mentioned location was the rule in Abusir.

No traces of oily substances, which represent the expected contents of the cylindrical vessels, were documented in Abusir. However, remains of other contents were found, that appear somewhat unusual at first sight. A scribal palette (2656) was found in the cylindrical vessel with the ridge decoration (3216). Another vessel coming from Abusir contained fragments of a copper bowl. It can be presumed that these objects were originally placed on the leather stopper covering the mouth of these vessels and later, as the cover deteriorated, fell inside.

Cylindrical vessels are no aid for precise dating within the Early Dynastic Period. Their form remains almost constant from the end of late Predynastic times well into the early Old Kingdom.[15] Thus other objects coming from the tombs must be used for their dating, namely, those that show a more clear variation with time. The two exhibited vessels were thus dated to stages IIIC2 (3216) and IIID (3491) of the Naqada culture. The other two vessels (3213, 3284) cannot be dated with any more precision, because there were few specific finds and the origin of the objects is unclear.

Unlike the numerous cylindrical jars, stone vessels of ovoid form were found only rarely in the tombs. Two of the exhibited ovoid vessels (3417, 3255) from Abusir have a flat bottom. The body of the vessel has an almost horizontal inclination between the rim and the shoulder, and turns sharply inside at the shoulder down to the bottom. The bottom of the small ovoid vessel (3255) was carefully removed.

The archaeological context is documented only for the smaller ovoid vessel (3255). It comes from the coffin of a burial and was found at its foot end. There it was placed in a copper bowl, which itself stood in the mouth of a shouldered vessel. The fact that the bottom of the ovoid vessel was missing could have been of a special ritual importance, since another stone ovoid jar with the inscription "Teti, *sem*-priest of Neith" was found in the same tomb.

Ovoid stone vessels are known from Old Kingdom representations and were used as containers for ointments and oils.[16] They often have such a small mouth, that a human hand would not be able to reach the contents of these vessels without an instrument. Spoons were used with some certainty to this purpose, since elsewhere[17] excavators found spoons deposited inside the vessels. Ovoid vessels were sealed with

[14] Hendrickx (1994a: 127).

[15] Dunham (1978: 27–33).

[16] Balcz (1934: 88–90).

[17] Scharff (1926: Taf. 55, Grab 57d4); Wildung–Kroeper (1994: 116–122, Grab 89).

předmětů zlatou folií. Kryt byl uchycen provázkem bezprostředně pod okrajem.

Dobu, kdy byly obě nádoby (3417, 3255) uloženy do pohřební komory, lze na rozdíl od dalších kamenných nádob určit poměrně přesně. Vejčité kamenné nádoby s tak mohutnými plecemi se v Egyptě objevily až na konci 1. dynastie, tj. od doby vlády Semercheta či Kaa.[18] Z archeologického hlediska představují vejčité tvary jeden z hlavních typů kamenných nádob stupně IIID nakádské kultury.

Velmi dobře dochovaná kamenná nádoba s límcovým okrajem a maximální výdutí v horní třetině těla (3179), jejíž základní tvar se velmi podobá vejčitým nádobám, byla vyrobena z porfyru. Límcovitý okraj je velmi široký a plochý. Její podstava je plochá a na plecích nádoby jsou dvě ouška s velmi malým průměrem. Skrze ouška byly pravděpodobně původně protaženy měděné háčky, díky nimž bylo možné nádobku zavěsit. Na mnoha tvarově odpovídajících nádobách pocházejících z Archaické doby, ne však z Abúsíru, se takovéto měděné háčky dochovaly.[19]

Nálezový kontext pro nádoby s límcovým okrajem byl v Abúsíru zaznamenán pouze jednou, kdy byla taková nádoba nalezena vespodu souboru nádob sestávajících z měděné misky, malé vejčité nádobky a dvou cylindrických pohárků ze slonoviny. Na základě dochovaných vyobrazení ze Staré říše se předpokládá, že i tento typ kamenných nádob sloužil k uchovávání vonných mastí a olejů, podobně jako vejčité tvary.[20]

Nádoby s límcovým okrajem, jako vystavený exponát, byly používány od konce Předdynastické doby po počátek Staré říše. Právě dlouhý časový úsek, po který se používaly, umožňuje jejich přesnější dataci pouze na základě předmětů nalezených ve stejném archeologickém kontextu. Tak je možné nádobu zařadit do stupně IIID nakádské kultury, tedy na samotný závěr 1. dynastie či do 2. dynastie.

Na první pohled je překvapující jak morfologická bohatost otevřených kamenných nádob (hluboké i mělké mísy, talíře), tak četnost použitých druhů hornin a kamenů na jejich výrobu (travertin, vápenec, dolomit, břidlice či diorit). Dna všech vystavených mis (3338, 3226, 3191, 3184 a 3274) jsou odsazena jednoduchou rytou drážkou. Charakteristickým znakem kamenných nádob jsou i nadále plochá podstava a dovnitř zatažený okraj. Ze skupiny se vyděluje pouze mělký travertinový talíř (3226), jehož podstava je zaoblená a okraj vytažený směrem ven. Navíc je rytá drážka odsazující dno tohoto talíře vychýlena od středu na jednu stranu. Vychýlení vyryté kruhové drážky od středu nádoby bylo způsobeno sekundárním použitím zlomku původně mnohem většího travertinového talíře, z něhož byl zde vystavený exemplář vyroben.

O archeologickém kontextu hlubokých či mělkých mis a talířů nalezených v Abúsíru nelze říci nic přesného. Pouze u jedné misky s dovnitř zataženým okrajem je v deníku zapsáno, že byla nalezena přímo vedle obličeje zemřelého, který byl obrácen k východu.

Obecně lze konstatovat, že misky, mísy a talíře sloužily k předkládání obětin potravin. Je však rovněž možné, že především malé misky či hluboké mísy mohly sloužit i k pití.[21] Takto lze např. vysvětlit malý zářez na okraji misky z vápence (3338). Je však rovněž možné, že se okraj misky v průběhu používání poškodil, místo bylo upraveno a byla tam připevněna kamenná „záplata".

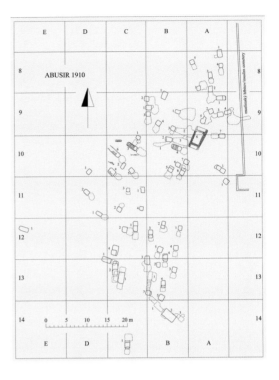

Obr. 4 Plán pohřebiště. Podle Bonneta (1928: Taf. 1)

Fig. 4 Groundplan of the cemetery. After Bonnet (1928: Taf. 1)

a piece of cloth or leather and, in the case of especially luxurious objects, with gold foil. The string was tied directly under the rim.

The dating of these two jars (3217, 3255) is, unlike that of other stone vessels, relatively easy to determine. Ovoid vessels with bulging shoulder are first documented in Egypt at the end of the 1st Dynasty, approximately since the reign of Semerkhet or Qaa.[18] Archaeologically, this vessel type is the main form of stage IIID of the Naqada culture.

The very well preserved shouldered jar (3179) is also of an ovoid form and was made of porphyry. Its bottom is flat, and the exterior sides have two handles perforated with eyelets of a small diameter. The lip-rim of the vessel is very broad and flat. The eyelets probably originally held copper hooks, on which the vessel would be hung. These copper hooks can still be seen on Early Dynastic vessels of exactly the same form that were found elsewhere.[19]

The archaeological circumstances of the discovery of shouldered jars are recorded only once for Abusir. A shouldered jar stood under a collection of vessels consisting of a copper bowl, a small ovoid vessel, and two cylindrical ivory cups. The use of shouldered jars as ointment and oil containers, as it is presumed for other ovoid vessels, is suggested by Old Kingdom representations.[20]

Shouldered jars in the form of the exhibited piece were in use already at the end of Predynastic times until the beginning of the Old Kingdom. A more precise dating of this vessel is thus possible only on the basis of related finds. These date the vessel into stage IIID of the Naqada culture, and thus to the end of the 1st or to the 2nd Dynasty.

The wide variety of stone vessels in the form of bowls, dishes, and plates is of some interest, as well as the wide range of stones used for their manufacture (travertine, limestone, dolomite, greywacke, diorite). All vessels exhibited here (3338, 3226, 3191, 9184, 3274) have an incised ring along the inner side of the bottom. Almost all forms are also characterized by a flat bottom and an incurved rim. Only the flat travertine plate (3226) stands out from the range of forms, since its bottom is round and the rim of the vessel is not incurved. The piece differs from the other vessels also in another respect: the ring incised in the bottom of the vessel is dislocated to one side. The dislocation of the circular incision to the side of the vessel can be explained by the re-use of a broken plate of larger dimensions.

Hardly anything is known about the archeological context of the dishes, bowls, and plates in Abusir: only once, the location of a bowl with an incurved rim has been documented in Abusir. It was located directly next to the head of the deceased, who faced east.

It may be presumed that bowls, dishes and plates were used for the presentation of foodstuffs. On the other hand, above all, smaller bowls or dishes could have been used for drinking.[21] This could explain the small notch at the edge of one dish of dolomite (3338). It is, however, also possible that this notch is the result of the smoothing of a fault, which would be repaired with a fitting piece of stone.

The dating of open forms of vessels is, on their own, almost impossible. It may, however, be stated that the vessels with an incurved rim were used in Egypt already in the first third of the 1st Dynasty. Precise dating is, however, possible only on the basis of associated finds.

Stone objects with a particular form that were found in Abusir include the especially impressive offering tables (3207) with an integrated leg. They were made predominantly of travertine and their diameter reaches from 30 to 35 cm. The representations of offering tables in Old Kingdom tombs, as well as those that can be

[18] Emery (1958: Tomb 3505, pl. 36 Type Z9); Petrie (1901: pl. 51.E Type 285).

[19] Spencer (1980: pl. 20 Nr. 234).

[20] Balcz (1934: 88–90).

[21] Balcz (1932: 111–113).

Není téměř možné otevřené tvary (mísy, misky a talíře) kamenných nádob přesněji datovat. Pro mísy se zataženými okraji však lze stanovit, že se v Egyptě používaly již v první třetině 1. dynastie.

K řídce se vyskytujícím typům kamenných předmětů nalezených v Abúsíru se řadí působivé obětní stoly s pevně připojenou nožkou (3207). Byly vyrobeny převážně z travertinu a jejich průměr se pohybuje od 30 do 35 cm. Vyobrazení těchto obětních stolů na reliéfech ze Staré říše a na otiscích pečetí z Archaické doby dává tušit, že byly podkládány dalším samostatným podstavcem. Nožka tak sloužila pouze pro lepší upevnění obětního stolu do podstavce. Majitel hrobky je vyobrazen, jak sedí u stolu a natahuje jednu ruku směrem k obětinám, které jsou naskládány na stole. Tento motiv představuje grafické vyjádření přání starověkých Egypťanů zajistit si blahobytnou existenci na onom světě. Je dokonce možné, že v Abúsíru byly na obětním stole položeny skutečné obětiny v podobě chlebů, masa, ovoce či zeleniny. Hodnotu takovýchto kamenných obětních stolů dokládá další, dnes již ztracený exemplář z Abúsíru, jehož povrch nesl v době nálezu stopy po starověkých opravách. Podél zlomu byly vyvrtány drobné otvory, skrze něž byl původně protažen provázek svazující k sobě obě poloviny stolu.

Přesné původní umístění obětních stolů v hrobkách je doloženo pouze u jednoho příkladu. Zde byl stůl nalezen v šachtovém hrobu bezprostředně za vchodem do pohřební komory nacházející se v západní stěně šachty. Obětní stoly se poprvé objevují v druhé polovině 1. dynastie. Udržely se v hrobkách ze 2. dynastie a byly používány i později ve Staré říši.[22]

Nádobka vyrobená z travertinu, široká 9 cm a téměř 6 cm vysoká, je skvostem sbírek Egyptského muzea Univerzity v Lipsku (3281). Je absolutně jedinečná a v Archaické době nemá obdoby. Představuje miniaturní model dvou vejčitých nádob (patrně tzv. pivních džbánů), které jsou umístěny v košíku. Košík spočívá na třech kratších příčných lištách, jejichž konce jsou lehce zploštěné. Spodní část je tvořena dvěma lištami, které sledují delší osu nádoby. V místech, kde se kříží s příčnými lištami, přidal starověký umělec diagonální kříže, které zcela jistě představují vzájemné svázání lišt provázkem. Jako celek představuje tento motiv dřevěný rám, do něhož byl vlastní košík původně usazen. Do okrajů košíku stejně jako v polovině výšky každé ze dvou vejčitých nádob jsou vyvrtány otvory, které naznačují, že původně byl tento model určen k zavěšení.

Předmět pochází ze šachtového hrobu, avšak o jeho přesné poloze se nám bohužel nedochovaly žádné informace. Jelikož k nádobě neexistují paralely, mohla být přesná doba jejího vzniku určena pouze na základě dalších předmětů nalezených ve stejné pohřební komoře. Celkový ráz pohřební výbavy pocházející ze zmíněného šachtového hrobu nasvědčuje, že mohla být uložena do země pouze krátce po polovině 1. dynastie, tj. archeologicky ji lze datovat do stupně IIIC2 nakádské kultury.

Pazourková rukojeť nože (3292) je dnes jediným zástupcem tohoto typu archeologických nálezů ve sbírkách Egyptského muzea Univerzity v Lipsku, byť na archaickém pohřebišti v Abúsíru bylo nalezeno několik pazourkových nožů. Rukojeť je téměř 13 cm dlouhá, je bifaciálně retušovaná a její konec je podobný háku. Podle údaje výkopového deníku z roku 1910 chyběla u nože střenka již v okamžiku jeho objevu. Rukojeť nože byla nalezena v šachtovém hrobu, a podobně jako u dalších předmětů není znám přesný archeologický kontext.

Pazourkové nože s rukojetí jsou zachyceny především ve Staré říši na scénách porážení dobytka, kde je používají řezníci. Průzkum zvířecích kostí pocházejících z hrobek v Abydu potvrzuje, že i v Archaické době byly používány podobné způsoby porážky dobytka.[23] Zvířata byla zabita zvláštním způsobem, který si dosud udržel významné místo v rituálních praktikách islámského a židovského náboženského systému, kdy jsou naráz proťaty jak krční tepna, tak průdušnice a zvíře je ponecháno,

found on Early Dynastic sealings show that these tables stood on separate stands. The integrated foot served as a support for the single leg. The tomb owner is represented sitting in front of the table and extending his arm towards the offerings that are spread out on the table. Perhaps one had indeed placed offerings in the form of bread, meat, or fruits and vegetables on the Abusir tables. One unfortunately damaged example from Abusir suggests the high value ascribed to these tables: it bears traces of ancient repair work. Holes were drilled alongside a break, and through them the pieces had been tied together with a string.

The original location of the offering table in the tomb is known in only one case. Here the table stood in a shaft tomb directly behind the entrance at the western wall of the burial chamber. Tables appear first in the second half of the 1st Dynasty. They are found in 2nd Dynasty tombs as well and later in the Old Kingdom.[22]

The about 9 cm long and almost 6 cm tall vessel made of travertine decorated with a matting pattern (3281) is a masterpiece of the collection of the Egyptian Museum of the University of Leipzig. It is absolutely unique and has no parallels in the Early Dynastic Period. It is a model imitation of two ovoid vessels (probably beer jars) placed in a basket. The basket sits on three transversal ledges, that are flattened towards the edges. The lower edge is formed by two struts running along the long axis of the object. At the points where they cross the transversal struts, diagonal crosses are incised, which clearly represent the binding of the struts by strings. Together this pattern imitates a wooden frame, on which the basket would sit. Drilling holes at the edge of the basket, at the height of the middle of each of the ovoid vessels suggest that alabaster vessels had once been suspended.

The object comes from a stairway tomb. The precise location of the find has unfortunately not been documented. The dating of the vessel is possible only on the basis of other objects discovered in the same tomb, since there are no parallel pieces. The entire inventory of the objects discovered in the stairway tomb dates not far beyond the middle of the 1st Dynasty and belongs thus archaeologically into the beginning of stage IIIC2 of Naqada culture. Since the pottery found in this tomb has not been documented, its dating rests on uncertain grounds.

The silex knife handle (3292) is the only Early Dynastic flint knife that can still be found – apart from other knives coming from Abusir in the Leipzig Museum. The handle is almost 13 cm long, bifacially worked and has a hook-shaped end. According to the excavation diary of 1910, the blade was missing already when the object was discovered. The knife handle was discovered in a shaft tomb. Precise description of the archaeological context is, as is so often the case, lacking.

Silex knives with handles used as slaughtering instruments were depicted above all in the Old Kingdom representations of cattle-slaughtering scenes. The examination of animal bones from tomb finds at Abydos indicate that similar slaughtering methods were used in the Early Dynastic Period.[23] The animals were killed by a special method, which is still of great ritual importance in the Islamic and Jewish religious tradition.[24] In this method, both arteries of the neck as well as the trachea are cut, and the animal is thus left to bleed to death. Above all, the extraction of blood from the meat is in the warmer part of the globe of great importance, because meat that retains only a little blood can be preserved for a much longer time. Besides slaughtering and skinning, silex knives were also used in the Old Kingdom to detach the animal's legs from the body. During such slaughter, silex knives had to be continually sharpened by means of flaking instruments. They are known to us from Old Kingdom representations, but none has hitherto been discovered. They were probably made of hard wood, bone, or ivory and copper.

[22] Aston (1994: 131–134, Type 109).

[23] Dreyer et al (1996: 78–79).

aby samo vykrvácelo.[24] Právě ono pozvolné vykrvácení zvířat je v teplých oblastech zeměkoule z hygienického hlediska velmi důležité, neboť maso zbavené většiny krve lze uchovávat po delší dobu. Ve Staré říši byly pazourkové nože používány kromě porážky dobytka a stahování kůží rovněž k oddělování zvířecích nohou. V průběhu porážky a zpracování masa však musely být pazourkové nože neustále přiostřovány pomocí tzv. otloukačů, které jsou známy z reliéfních vyobrazení z doby Staré říše, ale doposud nebyly nikdy nalezeny. Pravděpodobně se vyráběly z tvrdých druhů dřev, kostí, slonoviny nebo mědi.

Obr. 5 Současný vzhled místa, kde bylo v roce 1910 prozkoumáno pohřebiště z Archaické doby. Foto: Dirk Blaschta

Fig. 5 Current appearance of the site where the Early Dynastic cemetery was explored in 1910. Photo: Dirk Blaschta

Pazourkové nože, jejichž rukojeti byly vytvarovány do podoby háku, patří morfologicky do první poloviny 1. dynastie. Avšak celkový ráz pohřební výbavy datuje rukojeť nože do stupně IIIC2 nakádské kultury, tj. do druhé poloviny 1. dynastie.

Mezi další pouze jednotlivě nalezené předměty pocházející z abúsírského pohřebiště patří pravoúhlá, přibližně 37 cm dlouhá paleta na roztírání líčidel vyrobená z šedé břidlice (3280). V okamžiku jejího nálezu již byla rozlomena na tři kusy a její okraje byly otlučené. Podél okrajů palety je vyryt široký pruh, který ohraničuje vlastní pracovní prostor. Uprostřed něj jsou viditelné stopy, které po sobě zanechalo roztírání barevných pigmentů. Otlučené okraje dokládají, že palety tohoto typu byly používány po poměrně dlouhou dobu.

Na základě paralelních nálezů z dalších pohřebišť lze říci, že palety byly obvykle ukládány kolem hlavy zemřelého.[25] Přestože pravoúhlá paleta představuje v Abúsíru ojedinělý nález a pochází z hrobu s největší pohřební výbavou, nelze palety na roztírání líčidel jednoznačně považovat za znak příslušnosti ke společenské elitě, nýbrž za v té době běžný předmět každodenní potřeby, jak to dokládají nejnovější analýzy archeologického materiálu.[26]

Rozbory pozůstatků na paletách ukázaly, že na nich byl roztírán především zelený malachit.[27] Mezi minerály, které byly doloženy méně často, patří galenit (leštěnec olověný) a červený okr. Použití těchto palet na roztírání líčidel bylo potvrzeno nálezy předdynastických hliněných sošek, které měly okolí očí potřené zelenou barvou (malachitem).[28] Protože některé figurky byly rovněž mužské, je minimálně pro Předdynastickou dobu prokázáno, že líčení očí nebylo vyloženě ženskou záležitostí. Nelze však zcela pominout analýzy nálezů z pohřebiště Minšat Abú Omar, kde převážná část palet na roztírání líčidel byla nalezena v ženských hrobech.[29] Je tedy možné, že i abúsírská paleta tvořila součást pohřební výbavy ženy. Antropologické analýzy abúsírského pohřebiště však bohužel zcela chybí.

Paletu na roztírání líčidel nelze na základě celkového rázu pohřební výbavy datovat před počátek stupně IIIC2 nakádské kultury. Do pohřební komory tedy nemohla být uložena před polovinou 1. dynastie.

Kromě již zmíněných nálezů bylo na abúsírském pohřebišti odkryto množství kostěných předmětů. Mezi nejčetnější nálezy patří jehlice a hrací kameny. Horní konec vystavené jehlice (2650) je zdoben šesti zářezy. Exponát původně tvořil součást souboru pěti jehlic, z nichž pouze dvě byly nápadně zdobeny – zde vystavený předmět a jehlice, jejíž horní konec je vyřezán do podoby ptačí siluety. Bohužel celý soubor kromě

Silex knives with hook-shaped handle belong morphologically to the first half of the 1st Dynasty. However, the entire tomb inventory suggests the dating of the knife handle to stage IIIC2 of the Naqada culture, and thus to the second half of the 1st Dynasty.

The rectangular, cosmetic palette (about 37 cm large) of greywacke (3280) also belongs to the singular stone objects from the Abusir cemetery. At the time of its discovery, it was broken into three pieces, and its edges bear traces of chipping. The surface is enclosed in a broad strip. Traces of rubbing in the middle of the palette indicate that pigments were rubbed on it. The chipping on the edges of the palette show that these palettes were often used over an extensively prolonged time.

The comparison with other cemeteries indicates that palettes were usually placed in the area of the head of the deceased.[25] Despite the fact that the rectangular palette from Abusir is a singular find and comes from the tomb with the richest equipment, recent research suggests that palettes do not necessarily represent a sign of the social elite and belonged to the common items of daily use.[26]

The analyses of the remains on the palettes resulted in the discovery that the main substance that was rubbed on these palettes was green malachite.[27] The less commonly rubbed materials include galena and red ochre. That these palettes served as make-up items is corroborated by the existence of Predynastic clay figurines, that are painted with green colour (malachite) in the eye area.[28] Since these figurines include also males, it is clear that at least in the Predynastic period, eye make-up was not an exclusively female domain. The finds from the cemetery at Minshat Abu Omar are however not to be neglected. The deceased buried here with make-up palettes were mostly women.[29] It is therefore possible that also in Abusir the make-up palette formed part of the equipment of a woman's tomb. Anthropological analyses of the Abusir cemetery are, however, unfortunately completely lacking.

The entire tomb inventory suggests that the make-up palette cannot be dated before stage IIIC2 of the Naqada culture, i.e. before the beginning of the second half of the 1st Dynasty.

Besides the aforementioned finds, numerous bone objects were discovered in the Abusir cemetery. They include above all needles and gaming pieces. The needle on display possesses six notches at the head end (2650) and belonged to a set consisting originally of five needles. Only two of them were decorated, namely the aforementioned needle and another one, the head of which was decorated with a bird motif. The latter was, however, lost, together with the others of the collection during the Second World War. All needles measured between 15 and 16 cm.

No information concerning the original location of the set in the tomb was recorded during the excavations. This can thus be derived only by comparison with other cemeteries. It is not always the case that such information gives us a hint concerning the use of the object. Basically, several usages are possible for needles. They could have served as awls, make-up sticks, or hair- and dress needles. In the case of the elaborately decorated needles – the decoration is always concentrated in the head area – their use as hair- or dress needles is to be presumed. The relatively high number of altogether five needles reduces their possible use to that of hair needles. At different cemeteries, burials were documented with four to six needles located in the area of the back of the head. As far as reliable anthropological analyses of the Pre- and Early Dynastic material exist, the needles seem to accompany the burials of adult women.[30] The wearing of these needles can be reconstructed in the following way: the elaborately decorated needles formed the end needles of a row of four to six needles worn at the back of the head.[31]

[24] Eggebrecht (1973: 31–52).

[25] Kroeper (1996: 82).

[26] Kroeper (1996: 82–83).

[27] Needler (1984: 319).

[28] Needler (1984: 343 Kat.-Nr. 274, pl. 66).

[29] Kroeper (1996: 82).

zde vystavené jehlice byl během druhé světové války zničen. Délka všech jehlic se pohybovala mezi 15 a 16 cm.

O původním umístění tohoto souboru v pohřební komoře se z doby výkopů nedochovaly žádné informace. K určení polohy tedy lze použít pouze paralelní nálezy z dalších pohřebišť. Bohužel, ne vždy lze podobných informací využít pro určení funkce kostěných jehlic a obvykle je navrhováno několik možností. Mohly být používány jako šídla, kosmetické tyčinky či jehlice do vlasů nebo oděvů. V případě bohatě zdobených jehlic lze předpokládat, že sloužily jako ozdoby vlasů či oděvů. Výzdoba se na jehlicích soustřeďovala pouze na jejich horním konci. Na základě relativně vysokého počtu celkem pěti jehlic lze možné použití omezit na ozdobu účesů. Na několika staroegyptských nekropolích byly zdokumentovány archeologické situace, kdy v oblasti zadního temene hlavy pohřbeného jedince bylo nalezeno čtyři až šest jehlic. Pokud se lze spolehnout na analýzy předdynastického a archaického antropologického materiálu, byly jehlice ukládány do pohřbů dospělých žen.[30] Tyto ozdobné jehlice pravděpodobně zpevňovaly účes na temeni hlavy.[31]

Jehlice s vroubkovanou hlavicí byla v Abúsíru nalezena v jediném šachtovém hrobě, který lze datovat na základě celé pohřební výbavy do závěrečné fáze (IIID) nakádské kultury. Samotná jehlice však mohla být vyrobena i dříve. Nelze vyloučit, že mohla být po několik generací děděna jako součást slavnostního oděvu.

Z pohřební komory, v níž byl nalezen soubor kostěných jehlic, pochází rovněž téměř 16 cm dlouhá lžička vyrobená ze slonoviny (2653). Vlastní lžíce je na dvou místech prasklá a konec držadla je šikmo seříznutý. Pokud lze s jistou mírou přesnosti říci, že výše zmíněná kostěná jehlice byla nalezena v ženském hrobě, pak součást ženské pohřební výbavy tvořila i slonovinová lžička.

Lžičky se poprvé v Egyptě objevují velmi záhy v kontextu předdynastické badárské kultury, tj. přibližně v polovině 5. tisíciletí př. n. l.[32] Avšak zvyk jíst pomocí lžic patrně přichází do Egypta až s římskou okupací.[33] Během celé starověké egyptské civilizace byly lžíce používány buď pro nabírání olejů a mastí či pro předkládání obětin. Objevují se tedy jako součásti kosmetických souprav nebo jako kultovní předměty v náboženské sféře.

Určité informace o původní funkci lžic v Archaické době lze odvodit z materiálu, z něhož byly vyrobeny, z výzdoby a rovněž z jejich polohy v rámci pohřební komory. Lžičky byly vyráběny především z kostí, řidčeji i ze zlata, stříbra a různých druhů kamene. Zcela jistě byly k jejich výrobě používány i rozličné druhy dřev, avšak do dnešních dnů se dochovalo pouze několik dřevěných lžiček, neboť dřevo v půdě velmi rychle podléhá zkáze. O podobě archaických lžiček lze říci, že velmi pravděpodobně převažovaly nezdobené tvary. Přesto se však nacházejí i předměty zdobené různými náboženskými motivy, jako např. Hathořinou hlavou, Esetiným uzlem, hady, lvy a dalšími.

Lžičky byly v Archaické době ukládány do pohřebních komor především na dvou místech: do nádob, mnohdy společně s kosmetickými tyčinkami nebo je často zemřelí svírali přímo v rukách.[34] Dosud nebyla vysledována žádná zákonitost jež by určovala, zda byly lžičky ukládány do mužských, ženských či dětských hrobů.[35] Lze tedy shrnout, že ve starověkém Egyptě se lžičky používaly k mnoha rozdílným činnostem. Tento fakt znají archeologové z vlastní zkušenosti, neboť sami často používají lžic jako součásti jídelního příboru i jako nástroje k odkrývání pohřbů.

Pro určení společenského postavení majitelů abúsírských hrobek v Archaické době je velmi důležitý nález písařské palety v jednom z hrobů přístupných schodištěm. Po celé období staroegyptské civilizace sloužil hieroglyfický znak zobrazující písařskou paletu se dvěma prohlubněmi k označení slova „písař" či jako determinativ slovesa

[30] Müller (1915: 154–169); Wildung–Kroeper (1994: 116–122, Grab 89).

[31] Hendrickx (1994a: 195–196, pl. 28, 64).

[32] Wallert (1967: 5).

[33] Wallert (1967: 49).

[34] Scharff (1926: Grab 57d4, Taf. 55); Wildung–Kroeper (1994: 116–122, Grab 89); Hendrickx (1994a: 200–201, Grab 93, Taf. 67).

[35] Wallert (1967: 53).

The needle with a notched head was found in a shaft tomb at Abusir, which can be dated, according to the entire object ensemble, to the last stage of the Naqada culture (IIID). The time of the manufacture of the needles can, however, easily have been somewhat earlier. It is possible that the needles were inherited as items of personal adornment over several generations.

The tomb where the bone needles were found contained also an almost 16 cm long ivory spoon (2653). It has two faults in the spoon area and the handle is obliquely cut at the end. Since it can be presumed with some certainty that the needles come from a woman's tomb, the spoon, too, was part of the funerary equipment of a female.

Spoons were used in Egypt very early, since the middle of the 5th millennium with the Early Predynastic Badarian culture.[32] The custom of eating with spoons was however probably introduced to Egypt first with the Roman occupation.[33] During the entire ancient Egyptian history, spoons were used either as ointment spoons or as offering spoons. Thus, they are to be seen as items of the cosmetic or cultic domains.

Information about the use of spoons in the Early Dynastic Period can be derived from their material and decoration, as well as from their location within the tomb. As far as the material and form are considered, spoons were mostly made of bone, and to a smaller extent of gold, silver, or various stones. Numerous wooden spoons may have existed too, with only a few number surviving into present days. Wood is a material that deteriorates very quickly in earth. As far as the form of Early Dynastic spoons is considered, we find mostly undecorated spoons. However, spoons with religious motifs, such as the head of Hathor, the knot of Isis, snakes, lions, etc. are also found.

There are basically two locations of spoons in Early Dynastic tombs. They were deposited in vessels, sometimes together with make-up sticks, but they were also placed directly into the hand of the deceased.[34] There seems to be no regularity in the distribution of spoons in the tombs of men, women, or children.[35] It can thus be concluded that spoons enjoyed a very wide variety of uses in ancient Egypt. This is a fact known to archaeologists from personal experience, since they themselves are used to eating with spoons, but also to using them for unearthing burials.

When searching for the social differentiation of the Early Dynastic tombs at Abusir, the find of a scribal palette in a stairway tomb is especially worth mentioning. Since the scribal palette with two hollows was used during the entire ancient Egyptian history as a hieroglyph for the word "scribe" or as a determinative for the verb "to write", we may presume that the Abusir palette was part of the funerary equipment of a scribe. Thus, stairway tombs probably belonged to members of the higher official class.

The scribe's palette of ivory (2656) is about 7 cm long and has, besides the two small hollows a small oblique hole on one side. The trough that lies directly opposite the hole is somewhat bigger than the other. The larger trough contains traces of black paint, which was mixed here, and there is some trace of red in the smaller one; however, the traces of red colour here are much less easily recognizable.

The scribal palette was discovered in the cylindrical jar with the ridge of decoration (3216), which is exhibited here. As was already mentioned before, the scribal palette

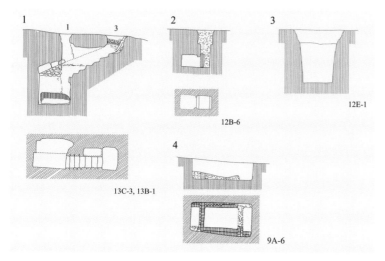

Obr. 6 Typologie archaických hrobek z Abúsíru. 1. hrobky přístupné schodištěm; 2. šachtové hrobky; 3. jednoduché pohřební jámy; 4. hrobky s pohřební komorou obloženou sušenými cihlami a odděleným skladovacím prostorem. Kresby nejsou v jednotném měřítku. Podle Bonneta (1928: Taf. 2–4)

Fig. 6 Typology of Early Dynastic tombs at Abusir 1. stairway tombs; 2. shaft tombs; 3. simple pit graves; 4. tombs with mud brick lined burial chamber and a detached storeroom. Drawings are not at the same scale. After Bonnet (1928: Taf. 2–4)

„psát". Lze tedy předpokládat, že ve zmiňované abúsírské hrobce byl, společně s paletou, pohřben písař. Znamenalo by to, že v hrobkách přístupných schodišti byli pravděpodobně pohřbíváni příslušníci vyšší úřednické třídy.

Písařská paleta vyrobená ze slonoviny (2656) s dvěmi prohlubněmi na barvy je dlouhá přibližně 7 cm. Na jedné straně je navíc provrtána. Jamka, která se nachází proti onomu provrtání, je o poznání větší než druhá. S jistými obtížemi lze v menší z prohlubní stále ještě rozeznat stopy červené barvy, která v ní byla původně rozdělávána. Ve větší jamce se dochovaly stopy černé barvy, již lze však už stěží rozpoznat.

Písařská paleta byla objevena ve zde vystavované cylindrické kamenné nádobě s plastickou lištou v podobě šňůrky (3216). Jak již bylo uvedeno výše, původně mohla být písařská paleta společně s dalšími předměty položena na zátce nádoby z organického materiálu (plátno, kůže). Poté, co se zátka rozpadla, vše propadlo dovnitř nádoby. Nelze však rovněž vyloučit sekundární využití cylindrické nádoby pro uskladnění písařského náčiní.

Kompletní písařská souprava sestávala vedle písařské palety rovněž z barev a štětečku. Barvy byly uchovávány v pevném stavu ve váčku, pravděpodobně vyráběném z kůže, který byl pevně svázán s písařskou paletou. Štětečky staří Egypťané vyráběli z ostřice a ukládali je do malého pouzdra, které bylo rovněž připojeno k paletě a váčku s barvami. Pokud písař právě náčiní nepoužíval, přehodil si soupravu jednoduše přes rameno. Červenou barvu v Egyptě vyráběli z železité rudy (hematitu) a černou ze sazí. Již sama velikost písařské palety naznačuje, že nemohla být používána pro větší úkoly. V jiných lokalitách[36] byly nalezeny palety, na nichž se dochovaly drobné škrábance od štětečků dokazující, že štětečky byly používány buď na psaní či malování malých předmětů. Na základě analýzy souvisejícího souboru pohřební výbavy lze stanovit, že písařská souprava byla uložena do hrobky krátce po polovině 1. dynastie, tj. ve stupni IIIC2 nakádské kultury.

O písemných zvyklostech vypovídá v Abúsíru kromě písařské palety i další předmět. Je jím přibližně 2 cm vysoké a 1 cm široké cylindrické pečetítko vyrobené ze slonoviny (2657), jehož povrch je zcela pokryt vyrytým nápisem, který je na jedné straně téměř úplně setřen. Pečetítko bylo podélně provrtáno. Není bez zajímavosti, že poblíž otvoru se na obou jeho koncích nacházejí zářezy, postupně vyhloubené během nošení pečetítka na šňůrce kolem krku.

Nápis na pečetítku nelze zcela jednoznačně přeložit, neboť lze jen stěží rozeznat, kde vlastně začínal a kde končil.[37] Jedno z možných čtení naznačuje, že by se majitel pečeti mohl jmenovat Ipet, a že snad byl zaměstnán jako kněz ve „svatyni duše (ka) (bohyně) Neity". Funkci nejvyššího kněze „svatyně duše (ka) (bohyně) Neity" by pak podle tohoto čtení zastával muž označovaný jako Irej-ka. Bohužel nelze přesně určit hrob, v němž bylo zmiňované pečetítko nalezeno, a proto zůstává datace této památky do stupně IIID nakádské kultury pouze orientační; na základě samotného pečetítka není možné přesněji určit dobu jeho vzniku.

Pravděpodobně nejstarší hrobka (9A-6) na abúsírském pohřebišti obsahovala čtyři hrací kameny, z nichž je zde vystaven pouze jediný. Polokulovitý hrací kámen (3599) o průměru přibližně 5 cm byl vyroben ze slonoviny. Ze zbývajících třech kamenů byl jeden rovněž polokulovitého tvaru, zatímco další dva měly cylindrické tvary. Horní část obou cylindrických hracích kamenů byla hladce opracována a napodobovala tak tvar velkých, přes jeden metr vysokých hliněných sýpek.

O archeologické situaci, v níž byly tyto předměty nalezeny, je pouze známo, že jeden polokulovitý a jeden cylindrický hrací kámen byly uloženy v keramické misce. Bohužel se nedochovaly žádné informace ani o místě nálezu oné misky, ani další podrobnosti týkající se vlastního pohřbu. Kostěné hrací kameny byly v Abúsíru kromě

[36] Petrie (1907: 5).

[37] Za pomoc při překladu nápisu na pečetním válečku děkuji dr. Ludwigu Morenzovi. / I wish to thank dr. Ludwig Morenz for his help concerning the translation of the inscription on the cylinder seal.

seems to have been placed, together with its accessories, onto the stopper of the vessel that was made of an organic material (linen or leather) and, therefore, it later fell into the vessel. However, the secondary use of the cylindrical stone vessel as a storage jar for the scribe's utensils is also possible.

The complete scribal kit included not only a palette, but also some colour and a brush. The colour was found in hard form in a sack, probably of leather. The sack was tied with a string to the single hole of the palette. The brush, which the Egyptians made from a reed, was placed in a small tubule, which was itself also tied to the palette with a string. When the scribe was not using his writing set, he simply hung it over his shoulder. Red colour was made in Egypt from an iron ore (hematite), and black colour was derived from soot. The size of the palette indicates that it could not have been used for larger painting tasks. The elsewhere[36] preserved cleansing marks of small brushes on palettes show that they were indeed used for writing or for the painting of smaller objects. On the basis of the entire tomb inventory, the palette was not brought into the Abusir stairway tomb before the middle of the 1st Dynasty and belongs, together with the associated finds, to the stage IIIC2 of the Naqada culture.

Besides the palette, another object was found in Abusir that testifies to the writing customs of the Early Dynastic Period. A 2 cm high and 1 cm broad ivory cylinder seal (2657) bears an inscription, which entirely covers its outer side. The cylinder seal is completely hollowed out on the inside. Interestingly, the inscription of the seal is worn away particularly on one side and the hollow groove is on both narrow sides at exactly the same spots, probably as a result of the wearing of the seal on a string. Thus we can presume that the cylinder seal was suspended on a string and was probably worn on the neck of the owner for a prolonged period of time.

The inscription on the cylinder seal cannot be translated with absolute certainty, since the beginning and the end of a cylinder seal are often very difficult to identify.[37] A possible reading of the seal would identify the owner as a certain Ipet. He may have been a priest in the "Ka-house of Neith", which is also mentioned on the seal. The high priest of the "Ka-house of Neith" would according to this reading be a man named "Iri-ka". A more precise dating of the cylinder seal is hardly possible considering that the object appears on its own. Since the seal cannot be ascribed to any one tomb with absolute certainty, its dating to the stage Naqada IIID remains only speculative.

The presumably oldest tomb in Abusir (tomb 9A-6) contained four gaming pieces; of these, however, only a single one can be exhibited here. This hemispherical gaming piece (3599) is made of ivory and is 5 cm broad. Another gaming piece was also hemispherical; the other two were cylindrical in form. The upper part of the two cylindrical pieces have a flat knob. These gaming pieces imitate the form of large (over a meter high) clay granaries.

Regarding the archaeological situation, it is known only that one cylindrical and one hemispherical gaming pieces were deposited in a clay bowl. We possess neither the information concerning the location of the vessel, or more knowledge about the burial in tomb 9A-6. Besides the find in this tomb, bone gaming pieces are known in Abusir only in stairway tombs. This indicates perhaps that gaming pieces were part of the funerary equipment of the upper social levels only.

The reconstruction of a gaming board for the pieces found in Abusir is possible on the basis of a discovery in a Saqqara tomb.[38] The gaming board was divided into 13 × 2 fields and equipped with 13 cylindrical and 13 hemispherical gaming pieces. The board and pieces probably belonged to a type of the *senet*-game.[39] This game was a position game for two players. The stones were moved on the board by rolling especially formed animal bones or bone dice. The special tomb type and associated

hrobky 9A-6 nalezeny již pouze v hrobkách se schodištěm. Jejich přítomnost v pohřební výbavě můžeme proto označit za znak příslušnosti k vyšší společenské vrstvě.

Podobu původní hrací desky, k níž kameny nalezené v Abúsíru patřily, lze odvodit od nálezu v jedné sakkárské hrobce.[38] Deska zde byla rozdělena na dvakrát 13 polí a doplňovalo ji 13 cylindrických a 13 polokulovitých hracích kamenů. Původně snad hrací deska a kameny tvořily soubor pro hru označovanou senet.[39] Jednalo se o poziční hru pro dva hráče. Hracími kameny se pohybovalo po desce na základě hodů speciálně opracovaných zvířecích kostí či kostěných kostek. Dobu vzniku slonovinových hracích kamenů lze klást na základě specifického typu hrobky a dalších součástí pohřební výbavy nejpozději do poloviny 1. dynastie.

Posledního zástupce skupiny kostěných předmětů představují dvě miniaturní cylindrické nádobky vyrobené ze slonoviny (3595, 3596). Obě jsou téměř 9 cm vysoké a jejich průměr se pohybuje od 3,5 do 5 cm. Při výrobě těchto nádobek byl, podobně jako u jejich kamenných protějšků, použit klikový vrták, jehož práce na vnitřních stěnách zanechala stopy. U jedné z nádobek (3595) došlo záhy, ještě během Archaické doby, k dodatečnému zpevnění dna přidáním slonovinové destičky.

Obě nádobky byly uloženy u nohou pohřbeného jedince uloženého do dřevěné rakve. Slonovinové nádobky se nacházely navrchu depotu nádob, který již byl zmíněn při popisu vejčité kamenné nádoby (3255).

Tvar slonovinových nádob velmi se podobající kamenným cylindrickým nádobám napovídá, že i slonovinové nádobky, podobně jako cylindrické, mohly sloužit jako zásobnice na masti a vonné oleje. Avšak dosud se v žádné z nalezených nádob nepodařilo prokázat stopy po uskladnění těchto cenných komodit.[40] Jediná nádobka s analyzovaným obsahem, která byla nalezena na pohřebišti v Abú Rawáši nacházejícím se nedaleko od Abúsíru, byla do jedné třetiny naplněná křídovým práškem.[41] Staří Egypťané používali křídu v prášku jako základ bílé barvy a mísili ji s dalším pojivem. Celkový ráz pohřební výbavy umožnil datovat obě cylindrické nádobky do samotného závěru 1. dynastie, tj. do stupně IIID nakádské kultury.

Kovy jsou na abúsírském pohřebišti zastoupeny pouze nálezy měděných a zlatých předmětů. Ze zlata uloženého do hrobek se však do dnešních dnů nic nedochovalo. Na rozdíl od mědi, která sloužila převážně na výrobu nádob, se zlato téměř výhradně používalo na výrobu šperků, jako např. náhrdelníků, náramků či náušnic. S ohledem na velmi špatný stav dochování a křehkost měděného plechu, z něhož byly nádoby vyráběny, bylo možné místo nich vystavit pouze jeden přibližně 7 cm dlouhý předmět (2133). Na jedné jeho straně se nachází držadlo a druhý konec je zaoblený. Silná koroze povrchu předmětu zapříčinila jeho současný, ne zcela uspokojivý stav. Snad je třeba zdůraznit, že staří Egypťané byli schopni tavit měď z měděných rud získávaných na Sinajském poloostrově již v Předdynastické době (přibližně od 3300 př. n. l.).[42] Z Archaické doby je sice známo přidávání cínu do mědi, avšak nejde o příliš častou praxi. Lze tedy předpokládat, že bronzové předměty byly importovány z východního Středomoří či z Mezopotámie.

Zde vystavená měděná destička s držadlem byla nalezena v šachtové hrobce. Její původní funkci lze určit jen velmi obtížně. Snad kdysi tvořila součást zrcadla nebo představovala malý zbytek původně delšího měděného nože, z jehož dřevěné rukojeti se nic nedochovalo. Celkový ráz pohřební výbavy umožňuje datování do samotného závěru 1. dynastie či do 2. dynastie.

[38] Emery (1954: pl. 22).

[39] Pusch (1979: 155–164).

[40] Dreyer et al. (2000: 111).

[41] Klasens (1958: 31, Fig. 10, Nr. 5).

[42] Kaiser et al. (1997: 121–126).

Obr. 7 Pohled na
jednoho z dochovaných
skrčenců z abúsírského
pohřebiště, zkoumaného
v roce 1910.
Archiv Egyptského muzea
Univerzity v Lipsku.
Foto č. N 4157

Fig. 7 View of one
of the preserved
contracted skeletons
from the Early Dynastic
cemetery at Abusir
excavated in 1910.
Courtesy of the
Egyptian Museum of the
University of Leipzig.
Photo-Nr. N 4157

finds date the gaming piece at the latest to the middle of the 1st Dynasty.

The last type of find that lies alongside the already introduced objects made of bone, are two cylindrical ivory jars (3595, 3596). Both are almost 9 cm tall and reach 3,5 to 5 cm in diameter. The jars were, just like cylindrical stone vessels, drilled out during their making. Traces of drilling were preserved on the inside of the jars. One of them (3595) had its bottom secondarily strengthened by an ivory tablet, but this had already occurred during the Early Dynastic Period.

The jars lay at the legs of a burial in a wooden coffin, atop of the ovoid stone vessel (3596) and the already mentioned vessel assemblage.

The fact that the ivory jars closely imitate the larger stone cylindrical vessels suggests that they were ointment and oil containers – as was generally the case with cylindrical jars. No traces of ointments or oils have however been found in any of the so far found ivory jars.[40] The only known content comes from the cemetery of Abu Rawash, located not far from Abusir.[41] There, chalk powder was found in such a jar, filling it to a third. Chalk powder was probably used as the basis for white colour and would be mixed with a medium. The associated finds date the cylindrical ivory jars no earlier than the end of the 1st Dynasty and thus into the last stage of the Naqada culture (IIID).

Metal objects are known in Abusir only in the form of copper or gold items. Of gold, however, nothing remains today. Unlike copper objects, which include above all vessels, gold was used almost exclusively for jewellery items such as necklaces, armbands, or earrings. Since the copper sheet, of which the vessels were made, is very fragile and now in a very bad condition, only a small, about 7 cm long copper object can (2133) be exhibited instead of them. It has a rounded tip and a handle on the other side. Due to strong corrosion, however, the object is also not in best condition. It should be noted that the ancient Egyptians possessed the ability to extract copper in smelting kilns, above all from the copper ore already mined in the Sinai in Predynastic times (ca. 3300 BC).[42] The addition of tin was known in the Early Dynastic Period, but only rarely practiced. Bronze objects are thus probably imports from the eastern Mediterranean or Mesopotamia.

The copper plate with handle spike on display comes from a shaft tomb. The function of this find can no longer be determined with certainty. It could have been a mirror, or a small piece of a longer copper knife. No traces remain of the presumably wooden handle. The associated finds suggest the dating to the end of the 1st or to the 2nd Dynasty.

KRÁLOVSKÉ POHŘEBIŠTĚ V ABÚSÍRU

Miroslav Verner

Přesné okolnosti, za nichž bylo abúsírské královské pohřebiště založeno, jsou předmětem odborných diskusí. Zdá se však, že jedním z hlavních impulzů, ne-li tím nejdůležitějším, bylo rozhodnutí prvního panovníka 5. dynastie Veserkafa vybudovat v severním Abúsíru, tehdy v podstatě pusté části memfidské nekropole, sluneční chrám. Svůj pohřební komplex si však panovník nechal postavil o několik kilometrů jižněji v Sakkáře. Byla to právě existence tohoto slunečního chrámu, co téměř určitě vedlo Veserkafova syna Sahurea k rozhodnutí postavit si v sousedství chrámu svůj pohřební komplex a založit tak v Abúsíru královské pohřebiště.

Svůj pyramidový komplex panovník nazval *Sahureova duše se zjevuje v záři*. Dnes, zbaveny svého obložení z jemného bílého vápence a rozsáhle devastované pozdějšími zloději kamene, připomínají pyramida, údolní i zádušní chrám a vzestupná cesta,

která je spojovala, pouhé žalostné trosky bývalé výstavnosti a velkoleposti. Pyramidový komplex na počátku 20. století prozkoumala německá archeologická expedice vedená Ludwigem Borchardtem, který výsledky archeologických prací také vzápětí publikoval.[1] Dnes je Sahureův pyramidový komplex považován za milník ve vývoji staroegyptské královské hrobky zejména díky harmonicky vyváženému, východozápadně orientovanému plánu základních architektonických součástí i celku, rozmanitosti použitých stavebních materiálů včetně vzácných druhů kamene a konečně i díky tematické pestrosti a vysoké umělecké kvalitě reliéfní výzdoby obou chrámů a vzestupné cesty.

Vstup do komplexu představoval údolní chrám, který se nacházel na rozhraní nilského údolí a pouště. Dnes leží rozvaliny chrámu několik metrů pod úrovní terénu. Do stavby, koncipované jako monumentální brána do podsvětní říše, se vstupovalo dvěma portiky, východním a jižním, s palmovými sloupy z červené žuly. Údolní chrám byl spojen s Nilem umělými kanály, po nichž bylo možné navštívit další důležité stavby v okolí pohřebního komplexu. Stěny místností chrámu pak zdobily barevné reliéfy tematicky zdůrazňující panovníkovu roli v uchování řádu světa, který bohové dali Egyptu do vínku při stvoření.

Údolní chrám spojovala se zádušním chrámem, ležícím na východním úpatí pyramidy, vzestupná cesta, která měla podobu zastřešené chodbové rampy jen spoře osvětlené shora světlíky ve stropu. Vnitřní stěny chodby byly pokryty rozmanitými scénami provedenými v jemném nízkém reliéfu velké tematické pestrosti od náboženských

Obr. 1 Výřez ze satelitního snímku s abúsírskou královskou nekropolí z doby 5. dynastie.
© Ing. Vladimír Brůna, Laboratoř geoinformatiky Univerzity J. E. Purkyně v Ústí nad Labem

Fig. 1 Section of the satellite image of the royal necropolis of the 5th Dynasty at Abusir.
© Ing. Vladimír Brůna, Geoinformatics Laboratory of the University of J. E. Purkyně in Ústí nad Labem

THE PYRAMID CEMETERY AT ABUSIR

Miroslav Verner

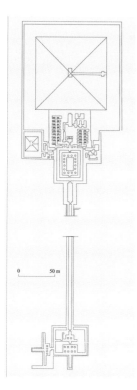

Obr. 2 Plán Sahureova pohřebního komplexu. Podle Vernera (2002: 286)

Fig. 2 Groundplan of Sahure's pyramid complex. After Verner (2002: 286)

The precise conditions under which the Abusir royal cemetery was founded are still the subject of discussion. It nonetheless appears that one of the main, if not the main stimulus was the decision of the first king of the 5th Dynasty Userkaf to build his sun temple in Abusir, which was at that time a rather barren part of the Memphite necropolis. His tomb, however, he built several kilometers further to the south in Saqqara. Thus, it was almost certainly the existence of the sun temple in Abusir, that stimulated Userkaf's son Sahure to decide to build his funerary monument in its vicinity and thus to found a royal necropolis in Abusir.

The ruler called his pyramid complex *"Sahure's soul arises"*. Today, deprived of their casing of white limestone and largely devastated by later stone robbers, the pyramid, the valley temple and the funerary temple together with the ascending causeway that connected them are in sad ruins. In the beginning of the 20th century, the pyramid complex was excavated by the German archaeological expedition led by Ludwig Borchardt, who quickly published the results of his excavations.[1] The pyramid complex of Sahure is today considered a milestone in the development of ancient Egyptian tomb building, above all, due to its harmoniously balanced, east-west oriented ground plan of its basic parts and of the whole, the variety of building materials – including rare kinds of stone – and finally, also due to the richness of themes and high artistic quality of the relief decoration of its temples and ascending causeway.

The entrance into the complex led through the valley temple, which was located at the edge of the Nile valley and the desert. The ruins of the temple now lie several metres below the surface. The temple, conceived as a monumental gateway into the underworld, was decorated by two porticoes, one to the east and one to the south, with palmiform columns of red granite. Landing ramps and artificial canals adjoined the porticoes and connected the complex with the Nile and the important buildings of that time. The walls of the temple rooms were decorated by coloured reliefs that thematically depicted the king's role in the maintenance of the world order, which the gods had given to Egypt at creation.

The valley temple was connected to the funerary temple lying at the eastern foot of the pyramid by an ascending causeway. The causeway had the form of a roofed ramp where a little light could get in through the openings in the ceiling. The inner walls of the causeway were decorated with various scenes in fine low relief. The rich inventory of themes ranges from mythological scenes to scenes of celebrations and rituals accompanying the conclusion of building works in the pyramid complex.

The funerary temple consisted of six basic parts: the entrance hall, open columned court, transverse corridor, chapel with five niches, magazines and offering chamber. The court was on all four sides decorated by rows of palmiform columns of red granite supporting the ceiling, which in turn was decorated with an imitation of the night sky, or perhaps the underworld, with its blue sky with yellow stars. The court walls of fine limestone were decorated with scenes from the conquest of an enemy Libyan chieftain, hunting, return of seafaring ships, etc., cut in fine low relief. For some parts of the temple travertine, quartz, and red granite were used.

---

[1] Borchardt (1910–1913).

a mytologických obrazů přes scény přinášení obětin až po vyobrazení slavností a obřadů doprovázejících ukončení stavebních prací v pyramidovém komplexu.

Plán zádušního chrámu tvořilo šest základních součástí: vstupní síň, otevřený sloupový dvůr, příčná chodba, kaple s pěti nikami, sklady a obětní síň. Otevřený dvůr lemovala po všech čtyřech stranách řada palmových sloupů z červené žuly, které podpíraly strop zdobený imitací noční, resp. podsvětní modré nebeské klenby se žlutými hvězdami. Stěny dvora z jemného vápence zdobily výjevy z porážky nepřátelského libyjského náčelníka, lovu, návratu námořních lodí aj., provedené v jemném nízkém reliéfu. V některých částech chrámu byl použit travertin, křemenec a čedič. Všechny druhy stavebního kamene měly symbolický význam, např. čedič zastupoval úrodnou egyptskou černozem.

Sahureova pyramida se původně tyčila přibližně do výšky 48 m. Její jádro bylo postaveno z málo kvalitního vápence přitesaného do hrubých bloků a pouze její obložení tvořily bloky jemného bílého vápence. Vchod do pyramidy ležel, jak bylo v té době normou, v severojižní ose, na úpatí severní stěny. Dlouhá chodba, opatřená na začátku, uprostřed i na konci zátarasy z červené žuly, umožňovala přístup do předsíně a pohřební komory, umístěné ve východozápadní ose pyramidy. Sedlový strop obou místností tvořily tři vrstvy mohutných, do sebe zaklesnutých vápencových bloků. Obě komory byly nejen vyloupeny vykradači hrobů snad již během První přechodné doby, ale později i devastovány v několika vlnách zloději kamene. Z královského pohřbu se do dnešních dnů nic nezachovalo, dokonce nelze ani bezpečně prokázat, že nalezené kusy černého bazaltu pocházejí z jeho sarkofágu.

Po Sahureově smrti nastoupil na egyptský trůn panovník Neferirkare, jehož příbuzenský vztah k předchůdci byl dlouho předmětem vědeckých diskusí. Na některých dodatečně upravených reliéfech objevených v Sahureově zádušním chrámu se totiž Neferirkare nechal, proti tehdy běžným zvyklostem, zpodobit jako král. Nejnovější objevy nápisů a scén na blocích ze Sahureovy vzestupné cesty, které se podařilo odkrýt egyptské expedici, napovídají, že Neferirkare byl pravděpodobně Sahureovým synem a nikoli bratrem, jak se až dosud předpokládalo. Také Neferirkareův, v mnoha ohledech nedokončený pyramidový komplex prozkoumala expedice vedená Ludwigem Borchardtem, který výsledky práce následně i publikoval.[2]

Neferirkare zemřel dříve, než mohl dokončit stavbu celého pyramidového komplexu. Podařilo se mu postavit pouze stupňovité

Obr. 3 Pohled na Sahureův záduší chrám. Foto: Martin Frouz

Fig. 3 View of Sahure's funerary temple. Photo: Martin Frouz

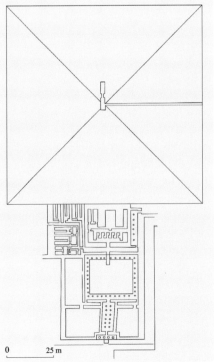

0   25 m

Obr. 5 Plán Neferirkareova pohřebního komplexu. Podle Vernera (2002: 295)

Fig. 5 Groundplan of Neferirkare's pyramid complex. After Verner (2002: 295)

Obr. 4 Prostor skladů v Sahureově zádušním chrámu.
Foto: Kamil Voděra

Fig. 4 Storeroom area in Sahure's funerary temple.
Photo: Kamil Voděra

The pyramid over the burial of Sahure originally rose to a height of about 48 m. Its core was built of low-quality limestone worked into rough blocks, and only its casing was made of blocks of fine white limestone. The entrance to the pyramid lay, according to the then common norm, in its north-south axis, at the foot of the northern wall. A long corridor, protected in the beginning, in the middle and at the end by blocking stones of red granite, gave way to the vestibule and burial chamber, lying in the east-west axis of the pyramid. The gabled roof of both chambers was formed by three layers of massive limestone blocks. Both chambers were not only looted by tomb robbers as soon as in the First Intermediate Period, but also were later devastated in several phases by stone robbers. Nothing was found here of the king's burial; it is even impossible to prove that the black basalt pieces discovered here come from his sarcophagus.

Sahure's successor, Neferirkare, against common practice, allowed himself to be depicted as king already on some secondarily changed reliefs discovered in the funerary temple of his father. The inscriptions and scenes on blocks from Sahure's ascending causeway, which were recently discovered by the Egyptian expedition, suggest that Neferirkare was the son of Sahure and not his brother, as Egyptologists have hitherto presumed. Neferirkare's in many respects unfinished pyramid complex had also been excavated by the expedition led by Ludwig Borchardt, who published the results of his work.[2]

Neferirkare died before he could finish the building of his pyramid complex. He managed only to construct the stepped core of the pyramid, which was probably planned to be a stepped one even after its completion. Originally it was planned to have six, and later even eight steps. This was at that time a very unusual plan, which may have been related to the concurrently culminating solar cult, or which may have been an attempt to imitate the Step Pyramid of Djoser, the founder of the mighty Egyptian state at the beginning of the 3rd Dynasty. The substructure of the pyramid was finished and it did not differ in any important aspects from that of the pyramid of Sahure. For the first time in pyramid building we witness a slight diversion of the corridor to the southeast, which then became typical for most of the pyramids of the 5th Dynasty.

Neferirkare's unfinished pyramid complex was hastily completed mostly of mud bricks first by his sons and successors, in a smaller part by Raneferef and mostly by Niuserre. Actually, it was only the funerary temple that was finished. Its western or the so-called intimate part, with the chapel with five niches and offering chamber, was built of limestone. The entrance hall, columned court and magazines were built of mud bricks and wood. The columns, which were above all of four-stemmed lotus-formed shape, were also of wood, rather than stone, as was more common. The

[2] Borchardt (1909).

Obr. 6 Pohled na Neferirkareovu pyramidu a zádušní chrám z vrcholku Niuserreovy pyramidy. Foto: Kamil Voděra

Fig. 6 View of Neferirkare's pyramid and funerary temple from the top of Niuserre's pyramid. Photo: Kamil Voděra

jádro pyramidy, která i po dokončení byla pravděpodobně projektována jako stupňovitá. Původně měla mít šest, posléze dokonce osm stupňů. V té době to byl velmi neobvyklý záměr, který možná souvisel s právě tehdy vrcholícím slunečním kultem, možná se snahou napodobit Stupňovitou pyramidu zakladatele egyptského státu z počátku 3. dynastie, panovníka Džosera. Jakkoli byla stavební podoba pyramidy neobvyklá, její substruktura byla dokončena a podstatně se nelišila od Sahureovy. Poprvé se zde setkáváme s mírnou odchylkou sestupné chodby k jihovýchodu, která se posléze stala typickou pro většinu pyramid 5. dynastie.

Neferirkareův nedokončený zádušní chrám byl spěšně dostavěn, z větší části jen ze sušených cihel, až panovníkovými syny a nástupci, z menší části Raneferefem a zejména pak Niuserreem. Pouze jeho západní, tzv. „intimní" část s kaplí s pěti nikami a obětní síní byla postavena z vápence. Vstupní síň, otevřený sloupový dvůr a sklady byly vybudovány ze sušených cihel a dřeva. Čtyřstvolové lotosové sloupy podpírající strop byly rovněž ze dřeva. Vzestupná cesta a údolní chrám již dostavěny nebyly, a zádušní chrám tak byl od nilského údolí přístupný Niuserreovým údolním chrámem.

Za historicky nejcennější archeologický nález z prostoru Neferirkareova zádušního komplexu je považován papyrový archiv. Papyry, převážně jen zlomky, byly nalezeny v prostoru skladů před jihovýchodním nárožím pyramidy (viz příspěvek „Abúsírské papyrové archivy").

Studium Neferirkareova papyrového archivu poskytlo informace i o dalších architektonických součástech pohřebního komplexu. Např. se v nich hovoří o „Jižní lodi" a její opravě. V severojižní ose pyramidy, poblíž jižní stěny, byla objevena asi 30 m dlouhá zahloubená jáma ve tvaru lodi. Při archeologickém výzkumu v ní byly nalezeny zbytky zpráchnivělé dřevěné lodi. Podobná loď byla nepochybně symetricky uložena i podél severní stěny pyramidy.

Jižně od Neferirkareovy pyramidy byl českým archeologickým týmem objeven a prozkoumán malý pohřební komplex – pyramida a zádušní chrám – panovníkovy manželky Chentkaus II.[3] Královna se pyšnila unikátním titulem „matka dvou králů

Obr. 7 Pohled na jižní část abúsírské královské nekropole. Foto: Kamil Voděra

Fig. 7 View of the southern part of the Abusir royal necropolis. Photo: Kamil Voděra

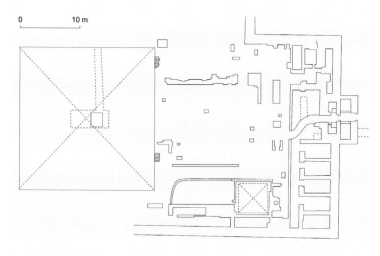

0   10 m

Obr. 8 Plán pohřebního
komplexu královny
Chentkaus II.
Podle Vernera (2002: 300)

Fig. 8 Groundplan
of the funerary
complex of the
Queen Khentkaus II.
After Verner (2002: 300)

Obr. 9 Vápencový pilíř
s částečně dochovanou
titulaturou královny
Chentkaus II. z jejího
zádušního chrámu.
Foto: Milan Zemina

Fig. 9 A limestone
pillar with partly
preserved titles of Queen
Khentkaus II found
in her funerary temple.
Photo: Milan Zemina

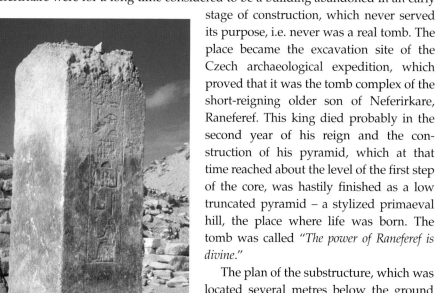

ascending causeway and valley temple were not finished, so the funerary temple was accessed from the Nile valley via the valley temple of Niuserre.

A 30 m long building in the shape of a boat was discovered in the north-south axis of the pyramid, and remains of a decayed ship were found within it. A similar boat was undoubtedly located also along the northern side of the pyramid to give symmetrical balance to the complex. However, the historically most valuable archaeological discovery from the area of the pyramid complex of Neferirkare was the papyrus archive. The papyri, most of them fragmentary, were found in the area of the magazines in front of the southeastern corner of the pyramid (cf. contribution Abusir papyri archives).

To the south of the pyramid of Neferirkare, the Czech archaeological team discovered and explored a small tomb complex – consisting of a pyramid and a funerary temple for the king's wife, Khentkaus II.[3] Her title probably reflected the fact that after the premature death of her older son and king Raneferef, she used her authority to support the legitimacy of her immature younger son, Niuserre, when he ascended the Egyptian throne. The queen not only had the same name, but also the same unusual title "mother of two kings of Upper and Lower Egypt," as Khentkaus I., who probably ensured the succession of the royal line between the 4th and 5th Dynasties, and who was buried in the so-called Fourth pyramid in Giza.

The remains of the unfinished pyramid lying to the southwest of the pyramid of Neferirkare were for a long time considered to be a building abandoned in an early stage of construction, which never served its purpose, i.e. never was a real tomb. The place became the excavation site of the Czech archaeological expedition, which proved that it was the tomb complex of the short-reigning older son of Neferirkare, Raneferef. This king died probably in the second year of his reign and the construction of his pyramid, which at that time reached about the level of the first step of the core, was hastily finished as a low truncated pyramid – a stylized primaeval hill, the place where life was born. The tomb was called *The power of Raneferef is divine.*

The plan of the substructure, which was located several metres below the ground level, did not differ in any essential way from that of the pyramid of Neferirkare. The walls of the individual rooms were only roughly worked and instead of three

[3] Verner (1995b).

Horního a Dolního Egypta", který patrně odrážel skutečnost, že po předčasné smrti svého staršího syna a krále Raneferefa podpořila svou autoritou legitimitu ještě nedospělého mladšího syna Niuserrea při jeho nástupu na trůn. Královna měla nejen stejné jméno, ale i týž neobvyklý titul jako Chentkaus I., která snad zajistila pokračování královského rodu ze 4. do 5. dynastie a která byla pohřbena v tzv. čtvrté pyramidě v Gíze.

Rozvaliny nedokončené pyramidy ležící jihozápadně od pyramidy Neferirkareovy byly po dlouhou dobu považovány za stavbu opuštěnou v samém počátku, která nikdy nesloužila svému účelu, tedy nebyla skutečnou hrobkou. Památka byla zkoumána českou archeologickou expedicí, jíž se podařilo prokázat, že šlo o pohřební komplex jen krátce vládnoucího staršího Neferirkareova syna Raneferefa. Tento panovník zemřel asi ve druhém roce své vlády a stavba jeho pyramidy, která v té době dosáhla zhruba úrovně prvního stupně jádra, byla spěšně dokončena v podobě nízkého komolého jehlanu – stylizovaného počátečního pahorku symbolizujícího místo zrození života. Hrobka byla pojmenována *Božská je Raneferefova síla*.

Plán substruktury, která se nacházela několik metrů pod úrovní základny pyramidy, se v zásadě nelišil od Neferirkareovy pyramidy. Stěny místností byly jen hrubě opracovány a místo tří vrstev bloků sedlového stropu kryjícího předsíň a pohřební komoru byla použita pouze jediná vrstva. Rovněž složitý systém blokády ve střední části přístupové chodby, kterou by za normálních okolností tvořily tři za sebou jdoucí obrovské padací bloky z červené žuly, byl nahrazen jednodušší variantou dvou do sebe zapadajících hrubých bloků červené žuly.

Během archeologického výzkumu byly v prostoru pohřební komory a předsíně nalezeny pozůstatky Raneferefovy mumie, zlomky sarkofágu z červené žuly, vápencových kanop a dalších předmětů z panovníkovy pohřební výbavy. Antropologická analýza zlomků mumie ukázala, že Raneferef zemřel mlád, ve věku okolo 23 let.[4]

Spěch a improvizace, které provázely dokončování stavby Raneferefovy hrobky, ovlivnily rovněž plán panovníkova zádušního chrámu. V první etapě byl postaven podél celé východní stěny pyramidy chrám orientovaný v severojižním a nikoli východozápadním směru, jak bylo u tehdejších královských zádušních chrámů normou. Rovněž vnitřní uspořádání chrámu bylo odlišné od soudobých zádušních chrámů. Z plánu byla vyjmuta kaple s pěti nikami a naproti tomu se v něm nově objevila sloupová síň – nejstarší doklad svého druhu ve staroegyptské architektuře. Právě v této síni a jejím okolí se podařilo najít jedinečný soubor Raneferefových soch. Ve skladech v severozápadní části chrámu pak byly objeveny papyry – pozůstatek papyrového archivu Raneferefova zádušního chrámu (viz příspěvek „Abúsírské papyrové archivy"). Tato stavební etapa chrámu byla provedena v sušené cihle (s výjimkou intimní části s obětní síní, která byla postavena z vápence).

V další etapě byl chrám rozšířen k východu, opatřen otevřeným dvorem, pravděpodobně s dřevěnými palmovými sloupy, a také novým monumentálním portikem s dvojicí šestistvolých papyrusových sloupů. I tato stavební etapa, která přiblížila plán chrámu soudobému standardu, byla provedena v sušené cihle.

Od jihovýchodu k chrámu přiléhala rozlehlá, severojižně orientovaná stavba ze sušených cihel, tzv. dům nože – rituální jatka, nejstarší archeologický doklad svého druhu ze starého Egypta. Šlo o relativně velkou stavbu s mohutnou obvodní zdí, jejíž nároží byla zaoblena. Uvnitř se nacházela otevřená porážka, dvůr s řeznickým špalkem a místnosti, kde se maso tepelně upravovalo (vařilo a peklo). Jižní část komplexu pak tvořily skladištní prostory. Z papyrů nalezených v chrámu je patrné, že u příležitosti určitých svátků se na těchto jatkách kdysi poráželo až deset býků denně.

Niuserre se zřejmě po svém nástupu na trůn potýkal s nesnázemi, které se netýkaly pouze legitimity jeho následnictví. Patřila mezi ně i skutečnost, že nikdo z jeho před-

[4] Strouhal–Vyhnánek (2000).

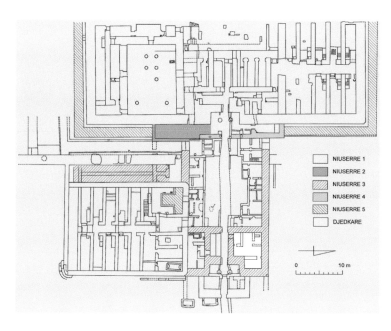

	NIUSERRE 1
	NIUSERRE 2
	NIUSERRE 3
	NIUSERRE 4
	NIUSERRE 5
	DJEDKARE

0   10 m

Obr. 10 Plán Raneferefova pohřebního komplexu s vyznačením jednotlivých stavebních fází.
© Ing. Luděk Wellner

Fig. 10 Groundplan of Raneferef's funerary complex with indication of individual building stages.
© Ing. Luděk Wellner

layers of blocks, the gabled roof of the vestibule and of the burial chamber consisted of only one layer. The demanding blocking system in the central part of the access corridor, which would normally consist of three subsequent huge blocking stones of red granite, was replaced by an easier system of pairs of adjoining rough blocks of red granite.

In the debris of the burial chamber and vestibule, the remains of Raneferef's mummy were discovered, as well as fragments of the sarcophagus of red granite, of alabaster canopic jars and some other items from the burial equipment of the king. Anthropological analysis of the fragments of the mummy showed that Raneferef died young, at an age of about 23 years.[4]

The haste and improvisation that marked the final stages of the construction of the tomb complex of Raneferef also influenced the plan of the funerary temple of the king. In the course of first stage, a temple was built along the entire eastern wall of the pyramid. Against the norm of the royal pyramid temples of that time, it was oriented north-south and not east-west. The inner plan of the temple was also different: most importantly, it lacked the chapel with five niches, but had a hypostyle hall – the first of its kind in Egyptian architecture. In this hall and its surroundings, a unique collection of Raneferef's statues was discovered. The magazines in the northwestern part of the temple contained papyri – the remains of the pyramid archive of the funerary temple of Raneferef (cf. contribution "Abusir papyrus archives"). With the exception of the intimate part with the offering chamber, which was built of limestone, this building stage of the temple was executed in mud bricks.

In the next stage, the temple was enlarged to the east, and received an open court with presumably wooden palmiform columns and a new monumental portico with a pair of six-stemmed papyrus columns. Even this building stage, which brought the temple closer to the common standard, was constructed of mud brick.

A large, north-south oriented, mud brick building adjoined the temple from the south-east. It was the so-called House of the Knife – a slaughterhouse, the oldest construction of this type hitherto found in Egypt. The building was enclosed by a massive wall with rounded edges. The papyri found in the temple betray that on the occasion of some festivals, up to ten bulls per day were slaughtered here.

After his ascent to the throne, Niuserre probably had to face difficulties that did not concern only the legitimacy of his succession. His problems included also the fact that none of his predecessors – his father Neferirkare, mother Khentkaus (II), and older brother Raneferef – did not manage to finish their pyramid complexes. In an attempt to finish these monumental tombs in the fastest and most economical way possible, and also to remain close to them with his own pyramid complex, he built his pyramid in the immediate vicinity of the pyramid of Neferirkare. He finished the tombs of his predecessors, but he also in a way interconnected them so that they were accessible from his valley temple via a single ascending causeway, leading to his own temple. For the construction of his valley temple, he used the place originally selected for the valley temple of Neferirkare and similarly he also used the lower part of the place

chůdců a přímých členů rodiny – otec Ne-
ferirkare, matka Chentkaus II., ani starší
bratr Raneferef – nestihl dokončit svůj py-
ramidový komplex. Ve snaze dokončit tyto
monumentální hrobky co nejrychlejším
a nejekonomičtějším způsobem a zároveň
jim zůstat co nejblíže si Niuserre postavil
svůj pyramidový komplex v těsném sou-
sedství Neferirkareovy pyramidy. Dokon-
čil hrobky svých předchůdců a zároveň je
v jistém smyslu propojil tak, že byly od nil-
ského údolí přístupné jedinou vzestupnou
cestou spojující jeho údolní a zádušní
chrám. Ke stavbě svého údolního chrámu
a dolní části vzestupné cesty využil Niu-
serre základy původně určené pro tyto sou-
části Neferirkareova pohřebního komplexu.

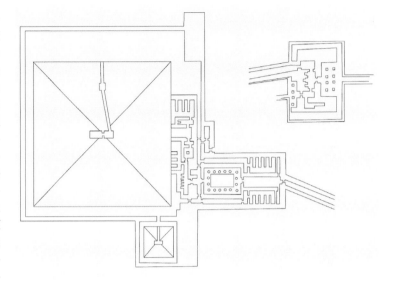

Obr. 11 Plán Niuserreova
pohřebního komplexu.
Podle Vernera (2002: 314)

Fig. 11 Groundplan
of Niuserre's
funerary complex.
After Verner (2002: 314)

Tato rozhodnutí pak zásadním způsobem ovlivnila plán jak Niuserreovy vzestupné
cesty, tak i zádušního chrámu: cesta je lomená a zádušní chrám připomíná zjednodu-
šené, vzhůru obrácené písmeno „L" místo standardního „T".

Plán údolního chrámu se podstatně nelišil od Sahureova, měl rovněž dvě přístavní
rampy a dva portiky – na východě a na jihu. Rozdílné byly zejména sloupy z červené
žuly, které napodobovaly šestistvolý svazek papyrusů s poupaty.

V architektonickém plánu zádušního chrámu se objevilo několik inovací. Jednou
z nich byla malá čtvercová předsíň s jediným sloupem, tzv. *antichambre carrée*, ležící
mezi kaplí s pěti nikami a obětní síní. Od této doby až do počátku 12. dynastie se tato
místnost stala standardní součástí plánu královských zádušních chrámů. Jinou inovaci
představovaly mohutné věžovité stavby v jihovýchodním a severovýchodním nároží
zádušního chrámu, které jsou považovány za prototyp pylonů – monumentálních bran
egyptských chrámů. Otevřený sloupový dvůr lemovala řada šestistvolých papyruso-
vých sloupů z červené žuly. Během archeologického výzkumu chrámu nalezla expe-
dice vedená Ludwigem Borchardtem[5] i fragmenty velké sochy lva z červené žuly.

Niuserreova pyramida, nazvaná *Trvalá jsou kultovní místa Niuserreova*, nebyla příliš
vysoká, měřila pouhých 50 m. Její sedmistupňové jádro a plán substruktury se pod-
statně nelišily od pyramid Raneferefovy či Neferirkareovy. Ani v Niuserreově pyra-
midě, vyloupené zloději památek již ve starověku a následně devastované zloději ka-
mene, nebyly nalezeny stopy po králově pohřbu.

Niuserre byl posledním panovníkem, který si v Abúsíru postavil svou hrobku, po-
mineme-li poněkud záhadnou, krátce po zahájení opuštěnou stavbu pyramidy připi-
sované pouze na základě nepřímých dokladů Šepseskareovi, pravděpodobně jen krátce
vládnoucímu Niuserreovu předchůdci. Niuserreovi nástupci a poslední panovníci
5. dynastie Menkauhor, Džedkare a Venis si své pyramidové komplexy vybudovali
v Sakkáře. Důvody jejich odchodu z abúsírského pohřebiště však zůstávají obklopené
nejasnostmi stejně jako již výše zmíněná volba Abúsíru k založení pohřebiště prvními
vládci této dynastie.

[5] Borchardt (1907).

originally intended for Neferirkare's ascending causeway. These decisions then considerably influenced the plan both of the ascending causeway and of his pyramid complex: the causeway is bent and the funerary temple resembles an inverted letter L instead of the standard T-design.

The plan of the valley temple was not significantly different from that of Sahure, it also had two access ramps and two porticoes oriented to the east and south. Unlike the temple of Sahure, that of Niuserre had columns of red granite, which imitated a six-stemmed papyrus bundle with buds.

The plan of the funerary temple contains several innovations. One of these was a small square vestibule with a single column, the so-called *antichambre carrée*, located between the chapel with five niches and the offering chapel. After this time, this room remained a standard part of royal funerary temples until the beginning of the 12th Dynasty. Another innovation consisted of the massive tower-like structures in the south- and north-east corner of the funerary temple, which are considered to be prototypes of pylons – the monumental gateways of Egyptian temples. The open columned court contained six-stemmed papyriform columns of red granite. During the excavations of the funerary temple conducted by Ludwig Borchardt, fragments of large lion-statue made of red granite were found.[5]

The pyramid of Niuserre, called *"Lasting are the cult places of Niuserre"*, was not very high, it reached a mere 50 metres. Its core had seven steps and its substructure did not differ much from that of Raneferef or Neferirkare. Even in this pyramid no remains of the royal burial were found, since it was already looted in antiquity by tomb robbers and subsequently devastated by stone robbers.

Niuserre was the last ruler who built his tomb in Abusir, if we do not take into account the somewhat mysterious building – perhaps a pyramid platform – which was abandoned shortly after the start of its construction, and which, on the basis of indirect evidence, is ascribed to king Shepseskare, the probably only short-reigning predecessor of Niuserre. The successors of Niuserre and last kings of the 5th Dynasty Menkauhor, Djedkare Isesi and Unas built their pyramid complexes in Saqqara. The reason why they abandoned the Abusir necropolis remains a mystery, even as it still remains a mystery why the first rulers of this dynasty decided to found a royal cemetery at Abusir.

ABÚSÍRSKÉ PAPYROVÉ ARCHIVY

Miroslav Verner

Jedním z důvodů, proč Abúsír zaujímá mezi slavnými pyramidovými pohřebišti na memfidské nekropoli zvláštní postavení, jsou nálezy papyrů, které se zde podařilo v několika etapách objevit a které se vztahují k organizaci a funkci velkých pyramidových komplexů na tomto pohřebišti. Jde o papyry z původních archivů těchto komplexů a jejich význam zdaleka překračuje rámec abúsírského pyramidového pohřebiště, neboť vedle udržování lokálních královských zádušních kultů reflektují také hospodářské poměry a principy organizování administrativy staroegyptského státu ve druhé polovině Staré říše.

První nález papyrového archivu v Abúsíru nebyl dílem archeologů, ale zlodějů památek. Zbytky archivu objevili v roce 1893 v rozvalinách chrámových skladů poblíž jihovýchodního nároží Neferirkareovy pyramidy. Papyry – zlomky a někdy celé velké kusy svitků – se prostřednictvím překupníků a také některých archeologů, např. E. Navilla nebo W. M. Flinderse Petrieho, dostaly posléze do sbírek Britského muzea, do muzea University College v Londýně a do muzea v Louvru, Egyptského muzea v Berlíně a konečně do Egyptského muzea v Káhiře.

Objev zmíněných papyrů v Abúsíru nemohl neupoutat pozornost L. Borchardta, který v té době vedl pro von Bissingovu expedici archeologické vykopávky v Niuserreově slunečním chrámu v Abu Ghurábu na severním okraji Abúsíru. Nález papyrů a zájem o Niuserreovu pyramidu v souvislosti s výzkumem panovníkova slunečního chrámu zřejmě přivedly Borchardta k rozhodnutí, aby začal po skončení vykopávek v Abu Ghurábu pracovat na abúsírském pyramidovém poli. Avšak ještě před tím, než tak Borchardt mohl učinit, vydal se do Abúsíru hledat papyry Heinrich Schäfer. Asi po týdnu bezvýsledného pátrání však Schäfer svou činnost v Abúsíru ukončil.

První Borchardtův pokus z roku 1900 o nalezení dalších papyrů byl neúspěšný. Teprve v únoru 1903 se mu podařilo najít několik malých zlomků papyrů ve skladech východně od jihovýchodního nároží pyramidy. I když byl tento nález pro Borchardta do určité míry zklamáním, výsledek jeho práce byl v jistém smyslu velmi významný. Jeden z Borchardtem nalezených zlomků se totiž podařilo Hugo Ibscherovi, slavnému restaurátorovi papyrů z berlínského muzea, scelit se zlomkem objeveným již dříve zloději. Tak se podařilo bezpečně prokázat nejen původ, ale i přesné místo nálezu prvního papyrového archivu.

Po první velké vlně vzrušení, kterou nález papyrového archivu Neferirkareova zádušního chrámu vyvolal, zájem o tyto papyry pohasl. Jistě k tomu přispělo několik

1 Neferirkare
2 Chentkaus II./ Khentkaus II
3 Raneferef

Obr. 1 Výřez ze satelitního snímku s vyznačenými místy nálezu papyrových archivů.
© Ing. Vladimír Brůna, Laboratoř geoinformatiky Univerzity J. E. Purkyně v Ústí nad Labem

Fig. 1 Section of the satellite image of the Abusir necropolis with indicated locations where papyrus archives were discovered.
© Ing. Vladimír Brůna, Geoinformatics Laboratory of the University of J. E. Purkyně in Ústí nad Labem

THE ABUSIR PAPYRUS ARCHIVES

Miroslav Verner

The discoveries of papyri are one of the reasons for the special position of the Abusir necropolis among the famous pyramid cemeteries of the Memphite area. The papyri, which contain texts related to the organization and function of the large pyramid complexes on this necropolis, were found here in several phases. They belonged to the original archives of these complexes and their testimony reaches far beyond the Abusir pyramid necropolis since, besides the maintenance of local royal funerary cults, the archives reflect also the economic situation and the principles of administrative organization of the ancient Egyptian state in the second half of the Old Kingdom.

Tomb robbers, not archaeologists were the first to discover a papyrus archive. They found the remains of an archive in 1893 in the ruins of the temple magazines in the vicinity of the southeastern corner of the pyramid of Neferirkare. Through dealers and also some archaeologists, e.g. E. Naville or W. M. Flinders Petrie, the papyri – fragments and sometimes even whole large pieces of scrolls – later reached the collections of the British Museum, the museum of the University College of London, the Louvre Museum, the Egyptian Museum in Berlin and also the Egyptian Museum in Cairo.

The discovery of these papyri in Abusir could not but attract the interest of L. Borchardt, who at that time led on behalf of von Bissing's expedition, archaeological excavations in the sun temple of Niuserre at Abu Ghurab on the northern edge of Abusir. Alongside the interest in the pyramid of Niuserre in connection with his sun temple, it was probably precisely the discovery of papyri that brought Borchardt to start to work on the Abusir pyramid field after the completion of the work in Abu Ghurab. But before Borchardt could begin, Heinrich Schäfer set out for Abusir to search for papyri. After about a week of unsuccessful searching, he ended his activities in Abusir.

Borchardt's first attempt to find more papyri in 1900 failed. Later, in February 1903, he managed to discover several small papyri fragments in the magazines to the east of the southeastern corner of the pyramid. Although for Borchardt they were to a certain extent a disappointment, the result of his work was very important. Hugo Ibscher, the famous papyri restorer of the Berlin Museum, managed to join one of the discovered fragments with a fragment found earlier by the thieves. It was thus possible to prove not only the origin, but also the precise site of the discovery of the papyrus archive by the robbers.

After the first wave of excitement, which was aroused by the discovery of the papyrus archive of the funerary temple of Neferirkare, the interest in the papyri faded away. This was undoubtedly the result of several factors, above all however of the overall fragmentary nature of both the form and contents of the archive. Also, at the turn of the 19th century, there were only a few Egyptologists who were working on the palaeography of the old hieratic script, in which these documents were written.

The final stimulus for the study and publication of the archive of Neferirkare was in a way the result of chance. While the Paris Sorbonne transferred various materials from the estate of Gaston Maspero, two larger pieces of papyri fell out of one magazine, and G. Posener identified them as part of the archive of Neferirkare. His

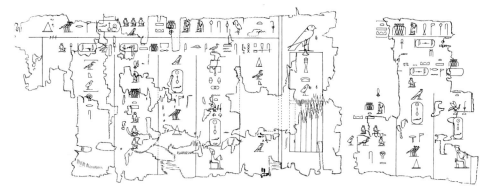

Obr. 2 Část královského dekretu panovníka Džedkarea z Raneferefova papyrového archivu. Archiv Českého egyptologického ústavu

Fig. 2 Part of the royal decree of King Djedkare found in Raneferef's papyrus archive. Courtesy of the Czech Institute of Egyptology

okolností, především však velká zlomkovitost archivu, a to jak formální, tak i obsahová. Na přelomu 19. a 20. století také nebylo mnoho egyptologů, kteří by se důkladně věnovali paleografii staré hieratiky, jíž jsou tyto dokumenty zaznamenány.

Konečný podnět ke zpracování a edici Neferirkareova archivu dala svým způsobem náhoda. Při přebírání různých materiálů z pozůstalosti Gastona Maspera knihovnou pařížské Sorbonny totiž z jednoho časopisu vypadly dva větší kusy papyrů, které G. Posener identifikoval jako součást Neferirkareova archivu. Zpracování zlomků a posléze celého archivu se ujala jeho žačka a posléze manželka P. Posenerová-Kriégerová. V roce 1968 vydala ve spolupráci s kustodem Louvru J. L. de Cenivalem tabule s fotografiemi a hieroglyfickou transkripcí textů v ediční řadě papyrů Britského muzea a o osm let později, v roce 1976, pak toto dílo završila vydáním překladu a komentáře. Není bez zajímavosti, že jí vedle G. Posenera při její nesnadné práci poskytli svou podporu také britský egyptolog A. Gardiner a český egyptolog J. Černý.

Ještě před konečným vydáním Neferirkareova archivu došlo k ojedinělým pokusům některé vybrané části archivu vydat. Tak se např. L. Borchardt rozhodl vydal zlomek papyru, na němž byla zmínka o královské matce Chentkaus. K tomuto kroku ho vedl objev hrobky královny Chentkaus a jejího neobyčejného titulu „matka dvou králů Horního a Dolního Egypta", který se na konci třicátých let minulého století podařil egyptskému archeologovi Selimu Hassanovi v Gíze. Borchardt ztotožnil královskou matku Chentkaus, zmiňovanou na zlomku papyru, s majitelkou hrobky LG 100 v Gíze. Zdálo se mu zcela logické označit Chentkaus zároveň za matku Neferirkareovu, v jehož pyramidovém komplexu byly papyry objeveny. Navíc Borchardt převzal Sethovu interpretaci některých dodatečně přetesaných reliéfů ze Sahureova zádušního chrámu jako doklad příbuzenského vztahu Sahurea a Neferirkarea a dospěl k závěru, že tito panovníci byli bratři a že právě jich dvou se týká výše citovaný ojedinělý titul královny. Borchardt ovšem tehdy netušil, že pouhých 50 metrů jižně od místa nálezu papyrů leží malý pyramidový komplex královské matky, která se rovněž jmenovala Chentkaus a byla jako druhá v egyptských dějinách nositelkou neobyčejného titulu „matka dvou králů Horního a Dolního Egypta". Avšak nepředbíhejme, zatím pouze konstatujme, že Borchardtova teorie na déle než půlstoletí ovlivnila názory egyptologů na poměrně složitou a prameny nedostatečně doloženou dobu z konce 4. a počátku 5. dynastie.

Papyry – a je třeba znovu zdůraznit, že jde pouze o malou část původního chrámového archivu – Neferirkareova archivu pocházejí podle P. Posenerová-Kriégerové ze druhé poloviny 5. a ze 6. dynastie, konkrétně pak z období vlády Niuserrea až Pepiho II. Podstatnou část papyrů pak datovala do doby Džedkareovy.

Z dochovaných zlomků je patrné, že archiv původně tvořily papyry dvou základních rozměrů – jednak svitky o délce 150–180 cm a šířce 21–23 cm a vedle nich svitky polo-

pupil (and later wife), P. Posener-Kriéger, studied the fragments and later the entire archive. First she published together with the custodian of the Louvre Museum, J. L. de Cenival, tabulae with photographs and hieroglyphic transcriptions of the texts in the series of the British Museum papyri in 1968. Eight years later, in 1976, she completed the work with the publication of the translation and commentary. It is not without interest that besides G. Posener also the British Egyptologist A. Gardiner and the Czech Egyptologist J. Černý assisted her in this demanding task.

Before the final edition of Neferirkare's archive, there were several isolated attempts to publish selected parts of the archive. Thus for example L. Borchardt decided to publish a papyrus fragment, where the Queen mother Khentkaus was mentioned. This action was stimulated by the discovery of the tomb of Queen Khentkaus by the Egyptian archaeologist Selim Hassan in Giza, toward the end of the 1930s, and by her unique title "Mother of Two Kings of Upper and Lower Egypt". Borchardt identified the Queen mother Khentkaus mentioned on the papyrus fragment with the owner of tomb LG 100 in Giza. He thought it quite logical to consider her to be also the mother of Neferirkare, since the papyri were found precisely in his complex. Borchardt moreover adopted Sethe's interpretation of some additionally reworked blocks from the funerary temple of Sahure as evidence of a relationship between Sahure and Neferirkare and concluded that these rulers were brothers and that the aforement-ioned unique title of the queen referred precisely to them. Borchardt did not know that a small pyramid complex of a queen mother, whose name was also Khentkaus and who was the second in Egyptian history to bear the unusual title "Mother of two kings of Upper and Lower Egypt" lay a mere 50 metres to the south of the site of discovery. Borchardt's theory influenced the opinion of Egyptologists concerning the relatively complicated and quite poorly documented period between the end of the 4th and beginning of the 5th Dynasty for over half a century.

According to P. Posener-Kriéger, the papyri – and we must once again stress that they form only a small part of the original temple archive – of the archive of Neferir-kare come from the second half of the 5th and the 6th Dynasty, more precisely from the time of the reign of Niuserre to Pepi II. She dated the major part of the papyri to the time of Djedkare.

The preserved pieces indicate that the archive was originally formed by papyri of two basic dimensions – scrolls reaching 150–180 cm in length and 21–23 cm in width, and scrolls reaching half these dimensions. According to the calculations of P. Posener--Kriéger, Neferirkare's archive alone needed around 120 m of papyrus scrolls a year.

As far as the content is concerned, the archive of Neferirkare is formed by the following types of papyri:
1. Royal decrees, concerning above all the food ratios for certain groups of priests. They are not very numerous.
2. Schedules of priestly duties at the occasion of religious festivals, eg. that of Sokar (the 26th day, 4th month of the Inundation season), Hathor, the night of Re, sacred symbols, etc.
3. Overviews of daily, ten-daily and monthly incomes of the temple. These lists and accounts were kept with extreme care. For example expected monthly income was recorded in black ink, real income in red and the difference, the debt, also in black. These records allow us today to reconstruct (relatively precisely), for example, the monthly consumption of food by temple priests and other personnel, which amounted to 30 bulls, 660 pieces of fowl and according to the position of the person, between 7 to 200 jars of beer and 60 to 600 pieces of various kinds of bread and pastry.

vičních rozměrů. Podle výpočtů P. Posenerové-Kriégerové představovala roční spotřeba papyrových svitků jen v Neferirkareově pyramidovém komplexu okolo 120 metrů.

Neferirkareův archiv obsahuje následující druhy papyrů:
1. Královské dekrety týkající se zejména přídělů potravin pro určité skupiny kněží. Jde o poměrně nepočetnou skupinu pěti dokumentů.
2. Rozpisy kněžských služeb u příležitosti náboženských svátků, např. Sokarova (26. dne 4. měsíce záplavy), Hathořina, noci Reovy, posvátných symbolů aj.
3. Přehledy denních, desetidenních a měsíčních dodávek do chrámu. Tyto seznamy a účetní doklady byly velmi pečlivě vedeny. Tak se např. v měsíčních výkazech zaznamenávaly očekávané příjmy červenou barvou, skutečné příjmy černou barvou a rozdíl, dluh, rovněž černou barvou. Tyto doklady nám dnes umožňují poměrně přesně rekonstruovat např. měsíční spotřebu potravin chrámovými kněžími a zaměstnanci, která zahrnovala až 30 býků, 660 kusů drůbeže a dle postavení dotyčného od 7 do 200 džbánů piva a od 60 až do 600 kusů různých druhů chleba a pečiva.
4. Inventáře kultovních a jiných předmětů používaných v chrámu při obřadech, jako bylo přinášení denních obětin, Otevírání úst aj. V seznamech nechybí ani různé druhy nádob, obětních stolů, rituálních nožů, olejů a mastí, ozdob, skříněk atp. Byrokratickou důkladnost seznamů dokládá záznam o kontrole jediné kuličky kadidla, která byla shledána na svém místě v dřevěné skříňce.

Tyto různé účetní doklady tvořící velkou část archivu se zdají být jednotvárné až nudné, ale jen na první pohled. Jejich vyhodnocení nám poskytuje klíč k pochopení mechanismu fungování nejen chrámového hospodářství. Z dokumentů je patrné, že panovník již za svého života založil nadace a statky k zabezpečení svého zádušního kultu. Produkty z těchto statků však do chrámu neplynuly přímo. Byly soustřeďovány ve skladech královské rezidence a královského paláce. Teprve z nich plynuly do panovníkova zádušního chrámu, a to opět ne přímo, ale z velké části prostřednictvím slunečních chrámů, v daném případě pak Neferirkareova slunečního chrámu *Setibre*. Náboženská motivace tohoto mezičlánku je zřejmá: obětiny byly nejdříve předloženy na oltář slunečního boha Rea a teprve odtud putovaly do králova zádušního chrámu.

Mimochodem, chrám *Setibre* dosud objeven nebyl, avšak útržkovité informace z papyrového archivu, ale i některých dalších soudobých pramenů, nám přece jen umožňují učinit si o něm určitou předběžnou představu. Dovídáme se například, že v chrámu byly „východní sklady" *per šena iabtej*, „jižní kancelář" *kenbet resejet*, kaple bohů Hora, Hathory a Re-Harachteje, dvě čtyři metry dlouhé měděné kultovní bárky, velká stavba pro kultovní bárku *maat*, že zde dále byla pekárna, pivovar, řeznictví aj. Dvě poznámky na papyrech nám také umožňují se domnívat, že Neferirkareův sluneční chrám neležel v bezprostřední blízkosti panovníkova pyramidového komplexu. Jedna poznámka se týká přepravy obětin ze slunečního do zádušního chrámu na člunu, ve druhé se v souvislosti s přepravou mezi oběma chrámy výslovně používá sloveso *cheni* „veslovat". Pozůstatky chrámu *Setibre* tedy sotva budou ležet na abúsírském pohřebišti.

Papyry nám dále podávají podrobnou informaci o kněžstvu a zaměstnancích chrámu. Základ tvořili *hemu necer* „sluhové boží", *uabu* „čistí" a *chentiju-eš* „pachtýři". Mimochodem právě posledně jmenovaní často měli jména, jejichž základem bylo Neferirkareovo rodné jméno *Kakai*. Vedle nich v chrámu působili i další zaměstnanci nejrůznějších profesí, od písařů přes holiče až po lékaře.

4. Inventories of cultic and other objects used in the temple in the course of rituals such as the bringing of daily offerings, the opening of the mouth, etc. The lists include also various types of vessels, offering tables, ritual knives, oils and balms, decorative objects, boxes, etc. The bureaucratic fondness for detail with which these documents were kept is shown by the record of the control of a single lump of incense, which was found in its place in a wooden box.

These various account documents form a great part of the archive. At first sight they may appear simple and boring. However, their evaluation gives us the key to the understanding of the mechanisms of operation, not only of temple administration. The documents show that in the course of his life, the ruler founded estates and foundations for the maintenance of his funerary cult. The products of these estates did not, however, flow directly into the temple. They were concentrated in the magazines of the royal residence and of the royal palace. From here they streamed into the funerary temple of the king, but again indirectly, most often through the sun temples, in this case through Neferirkare's sun temple *Setibre*. The religious motif for this diversion is evident: the offerings were first placed on the altar of the sun god Re and only from here they were transferred to the king's funerary temple.

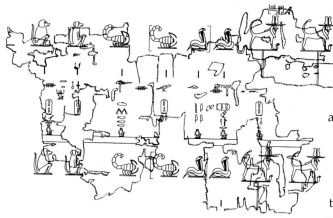

The temple *Setibre* has not yet been discovered, but the fragmentary information from the papyrus archive and some other contemporary sources allow us to form a preliminary idea about it. We learn for example that the temple contained "eastern magazines" *per shena iabti*, the "southern office" *kenbet reseyet*, chapels of the gods Horus, Hathor and Ra-Harakhti, two four metre-long, copper cultic barques, a great building for the cultic barque *maat*, and further, that there was a bakery, brewery, slaughterhouse, etc. Two notes written on the papyri also allow us to presume that the sun temple of Neferirkare did not lie in the immediate vicinity of the pyramid complex of the king. One of the notes concerns the transfer of offerings from the solar to the funerary temple on a boat, the second explicitly uses the word *kheni* "to row" in connection with the transport between the two temples.

The papyri further provide detailed information about the priests and other employees of the temple. The basic personnel was formed by the *hemu netjer*, "god's servants," *wabu* "the pure ones", and *khentiu-esh* "tenants". The latter often bore names based on the birth name of Neferirkare, *Kakai*. Besides them, other personnel of various professions were employed in the temple, from scribes to barbers and to physicians.

The priests were organised in watches, *phyles*, further divided into one or two sections. One watch was formed by ca. 40 people; during the period of the maximum intensity of the funerary cult in the pyramid complex, about 200 people took shifts in the service.

The papyrus archive of Neferirkare contains many other valuable data. Let us mention the references to buildings and monuments that at that time stood at the Abusir necropolis and some of which have not yet been discovered. From those that were found, the papyri mention the "southern barque". Precisely this reference led the Czech archaeological team in Abusir to its successful location with the help of geophysical measurement and partial uncovering: a wooden barque, unfortunately completely decayed, lay alongside the southern side of the pyramid of Neferirkare,

Kněží byli organizováni v pěti tzv. hlídkách, *fýlách*, dále členěných do jednoho, případně dvou oddílů. Jednu hlídku pak tvořilo asi 40 lidí, celkem se tedy v dobách maximální intenzity zádušního kultu v pyramidovém komplexu ve službě střídalo okolo 200 lidí.

Neferirkareův papyrový archiv však obsahuje ještě mnohé další cenné údaje. Za všechny uveďme zmínky o budovách a památkách, které v té době stály na abúsírském pohřebišti a z nichž se některé dosud nepodařilo archeologicky prokázat. Mezi ty, které se naopak prokázat podařilo, patří v papyrech zmíněná Neferirkareova „Jižní bárka". Právě tato zmínka vedla český archeologický tým v Abúsíru k její úspěšné lokaci pomocí geofyzikálního měření a také k jejímu částečnému odkryvu: dřevěná bárka, bohužel ztrouchnivělá na prach, ležela podél jižní strany Neferirkareovy pyramidy, přesně v její severojižní ose. Je mimo pochybnost, že přesně symetricky umístěná musí být i „Severní bárka" podél severní strany pyramidy.

V roce 1976 získal Český egyptologický ústav UK povolení k archeologickým výzkumům v jižní části abúsírského královského pohřebiště a první odkryvné práce se soustředily v prostoru malého pyramidového komplexu ležícího asi 50 m jižně od Neferirkareovy pyramidy. Velmi záhy se ukázalo, že jde o hrob Neferirkareovy manželky královny Chentkaus (II.), která měla překvapivě týž neobvyklý titul jako její jmenovkyně Chentkaus (I.), pohřbená v již zmíněné hrobce LG 100 v Gíze. Ač to zní téměř neuvěřitelně, během krátké doby, v rozpětí asi dvou generací, žily v Egyptě dvě královny téhož jména, jež měly týž neobvyklý titul „matka dvou králů Horního a Dolního Egypta", jehož nositelkou kromě nich nebyla žádná jiná staroegyptská královna. Titul zřejmě odrážel neobvyklou dynastickou situaci, kdy královská matka musela svou autoritou obhájit následnické právo svého mladšího, ještě nedospělého syna po předčasné smrti jen krátce vládnoucího staršího syna. Není vyloučeno, že mezi oběma královnami existoval příbuzenský vztah. Zajímavou shodou okolností je, že v témže roce, 1976, rovněž vyšla dvousvazková publikace P. Posenerové-Kriégerové s překladem a výkladem papyrového archivu Neferirkareova pyramidového komplexu.

V rozvalinách pilířového dvora Chentkausina zádušního chrámu bylo mj. objeveno několik desítek zlomků papyrů, vesměs velmi malých, se zbytky textů zaznamenaných starým hieratickým písmem. I když se na žádném zlomku neobjevovalo jméno Chentkaus, nebylo pochybností o tom, že zlomky tvořily součást papyrového archivu tohoto malého pyramidového komplexu královny. Na pěti zlomcích se vyskytovala stylizovaná kresba v nau stojící ženské postavy se supí čelenkou na hlavě a s žezlem *uas* v ruce. Vzhledem k tomu, že s postavami nebyly spjaty žádné božské atributy, šlo bezpochyby o znázornění soch královny Chentkaus (II.). Texty se pak většinou vztahovaly k popisu materiálů, z nichž byly naa i sochy zhotoveny. Díky těmto údajům víme, že naa byla ze dřeva a byla zdobena lapisem lazuli, že královnin náhrdelník byl ze zlata, oči byly vykládané onyxem, žezlo *uas* bylo z elektra atp. Z papyrů je patrné, že šlo o nejméně šestnáct kultovních soch královny, které kdysi tvořily součást chrá-

Obr. 4 Fragment papyru zmiňující Neferirkareův sluneční chrám *Setibre* jako dodavatele produktů pro záduší chrám Raneferefa. Archiv Českého egyptologického ústavu

Fig. 4 Fragment of the papyrus identifying *Setibre*, Neferirkare's sun temple, as a provider of products for the funerary cult of King Raneferef. Courtesy of the Czech Institute of Egyptology

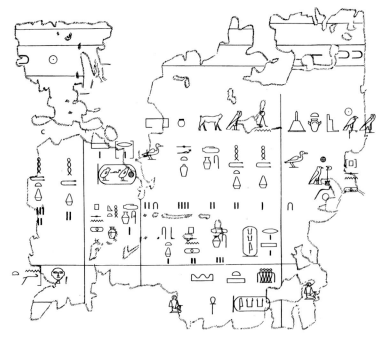

more precisely in its north-southern axis. It is beyond all doubt that also the "northern barque" must lie in a symmetrical position, along the northern side of the pyramid.

In the year 1976, the Czech Institute of Egyptology of the Charles University in Prague acquired the license for archaeological excavations in the southern part of the Abusir royal necropolis, and the first excavation works concentrated in the area of the small pyramid complex lying about 50 m to the south of the pyramid of Neferirkare. Very soon it became clear that it was the tomb of the wife of Neferirkare, Khentkaus II, who surprisingly bore the same unusual title as the queen of the same name, Khentkaus I, buried in the aforementioned tomb LG 100 in Giza. Although it may sound incredible, in a short time, within about two generations, two queens with the same name lived in Egypt, who had the unusual title "mother of two kings of Upper and Lower Egypt," borne by no queen of Egypt outside themselves. The title probably reflected the unusual dynastic situation, in which the queen mother must have used her authority to defend the right for succession of her younger, still immature son after the premature death of her only short-reigning older son. It is not impossible that there was a relationship between the two queens. Interestingly, in the same year, 1976, the book of P. Posener-Kriéger with the translation and explanation of the archive of the pyramid complex of Neferirkare was published.

In the ruins of the pillared court of the funerary temple of Khentkaus II, several dozens of mainly very small papyrus fragments containing remains of texts written in hieratic script were discovered. Although none of the fragments contained the name Khentkaus, there was no doubt that they belonged to the papyrus archive of this small pyramid complex of the queen. Five fragments contained a stylised drawing of a female figure wearing the vulture headdress on her head and holding the *was* sceptre in her hand, while standing in a naos. Since the figures had no divine attributes, they undoubtedly represent the statues of Queen Khentkaus (II). The texts mainly focused on the description of the materials from which the naoi and the statues were made. Thus, we know that the naoi were made of wood and decorated with lapis lazuli, that the queen's collar was of gold, her eyes inlaid with onyx, the *was*-sceptre of electrum, etc. According to the papyri, the temple contained at least sixteen cultic statues of the queen, which once formed part of the temple furniture. But, regardless of all these partial details, we do not know precisely what kind of document originally contained these fragments. Perhaps it was a large list of some temple inventory. Despite their small number, the fragments represent the second Abusir temple archive. This archive was also translated and published by P. Posener-Kriéger in our joint work on the pyramid complex of Khentkaus II.

The third and to date last Abusir temple archive was discovered by the Czech archaeological team in the ruins of the funerary temple of Raneferef. Unlike the first archive, the archaeological contexts of the second and third set of papyrus archives were precisely documented. The broader archaeological context of the discovery of the papyri thus provided additional information about the original location of the archive as well as the circumstances under which it was destroyed. It was a lucky circumstance that at the time of the discovery of the archive in the temple of Raneferef, P. Posener-Kriéger was the director of the French Institute of Oriental Archaeology in Cairo and could thus from the very beginning take part in the rescue of the papyri and their scholarly evaluation.

The papyri were discovered in several places, mostly in the magazines in the northwestern part of the temple. The archaeological context in which they were discovered shows that they had been already in ancient times tossed out of probably

mového mobiliáře. Avšak bez ohledu na všechny tyto dílčí detailní údaje nevíme přesně, z jakého druhu dokumentu zlomky pocházely – snad šlo o velký seznam chrámového inventáře. Byť nepočetné, zlomky představují druhý abúsírský papyrový archiv. Také tento archiv byl přeložen a publikován P. Posenerovou-Kriégerovou v našem společném díle o pyramidovém komplexu Chentkaus (II.).

Třetí a zatím poslední abúsírský papyrový archiv se podařilo nalézt českému archeologickému týmu v rozvalinách Raneferefova zádušního chrámu. Na rozdíl od prvního byly v případě druhého a třetího archivu přesně zdokumentovány nálezové okolnosti. Širší archeologický kontext nálezu papyrů tak poskytl další důležité doplňující informace týkající se původního uložení archivu i okolností, za nichž byl zničen. Šťastnou náhodou byla právě v době nálezu archivu v Raneferefově chrámu P. Posenerová-Kriégerová ředitelkou Francouzského ústavu orientální archeologie v Káhiře a mohla se tak od samého počátku podílet na záchraně papyrů a jejich vědeckém zpracování.

Papyry byly objeveny na několika místech, převážnou měrou však ve skladech v severozápadní části chrámu. Z archeologického kontextu, v němž zde byly nalezeny, je patrné, že již ve starověku byly velmi hrubě vyházeny zřejmě z dřevěné skříňky (nebo skříněk), v níž (nichž) byly uchovávány, a rozšlapány. Vyhodili je ti, pro něž skříňka (skříňky) byla(y) cennější než nějaké neužitečné papyry. Došlo k tomu pravděpodobně v době, kdy v chrámu vyhasl kult, avšak jeho základní zdivo ještě stálo, snad v První přechodné době. Postupně zvětrávající cihlové zdivo skladů a písečné návěje překryly zbytky papyrů a umožnily jejich dochování do našich dnů.

Svým rozsahem i obsahem se Raneferefův archiv příliš neliší od archivu Neferirkareova, je pouze zlomkovitější. Na rozdíl od Neferirkareova archivu obsahuje větší množství zlomků královských dekretů, z nichž většina opět pochází z doby Džedkareovy a podstatným způsobem rozmnožuje historická data, tzv. roky censu neboli sčítání dobytka, vztahující se k tomuto panovníkovi. Jde o 1., 5., 15., 17. a 18. rok censu a 1., 4., 7. a 14. rok po censu a tato data téměř zdvojnásobují dosud známé údaje tohoto druhu týkající se Džedkareovy vlády.

Mezi papyry nechybí rozpisy kněžských služeb v chrámu. Podobně jako v Neferirkareově chrámu i v Raneferefově sloužili kněží „služebníci boží" *hemu necer*, „čistí" *uabu* a „pachtýři" *chentiu-eš*. Jestliže osobní jména *chentiju-eš* sloužících v Neferirkareově chrámu byla často tvořena na základě králova rodného jména *Kakai*, pak *chentiu-eš* v Raneferefově chrámu svá jména tvořili na základě rodného jména tohoto krále, které znělo *Isi*. Tento dosti významný údaj ukazuje, že kněžstvo pracovalo pouze ve „svých" chrámech a že ve službě mezi nimi nerotovalo. Pokud jde o spektrum funkcí doložených v Raneferefově chrámu, podstatně se od Neferirkareova neliší, jen přibývají některé nové, např. „sochař", „veslař bárky" nebo kuriózně i „flétnista Bílé koruny".

Také v Raneferefově chrámu bylo kněžstvo organizováno v hlídkách, fýlách. Šťastnou náhodou se dochoval zlomek papyru s úplným přehledem členění jednotlivých hlídek do oddílů včetně jejich názvů. Dotyčný zlomek se vztahuje k rozdělování látek mezi kněžstvo u příležitosti svátků *Džehutet* a *Wag*.

Z účetních dokumentů vyplývá, že vedle královské rezidence, královského paláce a slunečního chrámu *Setibre* směřovaly do Raneferefova zádušního chrámu dodávky také z Ptahova chrámu. Významné postavení Neferirkareova slunečního chrámu i v Raneferefově kultu je snadno vysvětlitelné: panovník zemřel dříve, než byl dokončen jeho vlastní sluneční chrám *Hetepre*, a nábožensky předepsaná cesta obětin přes oltář slunečního boha tak musela proběhnout přes sluneční chrám jeho otce. V této souvislosti je zajímavé, že šlo pouze o primární prezentaci obětin na oltáři v otcově slunečním chrámu, ale již ne o přípravu obětin, jak dokládá nález jatek, „domu nože", v těs-

a wooden box (or boxes), in which they were kept, and trodden upon. They were thrown out by people for whom the box(es) was more valuable than some useless papyri. It happened probably at the time when the cult in the temple had faded away, but the basic temple walls were still standing – perhaps in the course of the First Intermediate Period. The gradually weathered brick walls of the magazines and the drifting sand covered the remains of the papyri and enabled their preservation to our own time.

The content of the archive of Raneferef does not differ much from that of Neferirkare, it is only more fragmentary. In contrast with Neferirkare's archive, that of Raneferef contains more fragments of royal decrees, most of which also come from the time of Djedkare. The body of material significantly contributes to the available number of historical dates, the so-called census years, connected with this king. They mention the 1st, 5th, 15th, 17th and 18th census years and the 1st, 4th, 7th, and 14th year after the census; these citations almost double the number of hitherto known data of this type related to the reign of Djedkare.

The papyri also contain the schedules of priestly service in the temple. The same type of personnel as those who served in the temple of Neferirkare also served in the temple of Raneferef, namely "god's servants" *hemu netjer*, "pure ones" *wabu*, and "tenants" *khentiu-esh*. While the personal names of the *khentiu-esh* serving in the temple of Neferirkare were formed on the basis of the personal name of this king, Kakai, *khentiu-esh* in the temple of Raneferef formed their names with the personal name of this king, Isi. This is a significant fact, since it shows that the priests worked only in "their" temples and did not rotate between them. The range of functions attested in the temple of Raneferef does not differ much from that of Neferirkare, although there are, however, several new ones, eg. "sculptor", "rower of the barque" or, curiously, "flutist of the White Crown".

As was the case in the temple of Neferirkare, the priesthood in the temple of Raneferef was organised in watches, or phyles. Due to a lucky coincidence, a papyrus fragment has been preserved with a complete overview of the division of the individual phyles into squads including their names. The aforementioned fragment relates to the division of clothing among the priesthood at the occasion of the *Djehutet* and *Wag* festivals.

The accounts indicate that, besides the royal residence, the royal palace and the sun temple *Setibre*, also the temple of Ptah sent supplies to the funerary temple of Raneferef. It is easy to explain the important position of the sun temple of Neferirkare in the cult of Raneferef: the king died before the completion of his own sun temple *Hetepre* and the necessary journey of the offerings from the altar of the sun god thus must have taken place from the sun temple of his father. In this context it is interesting to note that only the primary presentation of offerings on the altar in the father's solar temple was concerned, and not the preparation of offerings, as is proven by the discovery of a slaughterhouse, the "house of the knife" in the immediate vicinity of the funerary temple of Raneferef. This "house of the knife" also shows that the perhaps limited capacity of the slaughterhouse in the vicinity of the sun temple of Neferirkare must have been unable to serve the needs of the funerary cult of Raneferef. Can we, by analogy, presume that other premises serving the cult of Raneferef, such as the brewery or bakery, were, like the slaughterhouse, also located close to the place of his funerary cult? Besides the aforementioned amounts consumed by the priesthood and employees of a single funerary temple, there is also an entry on one of the papyrus fragments, according to which 130 bulls were slaughtered in Raneferef's slaughterhouse in the course of a ten-day festival.

ném sousedství Raneferefova zádušního chrámu: pro účely Raneferefova kultu tedy nebylo možné využít kapacitu, možná omezenou, jatek poblíž Neferirkareova slunečního chrámu. Můžeme pak analogicky předpokládat, že se i další zařízení sloužící Raneferefovu kultu, např. pivovar nebo pekárna, stejně jako jatka nacházely nedaleko jeho zádušního kultu? Kromě již výše zmíněné spotřeby kněží a zaměstnanců jediného zádušního chrámu doplňme údaj ze zlomku papyru, podle něhož bylo na Raneferefových jatkách během desetidenních svátků poraženo 130 býků.

Zajímavé údaje nám podávají zlomky papyrů vztahující se ke kontrole původního chrámového inventáře, který zahrnoval nejrůznější kultovní náčiní a desítky dřevěných skříněk, v nichž bylo uchováváno. Mezi kultovní předměty patřily i dřevěné sochy božské volavky a hrocha, o jejichž účelu a použití v chrámových obřadech se můžeme pouze dohadovat.

Archeologicky velmi cenné, byť interpretačně obtížné jsou údaje týkající se přímo pyramidového komplexu a jeho jednotlivých součástí. Z nich se např. dovídáme, že Raneferefův hrob, upravený po předčasné smrti panovníka do podoby komolého jehlanu, se jmenoval *iat* „pahorek". Hrobka tedy nepochybně představovala stylizovaný počáteční pahorek, místo zrodu života, symbol věčného znovuzrození. Dále se dovídáme, že v zádušním chrámu existoval „široký dvůr" *uesechet*, který lze bez potíží identifikovat s otevřeným sloupovým dvorem, a stejně snadná je i identifikace „skladů" *per šenau*. Obtížnější je již identifikace „archivu" *per medžat*, „velké pokladnice" *per hedž aa* aj. Snad na základě nálezů soch lze sloupovou síň v jihozápadní části chrámu ztotožnit s „domem sochy" *per tut*, zmiňovaným také v papyrech.

Vedle těchto údajů se v papyrech Raneferefova archivu setkáváme ještě s názvy staveb, které dle kontextu musely na abúsírském pohřebišti existovat a jež se dosud nepodařilo lokalizovat, např. „Jižní svatyně" *hut resejet*. O další velmi významné stavbě, Sahureově paláci *Weces-neferu-Sahure*, nám podávají svědectví nápisy na střepech zásobnic, v nichž byl z jatek tohoto paláce dopravován do Raneferefova chrámu lůj používaný patrně do lamp. Existence tohoto paláce v blízkosti Abúsíru, ne-li přímo na okraji pohřebiště, je nejnověji potvrzena nálezem bloku ze vzestupné cesty Sahureova pyramidového komplexu, na němž je scéna odehrávající se přímo v tomto paláci a znázorňující členy královské rodiny a dvora, jak obdivují strom poskytující vonnou pryskyřici, dovezený pravděpodobně ze země Punt.

Už jen těchto několik vybraných informací z Raneferefova papyrového archivu napovídá, jak cenným historickým pramenem je tento nález, jak nesnadné je pochopení všech širších souvislostí v něm obsažených údajů a, v neposlední řadě, jakou tyto údaje představují archeologickou výzvu při dalším zkoumání abúsírského pohřebiště. Je třeba snad jen litovat, že další podobný papyrový archiv se v Abúsíru už sotva podaří najít. Dosavadní tři archivy – Neferirkareův, Chentkausin a Raneferefův – vděčí za svůj nález zřejmě dost ojedinělé historické skutečnosti. Tou bylo rozhodnutí Niuserrea dostavět nedokončené pyramidové komplexy svých rodičů Neferirkarea a Chentkaus (II.) a svého staršího bratra Raneferefa a zároveň si v jejich těsném sousedství postavit svůj vlastní pyramidový komplex. Niuserre byl sice primárně motivován ekonomickými ohledy, avšak nelze nevidět, že také vědomě vytvořil ze všech uvedených komplexů jeden velký celek rodinného hřbitova přístupného jedinou vzestupnou cestou. Zádušní kněžstvo jeho rodičů a bratra tak bylo zbaveno možnosti žít a uchovávat své archivy v příbytcích poblíž údolních chrámů jejich pyramidových komplexů na okraji nilského údolí. Kněží si proto své příbytky pořídili poblíž či přímo v chrámech u pyramid, vysoko nad nilským údolím. Díky této okolnosti se papyry dochovaly v relativně suchém, návějemi písku chráněném prostředí a vyhnuly se tak zničení nánosy bahna a spodní vodou, které by je čekalo v kněžských příbytcích u údolních chrámů.

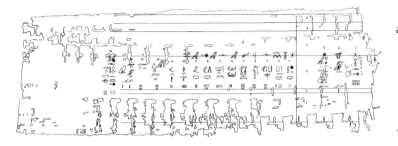

Several fragments of papyri contain accounts of the control of the original temple inventory, which included various cultic equipment and dozens of boxes in which the equipment was contained. The cultic objects included wooden statues of the divine heron and hippopotamus, but we can only guess what purpose they served in the temple rituals.

Information concerning directly the pyramid complex and its various parts is of great archaeological value, but its interpretation is very difficult. The papyri tell us that the tomb of Raneferef, which was after his premature death shaped into a truncated pyramid, was called *iat*, "hill". The tomb thus undoubtedly symbolised the primaeval hill, the place of the birth of life and of eternal resurrection. We further learn that the temple contained the "broad court" *wesekhet*, which can easily be identified with the open columned court, and the identification of the magazines, *per shenau* is no more difficult. It is, however, much more difficult to identify the "archive", *per medjat*, the "great treasury", *per hedj aa*, etc. The discovery of statues may perhaps identify the hypostyle hall in the southwestern part of the temple as the "house of the statue," *per tuet*, which is also mentioned in the papyri.

The papyri of Raneferef's archive contain also names of buildings, which according to the context in which they are mentioned must have existed at the Abusir necropolis and which it has been so far impossible to localize, for example, the "southern sanctuary," *hut reseyet*. The existence of another very important building, the palace of Sahure *Wetjes-neferu-Sahure* is betrayed by the inscriptions on sherds of storage jars, in which fat was transported from the slaughterhouse of this palace to the temple of Raneferef, where it was probably used for lamps. The existence of this palace in the vicinity of Abusir, if not directly at the edge of the necropolis, has been newly proven by the discovery of a block from the ascending causeway of Sahure, on which a scene taking place directly in this palace is depicted. The members of the royal family and the court are admiring an incense-bearing tree brought in all likelihood from the land of Punt.

These few selected glimpses into Raneferef's archive suggest its importance as a historical source, and show how difficult it is to understand the entire context of the data contained in it, as well as the archaeological challenge this data presents for the further exploration of the Abusir necropolis. We must only regret that no similar papyrus archive can probably be found in Abusir any more. The archives that have been discovered so far– that of Neferirkare, Khentkaus II and Raneferef – owe their preservation to a rather unique historical situation, namely the decision of Niuserre to complete the unfinished pyramid complexes of his parents Neferirkare, Khentkaus II, and his older brother Raneferef, and to build his own pyramid complex in their immediate vicinity. Although his motifs were primarily economic, it is hard to ignore that he also consciously created from all the aforementioned complexes a single unit of a family cemetery accessible via a single ascending causeway. The funerary priesthood of his parents and brother were thereby deprived of the possibility to live and keep their archives in dwellings close to the valley temples of their pyramid complexes at the edge of the Nile valley. The priests thus built their dwellings close to or even inside the funerary temples by the pyramids, far above the Nile valley. In this relatively dry environment, protected by sand, the papyri were preserved and escaped destruction by mud deposits and underground water, which would have been their destiny in priestly habitations at the valley temples.

ABÚSÍRSKÉ SLUNEČNÍ CHRÁMY A KULT BOHA SLUNCE V DOBĚ STARÉ ŘÍŠE

Jaromír Krejčí, Dušan Magdolen

Cyklické putování Slunce po denní obloze vnímali obyvatelé Egypta odpradávna. Jeho hřejivé paprsky přinášely život, ale mohly také zabíjet. Vzdálené a nedosažitelné Slunce bylo pro ně předmětem tajemství, obdivu, úcty, ale i zdrojem inspirace a poznávání. Před více než 3300 lety vyjádřil tento vztah panovník 18. dynastie Achnaton emotivně následujícimi slovy:

„Krásně vycházíš v záři na nebeském obzoru, ty žijící Slunce, jež dáváš život!
Vycházíš na východním obzoru a naplňuješ všechny země svou krásou.
Jsi působivé, mocné a třpytivé, vysoko nad všemi zeměmi…

Když se odebereš k západnímu obzoru, země se ocitne ve tmě, v říši smrti.
Lidé spí v ložnicích s hlavami zakrytými, jedno oko nevidí druhé,
Tma je jako hrob: země je tichá, neboť její stvořitel odpočívá na obzoru…

Všem vzdáleným zemím jsi poskytlo život,
Země povstává díky tobě, neboť jsi ji stvořilo:
Když vycházíš, žije se, když zapadáš, umírá se…"[1]

Vztah lidí ke Slunci však má v oblasti severovýchodní Afriky a nilského údolí mnohem hlubší kořeny sahající před vládu panovníka Achnatona (14. století př. n. l.) i stavby abúsírských pyramid a slunečních chrámů (25. století př. n. l.). Již z doby před vznikem egyptského státu koncem 4. tisíciletí př. n. l. pochází nedávno objevená kruhová stavba, původně sestávající ze vztyčených kamenů a připomínající tajemný Stonehenge. Nachází se v lokalitě Nabta, která leží v Libyjské poušti, přibližně 100 km na západ od známých skalních chrámů v Abú Simbelu.[2] Součást této stavby tvořily linie kamenů směřující k onomu bodu na obzoru, v němž se tehdy objevovalo vycházející Slunce při letním slunovratu. Tento okamžik ohlašoval počátek období dešťů, které se tehdy v oblasti Nabty vyskytovaly. Dešťové srážky měly pro místní nomádské kmeny chovající stáda dobytka zásadní význam. Pravidelně proměňovaly polopoušťní oblast Nabty v pastviny, významný zdroj krmiva pro jejich dobytek. Dlouhodobá pozorování umožnila tehdejším obyvatelům vyjádřit souvislost mezi příchodem dešťů a slunovratem právě v této nevelké stavbě. Tato souvislost představovala z hlediska jejich přežití zásadní poznatek. Přestože solárně-kalendářní význam observatoře z Nabty se zdá být nesporný, přímé doklady o slunečním kultu v pravěkém období na území Egypta zatím stále chybějí.

Nepřímé doklady můžeme datovat až do období 2. dynastie. Z této doby totiž pocházejí nejstarší doklady Egypťany nejpou-

ABUSIR SUN TEMPLES AND THE CULT OF THE SUN GOD IN THE TIME OF THE OLD KINGDOM

Jaromír Krejčí, Dušan Magdolen

Since the most ancient times, the inhabitants of Egypt had been aware of the cyclical journey of the sun through the daily sky. While its warm rays were the source of life, they also had a deadly power. The distant and unreachable sun was in the eyes of the Egyptians an object of mystery, admiration, respect, but also a source of inspiration and knowledge. More than 3300 years ago, the 18th Dynasty king Akhenaten expressed this relationship in the following emotional hymn:

"Splendid you rise in heaven's lightland,
O living Aten, creator of life!
When you have dawned in eastern lightland,
You fill every land with your beauty.
You are beauteous, great, radiant,
High over every land…

When you set in the western lightland,
Earth is in darkness, as if in death;
One sleeps in chambers, heads covered,
one eye does not see another
Darkness hovers, earth is silent,
as their maker rests in the lightland…

All distant lands, you make them live
(Those on) earth come from your hand as you made them
When you rise, they live,
When you set, they die. …"[1]

The relationship of people with the sun in the area of northeastern Africa has very deep roots, reaching far beyond the time of the reign of king Akhenaten (14th century BC) and even of the building of the Abusir pyramids and sun temples (25th century BC). The recently discovered circular building constructed of erected stones in the Libyan Desert, which bears a strong resemblance to Stonehenge, was already set up before the rise of the Egyptian state in the 4th millennium BC. It was found at the site of Nabta, about 100 km to the west of the famous rock temples of Abu Simbel.[2] Part of this building consisted of pairs of stones forming a line directed towards the point at the horizon where the rising sun appeared at the time of the summer solstice. This moment announced the arrival of the periodic rains that reached Nabta at this time and were of crucial importance for the cattle-herding nomadic tribes. These rains regularly changed the semi-desert areas of Nabta into pastures, an important source of food for cattle. Long-term observations enabled the inhabitants to express the relationship between the arrival of rains and the solstice in this relatively small structure. The awareness of this connection was of great value in terms of their survival.

Despite the fact that the solar-calendric nature of the observatory at Nabta appears indubitable, we still possess no direct evidence of the solar cult on Egypt's territory in

[1] Vachala (1986: 280–281); Lichtheim (1976: 96–97).

[2] McKim–Mazar––Schild–Wendorf (1998: 488–491), Applegate–Zedeño (2001: 463–467), Wendorf–McKim (2001: 489–502).

žívanějšího termínu pro označení Slunce (a zároveň i jména slunečního boha) *re*, resp. *ra*. Vyskytují se ve jménech dvou panovníků této dynastie, Raneba (v jiném čtení Nebrea) a Neferkarea. Sluneční kult se však ve starém Egyptě začal výrazněji prosazovat až v období 3. dynastie,[3] v době vlády stavitele nejstarší pyramidy, panovníka Džosera. Hlavní kultovní centrum boha slunce se od doby Staré říše nacházelo v prostoru el-Mataréje na předměstí dnešní Káhiry. Toto místo, Egypťany nazývané *Iunu* (řec. Héliopolis), je dnes

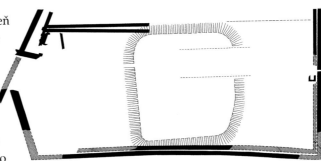

Obr. 2 Zjednodušený plán hlavního chrámu boha Rea v Héliopoli. Podle Di. Arnolda (1992: 205)

Fig. 2 Simplified plan of the main temple precinct of the sun-god Re at Heliopolis. After Di. Arnold (1992: 205)

známé především díky obelisku z doby vlády krále 12. dynastie Senusreta I. Héliopolis byla místem, kde se podle místní náboženské nauky o vzniku světa vynořil z pravodstva prapahorek, na kterém se zrodilo Slunce.[4]

Jeden z projevů narůstajícího významu slunečního kultu na počátku Staré říše je spatřován v symbolice architektonické podoby královských hrobek – pyramid. V egyptologii se pyramida podle převažující teorie spojuje právě s prvotním pahorkem, na kterém bůh-stvořitel dal vzniknout světu. Tímto stvořitelem byl podle héliopolské kosmogonie bůh Atum, později ztotožněný se slunečním bohem Reem v podobě Atum-Re. Jedním z přání egyptského panovníka bylo, aby se po smrti jeho duše mohla spojit se slunečním bohem, žít a podílet se spolu s ním na věčném kosmickém cyklu opakující se smrti a znovuzrození, stát se tak garantem stability a trvalosti kosmického a společenského řádu světa. Jiná teorie tvar pyramidy přirovnává k tvaru posvátného kamene *benben* uchovávaného v héliopolském chrámu. Tento kámen snad měl formu jehlanu, která se pravděpodobně odráží nejen ve tvaru obrovité panovníkovy pyramidy, ale také v její nejvyšší části, které Egypťané dali podobu jehlanovitého bloku a nazvali ji *benbenet* (řec. pyramidion). Na základě archeologických nálezů víme, že přinejmenším v období Střední říše povrch pyramidia zdobily kromě hieroglyfických textů i symboly a jméno slunečního boha.

Přesvědčivější doklady o významu slunečního kultu se v rámci královského kultu objevují až od 4. dynastie. V jejích začátcích, za vlády panovníka Snofrua, dochází k rozsáhlým změnám v architektuře královské hrobky. Ty se kromě jiného projevily změnou orientace celého pyramidového komplexu, jemuž až do závěru Staré říše (s určitými výjimkami) dominoval východozápadní směr v uspořádání hlavních staveb (údolní chrám–vzestupná cesta–zádušní chrám–pyramida). Jeho východozápadní orientace tak odpovídala každodenní dráze Slunce na obloze od východu na západ. Snofruův vnuk Radžedef ke jménům egyptského krále poprvé připojil nový titul *sa Re* „syn (slunečního boha) Rea", jenž se natrvalo stal součástí oficiální titulatury egyptských faraonů. Slovo „Re" je součástí i jeho vlastního jména. Také jména dalších panovníků byla vytvářena tímto způsobem (např. Rachef, Menkaure, Sahure, ad.), obdobně byla tvořena i jména dalších členů královské rodiny, ale i osob nekrálovské původu (např. Rahotep, Hesire, Raver, Nefersešemre).

Předpokládá se, že za Radžedefova nástupce Rachefa vznikla v Gíze Velká sfinga, největší socha faraonského Egypta. Původní význam a funkce tohoto monumentálního uměleckého díla, propojujícího lví tělo s hlavou panovníka, nejsou zcela jasné. Na zá-

Obr. 3 Obelisk Senusreta I., který původně stál v okrsku héliopolského chrámu. Foto: Jaromír Krejčí

Fig. 3 The obelisk of Senusret I that originally stood in the precinct of the temple of Heliopolis. Photo: Jaromír Krejčí

[3] Verner (1994a: 100).
[4] Lesko (1991: 90–102).

Obr. 4 Jméno slunečního boha Rea se stalo součástí jména panovníka Sahurea. Tento fragment překladu se dochoval ve sloupovém dvoře Sahureova zádušního chrámu v Abúsíru.
Foto: Jaromír Krejčí

Fig. 4 The name of the sun-god Re formed part of King Sahure's name. This lintel fragment comes from the pillared court of Sahure's funerary temple at Abusir.
Photo: Jaromír Krejčí

the prehistoric period. The first indirect evidence of this cult comes from the time of the 2nd Dynasty. From this time come the oldest records of the most frequent Egyptian word for the sun (and also of the name of the sun god) *re* or *ra*. It appears in the names of two kings of this dynasty Raneb (Nebre according to another reading) and Neferkare. However, the importance of the solar cult in Egypt rose to prominence only in the time of the 3rd Dynasty,[3] in the time of the reign of the builder of the oldest pyramid, king Djoser. The main cultic centre of the sun god was since the Old Kingdom located in the area of el-Matariya, on the outskirts of modern Cairo. This place, called *Iunu* by the Egyptians (and Heliopolis by the Greeks), is today known above all thank to the obelisk from the time of the reign of the 12th Dynasty king Senusret I. It was in Heliopolis that, according to a local cosmogony, the primaeval hill on which the sun was born rose from the primaeval ocean.[4]

One of the manifestations of the growing importance of the solar cult may be sought in the symbolism of royal tombs – pyramids. According to the prevailing Egyptological theory, the pyramid is connected with the primaeval hill, on which the creator god shaped the world into its form. According to the Heliopolitan cosmogony, this creator was Atum, who was later identified with the sun god Re in the form Atum-Re. One of the wishes of the Egyptian ruler was for his soul to join after death with the sun god, to live and take part with him in the eternal cosmic cycle of repeated death and resurrection and thus to safeguard the stability and durability of the cosmic and social order of the world. Another theory likens the shape of the pyramid to the shape of the sacred *benben* stone kept in the temple of Heliopolis. This stone possibly had a pyramid shape, which is reflected not only in the shape of the large royal pyramid, but also in that of its uppermost part, which the Egyptians called *benbenet* (Greek pyramidion). Archaeological evidence shows that at least in the time of the Middle Kingdom, the surface of the pyramidion was decorated with hieroglyphic texts and the symbols and name of the sun god.

More persuasive evidence about the importance of the solar cult in terms of royal cult appears first in the 4th Dynasty. Its beginning, the time of the reign of King Snofru, witnessed large-scale changes in royal tomb architecture. These found expression above all in the change of the orientation of the entire pyramid complex, which kept until the end of the Old Kingdom (with several exceptions) an east-west arrangement

Obr. 5 Pohled na Velkou sfingu v Gíze a tzv. chrám Sfingy.
Foto: Jaromír Krejčí

Fig. 5 View of the Sphinx at Giza and the so-called Temple of the Sphinx.
Photo: Jaromír Krejčí

kladě písemných pramenů a dalších památek pocházejících z mladších období se však považuje nejen za ochranné božstvo, ale i za sluneční symbol. Mnohem tajemnější než Velká sfinga však jsou zbytky stavby postavené na východ od ní z obrovských kamenných bloků. Stavba, o jejímž vzniku, funkci a významu písemné prameny mlčí, se v egyptologii nazývá „chrám Sfingy". Na základě určitých znaků, které se odrážejí v její architektuře, někteří badatelé tuto stavbu interpretují jako svatyni určenou pro sluneční kult.[5] O jejím původním účelu, ale ani o kněžích, kteří tu měli vykonávat chrámovou službu, však nic nevíme.

Obr. 7 Pohled z vrcholku Sahureovy pyramidy na známé sluneční chrámy.
Foto: Jaromír Krejčí

Fig. 7 View of the area of the known sun-temples taken from Sahure's pyramid.
Photo: Jaromír Krejčí

Následující období 5. dynastie představuje z pohledu vývoje slunečního kultu v Egyptě první vrcholnou fázi. Panovníci této dynastie jsou v egyptologii někdy nazýváni slunečními králi. Vzestup významu slunečního boha a jeho kněžstva se odráží i v literárním díle, které se dochovalo na *papyru Berlín č. 3033*, známém také jako *Papyrus Westcar*. Podle některých názorů by povídka *O zrození slunečních králů*, dochovaná na tomto papyru, mohla vycházet ze skutečných událostí.[6]

Prvních šest panovníků 5. dynastie nechalo postavit velké posvátné okrsky, pro něž se v egyptologii ustálilo označení „sluneční chrámy". Šlo o stavby zvláštního charakteru, ve kterých probíhaly rituály úzce související s královým zádušním kultem a obětními rituály. Jak důležitou úlohu hrály, dokumentuje již samotný způsob založení královské nekropole v Abúsíru za panovníka Sahurea, který si pravděpodobně lokalitu vybral kvůli existenci Veserkafova slunečního chrámu na jejím severním okraji.[7] Abúsír tak mohl být stavbou slunečního chrámu „posvěcen", a proto byl vhodný pro stavbu královských pyramidových komplexů.

Vzhledem k faktu, že ze šesti známých slunečních chrámů byly objeveny a prozkoumány pouze dva komplexy, představují písemné prameny, které se jich týkají, velmi cenný zdroj informací. Patří k nim především tzv. Palermská deska, tituly úředníků a kněží žijících ve Staré říši a abúsírské papyrové archivy. Písemné prameny nám poskytují jména šesti slunečních chrámů, které postavili panovníci 5. dynastie.[8]

Panovník	Jméno chrámu (eg.)	Jméno chrámu v překladu
Veserkaf	*Nechenre*	„Reův Nechen", „Reova pevnost"
Sahure	*Sechetre*	„Pole Reovo"
Neferirkare	*Setibre*	„Místo Reova srdce"
Raneferef	*Hetepre*	„Reův obětní oltář"
Niuserre	*Šesepibre*	„Reovo potěšení"
Menkauhor	*Achetre*	„Reův obzor"

[5] Ricke (ed.) (1970).
[6] Verner (1994a: 101).
[7] Krejčí (2000: 471), Verner (2002a: 71).
[8] Kaiser (1956: 104–116, Abb. 1).

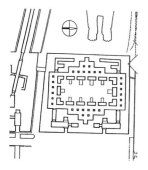

**Obr. 6 Půdorys
tzv. chrámu Sfingy.
Podle Anthese
(1971: Abb. 21.c)**

**Fig. 6 Groundplan
of the so-called
Temple of the Sphinx.
After Anthes
(1971: Abb. 21.c)**

of the main buildings (valley temple – ascending causeway – funerary temple – pyramid). Its east-west orientation thus corresponded to the everyday journey of the sun across the sky from the east to the west. The grandson of Snofru, Radjedef, for the first time attached to the names of the Egyptian king the title *sa Re*, "son of (the solar god) Re", which from then on became part of the official titulary of Egyptian pharaohs. The word "*re*" was also part of his birth name. The names of other rulers were also created on this principle (eg. Rakhef/Khafre, Menkaure, Sahure, etc.), which applied also to the names of other members of the royal family, as well as persons of non-royal origin (eg. Rahotep, Hesire, Rawer, Neferseshemre).

Presumably during the reign of Radjedef's successor, Rakhef, the Great Sphinx, the largest statue of pharaonic Egypt, was built in Giza. The original meaning and function of this monumental work of art, joining a lion's body to the head of the king, are not quite clear. On the basis of written records and other sources coming from later periods, it is considered not only as a protector deity, but also as a solar symbol. The remains of a building constructed to the east of the Sphinx, a structure built of massive stone blocks, is even more mysterious than the Great Sphinx itself. Written records tell us nothing concerning the origin, function and importance of this building, which Egyptologists call "The Temple of the Sphinx". Some of the specific features reflected in its architecture have led several scholars to interpret it as a shrine dedicated to the solar cult.[5] We know, however, nothing about its original purpose or about those who performed temple service here.

The following period of the 5th Dynasty represents the first flourishing of the solar cult in Egypt. The rulers of this dynasty are called "Sun kings" in Egyptology. The rise of the importance of the sun god is reflected in a literary work, which is preserved in the *Berlin papyrus no. 3033*, known also as the *Papyrus Westcar*. According to some theories, the story *The Birth of the Sun Kings*, which this papyrus contains, could be based on real events.[6]

Large sacred precincts, known to Egyptologists as "sun temples", are ascribed to the first six rulers of the 5th Dynasty. These were special buildings, where rituals tightly connected to the royal funerary cult and offering rituals took place. The important role they played is clear from the very foundation of the royal necropolis at Abusir during the reign of King Sahure. Sahure's choice of this site may have been inspired by the presence of the sun temple of King Userkaf at north Abusir.[7] This place may have been "consecrated" by the building of Userkaf's sun temple and thus used for the building of royal pyramid complexes.

Since only a small part of the known sun temples has been investigated, epigraphic sources concerning them form a crucial source of information. They include among others also the so-called Palermo Stone, titles of officials and priests living in this period, and the Abusir papyrus archives. These sources contain the names of six sun temples, built by the following rulers of the 5th Dynasty:[8]

King	Name of the temple (Eg.)	Name of the temple in translation
Userkaf	*Nekhenre*	"The Nekhen of Re", "The fortress of Re"
Sahure	*Sekhetre*	"The field of Re"
Neferirkare	*Setibre*	"The place of the heart of Re"
Raneferef	*Hetepre*	"The offering table of Re"
Niuserre	*Shesepibre*	"The pleasure of Re"
Menkauhor	*Akhetre*	"The horizon of Re"

Názvy slunečních chrámů přímo odkazují na slunečního boha Rea, což přesvědčivě dokládá jejich solární charakter. Jejich jména mohla být zároveň, stejně jako tomu bylo i v případě jmen jednotlivých panovníků, formou politického a náboženského manifestu. Jeden z překladů názvu Veserkafova slunečního chrámu *Nechenre* – „Reova pevnost" – může souviset se složitým vývojem egyptského státu na počátku 5. dynastie. Veserkaf snad vybral právě toto pojmenování, aby potvrdil převahu a univerzálnost Reova kultu a tím také posílil své právo usednout na královský trůn.[9]

Na Palermské desce, důležitém staroegyptském historickém prameni pocházejícím z poloviny 5. dynastie,[10] jsou zaznamenány hlavní události vlád panovníků 1. až 5. dynastie. Přináší také informaci o prvních třech slunečních chrámech, o jejich budování a postupném vybavování chrámovým inventářem – např. posvátnými bárkami.

Obr. 8 Špička obelisku nalezená expedicí Českého egyptologického ústavu jihozápadně od Ptahšepsesovy mastaby.
Foto: Milan Zemina

Fig. 8 The obelisk top found by the expedition of the Czech Institute of Egyptology to the southwest of the Ptahshepses mastaba.
Photo: Milan Zemina

Mnohem více poznatků o slunečních chrámech lze zjistit z titulů členů střední úřednické vrstvy a kněží, kteří po generace pracovali v královských pyramidových komplexech. Tituly tvoří nedílnou součást výzdoby jejich hrobek. Kromě pyramidových komplexů kněží pracovali zároveň i ve slunečních chrámech. Právě v této skutečnosti se odráží jedna ze základních charakteristik slunečních chrámů a to, že byly funkčně úzce propojeny s královskými komplexy. Jména slunečních chrámů jsou doložena v titulech přinejmenším 50 osob, přičemž nejrozšířenějším titulem byl *hemu necer* – „sluha boží" (často spojený přímo s Reovým jménem – například: „Reův sluha boží v chrámu Sechetre"). Nejčastěji doložený sluneční chrám, Neferirkareův *Setibre* (kromě Neferirkareova archivu je doložen přinejmenším v dalších 28 případech), však dosud nebyl objeven. Sluneční chrámy panovníků Veserkafa a Niuserrea, jež byly archeologicky prozkoumány, se v titulech kněží a úředníků vyskytují dosti často. Zbývající tři sluneční chrámy známe z mnohem nižšího počtu dokladů.[11] Předpokládá se, že buď nebyly nikdy zcela dokončeny, nebo že zde kult probíhal po časově omezenou dobu. V případě Raneferefova chrámu *Hetepre* můžeme předpokládat, že jeho sotva započatá stavba ze sušených cihel byla posléze využita jako základová plošina pro Niuserreův chrám *Šesepibre*.[12]

O něco větší význam měl Sahureův *Sechetre*, který je zmíněn i na Palermské desce. Dle malého počtu dokladů však patrně nikdy nebyl dokončen a jeho zdivo možná bylo rozebráno a znovu použito při stavbě Niuserreova pyramidového komplexu.[13] Výjimečný nález špičky obelisku z červené žuly, kterou objevila česká archeologická expedice v roce 1974 jihozápadně od Ptahšepsesovy mastaby, je dáván do souvislosti s tímto slunečním chrámem.[14]

Nejdůležitější písemný pramen pro poznání každodenního fungování slunečních chrámů bezesporu představuje chrámový papyrový archiv, který byl koncem 19. století nalezen v prostoru Neferirkareova zádušního chrámu,[15] a také Raneferefův chrámový papyrový archiv objevený počátkem 80. let 20. století českou archeologickou expedicí (viz příspěvek *Abúsírské papyrové archivy*). Právě Nefererirkareův archiv dokládá úzké propojení mezi královským zádušním kultem a slunečním chrámem *Setibre*. V tomto kontextu je důležité svědectví hliněných otisků pečetí.[16] Právě ze studia chrá-

The names of the sun temples contain a direct reference to the name of the sun god Re, which attests the solar character of these buildings beyond any doubt. Just as was the case with the names of individual kings, the names of the sun temples could also take the form of a political and religious manifesto. One of the translations of the name of the sun temple of Userkaf, *Nekhenre*, "The fortress of Re", may be connected to the unsettled development of the state at the beginning of the 5th Dynasty. Userkaf may have chosen this name in order to stress the predominance and invincible character of the cult of Re and thus to reinforce his own right to the royal throne.[9]

The Palermo Stone, one of the most important ancient Egyptian historical sources, which comes from the 5th Dynasty,[10] records important events from the reigns of the kings of the 1st–5th Dynasties. It also contains information about the first three sun temples, their construction and gradual equipment with temple inventory – e.g. sacred barques.

Much more information concerning sun temples can be derived from the titles of the middle official class and priests, who were for generations employed in the royal pyramid complexes. The titles of these priests and officials are an integral element of the inscriptions that forms a part of their tomb decoration. Besides the pyramid complexes, the priests worked also in the sun temples. This fact reflects one of the basic traits of the sun temples, namely their tight functional interconnection with these royal complexes. The names of the sun temples are attested in the titles of at least 50 persons, while the most frequent title was *hem netjer* – "the servant of god" (often directly connected with the name of Re – for example "Re's divine servant in the temple *Sekhetre*"). The most frequently attested sun temple, that of Neferirkare, *Setibre* (it is attested at least in 28 cases outside Neferirkare's archive) has not yet been discovered. The sun temples of Kings Userkaf and Niuserre, which have been examined archaeologically, are also quite frequently attested in the titles of priests and officials. For the three remaining sun temples, however, the evidence is much more slender.[11] From the infrequency of these citations, it may be presumed that they did not function for long and the buildings were never finished. In the case of Raneferef's sun temple *Hetepre*, it is likely that its preliminary construction of mud bricks was used as a foundation during the building of the temple *Shesepibre*.[12]

The temple *Sekhetre*, which is mentioned even on the Palermo Stone, was of somewhat greater importance. The small number of attestations of this temple implies, however, that it was also never finished, and its unfinished masonry may have been taken apart during the construction of the pyramid complex of Niuserre.[13] The exceptional find of the tip of an obelisk of red granite, which the Czech expedition discovered in the year 1974 to the west of the mastaba of Ptahshepses, is usually connected with this sun temple.[14]

The most important source of information concerning the everyday activities of the sun temples is undoubtedly the papyrus temple archive which, at the end of the 19th century was discovered in the area of the funerary temple of Neferirkare, and also the papyrus archive from the temple of Raneferef, discovered at the beginning of the 1980s by the Czech expedition (cf. the contribution entitled *Abusir temple archives*).[15] The archive of Neferirkare attests the tight connection between the activities connected with the royal funerary cult and the sun temple *Setibre*. In this context, important evidence is also provided by clay sealings.[16] The analysis of temple archives and sealings suggests that the sun temples were not only important religious centres, but also significant economic institutions.

The king launched the building of his sun temple in the same way as that of his pyramid complex, shortly after his ascent to the Egyptian throne. Because of the lack

[9] Verner (1994a: 102).

[10] Schäfer (1902).

[11] Kaiser (1956: Abb. 1).

[12] Kaiser (1956: 113), Verner (1987: 294).

[13] Kaiser (1956: 112), Verner (1994: 83), Verner (1997: 277–279)

[14] Verner (2002: 83).

[15] Posener-Kriéger– –de Cenival (1968), Posener-Kriéger (1976).

[16] Kaplony (1977, 1981).

mových archivů a pečetí vyplývá, že sluneční chrámy neměly pouze význam náboženský, ale byly také důležitými hospodářskými institucemi.

Stavbu slunečního chrámu, obdobně jako stavbu pyramidového komplexu, panovník zahajoval nedlouho po nástupu na egyptský trůn. Pro lepší pochopení stavebního vývoje slunečních chrámů je vzhledem k nedostatku dalších pramenů důležité studium tzv. determinativů – hieroglyfických značek, které v egyptštině určují a zpřesňují význam slov a jmen, v tomto případě názvů slunečních chrámů. Tyto značky jsou důležité proto, že naznačují, jak asi vypadala nejdůležitější kultovní část chrámového okrsku. Ve jménech chrámů *Nechenre*, *Sechetre*, *Hetepre* a *Achetre* se místo

hieroglyfické značky pro obelisk na podstavci, ⟨△⟩, vyskytuje značka pro podstavec bez obelisku, ⟨△⟩. Tato stavba se skloněnými stěnami měla napodobovat buď posvátný pahorek, zvaný „Vysoký písek" v Héliopoli, nebo posvátný kámen *benben*.[17] Sahureův a Raneferefův sluneční chrám však patrně zmiňovanou počáteční fázi nepřekonaly – v dokladech s jejich jménem se dochovaly pouze determinativy ve formě značky pro podstavec. Podle názorů některých badatelů však byly obelisky do architektury slunečních chrámů zavedeny až v době Neferirkareovy vlády.[18] Z tvarů determinativů v některých dokladech jména chrámu *Nechenre* vyplývá, že obelisk měl patrně svého předchůdce. Byl jím jakýsi sloup vztyčený na podstavci se skloněnými stěnami.[19] Otázkou také zůstává, jak správně porozumět vyobrazení slunečního kotouče na vrcholu

sloupu anebo obelisku ve jménech některých slunečních chrámů ⟨△⟩. Mohlo jít o snahu propojit ideu slunečního kotouče a obelisku, ale také o pokus reálně zachytit situaci, kdy vrcholek obelisku (sloupu) nesl symbol slunečního kotouče.[20] Změny v architektuře známých slunečních chrámů tak nedokládají pouze různé způsoby psaní jejich jmen – právě výsledky archeologického výzkumu Veserkafova slunečního chrámu přesvědčivě prokázaly existenci několika stavebních fází (v počátečním stadiu stavby bylo použito sušených cihel). Tato skutečnost dokládá, jak důležité může být vzájemné porovnávání archeologického a písemného materiálu.

Dosud byly archeologicky prozkoumány pouze dva sluneční chrámy – Veserkafův *Nechenre* a Niuserreův *Šesepibre*. První výzkumy v prostoru Veserkafova slunečního chrámu probíhaly pod vedením Ludwiga Borchardta v letech 1907 a 1913 a jeho výsledky potvrdily, že žalostné stavební zbytky lze ztotožnit s chrámem *Nechenre*. Následné archeologické vykopávky prováděla v letech 1954–57 spojená švýcarsko-německá expedice, která identifikaci památky potvrdila a přinesla navíc velmi důležitý srovnávací materiál k Niuserreově chrámu.[21] Pozůstatky této stavby, kterou dnes známe jako Abú Ghuráb (arab. „Otec havranů"), prozkoumala již v letech 1898–1901 německá expedice vedená Ludwigem Borchardtem a financovaná Friedrichem Wilhelmem von Bissingem a Německou orientální společností (Deutsche Orient-Gesellschaft). Sluneční chrámy svým základním architektonickým rozvržením napodobují pyramidové komplexy – dodržují východozápadní orientaci. Nejblíže obdělávané půdě stál tzv. *dolní chrám*, obdoba údolního chrámu pyramidového komplexu. *Vzestupná cesta* spojovala dolní chrám s *horním chrámem*, stojícím na nejnižší z teras Libyjské pouště. Právě v tzv. *horním chrámu* se nacházela nejdůležitější součást celého chrámu, velký *obelisk* a před ním *obětní oltář*.

Dolní chrám představoval impozantní vstupní bránu do celého chrámového okrsku. V případě Niuserreova dolního chrámu šlo o zjednodušenou obdobu údolního chrámu pyramidového komplexu. Vstup do chrámu tvořily tři sloupové portiky, z nichž hlavní, opatřený dvěma řadami sloupů, vedl od východu. Půdorys dolního

[17] Kaiser (1956: 110–111).

[18] Kaiser (1956: 112).

[19] Kaiser (1956: 108–110), Ricke (1965: 4–5, Abb. 1).

[20] Ricke (1965–1969).

[21] Bissing (1923), Borchardt (1905), Kaiser (1971), Kees (1928).

of other sources, the study of the so-called determinatives is important in order to better understand the architectural development of the sun temples. Determinatives are signs that in Egyptian augment and define the meaning of words and names, in our case the names of the sun temples. They are important, because they suggest what the main part of the cultic area of the temple enclosure looked like. In the case of the temples *Nekhenre, Sekhetre, Hetepre* and *Akhetre*, instead the sign for the obelisk

on a base ⟁, the sign for the base without the obelisk ⌂ was used. This building with inclined walls may have imitated the sacred hill, the "high sand" in Heliopolis, or the shape of the sacred stone, the *benben*.[17] The sun temples of Sahure and Raneferef probably never got beyond this initial phase – all evidence with their names includes the sign with only the base. According to some researchers, obelisks became part of sun temple architecture only in the time of the reign of Neferirkare.[18] The determinative shapes in some of the names of the sun temple *Nekhenre* indicate that the obelisk had a precursor in the form of a kind of column raised on a platform with inclined walls.[19] It also remains unclear how one should explain the presence of the sun disk on the top of the obelisk or column of the determinative in the names

of some of the sun temples ⟁. It could have been an attempt to interconnect the ideas of the sun disk and the obelisk, but also an attempt to express the fact that a representation of the sun disk was indeed attached to the top of the obelisk or column.[20] The changes in the architecture of the known sun temples in the course of their construction have not been supported only by the aforementioned ways of writing of their names. The archaeological exploration of the sun temple of Userkaf proved convincingly that the temple was built in several construction stages (in the beginning, mud bricks were used as the predominant building material). This fact illustrates the importance of comparison between our archaeological and epigraphic sources.

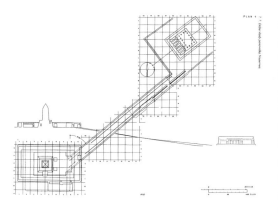

Obr. 9 Půdorys Veserkafova slunečního chrámu. Podle Rickea (1968: pl. 1)

Fig. 9 Groundplan of Userkaf's sun temple. After Ricke (1968: pl. 1)

Only two sun temples – that of Userkaf's *Nekhenre* and that of Niuserre's *Shesepibre* – have been archaeologically investigated. The first works in the area of the sun temple of Userkaf were carried out under the leadership of Ludwig Borchardt in the years 1907 and 1913, and even at that stage it could be presumed that the badly damaged remains of this building actually were those of the sun temple *Nekhenre*. Subsequent archaeological excavations in the years 1954–57 were conducted by the joint Swiss-German expedition. They confirmed Borchardt's assumption and brought to light very important comparative material for the sun temple of Niuserre.[21] The remains of this building, today known as Abu Ghurab (arab. "The Father of Ravens"), had already been explored in the years 1898–1901 by the German expedition led by Ludwig Borchardt and financed by Friedrich Wilhelm von Bissing and the German Oriental Society (Deutsche Orient-Gesellschaft). In their basic architectonic plan, the sun temples resemble pyramid complexes; they also have the same east-western orientation. The easternmost structure, located at the border of arable land, was the so-called lower temple, corresponding to the valley temple of the pyramid complex. The ascending causeway connected the lower temple with the upper temple, which stood on the lowermost terrace of the Libyan Desert. The upper temple contained the most important part of the entire temple complex, the large obelisk and the offering altar in front of it.

chrámu byl poměrně jednoduchý a skládal se z centrálního prostoru ve tvaru písmene „T" a z několika průchozích místností. Na střešní terasu chrámu vedlo schodiště. Při stavbě byly použity bloky vápence, červené žuly (využívané pro obložení nejnižších částí stěn a také pro ostění vchodů) a načervenalého křemence. Tento kámen byl symbolicky spojován se slunečním bohem, především pro svou červenou barvu, odkazující na vycházející nebo zapadající Slunce. Dalším důvodem může být poloha křemencových lomů, které se nacházely nedaleko Héliopole, v místě, které se dnes nazývá Gabal el-Achmar („Červený kopec").

Veserkafův dolní chrám byl větší než Niuserreův, avšak jeho podobu lze jen stěží rekonstruovat, protože se dochoval ve velmi špatném stavu. Na rozdíl od dolního chrámu Niuserreova slunečního chrámu byly při jeho stavbě použity pilíře, které obklopovaly dvůr nacházející se v centru stavby. Na jihozápadě se do dvora otevíralo pět až sedm nik (výklenků), ve kterých podle Herberta Rickea stály panovníkovy sochy. Švýcarsko-německé expedici se během výzkumu dolního chrámu podařilo objevit hlavu sochy, již badatelé původně připsali dolnoegyptské bohyni Neitě, proto byl chrám označen jako místo jejího kultu. Později však byla hlava určena jako zobrazení panovníka Veserkafa nesoucího dolnoegyptskou korunu. Toto mistrovské dílo staroegyptského sochařství je dnes součástí sbírky Egyptského muzea v Káhiře.[22] Stejně jako tomu bylo v případě pyramidových komplexů, i kolem dolních chrámů vyrostla sídliště kněží a dalších obyvatel, kteří byli v chrámech zaměstnáni. Vzestupná cesta měla podobu rampy opatřené po stranách nižšími zdmi (na rozdíl od vzestupných cest pyramidových komplexů, které byly krytými chodbami).

Posvátný prostor Niuserreova horního chrámu vymezovala obdélná kamenná ohradní zeď. Hlavní osa stavby ležela ve východozápadním směru. Bezprostředně za vchodem do horního chrámu bylo možné vstoupit buď do systému chodeb umožňujících přímý přístup k obelisku, nebo na rozlehlý otevřený dvůr s obětním oltářem. Ludwig Borchardt zde nalezl okrouhlé travertinové bazénky, které mají v horních částech výpusti. Celý prostor interpretoval jako komplex „jatek" (tzv. malých a velkých jatek). Dláždění v těchto částech dvora navíc pokrývá soustava stružek vytesaných do kamenných bloků, jež měly odvádět krev porážených zvířat. Tyto prostory podle Borchardta sloužily při porážení dobytka, jehož maso, určené pro královský zádušní kult, procházelo ve slunečních chrámech rituální očistou. Je však otázkou, zda byl tento komplex vůbec funkční. Rituální jatka pocházející ze stejného období („svatyni nože") prozkoumala v 80. letech v areálu Raneferefova zádušního komplexu expedice Československého egyptologického ústavu Univerzity Karlovy v Praze. Uspořádání Raneferefovy „svatyně nože" a objevené archeologické nálezy se však zásadně odlišují od podoby „jatek" z chrámu *Šesepibre*.[23]

Dominantu otevřeného dvora i celého chrámového okrsku představoval masivní obelisk. Stál na obrovitém podstavci se skloněnými stěnami. Protože z rituálního a provozního hlediska bylo velmi důležité, aby byl zajištěn přístup přímo k patě obelisku, byla v nitru podstavce zkonstruována vzestupná chodba se vchodem v jižní stěně podstavce. Do chodby se vstupovalo přes jednoduchou kultovní kapli. Před ní byly v souladu s přísnými rituálními předpisy

Obr. 10 Trojrozměrná rekonstrukce Veserkafova slunečního chrámu.
© Jaromír Krejčí

Fig. 10 Threedimensional reconstruction of Userkaf's sun temple.
© Jaromír Krejčí

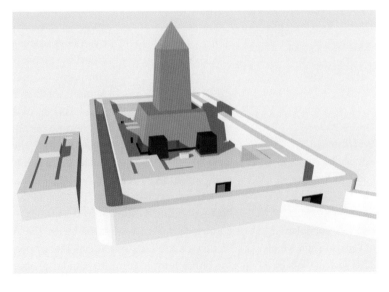

The lower temple was an imposing gateway to the entire temple complex. The lower temple of Niuserre was a simplified version of the valley temple of a pyramid complex. The entrance consisted of three columned porticoes, the main one of which was located to the east and contained two rows of columns. The inner plan of the lower temple was relatively simple and consisted of a central room of a T-shaped plan and several interconnected rooms. A stairway led to the roof terrace of the temple. The temple was built of blocks of limestone, red granite (used for the dressing of the lower parts of the walls and for door jambs), and reddish quartzite. This type of stone was symbolically connected to the sun god, probably not only because of its red colour, reminding us of the colour of the rising or setting sun, but also because one of the quartz mines was located near Heliopolis, at the site which is today called Gebel el-Ahmar ("Red Hill").

The lower temple of Userkaf was somewhat larger than that of Niuserre. The reconstruction of its appearance, however, is a difficult task, since it is only poorly preserved. Unlike the lower temple of the sun temple of Niuserre, its architecture includes pillars, which enclosed the court that was located in the middle of this building. To the southwest, five to seven niches opened into the court. According to Herbert Ricke, these niches contained statues of the king. In the course of the exploration of this temple, the Swiss-German expedition discovered a head of a statue, which was originally ascribed to the Lower Egyptian goddess Neith, and the temple was thus considered to be the site of her cult. Later, however, the head was recognized as that of King Userkaf with the crown of Lower Egypt. This masterpiece of art is now part of the collection of the Egyptian Museum in Cairo.[22] Just as in the case of the pyramid complexes, settlements of priests and other temple personnel clustered around the lower temples of the sun temples. Also in this lower area was the bottom of the ascending causeway, which was built as a ramp protected on both sides by low walls (unlike the ascending causeways of the pyramid complexes, which had the form of roofed corridors).

The sacred area of the upper temple of Niuserre was delimited by a rectangular enclosure wall. The main temple axis lay in an east-western direction. The entrance to the upper temple led to a system of corridors, enabling either direct access to the obelisk or into the large open court with its large altar and obelisk. The temple also included "slaughterhouses" (the so-called Large and Small Slaughterhouse), as Ludwig Borchardt interpreted these rooms. He found here round travertine basins with outlets in their upper parts. Moreover, the paving in this part of the court is covered by a system of canals cut into the stone blocks, through which the blood of the slaughtered animals flowed out. According to Borchardt, these rooms served for the slaughtering of cattle, the meat of which was ritually purified in the sun temples before it reached its final destination, the funerary cults of the Egyptian kings. However, the very existence of a ritual slaughterhouse here remains questionable. The expedition of the Charles University in Prague excavated a ritual slaughterhouse coming from the same period – it was called, the "Sanctuary of the Knife" – in the 1980s in the area of the funerary complex of Raneferef. The layout of this slaughterhouse and the objects discovered there differ significantly in several important aspects from the "slaughterhouse" of the temple *Shesepibre*.[23]

The open court and the entire temple enclosure were dominated by a large obelisk. It stood on a gigantic base, with inclined walls. Since it was very important both for ritual and functional reasons that the foot of the obelisk be accessible, an ascending corridor was built within the base, with the entrance located in the southern wall of the base. A simple cultic chapel stood at the entrance of the corridor. In agreement

[22] Aldred (1965: 116–117), Leclant (ed.) (1979: 191), Vanderslayen (1985: 225–226), Saleh–Sourouzian (1986: cat. No. 35).

[23] Verner (2002a: 78).

umístěny dva bazénky určené pro očistu nohou kněží. Výzdobu vnitřních stěn vstupní kaple tvořily významné reliéfní scény znázorňující rituál zakládání chrámu a také oslavy králova jubilea *sed* (tzv. malé zobrazení svátku *sed*).

Za kultovní kaplí, ve vstupní prostoře vzestupné chodby zabudované v podstavci obelisku, byly nalezeny fragmenty reliéfní výzdoby, jejíž náměty daly této prostoře jméno – „svatyně ročních období".[24] Je na nich vyobrazen průběh dvou ze tří ročních období: *achet* (záplav) a *šemu* (sklizně). Tyto malované reliéfy vysoké umělecké kvality, kterou se vyznačují i ostatní části výzdoby chrámu, jsou známé především realistickým vyobrazením přírody. Podle některých názorů měly zdůraznit plodivou a regenerující sílu slunečního boha, projevující se nejen v různých formách života, ale rovněž i v proměnách přírody během zmiňovaných dvou ročních období. Ne-

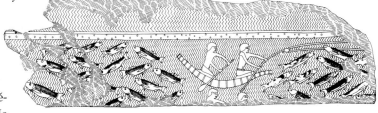

Obr. 11 Reliéf ze „svatyně ročních období". Podle Edela–Weniga (1974: Taf. 15)

Fig. 11 Relief from the "Sanctuary of the Seasons". After Edel–Wenig (1974: Taf. 15)

obvyklé náměty a působivá živost reliéfů nemá ve výzdobném programu královských staveb Staré říše obdoby. Vidíme na nich zvířata pohybující se ve volné přírodě, slona, obilné lány, palmové háje či rybáře při práci. Stěny chodby vedoucí podstavcem k patě obelisku byly zdobeny tzv. velkým zobrazením svátku *sed* zachycujícím panovníka a kněží při oslavách tohoto svátku.

Již samotný podstavec obelisku představuje monumentální stavbu. Délka jeho strany dosahovala přibližně 31 m a výška 19 m, vnější stěny podstavce svíraly úhel 75°. Stavba mohla být obložena jak bloky červeného křemence (jak to vidíme u Veserkafova chrámu), tak i kombinací červené žuly (v dolní části) a bílého vápence (v horní části). Vlastní mohutný obelisk byl postaven na horní ploše podstavce. Na rozdíl od obelisků vytesaných z jednoho kusu kamene, jak je známe např. z doby Nové říše, byl tento monument složen z jednotlivých kamenných bloků. Výška obelisku dosahovala přibližně 37 m a sklon stěn jeho dříku 82° a špičky 64°. Dohromady byl tedy Niuserreův obelisk i s podstavcem vysoký asi 56 m.[25]

Obelisk ve Veserkafově slunečním chrámu byl patrně nižší. Jeho obložení sestávalo z bloků červené žuly. Špičku (pyramidion) velmi pravděpodobně pokrývaly měděné či pozlacené pláty, díky nimž mohla ráno při rozbřesku odrážet první sluneční paprsky a ohlašovat tak znovuzrození slunce – a s ním i panovníka.

Z hlediska každodenního rituálu měl zásadní význam obětní oltář, umístěný ve východozápadní ose otevřeného dvora, východně od podstavce obelisku. V Niuserreově chrámu sestával ze čtyř dohromady spojených a ke světovým stranám orientovaných velkých travertinových bloků ve tvaru hieroglyfické značky *hetep* ⟨htp⟩ („obětina, obětní stůl"), doplněných v jejich středu blokem ve tvaru značky *re* ⟨re⟩. Celý oltář je možné „číst" jako *hetep-re*, v překladu „Reův obětní oltář" (povšimněme si zde podobnosti se jménem Raneferefova slunečního chrámu *Hetepre*).[26] Stavba je jednou z ukázek mistrovské úrovně uměleckých řemesel v době Staré říše. Na rozdíl od Niuserreova slunečního chrámu stály ve Veserkafově chrámu po stranách oltáře dvě kaple, v nichž byli pravděpodobně uctíváni bůh Re a bohyně Hathora. Jiná interpretace na toto místo klade Reovy bárky. Kaple, sestavené z bloků šedé břidlice, měly podobu jednoduchého *naa* (kamenného svatostánku, v němž byly uchovávány sochy či posvátné bárky egyptských bohů). Vnější stěny zdobily motivy vyplétaných rohoží, se kterými se setkáváme již v nejstarších egyptských stavbách budovaných ještě z organických materiálů. V horním chrámu se v severovýchodním rohu dvora rovněž nacházely skladištní prostory, v nichž byl patrně skladován chrámový inventář, kultovní náčiní, obětiny a další potřebné věci pro provádění náboženských rituálů.

24 Edel–Wenig (1974).
25 Borchardt (1905: 33–40, Blatt 2, 3).
26 Krejčí (2000: 480, fn. 65), Verner (2002a: 78).

with the strict ritual rules, two basins where incomers could wash their feet were placed at the entrance of this chapel. The decoration of the inner walls of the entrance chapel was formed by important relief scenes depicting the ritual of the foundation of the temple as well as the *Sed*-festival of the royal jubilee ("the small *Sed*-festival scene").

The vestibule of the ascending corridor in the base under the obelisk contained fragments of relief decoration, which gave this room its name – the "sanctuary of the seasons".[24] The artwork depicts the course of two of the three Egyptian seasons – *akhet* "inundation" and *shemu* "harvest". These polychrome relief scenes of high artistic quality – a feature that typifies other parts of the temple decoration – are known above all because of their depiction of nature. According to some views, they were supposed to emphasize the fecund and regenerating power of the sun god, which found expression in various forms of life, and also in the changes of nature during the aforementioned seasons. The reliefs contain unusual motifs for the royal buildings of the Old Kingdom, and they are impressively vivid. We see animals in open surroundings, an elephant, corn fields, palm groves, or fishermen at work. The walls of the corridor leading through the base to the foot of the obelisk were decorated by scenes of the "great Sed-festival representation", depicting the king and priests during the celebration of this festival.

Obr. 12 Pohled z vrcholku podstavce pro obelisk na obětní oltář v Niuserreově slunečním chrámu. Foto: Jaromír Krejčí

Fig. 12 View of the altar of Niuserre's sun temple taken from the top of the base of the obelisk. Photo: Jaromír Krejčí

The obelisk base was in itself a monumental construction. Its side reached ca. 31 m in length, and its height reached 19 m, the angle of declination of the outer walls of the base was 75°. The casing of the construction was formed either of red quartz (as is the case of the temple of Userkaf) or of red granite in its lower part and white limestone in its upper part. The gigantic obelisk stood on the upper platform of the base. Unlike the obelisks cut from a single piece of stone, as we know them for example from the New Kingdom, this obelisk was built of individual stone blocks. It was approximately 37 m high, and the walls of its shank declined at an angle of 82°, those of the tip being 64°. Together with its base, the obelisk of Niuserre reached the height of around 56 m.[25]

The obelisk of the sun temple of Userkaf was in all likelihood smaller. The casing of the obelisk consisted of blocks of red granite. The tip of the obelisk – the pyramidion – was probably covered with copper or gilded foil, so that the surfaces at dawn would reflect the first rays of the sun and thus announce the rebirth of the sun and, with it that of the king.

The offering altar, located in the east-west axis of the open court, to the east of the obelisk base, was of great importance for the daily ritual. The altar of the temple of Niuserre consisted of four interconnected travertine blocks oriented towards the major cardinal points. The blocks had the shape of the hieroglyphic sign *hetep*, with a block of the form of the sign *re* in the middle. The word *hetep* may be translated as "offering" or "offering table". The entire shape of the altar, therefore, may be read as *hetepre*, "the offering altar of Re" (note that this is the same phrase as the name of the sun temple of Raneferef *Hetepre*).[26] The altar is one of the masterpieces of

Součástí komplexu Niuserreova slunečního chrámu byla i stavba napodobující sluneční bárku, nacházející se jižně od horního chrámu. Tato mohutná struktura, dlouhá 30 m, byla postavena ze sušených cihel a dochovala se do výše přibližně 3–3,5 m. Její cihlové zdivo svým půdorysem napodobuje tvar lodního kýlu. Paluba a horní části lodě byly postaveny ze dřeva, jež se však nedochovalo. Rekonstrukce původní podoby stavby (hlavně jejích nadzemních částí) může být proto pouze hypotetická. Svůj odraz zde pravděpodobně našly představy o denní (*mandžet*) a noční (*mesketet*) sluneční bárce, ve kterých se bůh Re plavil oblohou a podsvětím. Mohla však také představovat obdobu bárky *maat*, jejíž stavbu za vlády panovníka Neferirkarea zmiňuje Palermská deska.[27] Ze Staré říše známe několik dalších příkladů pohřbů lodí v těsném sousedství královských staveb, z nichž nejznámější je jistě Chufuova bárka v Gíze.

Obr. 13 Trojrozměrná rekonstrukce Niuserreova slunečního chrámu. Podle Vernera (2002c: 271)

Fig. 13 Three-dimensional reconstruction of Niuserre's sun temple. After Verner (2002c: 271)

Jedním ze základních myšlenkových konceptů spojených s funkcí slunečních chrámů byla představa o každodenním koloběhu slunce oblohou a podsvětím. Chrámy byly stavěny, stejně jako tomu bylo v případě pyramidových komplexů, na západním břehu Nilu, v místě, kde slunce zapadá, aby se další den ráno opět zrodilo na východě.[28] V těchto svatyních se však neuctíval pouze bůh Re, ale také bohyně Hathora – panovníkovi božští rodiče – a další božstva. Architektonická podobnost slunečních chrámů a pyramidových komplexů vedla Rainera Stadelmanna k závěru, že sluneční chrámy představovaly Reovy zádušní stavby.[29] Re zde byl uctíván jako královský otec (vždyť panovník byl „synem Reovým"), skrze něj byl pak oslavován i samotný vládce. Po své smrti král „vystoupil na horizont" a připojil se k Reovi a plavil se s ním na sluneční bárce po obloze.

Stejně důležitou úlohu jako v kultu egyptských bohů, především v kultu Reově, měly sluneční chrámy i pro zádušní kult egyptského panovníka. V jejich půdorysech, které se tak podobaly královským pyramidovým komplexům, můžeme vysledovat, jakou úlohu plnily v rámci zajištění zádušních kultů panovníků. Z ryze náboženského hlediska byla důležitým spojovacím článkem oslava králova jubilea, starobylého svátku *sed*,[30] vyobrazená na stěnách chrámu (tzv. velké a malé vyobrazení svátku *sed*). Během oslav, které pravděpodobně probíhaly ve 30. roce vlády, docházelo k mytické obnově sil panovníka a jeho znovupotvrzení na královském trůnu. Proto hrál svátek *sed* důležitou úlohu i v královském zádušním kultu a zajišťoval nekonečnou existenci panovníka na onom světě. Při každoročním opakování svátku v první den roku se král zjevoval jako rituálně nově korunovaný, znovuzrozený a omlazený vládce. Tyto rituály byly ve slunečních chrámech přímo spojeny s oslavou Reova narození. Oba obřady přitom zajišťovaly opakovanou regeneraci a kontinuitu egyptského státu. Ve slunečních chrámech mělo docházet k obnově fyzických sil krále jako Reova syna zjeveného v pozemské podobě.[31]

Obr. 14 Detail jedné ze scén zobrazujících průběh oslav svátku *sed*. Podle von Bissinga–Keese (1923: Blatt 16)

Fig. 14 Detail of one of the *Sed*-festival scenes. After Bissing–Kees (1923: Blatt 16)

Podle některých názorů byl z hlediska kultovního provozu chrámu důležitý vizuální kontakt s hlavním slunečním chrámem v Iunu. Prostor Abúsíru byl snad nejjižnější oblastí, odkud ještě bylo možné spatřit pozlacenou špičku centrálního obelisku v héliopolském slunečním chrámu.[32] Pokud to je pravda, lze z tohoto předpokladu vycházet při hledání dalších, archeologicky dosud neprozkoumaných slunečních chrámů.

Egyptian craftsmen of the Old Kingdom. Unlike the temple of Niuserre, two chapels stood at the sides of the altar of the temple of Userkaf. They belonged to the cult of Re and Hathor. According to some views, however, they housed the barques of Re. The chapels were built of blocks of grey schist and had the form of simple naoi (stone shrines for the statues or sacred barques of the Egyptian gods). Their outer sides were decorated by motifs of matting, a design which can be found in the most ancient Egyptian structures that had been built predominantly of organic materials. The northeastern corner of the court of the upper temple also contained magazines, which probably held the temple inventory: cultic equipment, offerings and other things necessary for the performance of religious rituals.

The complex of the sun temple of Niuserre also included a building resembling the solar barque located to the south of the temple. This large structure reached 30 m in length. It was built of mud bricks and preserved to the height of ca. 3–3.5 m. The plan of its brick wall imitates the shape of a keel. The deck and upper parts of the ship were built of wood, which had, however, decayed. The reconstruction of the original shape of the building (above all of its superstructure) can therefore be only hypothetical. The building probably reflects the ideas of the day (*manedjet*) or night (*mesketet*) sun barques, in which Re sailed though the sky and the underworld. It could, however, also have represented the form of the *maat* barque, the building of which is recorded on the Palermo Stone in the time of the reign of Neferirkare.[27] We know some other similar cases from the Old Kingdom times – boat burials in the immediate vicinity of the pyramids. The most famous of these is undoubtedly Khufu's barque in Giza.

One of the basic ideas connected with the function of the sun temples was undoubtedly the idea of the annual cycle of the sun through the sky and the underworld. The temples were built, just like the pyramid complexes, on the western bank of the Nile, where the sun sets in order to be reborn in the east the following day.[28] These sanctuaries, however, were not only the place of the worship of Re, but also of Hathor as the divine parents of the king. Other deities were worshipped here too. The architectural similarity of sun temples and pyramid complexes led Rainer Stadelmann to the conclusion that the sun temples were the funerary enclosures of Re.[29] Re was worshipped here as the father of the king (since the king was indeed the "son of Re"), and through this god, the king himself was venerated, too. After his death and the subsequent ascent to the sky, the king joined Re and sailed with him through the sky on the solar barque.

Just as these sanctuaries were important for the cults of the Egyptian gods, above all for the cult of Re, they were of equal importance for the cult of the Egyptian king. The plan of the sun temples, constructed along the lines of the plan of royal pyramid complexes illustrates the important role of the sun temples in the maintenance of the funerary cults of the kings. In religious terms an important link can be found in the celebration of the royal jubilee, the ancient *Sed* festival,[30] which was depicted on the temple walls (the "large" and "small" *Sed* festival scene). In the course of the *Sed* festival, which the king celebrated after 30 years of his reign, the ruler was mythically regenerated, his powers were restored and his position on the Egyptian throne reaffirmed. The *Sed* festival thus played an important role in the royal funerary cult and guaranteed the unending existence of the king in the other world. During the annual repetition of the festival on the first day of the year, the king appeared as a ritually newly crowned, reborn and rejuvenated ruler. In the sun temples, these rituals were directly connected with the celebration of the birth of Re. Both rituals guaranteed the repeated regeneration and continuity of the Egyptian state. In the sun

[27] Wilkinson (2000: 179–180).

[28] Winter (1956: 222).

[29] Stadelmann (1991: 164, fn. 473).

[30] Martin (1984: 782–790).

[31] Rochholz (1994: 255–280).

[32] Kaiser (1956: 114).

V této souvislosti je zajímavá informace z Neferirkareova chrámového archivu, že doprava obětin mezi slunečním chrámem *Setibre* a Neferirkareovým pyramidovým komplexem probíhala po vodě, tj. že obětiny byly převáženy na lodích.[33] Zdá se tedy, že bychom tuto stavbu měli hledat spíše ve větší vzdálenosti od Abúsíru.

Sluneční chrámy tvořily integrální součást hospodářského systému královských zádušních kultů. Maso obětovaných zvířat muselo projít slunečním chrámem, kde bylo na obětním oltáři vystaveno síle a účinkům slunečních paprsků a tímto způsobem ri-

Obr. 15 Pohled na abúsírské pyramidy od Niuserreova slunečního chrámu. Foto: Jaromír Krejčí

Fig. 15 View of the Abusir pyramids from Niuserre's sun temple. Photo: Jaromír Krejčí

tuálně očištěno. Panovník zajišťoval provoz chrámu a provádění rituálů dodávkami ze státních skladů nebo statků. Seznam obětin darovaných slunečnímu chrámu *Šesepibre* u příležitosti různých náboženských svátků byl vytesán na bráně do chrámu a snad představoval kopii skutečného dokumentu uloženého v královském archivu. Seznam se dochoval v dosti zlomkovité podobě. V průběhu oslav Nového roku obsahovaly obětiny předkládané Reovi bochníky chleba *pesen*, dále mléko a med. Pro rituál „vycházení", tj. pro veřejné slavnostní procesí boha Mina, dostával chrám 1000 bochníků chleba *pesen*, jednoho býka, 10 hus, med, obilí *sechet*, pšenici a „všechny sladké věci". Roční součet uvedený na konci seznamu zaznamenává 100 800 „dávek" sestávajících z chleba, piva, koláčů, 7720 bochníků chleba *pesen*, 1002 býků, 1000 hus atd. Není jasné, zda udávané počty představují pouze dávky udělované při zvláštních příležitostech, nebo jsou součtem všech denních přídělů za jeden rok. Jasně však ukazují, jak velké množství obětin prošlo během roku jediným chrámem.

Menkauhor byl posledním panovníkem, který nechal vystavět sluneční chrám. Proč tomu tak bylo, není zcela jasné. Vysvětlení můžeme hledat ve změně náboženského, hospodářského a politického života egyptské společnosti. Obelisky však zůstaly nedílnou součástí architektury chrámů i hrobek až do konce Staré říše. Dokládá to i zlomek monolitního obelisku se jménem panovníka Tetiho (6. dynastie), který byl objeven v 70. letech minulého století v Héliopoli.[34] Tento fragment je prozatím nejstarším archeologicky prokázaným obeliskem z héliopolského chrámu. Z období vlády Pepiho II. pochází hieroglyfický nápis v hrobce správce asuánského kraje Sabniho, který byl úspěšně vyslán do Núbie, aby postavil lodě pro přepravu dvou obelisků do Héliopole. Přestože se zmiňované obelisky nenašly, z textu se lze dovtípit, že chrámové obelisky se již ve Staré říši vztyčovaly v párech, jak to bylo obvyklé např. v pozdější Nové říši. Obelisky se ale neobjevují pouze u královských staveb; v 6. dynastii jsou na memfid-

temples, the king was regenerated in his power as the son of Re manifested in an earthly form.[31]

According to some views, visual contact with the main sun temple in Iunu was of importance for the cultic activities of the temple. The area of Abusir would be the southernmost area from where it was possible to see the gilded tip of the central obelisk of the sun temple of Heliopolis.[32] If this indeed was the case, this criterion could guide us in the search for other, hitherto unexplored sun temples. In this context, it is important that, according to the archive of Neferirkare, the transport of offerings between the sun temple *Setibre* and the pyramid complex of Neferirkare was conducted on water, i.e. that the offerings were transported on boats.[33] According to some views, this would mean that we should search for this building further away from Abusir.

Sun temples formed an integral part of the pyramid complexes and played a very important role in the economy of the funerary cults. The meat offerings had to pass through the sun temple, where they were subjected to the strength and effects of the sun's rays on the offering altar and were thus ritually purified. The king supported the activities of the temple and performance of rituals by sending supplies from the state magazines or estates. The list of offerings given to the sun temple *Shesepibre*, on the occasion of various religious festivals, was incised into the gateway of the temple and may represent a copy of such a document from the royal archive. The list is preserved in a considerably fragmentary form. In the course of the New Year's celebration, the offerings presented to Re consisted of *pesen* loaves of bread and milk and honey. For the ceremony of "appearance", the public celebration of the procession of god Min, the temple received 1000 loaves of *pesen* bread, a bull, ten geese, honey, *sekhet* corn, wheat, and "all sweet things". The yearly sum at the end records 100 800 "rations" consisting of bread, beer, cakes, 7720 loaves of *pesen* bread, 1002 bulls, 1000 geese, etc. It is unclear whether the numbers recorded include only special occasions or whether they represent the sum of all daily rations in the course of the entire year. They show, however, the amount of offerings that passed through the temple in a single year.

Menkauhor was the last ruler, who constructed a sun temple. It is unclear why the practice ended with him. The explanation may be sought in changes within the religious, economic and political life of Egyptian society. Obelisks remained part of the Egyptian tomb and temple architecture until the end of the Old Kingdom. This is attested by the fragment of a monolithic obelisk with the name of the sixth dynasty king, Teti, which was discovered in the 1970s. This fragment is, at present, the oldest archaeologically attested obelisk from Heliopolis.[34] The hieroglyphic inscription in the tomb of the governor of the Assuan district, Sabni, comes from the time of the reign of king Pepi II Sabni was dispatched to Nubia in order to build there ships for the transport of two obelisks to Heliopolis. Sabni fulfilled his task and despite the fact that the obelisks have not been found, the text allows us to conclude that temple obelisks at this time were already erected in pairs, as it was the custom for example in New Kingdom times. However, obelisks were not parts of only royal buildings. In the 6th Dynasty, smaler obelisks also appeared in the non--royal tombs of the Memphite necropolis. Obelisks stood at the entrance to the cultic area of tombs. A similar discovery was made by the Czech expedition in the course of the exploration of the tomb of Inti in Abusir South in 2000 (cf. the article of M. Bárta). The erection of obelisks in the second half of the Old Kingdom and their appearance in non-royal tombs may be understood as another stage in the development of the solar cult, as it finds its expression both in royal and non-royal architecture.[35]

[33] Posener-Kriéger (1976: 519–520).

[34] Martin (1977: 43, 47).

ských pohřebištích doloženy jejich menší kopie i v nadzemních částech nekrálovských hrobek. Obelisky byly umisťovány u vchodu do kultovních prostorů hrobek. Obdobný nález se podařil i české expedici během výzkumu Intiho hrobky v jižním Abúsíru v roce 2000 (viz příspěvek M. Bárty). Vztyčování obelisků v pozdní Staré říši a jejich umisťování do nekrálovských hrobek lze chápat jako další fázi vývoje slunečního kultu projevujícího se jak v královské, tak i nekrálovské architektuře.[35]

V souvislosti se slunečním kultem, především v kontextu posmrtných představ vztahujících se k egyptskému panovníkovi z období Staré říše, je nutné rovněž zmínit *Texty pyramid*, které se od konce 5. dynastie objevují na stěnách vnitřních prostorů pyramid králů a od 6. dynastie i pyramid královen. Kromě ostatních motivů tyto texty obsahují snad nejvýznamnější a nejdůležitější staroegyptský výklad o stvoření světa, v němž ústřední roli boha-stvořitele zaujímá sluneční božstvo. Kosmogonické texty jsou spjaty s učením rozvíjeným v héliopolském chrámu. Obsahově důležitou část *Textů pyramid* a dalších náboženských textů tvoří plavba slunečního boha podsvětím. Této plavbě předchází každodenní pouť v posvátném člunu oblohou od východu na západ, během níž na sebe sluneční bůh bere ráno podobu Cheprera, v poledne Rea a večer Atuma. Nebeská bohyně Nut každý večer slunce pohltí, aby se každého rána z jejího lůna zrodilo slunce nové a mladé a pokračoval tak nikdy nekončící cyklus znovuzrození a obnovy světa, jímž je potvrzena jeho stabilita a trvalost univerzálního řádu.

Uprostřed cesty podsvětím, v její nejtajemnější fázi, se panovník v podobě mumie spojuje s tělem boha Usira, vládce podsvětí. Toto splynutí se stává zárukou budoucnosti vyjádřené ranním východem nového Slunce, tedy začínajícím novým dnem a novým životem. Cesta slunečního boha podsvětím však není bez nástrah a nebezpečí. Její součástí je souboj s Reovým úhlavním nepřítelem, obrovským hadem Apopim, který představuje všechny negativní aspekty světa rozděleného na dobro a zlo a který se snaží narušit a zvrátit odvěký koloběh života a získat převahu nad dobrem. Při každé plavbě podsvětím však družina slunečního boha zvítězí a potvrdí řád a vůli nejvyšších bytostí, jež ustavily chod věcí na prvopočátku světa. Zápas slunečního boha a jeho konečné vítězství lze chápat i jako určitou zkoušku schopností a vytrvalosti v boji s nástrahami a nebezpečími, v širším smyslu slova s problémy a těžkostmi, které byly součástí světa lidí a bohů. Tento každodenní cyklus života a smrti vyjádřený v rozmanitých podobách náboženského rituálu tvoří jeden z klíčů k pochopení filozofických a náboženských představ Egypťanů o světě, který je obklopoval, ve kterém v duchu tradičního řádu a norem svých předků žili a jehož součástí byla i jejich hluboká víra v posmrtný život. V jejich fyzickém i myšlenkovém světě byl sluneční bůh Re ústřední postavou.

Projevy slunečního kultu se odrážely téměř v každé oblasti staroegyptské společnosti. V průběhu Staré říše se sluneční bůh a jeho kult stali trvalou součástí nejen náboženství starých Egypťanů a státní ideologie, ale setkáváme se s nimi i v zádušním kultu egyptského panovníka. Sluneční kult se ve svých jednotlivých vývojových podobách významně podílel na formování egyptské civilizace, která se v nilském údolí rozvíjela po tisíce let. Jeho zajištění a provoz měly hluboký vliv na hospodářství země. Svůj odraz však často nacházel i v mistrovských dílech staroegyptského umění. Budoucí systematický výzkum problematiky slunečního kultu ve starověkém Egyptě nám může výrazně pomoci při hlubším poznání a pochopení jednotlivých politických, hospodářských a společenských procesů, které v Egyptě v této souvislosti probíhaly.

---

[35] Quirke (2001: 136).

In connection with the study of the solar cult, above all in the context of the funerary beliefs concerning the Egyptian king during the Old Kingdom, it is also necessary to mention the Pyramid Texts, which appeared towards the end of the 5th Dynasty on the walls of the inner rooms of the pyramids of kings (and, from the 6th Dynasty, also of queens). Besides other motifs, these texts contain possibly the most important information on the ancient Egyptian cosmogony, with the sun god playing the part of the demiurge. Cosmogonic texts are connected with the teaching that was developed in the temple of Heliopolis. An important part of the Pyramid Texts and of the later religious texts as well is formed by the journey of the sun god through the underworld. This journey is preceded by the daily sailing in the sacred barque through the sky from the east to the west, in the course of which Re took the form of Khepri in the morning, Re at noon, and Atum in the evening. The goddess of the sky Nut swallowed the sun each night in order to give birth to a new, young sun each morning. Thus, the never-ending cycle of rebirth and renewal of the world continued and the stability and duration of the universal order were confirmed.

In the middle of the journey through the underworld, during its most mysterious stage, the king, who took the form of the mummy, therefore joined with the body of Osiris, lord of the underworld. This fusion became the guarantee of the future expressed by the ascent of the new Sun in the morning, and the beginning of a new day and new life. The journey of the sun god through the underworld is, however, not without danger. An integral part of this journey is the encounter with his main enemy, the giant snake Apopi, who represents all negative aspects of the world and who tries to break the eternal circle of life and gain dominance over good. During each journey through the Underworld, the suite of the sun god wins and reaffirms the order and will of the highest beings, which established the order of things in the beginning of the world. The combat of the sun god and his final victory could also be understood as a certain test of ability and endurance in the struggle against the dangers, or, in a wider sense, with all difficulties and problems, that were part of the world of humans and gods alike. This everyday cycle of life and death, expressed in various forms of religious rituals, forms one of the keys to the understanding for the philosophical and religious ideas of the Egyptians about the world that surrounded them, in which they lived according to the traditional order and norms of their ancestors, including a deep-rooted faith in life after death. In their physical and spiritual world, the sun god Re remained a central figure.

The manifestations of the solar cult are discernible almost in every aspect of the ancient Egyptian society. In the course of the Old Kingdom, the sun god and his cult became a permanent part not only of the religion of the ancient Egyptians and of their state ideology, but we meet them also in the funerary cult of the Egyptian king. The various developmental stages of the solar cult played an important role in the formation of the Egyptian civilization, which was evolving in the Nile Valley for thousands of years. Its maintenance and cyclical functioning had a profound effect on the economy of the country. It was, however, also reflected in the masterpieces of Egyptian art. The future systematic investigation of the problems of the solar cult in Ancient Egypt can lead to a deeper knowledge and understanding of the individual political, economical and social processes that took place in Egypt in this context.

NEKRÁLOVSKÉ HROBKY STARÉ ŘÍŠE V ABÚSÍRU

Miroslav Bárta

Abúsírské hrobky Staré říše pocházejí z období trvajícího téměř 500 let. Jakkoliv je tento časový úsek v soudobé egyptologické historiografii chápán především jako doba „stavitelů pyramid", představují hrobky nekrálovských hodnostářů významný zdroj informací o staroegyptské společnosti. Na celé abúsírské nekropoli je zastoupeno několik etap vývoje nekrálovské sakrální architektury, které se odlišují charakterem, formou i obsahem.

Termínem „nekrálovské hrobky" označujeme místa pohřbů členů královské rodiny – s výjimkou panovníka a (v některých případech) jeho manželky (manželek) – hrobky vysoce a níže postavených státních úředníků, ale i obyčejných, řadových členů tehdejší společnosti. Tyto stavby tvoří významnou součást souvislého pásu pyramidových polí táhnoucího se od Káhiry až po Fajjúmskou oázu. Staří Egypťané věřili, že po smrti budou žít obdobný život, jaký vedli na tomto světě. Hrobky proto byly především chápány jako místo, kde se posmrtný život uskutečňoval. Jejich architektura stejně jako výzdoba

1 Ptahšepses/Ptahshepses
2 Ptahšepses junior
  Ptahsepses Junior
3 Džedkareovo pohřebiště
  Djedkare's Family Cemetery
4 Nebtyemnefres
5 Nachtkare/Nakhtkare
6 hrobky u abúsírského rybníku
  Lake of Abusir Tombs
7 hrobky kolem Fetektiho/Fetekti's Cemetery
8 Kar a Inti/Qar and Inti
9 Kaaper
10 Itej/Ity
11 Hetepi

proto byly koncipovány a vytvářeny tak, aby tomuto účelu co nejlépe vyhovovaly. Je přirozené, že stavební podoba mastab (arabský výraz označující hrobky s nadzemní částí připomínající tvar hliněných lavic, které se dodnes nacházejí na arabském venkově při vstupech do domů) byla ovlivněna dobou, v níž byly postaveny, a lze z nich jasně vyčíst priority a sociální vývojový stupeň tehdejší společnosti. Totéž platí i pro výzdobný program hrobek, který navíc zprostředkovává cenné informace o tehdejším světě, každodenním životě, práci, zábavě a náboženských představách vyznávaných starými Egypťany. Zjednodušeně lze říci, že hrobky jsou ikonami historických úseků, v nichž vznikaly. Z tohoto důvodu představují od samého počátku egyptologie nejen jeden z hlavních cílů bádání, ale především důležitý historický pramen pro studium staroegyptské společnosti a jejího vývoje. Platí to i pro období Staré říše, neboť tehdejší osídlení bylo, až na několik případů, zničeno – hrobky se tak stávají jedním z mála hodnotných pramenů, které máme k dispozici. V posledních desetiletích přispívá k bádání o nekrálovských hrobkách a jejich společensko-historickém pozadí i práce českých egyptologů v Abúsíru.[1]

Hrobky se v Abúsíru soustřeďují do několika oblastí. Chceme-li postupovat chronologicky, musíme začít od jihu, v jižním Abúsíru, v oblasti na severním okraji sakkárského pohřebiště. Zde byly na sklonku 3. dynastie postaveny hrobky „kněze a správce královských věcí" Hetepiho a „správce královských sýpek" Iteje. Po určité

Obr. 1 Mapa Abúsíru s vyznačenou polohou nekrálovských hrobek ze Staré říše.
© Ing. Vladimír Brůna, Laboratoř geoinformatiky Univerzity J. E. Purkyně v Ústí nad Labem

Fig. 1 Map of Abusir with indicated locations of non-royal tombs from the Old Kingdom.
© Ing. Vladimír Brůna, Geoinformatics Laboratory of the University of J. E. Purkyně in Ústí nad Labem

NON-ROYAL TOMBS OF THE OLD KINGDOM AT ABUSIR

Miroslav Bárta

**Obr. 2 Fotogram
Hetepiho hrobky.
© Petr Čech**

**Fig. 2 Photogramm
of Hetepi's tomb.
© Petr Čech**

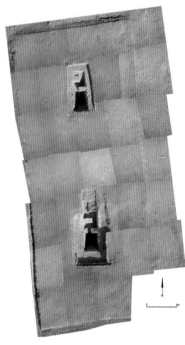

The Old Kingdom tombs of Abusir span a period of almost five hundred years. Although current Egyptian historiography perceives this time above all as the era of the pyramid builders, it is clear that these tombs mark the presence of several different stages within the development of non-royal sacral architecture; they also provide an indication of the development of ancient Egyptian society as it unrolled across the millennia. Several different stages of development of the non-royal tomb architecture that differ in their nature, form, and significance are attested on the whole Abusir area.

Non-royal tombs – this term covers the tombs of the members of the royal family with the exception of the king and sometimes his wife (wives), higher and lower state officials, as well as common members of the society of that time – are an indispensable part of all pyramid fields extending in a continuous line from south of Cairo to the area of modern Fayoum oasis. Ancient Egyptians believed in an afterlife similar to the one they led in this world. The tombs were often understood as places where the deceased would spend his afterlife. The architecture of the tombs, as well as their decoration, were designed to best serve this purpose. The architectural conception of mastabas (an Arabic term for tombs which have a superstructure resembling those mudbrick benches often seen at the entrances of houses in the Arabic countryside) is a reflection of the time when it was the most popular design, and it aptly expresses the priorities and level of development of the society of the period. The same can be said about the decoration within those tombs, for it presents us with scenes from the world of the ancient Egyptians, their everyday life, work and entertainment, their religious ideas and the land itself in which they lived. In a simplified way, we may say that Egyptian tombs are icons of the historical times in which they were developed and built. Therefore, they have represented from the very beginnings of Egyptology a multi-faceted item within scientific research for, not only was the study of the architecture a very important goal within itself, but the tombs also provided a major source of information concerning ancient Egyptian society and its times. The Old Kingdom is no exception, to the contrary – the settlements of this time were (except for a very limited number) destroyed due to the various reasons. The tombs, situated on higher land less prone to flooding, have preserved for us a greater array of sources than has been found within the settlements. In recent decades, work carried out by the Czech Egyptologists at Abusir have contributed in no small way to the research of non-royal tombs and their socio-historical background.[1]

The non-royal tombs are found in several areas of the Abusir field. Following a chronological approach, we must start at the south of the necropolis field, at South Abusir, where it borders the northern edge of the Sakkara necropolis. At the end of the 3rd Dynasty, the tombs of the "priest and property custodian of the king", Hetepi, and the "overseer of the royal granaries of the capital", Iti, were erected here. After a pause – probably due to the interruption of the building activities in the area – the tomb of

[1] Bárta (2002a),
Bárta–Voděra (2002),
Borchardt (1907),
Vachala (2002), Verner
(1994a, 2002a).

odmlce, kdy byly téměř veškeré stavební aktivity přeneseny do Gízy, zde na počátku 5. dynastie vzniká hrobka „velitele armády" Kaapera. V těsné návaznosti na založení královské nekropole 5. dynastie v severním Abúsíru jsou kolem královských pyramid zakládány rozsáhlé, v současnosti jen částečně prozkoumané hřbitovy příslušníků královské rodiny a vysokých dvorských hodnostářů. Z nich lze jmenovat především pohřebiště na východ od Niuserreovy pyramidy. Zde se objevuje nový typ mastab s vel-

kými otevřenými dvory, které přejímají další architektonické prvky, jež mohly být do té doby používány výhradně v královských pohřebních komplexech. Ilustrují nejen proměnu společenské situace, ale i značné zpřístupnění náboženských představ pro osoby nekrálovského původu, k němuž došlo právě v době Niuserreovy vlády. Původ těchto procesů lze zřejmě sledovat v politických událostech doprovázejících nástup Niuserrea na trůn. Tento typ pohřebních staveb reprezentují hrobky vezíra Ptahšepsese (viz příspěvek J. Krejčího) a jeho stejnojmenného syna, tzv. mastaba princezen či mastaby Veserkafancha a Džadžaemancha. Dále na jih nalezneme pohřebiště členů rodiny panovníka Džedkarea a celkem čtyři hrobky příslušníků Raneferefovy rodiny, z nichž je doposud prozkoumána pouze mastaba prince Nachtkarea.

Rozsáhlá pohřebiště se nacházela i podél východního okraje Abúsíru. Zde se rozkládal tzv. abúsírský rybník, který ve Staré říši představoval nejen hlavní přístup do celého pohřebního areálu severní a střední Sakkáry a jižního Abúsíru, ale hrál i důležitou úlohu v náboženských představách tehdejší doby. Na jeho západním břehu se setkáváme s dalším typem nekrálovských hrobek, tzv. rodinnými hrobkami. Zpravidla se jedná o mastaby z nepálených cihel, s jednou menší kaplí pro společný zádušní kult několika členů rodiny. Na západ od ní se nacházela ústí několika řad šachet pro pohřby jednotlivých rodinných příslušníků. V rodinných hrobkách byli pohřbíváni níže postavení úředníci tehdejšího státu – písaři, kněží, řemeslníci a další.

Na závěr „éry stavitelů pyramid" se vrátíme tam, kde jsme začali, tj. do jižního Abúsíru, tentokráte na jeho západní okraj. V průběhu 6. dynastie zde vyrůstá pohřební komplex vezíra Kara a jeho synů, který symbolicky uzavírá námi sledovaný vývoj nekrálovské hrobky ve Staré říši.

Ačkoli za desítky let archeologických výzkumů bylo v Abúsíru odkryto a prozkoumáno mnoho nekrálovských hrobek, v následující části textu se soustředíme pouze na ty, které svým charakterem nejlépe dokumentují dobu svého vzniku a specifický společenský kontext.

Doposud nejstarší nekrálovská hrobka nalezená na české archeologické koncesi patří knězi a královskému hodnostáři Hetepimu, který žil přibližně na konci 3. dynastie (asi 2600 př. n. l.).[2] Jeho hrobka stojí na samotné jižní hranici abúsírské nekropole. Teoreticky nelze vyloučit, že Hetepi mohl žít v době blízké samotnému panovníkovi

Obr. 3 Detail reliéfní výzdoby severní části průčelí Hetepiho hrobky. **Foto: Miroslav Bárta**

Fig. 3 Detail of the relief decoration of the northern part of the facade of Hetepi's tomb. **Photo: Miroslav Bárta**

the army general, Kaaper, was also built here. Erected at the beginning of the 5th Dynasty, this tomb signals the return of building activities to the Abusir-Saqqara region, after a lengthy period during which official tombs had been built in the Giza cemetery. Immediately after the foundation of the royal necropolis of the 5th Dynasty at Abusir, the cemeteries of royal family members and high officials were built here, too. Particularly noteworthy is the one group of tombs which is located to the east of the pyramid of Niuserre. Here we encounter tombs of a new type: mastabas having large, open courts east-west oriented chapels and other elements of royal architecture, features which had hitherto been monopolized by the king. These non-royal tombs attest the change within the social situation of the 5th Dynasty, and the greater accessibility that commoners had to the developing religious ideas, which came about in the course of the reign of Niuserre. The background of these phenomena lies in all likelihood in the political events accompanying the king's ascent to the throne. Significant tombs of this type that may be mentioned are the tombs of vizier Ptahshepses (cf. the contribution of J. Krejčí) and his son of the same name, the so-called Mastaba of Princesses, or the mastabas of Userkafankh and Djadjaemankh. Somewhat further to the south we find the cemetery of the members of the royal family of King Djedkare and four tombs of the members of the family of Raneferef, of which only the tomb of prince Nakhtkare has so far been excavated.

Large cemeteries can also be found along the eastern edge of Abusir. The tombs here lie on the bank of the so-called Lake of Abusir. This lake represented not only the main access to the entire cemetery area of northern and central Saqqara and Abusir South in the Old Kingdom, but it also played an important role in the religious ideas of that time. At its western bank we meet the so-called family tombs. Typically, they consist of mastabas made of mud bricks, with a single small chapel for the cult of the whole family, and several rows of shafts for the burials of the individual family members located in the western part of the tomb. These tombs belonged to the lower-ranking officials of the contemporary state, scribes, priests, craftsmen, etc.

With the end of the era of the pyramid builders, we return where we started, to Abusir South, but this time its western edge. In the middle of the 6th Dynasty, the tomb complex of vizier Qar and his sons rose here, and its character places it to the very end of the development we are tracing here.

Although a large number of tombs were unearthed in decades of archaeological excavations in Abusir, in the following text we shall concentrate only on those that shed new light on the time of their creation and/or a specific social context.

The oldest non-royal tomb on the Czech archaeological concession so far excavated belongs to the priest and royal official Hetepi, who lived approximately at the end of the 3rd Dynasty (ca. 2600 BC).[2] His tomb is located at the very southern end of Abusir. It cannot be excluded, however, that Hetepi might have lived even in a time close to the reign of king Djoser, who had built the Step Pyramid, the oldest Egyptian stone pyramid, which rises several hundred meters to the south of the tomb of Hetepi.

Hetepi's tomb was exacavated at the end of the year 1999. Its location on an elevated place over the Abusir valley and the dimensions of his tomb, which make it one of the largest contemporary structures of its kind (it covered an area of 1000 m²) indicate that the owner of the mastaba attained a high social status. The architecture of the tomb survived at places to a height of 2.5 m, i.e. almost to its original height, which probably reached 3 m. The cult chapel was located in the southeastern part of the structure, where funerary rituals were conducted for the spirit of the deceased Hetepi, and it was accessible through a north-south oriented corridor leading along the eastern façade of the tomb.

[2] Bárta–Vachala (2001), Bárta–Voděra (2002: 12–15), Dvořák (2001), Vachala (2001).

Džoserovi, který si nechal postavit Stupňovitou pyramidu, nejstarší egyptskou kamennou pyramidu, jež se tyčí několik set metrů na jih od Hetepiho hrobky.

Hetepiho mastaba byla prozkoumána na sklonku roku 1999. Již poloha hrobky na vyvýšeném místě nad abúsírským údolím naznačuje, že její majitel zaujímal v tehdejší státní správě důležité postavení. Význam Hetepiho podtrhují rovněž její rozměry, které tuto hrobku řadí mezi největší soudobé stavby svého druhu (pokrývala plochu 1000 m^2). Zdi se místy zachovaly až do výšky 2,5 metru, tedy téměř do původní výšky, která zřejmě činila 3 m. Kultovní kaple umístěná v jihovýchodní části mastaby, kde probíhaly zádušní rituály pro ducha zemřelého Hetepiho, byla přístupná severojižně orientovanou chodbou vedoucí podél východního průčelí hrobky.

Nejcennější informace poskytl právě výzkum kaple postavené z malých bloků vápence, jejíž východní průčelí bylo pokryto unikátní reliéfní výzdobou. Severně od vchodu do kaple je zachycen sedící majitel hrobky za obětním stolem s nakrájenými chleby (viz katalog, heslo 30). Kolem stolu jsou vyobrazeny další obětiny, které měly být zemřelému v kapli pravidelně obětovány. Nad Hetepiho hlavou pak jsou ve dvou řádcích vyjmenovány tituly poskytující cenné informace o společenském postavení majitele hrobky. Mezi Hetepiho hlavní tituly patřily „královský herold se silným hlasem, jeden z velkých deseti domu života". Dále Hetepi vykonával i několik kněžských funkcí a také byl *írej íchet nísut*, tedy „správce královských věcí". Tento titul byl v jeho době vyhrazen vysoce postaveným úředníkům nekrálovského původu, jež by bylo možno snad přirovnat k družiníkům středověkého panovníka. Tito hodnostáři neplnili pouze úlohu osobních služebníků krále, dohlížejících na jeho hygienu, stravování a oblékání, ale tvořili rovněž páteř rodícího se staroegyptského státu – byli součástí formujícího se byrokratického aparátu. Jižně od vchodu do kaple se dochovala stojící postava Hetepiho, načrtnutá černou barvou. Hetepi se opírá o úřednickou hůl, odznak moci a autority. Před ním jsou zobrazeni jeho dva synové v doprovodu správce Hetepiho statků. Zřejmě již nezbýval čas tuto část výzdoby dokončit (Hetepi pravděpodobně zemřel), takže se zachovala pouze pracovní skica staroegyptského umělce s pomocnými čísly, udávajícími proporce jednotlivých částí lidského těla.

Hetepiho mastaba se tak řadí k nejstarším zdobeným hrobkám na memfidských pohřebištích a potvrzuje hypotézu, že reliéfní výzdoba se nejprve soustředila na vstupní část a teprve následně se rozšířila i na vnitřní stěny tehdejších kaplí. Kultovní kaple byla od východu přístupná krátkou chodbou. Tři z jejích vnitřních stěn byly obloženy bloky z jemného turského vápence a nebyly zdobeny. Čtvrtá, západní stěna, byla již ve starověku zničena zloději kamene. Ve vápencové podlaze se však zachovaly kamenné čepy, které dokládají, že tato stěna byla původně chráněna dvoukřídlými dveřmi. Za nimi se pravděpodobně nacházela nika, v níž mohl být znázorněn kráčející či sedící Hetepi. Ve Staré říši obvykle západní stěnu zabírala stéla imitující dveře (jde o tzv. nepravé dveře), které se staly místem zádušního kultu zemřelého hodnostáře. U Hetepiho se poprvé setkáváme s dokladem toho, že pozdějším nepravým dveřím mohly předcházet dveře skutečné. Jedinečnost Hetepiho kaple spočívá zejména v tom, že názorně dokládá počátek vývoje představ starých Egypťanů, jež se týkají uspořádání posmrtného života. Dřevěné dvoukřídlé dveře s nikou představovaly magickou bránu propojující svět živých a mrtvých. Na západ od pomyslné

Obr. 4 Půdorys Kaaperovy mastaby. Podle Bárty (2001: fig. 4.1)

Fig. 4 The ground plan of Kaaper's mastaba. After Bárta (2001: fig. 4.1)

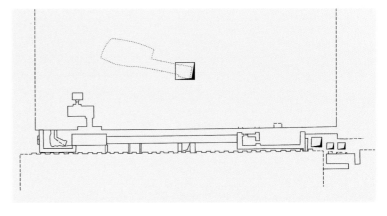

The most valuable information came from the exploration of the chapel built of small limestone blocks, the façade of which was covered with unique relief decoration. To the north of the chapel entrance, the tomb owner is depicted seated behind an offering table laden with sliced bread loaves. The area around the table is filled with other offerings, which should have been regularly offered to the deceased in the chapel. Over Hetepi's head there are two rows of his titles, that give us valuable information concerning the social position of the tomb owner. Hetepi's main titles include "strong of voice of the king, great one of the ten(s) of the mansion of life, overseer of the sekh(eru)-meat-hall of the god". Hetepi also performed several priestly functions, and he was *iry ikhet neswt* "property custodian of the king". The latter title was in his time reserved for high-ranking officials of non-royal origin, who could perhaps be compared to the entourage of the mediaeval king. These officials did not only fulfill the role of personal servants of the king, overseeing over his hygiene, diet, and clothing, but they also formed the backbone of the nascent Egyptian state and part of the rising bureaucratic apparatus. To the south of the chapel entrance, a standing figure of Hetepi was preserved sketched in black paint. Hetepi is seen leaning on his official's staff, an emblem of his power and authority. His two sons are depicted in front of him, accompanied by the overseer of Hetepi's estates. Probably there was no time to finish this part of the tomb decoration (probably because Hetepi died), and thus only a working sketch of the ancient Egyptian artist was preserved – it even still retains its guiding numbers, that give the proportions of the individual parts of the human body.

Hetepi's mastaba thus belongs to the oldest decorated tombs on the Memphite necropoleis and confirms the hypothesis that relief decoration concentrated first in the entrance part and only then spread onto the inner chapel walls. The cult chapel was accessible from the east through a short corridor. Three of its inner walls were cased with plates of fine Tura limestone and were undecorated. The fourth, western wall was already in antiquity destroyed by stone robbers. Two post hole depressions were nonetheless preserved in the limestone floor, attesting that this wall was originally protected by a double-winged door. Behind it, a niche was probably located, in which Hetepi could have been portrayed, either striding or sitting. In the Old Kingdom, the western wall was usually decorated with a stela imitating a real door (the so-called false door), which became the place of the cult of the deceased official. The tomb of Hetepi is the first known archaeological evidence to indicate that a real door could have inspired the later false doors. The unique nature of the chapel of Hetepi lies above all in the fact that it explicitly illustrates the beginning of the development of ancient Egyptian conceptions concerning the afterlife. The wooden double-winged door with a niche represented a magical doorway connecting the world of the living with the world of the dead. To the west of the imaginary gateway there was the other world, from which the soul of the deceased returned to the chapel at the time when offerings were presented, and his spirit passed through the niche hidden behind the door in the western wall.

Hetepi's funerary chamber was located at the bottom of a deep shaft, which was accessible from the north by a unique winding stairway. At the bottom of the shaft, a short corridor led to the south, directly to the burial chamber. The roughly-finished chamber was, however, looted already in antiquity and only several fragments of the wooden coffin and two fragments of the burial equipment, which was another necessary condition for ensuring an existence in the afterlife, remain from its original contents.

The beginning of the 4th Dynasty witnessed an era of changes. King Snefru had his pyramids built to the south of the Abusir-Saqqara cemetery, in Meidum and Dahshur,

brány se nacházel onen svět, ze kterého se duše majitele hrobky navracela v době obětování do kaple nikou skrytou za dveřmi v západní stěně.

Hetepiho pohřební komora se nacházela na dně hluboké šachty, k níž byl od severu přístup unikátním, několikrát lomeným kamenným schodištěm. Ze dna šachty vybíhala směrem na jih krátká chodba vedoucí přímo do malé pohřební komory. Ta však byla již ve starověku vykradena a z původního pohřbu zbylo pouze několik fragmentů dřevěné rakve a zbytky pohřební výbavy, která byla dalším nezbytným předpokladem pro zajištění posmrtné existence.

Počátkem 4. dynastie nastala doba změn – panovník Snofru si nechal postavit pyramidy jižně od abúsírsko-sakkárského pohřebiště, v Médúmu a Dahšúru, a jeho syn Chufu posléze založil novou královskou nekropoli v Gíze, na západním okraji dnešní Káhiry. Dvorští úředníci následovali své vládce a na několik generací utichají stavební aktivity jak v Sakkáře, tak i v Abúsíru. Až na přelomu 4. a 5. dynastie se egyptští králové navracejí na tradiční memfidská pohřebiště. Znovuoživení královských stavebních aktivit využívají i hodnostáři, kteří si však zpočátku budují hrobky v gízské stavební tradici. Jednu z nich představuje i Kaaperova mastaba v jižním Abúsíru. Zatímco do počátku 4. dynastie byla abúsírsko-sakkárská nekropole relativně sevřenou a jednotnou oblastí s vlastním stavebním vývojem, od tohoto okamžiku se stává místem několika vzájemně se prolínajících stavebních tradic a stylů výzdoby hrobky.[3]

Hrobka „písaře a velitele armády" Kaapera z počátku 5. dynastie je názorným příkladem osudu, jaký tak často potkal staroegyptské památky.[4] Mastaba v době svého vzniku bezesporu patřila mezi mistrovská díla tehdejšího umění, avšak na počátku 20. století byla poničena vykradači hrobů; ti ze zdobené kaple odnesli několik bloků, z nichž se dnes většina nachází v muzeích v USA. V roce 1959 významný americký egyptolog Henry G. Fischer publikoval článek s několik fotografiemi z kaple, jejíž přesná poloha na sakkárském pohřebišti nebyla známá. Konečně potřetí byla hrobka objevena egyptskými archeology ze sakkárského inspektorátu v roce 1989. V roce 1991 přistoupil ke zkoumání hrobky Český (tehdy Československý) egyptologický ústav. Ze značně poničené kaple se podařilo zachránit několik dalších vápencových bloků s reliéfní výzdobou.

Kaaperova hrobka byla postavena z kvalitního vápence těženého v lomech v Tuře na východním břehu Nilu, jižně od moderní Káhiry. Nadzemní část mastaby byla 40 m dlouhá, 20 m široká a původně téměř 5 m vysoká. V jihovýchodní části se nacházela zdobená kaple s půdorysem ve tvaru písmene „L".

Práce na rekonstrukci původního vzhledu vnitřní výzdoby kaple trvaly několik let a byly dokončeny až v roce 2001. Průčelí hrobky bylo zcela zničené, na místě se dodnes dochoval pouze malý zbytek paruky stojící postavy Kaapera. Nad vchodem do kaple byl umístěn tři metry dlouhý překlad s hieroglyfickým textem obsahujícím seznam náboženských svátků egyptského kultovního roku, během nichž mělo být majiteli hrobky obětováno. Text rovněž uváděl některé tituly a jméno Kaapera. Stěny krátkého průchodu vedoucího do vlastní kaple byly zdobeny kráčejícími postavami Kaapera, jehož doprovázel stejnojmenný syn. Na východní stěně kaple nad vchodem byla původně umístěna scéna s rybáři, kteří zatahují velkou vlečnou síť na ryby vybavenou plováky. Jejich úlovek tvoří několik ryb, které jsou tak věrně znázorněné, že i dnes lze přesně určit jejich druhy. Jižní část východní stěny byla vyhrazena scéně zpodobující Kaapera s manželkou Centeti, jak sedí za obětním stolem s nakrájenými chleby a dalšími obětinami.

Severní stěně původně dominovala velká stojící postava Kaapera, kterého kolem ramen láskyplně objímala jeho manželka. Rovněž tato scéna je dnes nenávratně zni-

[3] Jánosi (2000).

[4] Bárta (2001: 143–191), Bárta–Voděra (2002: 16–19), Fischer (1959: 233–272), Verner (1993: 84–105).

and his son Khufu later founded a new royal necropolis in Giza, at the western edge of modern Cairo. Court officials followed their rulers and building activities in both Saqqara and Abusir ceased for several centuries. At the turn of the 4th and 5th Dynasties, however, Egyptian kings returned to the traditional Memphite cemeteries. The officials, too, made use of the revival of building activities, but continued to build their tombs in the Giza tradition. The mastaba of Kaaper in Abusir South follows this trend. While at the beginning of the 4th Dynasty, the Abusir-Saqqara necropolis was a relatively closed and unified area with its own architectural development, from this time onward it became a place of several intervening traditions, styles and tomb decoration.[3]

From the beginning of the 5th Dynasty, the tomb of the "scribe and army general" Kaaper is an illustrative example of the destiny that so often ancient Egyptian monuments experienced.[4] At the time of its creation, the mastaba undoubtedly belonged to one of the masterpieces of contemporary art. Already in 1959, the important American Egyptologist Henry G. Fischer published an article with several photographs from a chapel, which was at that time was thought to be located somewhere in the Saqqara cemetery. Second time the tomb was mentioned was when the Egyptian Egyptologists from the Saqqara inspectorate discovered it in the year 1989. The Czech (at that time, the Czechoslovak) Institute of Egyptology began to explore the tomb in 1991. By this period, the tomb had been sadly destroyed, but it was possible to save several other limestone blocks with relief decoration from the highly damaged chapel.

The tomb of Kaaper was built of high quality limestone quarried in Tura, on the eastern bank of the Nile, to the south of modern Cairo. The substructure of the mastaba was 40 m long, 20 m wide and originally almost 5 m high. The southeastern part contained a chapel with an L-shaped ground plan, the decoration of which had been highly damaged in the course of the centuries.

Work on the reconstruction of the original appearance of this interior decoration took several years and was finished only in the year 2001. The façade of the tomb was completely damaged, only a small part of the wig of a standing figure of Kaaper was preserved here. Over the tomb entrance there was a 3 m long lintel with a hieroglyphic inscription containing a list of religious festivals for the Egyptian cultic year, during which offerings were presented to the tomb owner. The text also contained several titles and the name of Kaaper. The walls of the short passage leading to the chapel itself were decorated with striding figures of Kaaper, accompanied by his son of the same name. The eastern wall of the chapel was decorated over the entrance by a scene depicting fishermen pulling a large fishing net equipped with floats. Their catch includes several species of fish, which are so faithfully represented, that even today they can be precisely zoologically classified. The southern part of the eastern wall was reserved for the scene depicting Kaaper with his wife Tjenteti, seated behind the offering table with sliced bread loaves and other offerings.

The northern side was originally dominated by a large standing figure of the tomb owner, embraced lovingly by his wife, whose arms hang onto his shoulders. This scene, too, is now completely lost. Over the heads of the couple, there was an inscription, which could be in part reconstructed: *"I built this tomb, I am one justified in front of the god. I built this tomb using only my*

Obr. 5 Počítačová rekonstrukce západní stěny Kaaperovy kaple.
© Petra Vlčková

Fig. 5 Computer reconstruction of the western wall of Kaaper's chapel.
© Petra Vlčková

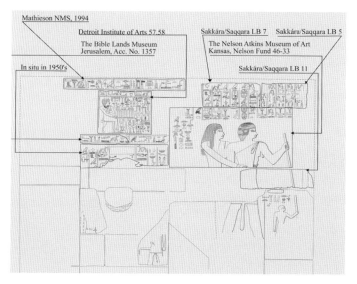

čena. Nad hlavami manželského páru se nacházel nápis, který se podařilo částečně rekonstruovat: *„Postavil jsem tuto hrobku, jsem ospravedlněný před bohem. Tuto hrobku jsem vybudoval pouze s použitím svého vlastního majetku… Nikdy jsem proti nikomu neřekl nic zlého, nikdy jsem nikomu nic nezcizil… Kdokoli, kdo by chtěl poškodit tuto hrobku, bude souzen velkým bohem, pánem (posledního) soudu, panovníkův úředník, Kaaper.“*

Tento typ textů bývá v egyptologii nazýván „negativní zpověď“. Základním cílem této kompozice bylo přesvědčit návštěvníka hrobky, že její majitel žil v souladu s etickými normami své doby a že si zaslouží pravidelné obětování a modlitby ve své kapli, které mu měly zajistit nerušenou existenci na onom světě. Nápis nám také jasně ukazuje, čeho se v době „stavitelů pyramid“ běžně úředníci dopouštěli: nechávali rozebírat starší hrobky na stavební kámen, který používali ke stavbě svých vlastních hrobek; u královského dvora nebyly výjimkou pomluvy a očerňování a často se stávalo, že hodnostáři zneužívali své výkonné moci k vlastnímu obohacování.

Při sestavování v minulosti téměř zničené reliéfní výzdoby západní stěny kaple se ukázalo, že se jednotlivé zdobené vápencové bloky se nacházejí nejméně na třech kontinentech. Ústřední bod zde představují nepravé dveře. V polovině výšky dveří byl proražen malý otvor, který vedl do serdabu (nepřístupné místnosti, kde byla původně umístěna Kaaperova socha). Horní část výzdoby nepravých dveří tvořil tzv. centrální panel s postavou Kaapera sedícího za stolem s obětními chleby. Kolem Kaapera pak hieroglyfické nápisy zmiňují další obětiny, mezi něž kromě pokrmů a nápojů, patřily i různé luxusní komodity. Tento panel je dnes v detroitském Institute of Arts.

Nad ním byl původně umístěn překlad s dalšími tituly a jménem Kaapera, který v roce 1994 objevila expedice Skotského národního muzea ve vrstvě vátého písku přibližně 500 m jižně od hrobky. Napravo od nepravých dveří byl zobrazen stojící Kaaper v doprovodu manželky a jejich stejnojmenného syna. Dnes se převážná část této scény nachází v Nelson Atkins Museum of Art v Kansasu. Nad hlavami manželského páru pak hieroglyfický nápis uváděl na tři desítky Kaaperových titulů a funkcí u egyptského dvora. Ani tyto bloky již nejsou v hrobce, nýbrž ve skladech sakkárského inspektorátu.

Z titulů se dozvídáme, že Kaaper patřil mezi vysoce postavené hodnostáře. V určitém okamžiku své kariéry sloužil mimo tehdejší hlavní město a vykonával funkci „písaře královských dokumentů“ v několika pohraničních oblastech. Dohlížel na průběh egyptských výprav na Sinajský poloostrov – do oblasti Serábit el-Chádimu a Wádí Magháry, kde Egypťané získávali tyrkys, vysoce ceněný nerost modrozelené barvy. Později se Kaaper stal „představeným všech královských prací“ a byl zodpovědný za státní stavební projekty na území Egypta. Jako kněz žabí bohyně Hekety byl členem pohřebního bratrstva, které organizovalo pohřební průvody směřující k hrobkám v jižním Abúsíru a Sakkáře.

Kaaperova pohřební komora byla téměř zcela zničena, ale přesto z ní bylo možno zachránit několik součástí pohřební výbavy, mezi nimiž vyniká zejména několik importovaných syropalestinských nádob na víno a zlomek kamenné busty, tzv. náhradní hlavy.

Po většinu trvání 5. dynastie bylo centrum pohřbívání hodnostářů soustředěno do okolí abúsírských pyramid. Jedna ze starších skupin hrobek ležela poblíž jihovýchodního nároží Raneferefovy pyramidy. Ačkoli severojižně orientovaná řada mastab dosud nebyla zcela prozkoumána, určitou představu nám poskytuje nejsevernější mastaba zbudovaná z velkých vápencových bloků, která patří princi Nachtkareovi. Dnes značně poničená stavba v nadzemní části ukrývala kapli s půdorysem ve tvaru „L“ a jednoduchými nepravými dveřmi, jeden z přímých dokladů těsné svázanosti abúsírské a předcháze-

own property … I never said anything wrong against anyone, I never stole anything from anyone… Whoever would like to damage this tomb will be judged by the great god, lord of (the last) judgement, the king's official Kaaper."

This type of text is called the "negative confession" in Egyptology. The main aim of this composition was to persuade the visitor of the tomb, that its owner had lived in harmony with the ethical norms of his time and that he deserved regular offerings and prayers in his chapel, which should have ensured him an undisturbed afterlife existence. The inscription also shows us the typical digressions committed by the officials of the time of the pyramid builders: they had older tombs disassembled for building stones, which they used for the construction of their own tombs, slander were no exception at the royal court, and it often happened that officials misused their executive power for their own enrichment.

In the course of the assembling of the now almost completely lost relief decoration of Kaaper's tomb, it was discovered that the individual decorated relief blocks are located at least on three continents. The central point was the false door. In the middle of the height of the door there was a small hole, which led into the serdab (an inaccessible room, where the statue of Kaaper originally stood). The upper part of the decoration of the false door was formed by the so-called central panel with the figure of Kaaper seated behind the table of offerings. The hieroglyphic inscriptions around him mention other offerings, which besides meals and drinks also included various luxury commodities. The central panel is now located in the Detroit Institute of Arts.

Above the panel, there was originally a lintel with other titles and name of Kaaper, which the expedition of the Scottish National Museum found in the year 1994 in a layer of drift sand approximately 500 m to the south of the tomb. To the right of the false door, Kaaper was represented standing, accompanied by his wife and their son of the same name. Today, the greater part of this scene is located in the Nelson Atkins Museum in Kansas. The hieroglyphic inscription over the heads of the couple mentioned about three dozen titles of Kaaper's – in addition to his functions at the Egyptian court. These blocks, too, are no longer located in the tomb, but in the magazines of the Saqqara inspectorate.

Kaaper's titles tell us that he belonged among the higher officials of his day. At one moment of his career, he served outside the capital and held the function of the "scribe of the royal documents" in several frontier regions. He oversaw the conduct of expeditions to the Sinai Peninsula – to the area of Serabit el-Khadim and Wadi Maghara, where Egyptians mined turquoise, a highly praised mineral of blue-green colour. Later Kaaper became the "overseer of all king's works" and was responsible for the state building projects on Egypt's territory. As a priest of the goddess Heqet he was a member of a funerary brotherhood, which organized funerary processions to the tombs in Abusir South and Saqqara.

Although the burial chamber of Kaaper was almost completely destroyed, it was possible to save from it several parts of the burial equipment, among which several imported Palestinian vessels and a fragment of a stone bust, the so-called "reserve head", stand out.

In the course of most of the 5th Dynasty, the centre of the officials' cemetery in Abusir was located in the vicinity of royal pyramids. One of the older groups of non-royal tombs extended at the southeastern corner of the pyramid of Raneferef. Despite the fact that the north-south oriented row of tombs was not fully explored, the northernmost mastaba built of large limestone blocks belonging to prince Nakhtkare provides us with important details. The now largely damaged superstructure included a chapel with an L-shaped ground plan and a single false door, direct evidence for the

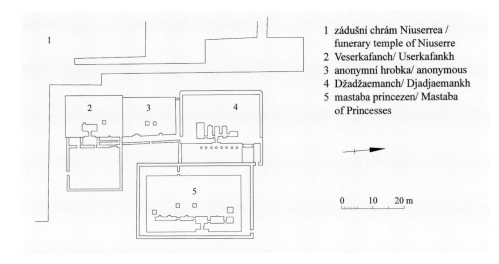

1 zádušní chrám Niuserrea /
  funerary temple of Niuserre
2 Veserkafanch/ Userkafankh
3 anonymní hrobka/ anonymous
4 Džadžaemanch/ Djadjaemankh
5 mastaba princezen/ Mastaba
  of Princesses

0   10   20 m

Obr. 6 Hrobky zkoumané Ludwigem Borchardtem, nacházející se východně od Niuserreova zádušního chrámu.
© Petra Vlčková

Fig. 6 Tombs excavated by Ludwig Borchardt located to the east of Niuserre's funerary temple.
© Petra Vlčková

jící gízské stavební tradice. Podzemí hrobky bylo opět zcela zničeno. Pouze budoucnost ukáže, komu patří zbývající tři mastaby.[5]

Lze konstatovat, že archeologické prameny pocházející z první poloviny 5. dynastie jsou na abúsírské nekropoli velmi kusé. Vyniká mezi nimi mastaba královského kadeřníka a vezíra Ptahšepsese (viz příspěvek J. Krejčího) z období Niuserreovy vlády, kterou začal v 60. letech 20. stol. zkoumat pod vedením Zbyňka Žáby Český (tehdy Československý) egyptologický ústav. V jejím okolí se nacházejí hrobky některých dalších členů Niuserreova dvora včetně jednoho z Ptahšepsesových synů.[6] Niuserreova doba byla v mnoha ohledech přelomová, neboť v archeologickém materiálu lze sledovat procesy, které vyústily ve sdílení určitých architektonických, výzdobných a náboženských prvků, do té doby vyhrazených pouze pro panovníka, skupinou vysoce postavených hodnostářů nekrálovského původu. Především došlo k rozšíření usirovského kultu, což znamenalo, že *de facto* každý člen staroegyptské společnosti se od té doby mohl stát po své smrti bohem Usirem.[7] Vzrostl význam dědičnosti úřadů a funkcí ve státní správě a tento proces vyústil v uchvácení části moci několika vlivnými rodinami. Objevují se hrobky vysoce postavených úředníků nekrálovského původu, kteří staví na odiv své postavení a moc. Hrobky mnohdy impozantních rozměrů přejímají řadu architektonických prvků, které byly do té doby vyhrazeny pouze královským zádušním komplexům. Setkáváme se v nich s velkými otevřenými dvory, v nichž se shromažďovali pozůstalí, s východozápadně orientovanými kultovními kaplemi či pohřebními komorami přístupnými skrze sestupné chodby.

Východozápadně orientované kaple patří mezi významné inovace, které se v architektuře nekrálovských hrobek objevily v době Niuserreovy vlády. Třebaže byl tento typ obětního prostoru dříve vyhrazen pouze panovníkovi, nyní se objevuje i v hrobkách vysokých hodnostářů státní správy. Celou západní stěnu kaplí zabírají monolitické, obvykle vápencové nepravé dveře. Reliéfní výzdobě východních stěn dominují tzv. řeznické scény zachycující staroegyptská jatka. Dlouhé jižní a severní stěny jsou zdobeny rozsáhlými procesími nosičů obětin a vyobrazením početných součástí obětního rituálu, zejména jednotlivých druhů pokrmů a nápojů, náčiní aj. Podél severní stěny obvykle stála kamenná lavice určená pro odkládání náčiní během obřadů před nepravými dveřmi. Ke kaplím zpravidla přiléhal serdab, propojený s nimi úzkou štěrbinou, se sochami majitele hrobky a případně i dalších členů jeho rodiny.[8]

Vezír Ptahšepses, jemuž patřila největší nekrálovská hrobka Staré říše, šel v přejímání původně královských stavebních prvků ještě o něco dále – zřejmě i proto, že si vzal za manželku královskou dceru Chamerernebtej a stal se Niuserreovým zetěm.

close relationship of the Abusir and previous Giza building traditions. The substructure of the tomb was again completely damaged. Only the future will show, who were the owners of the remaining three mastabas.[5]

We may say that archaeological sources from the first half of the 5th Dynasty are very scarce. A special place among them belongs to the mastaba of the royal hairdresser and vizier Ptahshepses (cf. the contribution of J. Krejčí) from the reign of Niuserre, the exploration of which was began by the Czechoslovak Institute of Egyptology under the leadership of Zbyněk Žába in the 1960s. The tombs of some other members of the court of Niuserre and also one of the sons of Ptahshepses are located around it.[6] The reign of Niuserre was in many respects a time of change. In the course of his reign we may trace trends within ancient Egyptian society which resulted in the sharing of some elements – reserved originally only for the king – by high-ranking officials of non-royal origin. The main privileges include the diffusion of the Osirean cult and the fact, that *de facto* every member of the ancient Egyptian society could from now on become Osiris after his death.[7] The importance of the hereditary character of offices and functions in state administration grew and as a result, several influential families were able to seize power. This development resulted in appearance of tombs of high-ranking officials of non-royal origin, who boast of their status and power. The tombs, that often reach impressive dimensions, take over several architectural elements that were hitherto reserved only for royal funerary complexes. We encounter large open courts, where the living family members would gather, east-west oriented cult chapels or burial chambers made accessible through descending corridors.

East-west oriented chapels belong to the important innovations that appeared in the architecture of non-royal tombs during the time of the reign of Niuserre. Until that time this type of offering room was reserved for the king. Now, however, it appears also in the tombs of the high officials of state administration. The entire western wall of their cult rooms is taken up by a monolithic, usually limestone false door. The relief decoration of the eastern wall is dominated above all by the so-called butcher scenes, depicting the Egyptian ceremonial slaughterhouse. The long southern and northern walls are decorated with large processions of offering-bearers and representations of numerous objects of the offering ritual, above all, the individual meals, drinks and utensils, etc. are shown. The stone side bench, used for the storage of utensils in the course of the rituals performed in front of the false door, was also located along the northern wall. The chapels were usually adjoined by the serdab with the statues of the tomb owner and sometimes also other members of his family; this was connected with the chapel by a narrow hole.[8]

Ptahshepses, who owned the largest Old Kingdom tomb, went even further in the appropriation of architectural elements reserved originally only for the king, perhaps because he married the royal daughter Khamerernebty and became the son--in-law of Niuserre. His power is reflected not only in the monumental architecture of the tomb, but also in the sarcophagus of red Aswan granite made in the royal workshops. We may only guess why this was the case. It would seem, however, that Ptahshepses as well as several other officials buried to the east of the funerary temple of Niuserre, helped the king to gain power in the uneasy period following changes on the Egyptian throne. The aforementioned tombs also quite clearly show that their owners were very high-ranking officials. Their tombs were already explored at the beginning of the 20th century by Ludwig Borchardt, and the tomb of Ptahshepses junior was excavated in the 1970s by the Egyptian archaeologist Mohamed El Soghaiar. Others of this group of tombs include those of Userkafankh, Djadjaemankh, and the Mastaba of Princesses, where besides two princesses, also another of the sons of the vizier Ptahshepses,

[5] Bárta (2002b: 87–98), Verner (1997).

[6] Balík–Vachala–Macek (2002), Verner (1986a).

[7] Bárta (2003a), Verner (2002b), Wildung (1984).

[8] Harpur (1988).

O jeho moci svědčí nejen samotná monumentální architektura hrobky, ale i sarkofág z asuánské červené žuly, který vyrobily královské dílny. Příčiny náhlého vzestupu Ptahšepsesovy moci nejsou zcela zřejmé, zdá se však, že jak tento vezír, tak i někteří další hodnostáři pohřbení na východ od Niuserreova zádušního chrámu pomohli v neklidné době po smrti Raneferefa usednout Niuserreovi na královský trůn. Zmiňované hrobky zcela zřetelně vypovídají o tom, že se jednalo o vysoce postavené úředníky. Jejich hrobky prozkoumal již na počátku 20. století Ludwig Borchardt a hrobku Ptahšepsese II. Juniora v 70. letech 20. století egyptský archeolog Mohamad El Soghaiar. Na tzv. Niuserreově pohřebišti se nacházejí hrobky Veserkafancha, Džadžaemancha a další hrobka, tzv. mastaba princezen, v níž byl společně se dvěma princeznami pohřben další ze synů vezíra Ptahšepsese, Kahotep. V mastabě princezen měl být původně uložen pohřeb královské dcery Chamerernebtej, která však poté, co pojala za manžela vezíra Ptahšepsese, byla pohřbena v jeho pohřební komoře. Tyto hrobky vydaly cenné archeologické nálezy, které jsou dnes vystaveny v egyptologických muzeích v Káhiře, Lipsku a Berlíně.

Vysokého postavení ve státní administrativě dosáhl i Ptahšepses II. Junior, který si nechal vybudovat hrobku východně od mastaby svého otce, s kaplí ležící v ose vchodu do vezírovy hrobky.[9] Velmi dobře dochovaná mastaba Ptahšepsese II. Juniora je z topografických důvodů přístupná od západu a vchod je umístěn poblíž jejího jihozápadního nároží. Již svou rozlohou 376 m^2 odpovídala hrobkám tehdejších nejvýše postavených úředníků. Přímo v průchodu byl umístěn bazének, v němž se návštěvníci před vstupem do hrobky rituálně očistili. Vstupní, jednou lomená chodba, ústila do otevřeného dvora, který sloužil ke shromažďování pozůstalých v době náboženských svátků. Zde se nacházel i malý naos se sochou zesnulého, obětní oltář a ústí sestupné chodby vedoucí do pohřební komory. Střední části hrobky vévodila východozápadně orientovaná kultovní kaple se serdabem. Pohřební komora, situovaná západně od kaple v hloubce několika metrů pod úrovní terénu, měla půdorys ve tvaru písmene „T"; její strop byl podpírán kamenným pilířem. Na ni navazovala další, mnohem menší místnost na kanopy s mumifikovanými orgány zesnulého. Architektura hrobky Ptahšepsese II. Juniora, společně s hrobkou jeho otce, představuje vyvrcholení jedné fáze nekrálovské sakrální architektury v Abúsíru.

Po smrti Niuserra nastává v Abúsíru doba útlumu hlavních královských stavebních aktivit, neboť jeho nástupce na trůnu, panovník Džedkare, si svůj pyramidový komplex buduje v jižní Sakkáře. Do doby jeho vlády je však datována skupina hrobek stojících nedaleko – jihovýchodně od vlastního pyramidového pole. Nejstarší hrobkou této malé nekropole je hrobka „správce královského paláce" Mernefua, pocházející z doby vlády Niuserrea. Za vlády jeho nástupce, panovníka Menkauhora, kterého badatelé podle jedné hypotézy ztotožňují s princem Chentikauhorem, synem panovníka Niuserrea, zde nebyla vyvíjena žádná stavební aktivita. Rozkvět pohřebiště je kladen až do doby vlády Džedkarea, kdy zde byly vybudovány hrobky jeho královských dcer Chekeretnebtej (společně s její dvorní dámou Tisethor) a Hedžetnebu, prince Neserkauhora, písaře královských dětí Idua s manželkou Chenit a jedna další anonymní hrobka (ovšem vybudovaná až v době posledního panovníka 5. dynastie Venise).[10] Důvodů, které vedly Džedkarea k založení tohoto hřbitova ležícího daleko od jeho královského komplexu, bylo pravděpodobně více. Snad se Džedkare snažil demonstrovat svůj vztah k abúsírským panovníkům, o jejichž zádušní kulty mimo jiné velmi pečlivě dbal.

Kromě historického významu těchto menších mastab je třeba upozornit i na jejich nespornou architektonickou hodnotu. Zejména jejich kaple svědčí o synkretických tendencích tehdejších stavebních hutí a různě se projevujících lokálních vlivech. Prostorové rozložení kultovních místností bylo obvykle tříčlenné. Za vstupem do hrobky se

[9] Bárta (2000).

[10] Verner–Callender (2002).

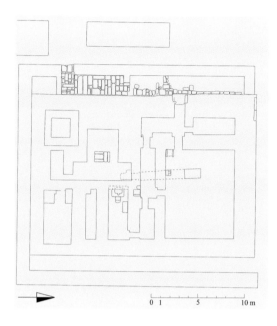

Obr. 7 Půdorys mastaby
Ptahšepsese II. Juniora.
Podle Bárty (2000: fig. 1)

Fig. 7 Groundplan
of the mastaba
of Ptahshepses II Junior.
After Bárta (2000: fig. 1)

Obr. 8 Plán
pohřebiště členů
Džedkareovy rodiny.
Podle Vernera–
–Callenderové (2002:
fig. G1)

Fig. 8 Plan of
Djedkare's family
cemetery.
After Verner–Callender
(2002: fig. G1)

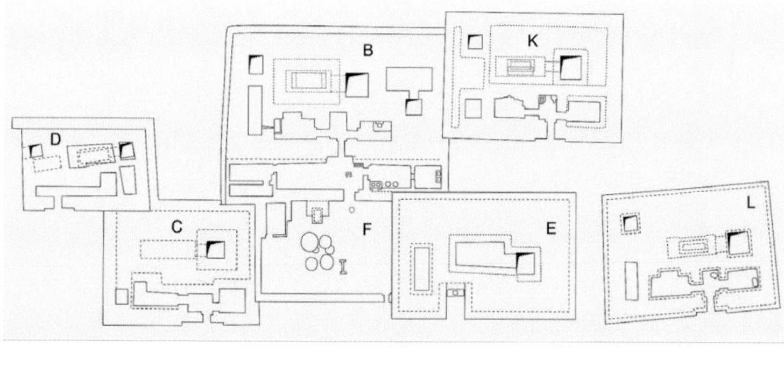

Kahotep, was buried (originally, this tomb was to hold also the burial of the royal daughter Khamerernebty, who was, however, after her marriage with Ptahshepses buried in the vizier's burial chamber). The excavations of these tombs brought to light valuable archaeological finds that are today exhibited in the Egyptological museums in Cairo, Leipzig and Berlin.

Ptahshepses II Junior reached a high rank in state administration and had his tomb built to the east of that of his father, so that his chapel would lie on the axis of the entrance of the mastaba of his father.[9] Due to topographical reasons, the entrance to his tomb is located to the west, at the southwestern corner. Already the area it covers, 376 m², corresponds to that of the tombs of the highest officials. Right at the entrance of this very well preserved tomb, a purification basin was located, where all visitors were expected to ritually purify themselves before entering the tomb. A broken corridor led to the open court, which served as a place for the gathering of family members in the tomb at the times of religious festivals. A small naos with the statue of the deceased, offering altar and entrance into the descending corridor leading into the burial chamber were also located here. The east-west oriented cult chapel with the serdab was situated in the centre of the superstructure of the tomb. The T-shaped burial chamber was built to the west of the chapel, several meters under the ground, and its ceiling was supported by a stone pillar. Attached to it was another, much smaller room originally holding the canopic jars with the mummified viscera of the deceased. Together with the tomb of his father, the tomb of Ptahshepses II Junior represents climax of one stage of development of the non-royal funerary architecture at Abusir.

After the death of Niuserre, the time of the main royal building activities in Abusir was over – his successor, Djedkare, built his own pyramid complex in South Saqqara. Several tombs dated to his time were, however, found to the southeast of the pyramid field. This cemetery was founded already in the time of King Niuserre by the "overseer of king's palace" Mernefu. There is no reliable evidence for building activities in the time of king Menkauhor – who was, according to one hypothesis, identical to the prince and son of king Niuserre, Khentikauhor. The florescence of the cemetery began in the time of the reign of Djedkare, when the tombs of his royal daughters Khekeretnebty (together with her lady-in-waiting Tisethor) and Hedjetnebu, and their probable brother, prince Neserkauhor, were erected close to the tombs of the scribe of the royal children, Idu with his wife Khenit, and another anonymous tomb (built in the time of the last king of the 5th Dynasty Unas).[10] The reasons for the foundation of this necropolis, far from the funerary complex of the king himself, were in all likelihood manifold. They could have included the attempt of the king to demonstrate his relationship to the Abusir kings, whose funerary cults he maintained with extreme care.

Besides the historical importance of these smaller mastabas, their indubitable architectural value must be emphasized. Above all, their chapels illustrate the syncretic tendencies of the architectural trends of that time, as well as various local

rozkládal vestibul – vstupní část, kde původně mohla stát socha majitele hrobky (podobnou dispozici nalézáme již v mastabě vezíra Ptahšepsese). Zde dochází ke změně hlavní osy prostoru hrobky z východozápadní na severojižní. Obvykle na sever od vestibulu byl umístěn sklad, kde bylo přechováváno kultovní náčiní a komodity určené k obětování v kapli, která se nacházela na opačném konci, tedy jižně od vstupní místnosti do hrobky. Svým půdorysem tyto místnosti připomínají kaple několika typů: kaple tvaru „L" (gízská tradice), kaple chodbové nebo kaple obdélníkovitého půdorysu s nikou zabírající prakticky celou délku západní stěny. Obecně připomíná uspořádání místností tvar kříže a tyto dispozice byly od konce 2. dynastie typicky sakkárským rysem.

V Niuserreově době však vzniká ještě jeden typ pohřebních nekrálovských staveb – tzv. rodinné hrobky, zmiňované již v úvodu tohoto příspěvku – v nichž byli pohřbíváni příslušníci vrstvy níže postavených staroegyptských úředníků. S těmito hrobkami se setkáváme podél břehu abúsírského rybníku. Jejich prostorové rozmístění do jisté míry představuje most mezi královskou nekropolí v Abúsíru a Sakkáře. Mezi nimi vyniká pohřebiště rozkládající se na svazích jižního Abúsíru kolem hrobky kněze Fetektiho.[11] Právě tyto hrobky názorně dokládají, jakým způsobem

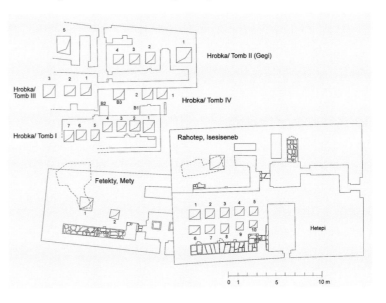

Obr. 9 Plán pohřebiště kolem Fetektiho mastaby. Podle Bárty (2001: fig. 3.1)

Fig. 9 Plan of the cemetery around the mastaba of Fetekty. After Bárta (2001: fig. 3.1)

se v architektuře odrážel sociální vývoj staroegyptské společnosti. Není zřejmě náhodou, že tzv. Fetektiho pohřebiště bylo používané za vlády Džedkarea a Menkauhora a poslední pohřby snad lze datovat do počátku Venisovy vlády, podobně jako tomu bylo v případě nekropole členů Džedkareovy rodiny.

Fetektiho hrobku objevil v letech 1842–1843 německý egyptolog Karl Richard Lepsius. Během prací na pyramidových polích v Abúsíru a Sakkáře částečně zdokumentoval její unikátní malovanou výzdobu. Kolem ní se na sklonku 5. dynastie rozrostlo menší pohřebiště sestávající z cihlových rodinných hrobek. V nich byli pohřbeni členové několika rodin kněží, kteří sloužili v královských zádušních chrámech a u královského dvora. Charakteristický znak každé hrobky představoval otevřený dvůr, ze kterého se vstupovalo do kultovní chodbové kaple. V její západní stěně se nacházely jedny či vícero nepravých dveří. Dále na západ, v mase zdiva hrobky, ústilo vždy několik hlubokých šachet vedoucích do pohřebních komor. V hrobkách mohlo být uloženo k poslednímu odpočinku několik členů jedné egyptské rodiny, obvykle manželský pár a jeho potomci. Jestliže některý ze členů rodiny získal vyšší postavení, které mu umožnilo postavit si vlastní hrobku, zpravidla tak učinil v blízkosti hrobky své rodiny. Pokud to jeho prostředky dovolily, nechal si ji vyzdobit umělcem. Fetekti byl jedním z takovýchto poměrně dobře situovaných úředníků. Jeho postavení se odráží i v titulech a funkcích, které vykonával a které ho spojují s královskými tkalcovskými dílnami produkujícími pro panovnický dvůr vysoce kvalitní látky. Českému egyptologickému ústavu se v roce 1991 podařilo tuto hrobku znovuobjevit. V průběhu výzkumu se ukázalo, že jižně od prostorného dvora s pilířem, který odkryl již Lepsius, se nacházela chodbová kaple s další malovanou výzdobou na omítce. Fetektiho hrobka je unikátní zejména v tom, že byla mimo jiné vyzdobena scénami zachycujícími staroegyptský trh. Scény z trhu byly původně vyobrazeny v několika pásech výzdoby na

[11] Bárta–Voděra (2002: 20–23), Bárta (1998), Verner (1994b, 1995a).

Fig. 10 Reproduction
of Lepsius' documentation
of the market scene from
the tomb of Fetekty.
Courtesy Staatliche
Museen zu Berlin –
Preussischer Kulturbesitz,
Ägyptisches Museen
und Papyrussammlung,
Inv.-Nr. AdW 394.
Photo: M. Büssing

influences. The cult rooms were usually tripartite. The entrance to the tomb led into the vestibule, an entrance part where originally even the statue of the tomb owner could have been located (a similar layout can be found already in the tomb of vizier Ptahshepses). From this place, the main axis of the tomb changed from an east-west to a north-south one. A room serving as a magazine was usually located to the north and contained cultic equipment and commodities that were to be offered in the chapel. The latter was located on the other end, i.e. to the south of the vestibule of the tomb. The ground plan of these tombs resembles that of chapels of several types: "L-shaped chapels" (the Giza tradition), corridor chapels or chapels of a rectangular ground plan with a niche taking up practically the entire length of the western wall. The general plan of the rooms is cruciform, and this shape was since the end of the 2nd Dynasty a typical Saqqara feature.

The time of Niuserre witnessed the development of another tomb type, typical for the other extreme of the hierarchy of ancient Egyptian officials. These so-called family tombs were defined already at the beginning of this article. They can be encountered along the western bank of the Lake of Abusir. Their space distribution represents the bridge between the royal necropoleis in Abusir and Saqqara. An outstanding example of these tombs is the cemetery that rose on the cliffs of Abusir South around the tomb of priest Fetekty.[11] These tombs represent an illustrative example of the principles of expressing social development in architecture. It is probably no chance that this cemetery was in use in the time of kings Djedkare and Menkauhor, and activities here ceased perhaps in the beginning of the reign of Unas, just, for example, as had been the case with the Djedkare family cemetery.

The tomb of Fetekty was discovered and partially documented by the German Egyptologist Karl Richard Lepsius in the years 1842–1843 in the course of his work on the pyramid fields in Abusir and Saqqara. At the end of the 5th Dynasty, a smaller number of brick tombs were built around it, serving as the last resting places of several families of priests who served in the royal funerary temples and at the royal court. Each tomb was equipped with an open court, from which the corridor-shaped cult chapel could be reached. One – or at times several, false doors were located in the western wall. Further to the west, there were the mouths of several shafts leading to the burial chambers in the substructure of the tomb. Several members of one Egyptian family could have been buried here, usually a pair with their offspring.

When one of the family members reached a higher rank, he could afford to build his own tomb which was usually located in the vicinity of his family; sometimes he would have an Egyptian artist decorate it. Fetekty was one such wealthy official, whose rank is reflected by his titles and the functions he performed. These connect him with the weaving establishments that produced high-quality linen for the royal court.

This monument was rediscovered in the year 1991. In the course of the exploration of the tomb it turned out that to the south of the large court with the central pillar (which had been explored already by Lepsius), there was a corridor chapel with further painted decoration on the wall. The unique nature of the tomb lies above all in the fact that it was decorated with scenes recording the operation of the ancient Egyptian market, which was originally depicted in several bands of decoration on the

jižní a západní stěně pilíře v otevřeném dvoře. Staroegyptské trhy byly místem, kde se mohli setkávat zemědělci, řemeslníci a rybáři a vzájemně směňovat produkty své práce. V tomto ohledu jsou scény z Fetektiho hrobky velmi významné, protože detailně ukazují principy staroegyptské tržní směny. Na základě rozboru tržních scén lze do určité míry objasnit některé rysy staroegyptské ekonomiky v blízkosti tehdejšího hlavního města.

O Fetektiho osudu jsme informováni i z několika dalších pramenů, které pocházejí z hrobek na sakkárské nekropoli a z papyrového archivu ze zádušního chrámu panovníka Neferirkarea v Abúsíru. V těchto písemných pramenech nalézáme hned několik zmínek o stejnojmenné osobě, kterou lze na základě datace a shodných titulů ztotožnit s abúsírským Fetektim. V papyrových archivech se Fetekti vyskytuje celkem dvakrát, pokaždé vystupuje jako nižší kněz (staroegyptsky *hemu necer*, „boží služebník"), který se účastnil průvodu kolem pyramidy a měl na starost část chrámového inventáře. V hrobce vysoce postaveného hodnostáře Ptahhotepa II. je tentýž Fetekti zobrazen dvakrát, jak přináší svému nadřízenému obětiny. V hrobce dvou bratrů manikuristů Nianchchnuma a Chnumhotepa je jeho přítomnost doložena celkem třikrát, při plavbě na člunu, jak vleče člun na tažném laně a jak jede na oslu.

Všechny tyto doklady nalezené mimo Fetektiho hrobku dokreslují povahu jeho zaměstnání zádušního kněze. V chrámu zesnulého panovníka kněz zodpovídal za část chrámového inventáře, zatímco v hrobkách svých nadřízených v Sakkáře se staral o jejich zádušní kult. Nešlo o bezvýznamnou záležitost; egyptští kněží byli pevnou součástí tzv. přerozdělovacího hospodářství, v němž každý z nich dostával svůj plat v naturáliích (ty pocházely z komodit symbolicky obětovaných na oltářích chrámů a hrobek). S částí tohoto zboží se pak zřejmě vydávali na trh, kde ho mohli dále směňovat za zemědělské nebo řemeslné produkty.

Závěrečnou fázi historie abúsírského pohřebiště v době Staré říše představuje pohřební komplex vezíra Kara a jeho synů.[12] Jejich osudy se odehrávaly na pozadí neklidné doby vlády panovníků 6. dynastie, kdy postupně upadala centrální státní moc a země se dostávala stále více a více do období nestability. Novodobé osudy této rodiny se začaly psát na podzim roku 1995, kdy byla českými egyptology objevena hrobka vezíra Kara. Vynikala nejen stavem svého dochování, ale především existencí dvou kultovních kaplí, které patřily jednomu hodnostáři. V průběhu dalších odkryvných prací se ukázalo, že Kar byl jedním z mnoha hodnostářů na dvoře panovníka Tetiho a že mimo jiné zastával rovněž úřad soudce. První kultovní kaple, nacházející se přímo za vchodem do hrobky, měla obdélníkový, severojižně orientovaný půdorys se zdobenými nepravými dveřmi v jihozápadním rohu. Jinak byla ponechána zcela bez výzdoby.

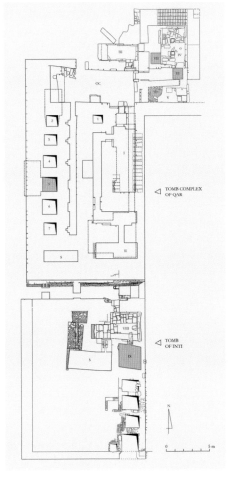

Obr. 11 Půdorys rodinného komplexu vezíra Kara a jeho synů. © Ing. Jolana Malátková

Fig. 11 Plan of the family tomb complex of vizier Qar and his sons. © Ing. Jolana Malátková

southern and western wall of the pillar in the open court. Ancient Egyptian markets were places, where peasants, craftsmen, and fishermen could meet and exchange the products of their work. From this point of view these scenes are very important, because they illustrate in detail the principles of ancient Egyptian barter. The scenes assist us in reconstructing the basic principles of ancient Egyptian economy in the area of the capital.

There are other sources that inform us of the destiny of Fetekty. They come above all from the tombs in the Saqqara necropolis and from the papyrus archive in the funerary temple of King Neferirkare in Abusir. On the basis of dating and matching titles, we can find our Fetekty mentioned several times in these sources. In the papyrus archives, he appears twice, always as a lower-ranking priest (in Egyptian *hem netjer*, "the servant of god"), who took part in the processions around the pyramid and took care over part of the temple inventory. In the tomb of the high official Ptahhotep II, Fetekty is twice depicted bringing offerings to his superior. In the tomb of two brothers, the manicurists Niankhkhnum and Khnumhotep, he is attested three times, sailing in a boat, towing a boat with a rope, and riding a donkey.

All these pieces of evidence found outside his tomb illustrate the character of his job as a funerary priest. In the temple of the deceased king, he took care of a part of the inventory, and he maintained the funerary cult in the tombs of his superior officials in Saqqara. This was not unimportant work; Egyptian priests were an integral part of the so-called redistributive economy, in which each priest received his reward in kind (the rewards came from the commodities symbolically offered on the altars of the temples and tombs). They then probably carried a portion of these commodities to the market, where they could exchange it for products made by peasants or craftsmen.

The final phase of the history of the Abusir necropolis in the time of the Old Kingdom is represented by the tomb complex of the vizier Qar and his sons.[12] Their careers unfolded against the background of the turbulent time of the reign of the 6th Dynasty kings, when the central power declined and the country grew more and more unstable. The modern history of this family began to be written in the fall of 1995, when the tomb of Vizier Qar was discovered. It was in an outstanding state of preservation and unique in that it contained two cult chapels belonging to a single official. In the course of further works it was discovered that Qar was one of the many officials at the court of king Teti, and held, among others, the title of judge. The first cult chapel was located directly behind the tomb entrance and had a rectangular, north – south oriented ground plan with the false door located in its southwestern corner. This chapel was otherwise left completely undecorated.

A long, roofed corridor led from this room to another chapel, which was an east-west room with a limestone bench along its northern wall. Its ceiling was at the height of almost four meters and it consisted of large, original limestone blocks. Its walls were also preserved in their original condition, and the entire western wall was taken up by a false door. According to the inscriptions, this chapel belonged also to Qar, who now held the title of vizier, i.e. that belonging to the most important man in the state after the pharaoh.

The entrance of this cult room was decorated with reliefs depicting offering bearers. The chapel walls themselves were almost entirely covered with reliefs depicting long processions of bearers from the ranks of the priests and servants of the vizier, bringing funerary equipment and offerings for the deceased. The reliefs on the eastern wall depict butchers at work, as they are slaughtering and portioning offered cattle with their big stone knives. The band of decoration under the ceiling of the chapel was dedicated to the depicting of the individual groups of items in the burial equipment,

[12] Bárta–Callender (1996), Bárta–Voděra (2002: 24–39), Dvořák (2003), Vachala (2003), Verner (1997), Vlčková (2004).

Z této místnosti vedla dlouhá zastropená chodba do druhé, východozápadně orientované kaple s vápencovou lavicí podél severní stěny. Její strop začínal ve výšce téměř čtyř metrů a v okamžiku odkryvu ho tvořily mohutné původní vápencové desky. Stěny kaple se rovněž dochovaly v původním stavu a celou západní stěnu zabíraly nepravé dveře. Podle nápisů patřila i tato kaple Karovi, ovšem s titulem vezíra, tedy úřadem náležejícím druhému nejvýše postavenému muži ve státě hned po panovníkovi.

Ve vchodu do druhé kultovní místnosti byli zobrazeni sloužící přivádějící obětní zvířata, gazely a dobytek. Stěny vlastní kaple byly téměř zcela pokryty reliéfy zachycujícími dlouhé řady nosičů kněží a služebníků přinášejících pohřební výbavu a obětiny pro zemřelého. Nechyběli ani řezníci, kteří byli na východní stěně kaple zachyceni přímo při práci, jak velkými kamennými noži podřezávají a porcují obětovaný dobytek. Pásy výzdoby pod stropem kaple byly vyhrazeny pro vyobrazení jednotlivých skupin předmětů pohřební výbavy, především potravin, kamenných a keramických nádob, nábytku, různých nástrojů apod. V západní části byl zachycen samotný vezír Kar, jak sedí u obětního stolu s nakrájenými krajíci chleba. Bezprostředně před Karem byli zobrazeni jeho synové, z nichž každý byl uveden svým jménem a nejdůležitějším titulem: jednalo se o muže jménem Inti, Kar, Senedžemíb a Centi.

Před vchodem do hrobky se nacházel nezastropený dvůr, ze kterého se původně vstupovalo do obětních kaplí tří Karových synů. V těsném sousedství vstupu do hrobky ústila i sestupná chodba o rozměrech 1 x 1 metr vedoucí do Karovy pohřební komory, které dominoval obrovský, několik tun vážící vápencový sarkofág. Komora i se sarkofágem byla vykradena již ve starověku a z její unikátní výzdoby se zčásti dochovala malovaná výzdoba na omítce.

Na jih od vezírovy hrobky byla situována cihlová mastaba nejoblíbenějšího Karova syna, soudce Intiho. Do hrobky se vcházelo od severu a její monumentální, více než 3 metry vysoké průčelí bylo obložené kvalitními vápencovými bloky. Po obou stranách vchodu do dvora byly v jemném reliéfu vytesány dvě proti sobě nakročené postavy velmože Intiho s dlouhým životopisným textem. Intiho doprovázeli dva z jeho synů – Anchemcenenet a Senedžemíb, kteří jsou příslušníky v pořadí třetí generace rodiny vezíra Kara. Před takto zdobeným průčelím byly původně umístěny čtyři obelisky, symboly slunečního božstva Rea, jednoho z nejuctívanějších božstev starých Egypťanů.

Krátkou pasáží se vstupovalo na menší dvůr dlážděný vápencovými deskami, v jehož západní stěně se nacházela hluboká obětní nika s nepravými dveřmi zdobenými nápisy, uvádějícími obětní formule, tituly a jméno zemřelého. Bylo tak možné částečně rekonstruovat životní dráhu Intiho, který vykonával úřad kněze, soudce a člena soudního tribunálu v paláci panovníka. Na stěnách niky je Inti vyobrazen, jak přijímá průvod obětujících hodnostářů a kněží. U nohou mu klečí manželka Merut a u křesla stojí trpaslík držící na vodítku Intiho oblíbeného psa Idžema.

Jihovýchodní část hrobky zaujímá řada celkem pěti šachet. Nejsevernější z nich patřila samotnému Intimu. Jeho pohřební komora ležela v hloubce 22 m, západně ode dna šachty. Podél západní stěny komory stál obrovský, 3 m dlouhý a 2 m vysoký vápen-

Obr. 12 Nepravé dveře v druhé, zdobené kapli v hrobce vezíra Kara. Foto: Kamil Voděra

Fig. 12 The false door from the second, decorated chapel in the mastaba of the vizier Qar. Photo: Kamil Voděra

above all food, stone and pottery vessels, furniture, various tools etc. Vizier Qar himself was depicted in the western part of the tomb, seated at the offering table laden with slices of bread. Immediately in front of Qar, his sons were represented, and each of them was accompanied by his name and most important title. The names of the four men were Inti, Qar, Senedjemib and Tjenti.

In front of the entrance of the tomb itself there was an open court, from which one could originally enter the chapels of the sons of Qar, and the mouth of the 1 m high and 1 m wide long descending corridor that led to Qar's burial compartment. Deep under the ground, the corridor opened into a large burial chamber with a gigantic, heavy sarcophagus weighing several tons. The chamber, as well as the sarcophagus, had been looted and from its unique decoration, painting on the plastered walls and ceiling was partially preserved.

To the south of the tomb of the vizier there was the complex of Qar's favourite son, the judge Inti. The entrance to his tomb was located at the north and it was over 3 meters high and cased with high-quality limestone blocks. Both sides of the court entrance were decorated with two standing figures of the ofiicial Inti facing one another, executed in fine relief, and accompanied by a long biographical inscription. The whole was completed by the figures of his two sons, Ankhemtjenenet and Senedjemib, the third generation of the family of vizier Qar. Four obelisks, symbols of the sun-god Re, one of the most highly worshipped deities of the Egyptian pantheon, originally stood in front of this facade.

The entrance led into a small court paved with limestone slabs that gave way to the chapel. The inscriptions on the false door included offering formulae and the titles and name of the deceased. This allowed a partial reconstruction of Inti's career, and discloses that he held the offices of a priest, judge, and member of the tribunal in the king's palace. The reliefs on the walls of the chapel depict Inti accepting a procession of offering officials and priests. His wife Merut is seated at his feet and a dwarf holding Inti's favourite dog, Idjem, on the lash is standing at his chair.

**Obr. 13 Rekonstruovaná podoba průčelí Intiho hrobky.
Foto: Kamil Voděra**

**Fig. 13 Reconstruction of the facade of Inti's mastaba.
Photo: Kamil Voděra**

Obr. 14 Pohled
do pohřební komory
soudce Intiho.
Foto: Kamil Voděra

Fig. 14 View of the burial
chamber of the judge
Inti. Photo: Kamil Voděra

cový sarkofág zdobený pásem nápisu se jménem a tituly Intiho. Na sarkofágu i kolem
něj byly nalezeny další součásti pohřební výbavy, jako např. keramické nádoby, mě-
děné nástroje či miniaturní kamenné nádoby. U severní části východní strany sarko-
fágu stála menší stéla ve tvaru nepravých dveří, která představovala symbolickou
bránu, jíž mohl zemřelý vycházet a vcházet do podsvětí. Podsvětím byl pravděpo-
dobně míněn, alespoň podle některých staroegyptských představ, prostor přímo uvnitř
sarkofágu v pohřební komoře.

Další členové Intiho rodiny byli pohřbeni ve zbývajících šachtách. Z pohřebních ko-
mor v Karově a Intiho komplexu pocházejí četné historicky cenné historické nálezy,
např. v komoře nejstaršího syna vezíra Kara Juniora byly objeveny importované dvou-
uché amfory s plochými dny, v nichž se do Egypta dováželo syrské víno.

Historicky a archeologicky nejzajímavější nález z posledních let představuje šachta
a pohřební komora, pracovně označovaná jako „A", nacházející se v Intiho mastabě.
Byl v ní pohřben hodnostář nazývající se Inti-Pepianch, u kterého však chybí jakékoli
doklady o příbuzenském vztahu ke Karově, resp. Intiho rodině. V Inti-Pepianchově
částečně vyloupené pohřební komoře se podařilo odkrýt velkou část původní pohřební
výbavy, která se svým bohatstvím vymyká známým nálezům z doby 6. dynastie. Ná-
lez je jedinečný tím, že předměty byly objevené *in situ*, tedy tak, jak je staří Egypťané
do komory uložili. Před sarkofágem se nacházelo celkem dvanáct vápencových schrán
na obětiny. Každá z nich sestávala z víka a vlastní schrány, uvnitř byly uloženy obě-
tiny – pět kusů ptactva, pět částí z hovězího dobytka (kýty, žebra) a dva kulaté chleby.
Opodál bylo uloženo několik měděných nádob – dva soubory určené k rituálnímu
očišťování (vždy mísa a konvice s výlevkou), měděný oltář a několik menších nádo-
bek. Severně od sarkofágu potom ležela tabulka sedmi posvátných olejů, skupina cel-
kem sedmi kalcitových kosmetických nádobek, větší množství měděných nástrojů a na
200 vápencových miniaturních misek.

Fig. 15 The unique discovery of Syrian wine amphorae in the burial chamber of Qar Junior.
Photo: Kamil Voděra

The southeastern part of the tomb contained a row of five shafts altogether. The northernmost of these belonged to Inti himself. His burial chamber was located to the west of the bottom of the shaft at the depth of 22 m. A huge, 3 m long and 2 m high limestone sarcophagus stood at its western wall and bore the name and titles of Inti. On the sarcophagus and around it, other items of the burial equipment were found, including pottery vessels, copper tools and miniature stone vessels. In front of the sarcophagus, at its eastern side, a stela in shape of the false door was found, a symbolic gate, through which the deceased entered and exited the underworld. This was located, at least according to some Egyptian beliefs, directly in the sarcophagus in the burial chamber.

The burials of the other family members were located both in Inti's own complex, as well as to the north of the tomb of vizier Qar. They yielded a lot of valuable historical data. The tomb of Qar Junior contained imported two-handled amphorae with flat bottoms for Syrian wine.

The undoubtedly most interesting discovery, both from the historical and archaeological points of view, is shaft "A" in Inti's complex, where an official called Inti-Pepyankh was buried. We have no evidence of his relationship to the family of Qar, resp. Inti. The discovery of large parts of the burial equipment in his looted burial chamber is unique for the 6th Dynasty, above all since all of the objects were discovered *in situ*. Twelve limestone cases for food offerings were located to the east of the sarcophagus. Each of them consisted of a lid and the case itself, in which the food offerings were laid – five pieces of fowl, five parts of a veal leg, and two round bread loaves. Close by, there were numerous copper vessels, two sets for the ritual purification (a basin and can with a spout), a copper altar and some smaller vessels. The table of the seven sacred oils, a set of seven calcite cosmetic containers, a larger number of copper tools and over two hundred miniature limestone bowls were also found.

Fig. 16 The burial chamber of scribe Inti with limestone cases for food offerings and copper vessels.
Photo: Miroslav Bárta

Co dodat na závěr? Dnes již není třeba uvažovat o tom, jaké vztahy existovaly mezi sousedícími pohřebišti Abúsírem a Sakkárou. Jednalo se o prostor se společnou historií a tradicemi, o jednotné pohřebiště tehdejšího hlavního města Mennoferu. Výzkumy Abúsíru se po více jak sto letech nesoustavných výzkumů ocitají na prahu 21. století. Jednou z výzev je rekonstrukce souvislé vývojové řady architektury nekrálovských hrobek. Některé časové úseky jsou dosud málo prozkoumané. Prvním z nich je doba 3. dynastie, ze které známe pouze několik málo úředníků – stále nám unikají nejvyšší hodnostáři země, kteří zcela nepochybně pocházeli z královské rodiny. Druhé neznámé období představuje první polovina 5. dynastie, kdy se do Abúsíru a Sakkáry vrací stavební ruch – mnoho dokladů však zatím nemáme. Konečně třetím obdobím je závěr 6. dynastie, doba postupného úpadku první vrcholné fáze staroegyptského státu a následného vymaňování mocných státních úředníků ze sféry panovnického vlivu. Před zraky archeologů pracujících s jedinečnými prameny přispívajícími k prohlubování poznání světa starých Egypťanů v dobách stavitelů pyramid tak vyvstávají v novém světle jednotlivé lidské osudy a s nimi i vývoj celé staroegyptské společnosti.

What to say in conclusion? Today we must no longer speculate about the nature of the coexistence of the Abusir and Saqqara cemeteries. They constituted a single area with a common history and traditions, a single cemetery of the capital city Mennofer. After over a century of discontinuous excavations, the exploration of Abusir now stands at the threshhold of the 21st century. The challenges include the reconstruction of the continuous line of the development of the non-royal tomb, above all during several phases. The first is the time of the 3rd Dynasty, from which only very few officials are known to us. Until now, however, the highest state officials of that time, who were undoubtedly of royal origin, escape us. The second unknown period is the first half of the 5th Dynasty, when building activities returned to Abusir and Saqqara – but we have very little evidence for this period so far. Finally, the third period is the end of the 6th Dynasty, the time of the decline of the first climax of the Egyptian state and the growing independence of mighty state officials from the sphere of royal influence. We thus witness not only individual human destinies, but also unique sources enriching our knowledge of the world of the ancient Egyptians in the time of the pyramid builders.

PTAHŠEPSESOVA MASTABA

Jaromír Krejčí

Nedaleko od Niuserreovy pyramidy se na pohřebišti hodnostářů nachází rozsáhlá stavba Ptahšepsesovy mastaby. První archeologický výzkum této hrobky proběhl r. 1893 pod vedením francouzského archeologa Jacquese de Morgana.[1] De Morgan však práce nedokončil – hrobka je tak rozlehlá a její půdorys tak složitý, že ji mylně považoval za skupinu několika hrobek. V letech 1960–1974 na jeho výzkum navázal tým archeologické expedice Univerzity Karlovy – do r. 1970 vedený Zbyňkem Žábou a v roce 1974 Františkem Váhalou.[2]

Hrobka je rozlehlou stavbou, dobře viditelnou z nilského údolí z nilského údolí a tvoří ji celkem čtyřicet místností (kaplí, skladištních a jiných prostor). Řadí se tak do skupiny rozsáhlých mastab patřících vysoce postaveným hodnostářům, jež vyrostly především na pohřebištích v Sakkáře a v Gíze (např. Senedžemíbova, Mererukova, Kagemniho a Cejova hrobka). Kromě složitého stavebního plánu zaujmou tyto hrobky návštěvníky i bohatou reliéfní výzdobou. Přestože se Ptahšepsesova hrobka dnes nachází ve špatném stavu a velká většina její výzdoby je nenávratně zničena, je i nadále možné ji považovat za jednu z největších a jistě i nejsložitěji strukturovaných nekrálovských hrobek doby Staré říše.

Důvod pro architektonicky výjimečnou podobu Ptahšepsesovy mastaby můžeme hledat ve výjimečném společenském postavení jejího majitele. Ptahšepsesovy úřednické a kněžské tituly dokládají, že tento muž během svého života získal ty nejvyšší administrativní funkce, jakých mohl jako osoba nekrálovského původu vůbec dosáhnout. Kromě dalších důležitých titulů obdržel titul vezíra, tj. po panovníkovi nejmocnějšího úředníka v zemi. Dle všech dostupných údajů prožil Ptahšepses (v překladu „bůh Ptah je skvělý, nádherný") většinu života v době vlády panovníka Niuserrea. Můžeme sledovat, jak se v souvislosti se získáváním nových titulů zvyšovala jeho moc a tím i společenské postavení. Možná právě kvůli své závratné kariéře se stal manželem panovníkovy dcery, princezny Chamerernebtej. Sňatek s princeznou však mohl být Niuserreovou odměnou za to, že mu Ptahšepses pomohl při problémech s nástupnictvím na egyptský trůn či během jeho vlády. Z Ptahšepsesova života o mnoho více podrobností neznáme. Na fragmentech reliéfní výzdoby hrobky se dochovaly nevelké pasáže ze standardního, tzv. „ideálního" životopisu, který ale informace o skutečném Ptahšepsesově životě nepřináší.[3] Zajímavým faktem je, že z výzdoby hrobky byla odtesána postava a jméno jeho nejstaršího syna Chafiniho. Kromě toho se ve výzdobě změnilo pořadí dalších, zde vyobrazených Ptahšepsesových potomků. Dokládají tyto změny skutečnost, že Ptahšepses, aby se mohl oženit s panovníkovou dcerou, zavrhl nejen svoji první manželku, ale i některé své potomky, které s ní počal?[4]

Obr. 1 Pohled na Ptahšepsesovu mastabu z vrcholku Niuserreovy pyramidy. Foto: Milan Zemina

Fig. 1 View of the mastaba of Ptahshepses from the top of the pyramid of Niuserre. Photo: Milan Zemina

[1] De Morgan (1894).

[2] Verner (ed.) (1976), Verner (1992b), Balík––Vachala–Macek (2002).

[3] Vachala (2000: 69–73).

[4] Verner (1986a: 102–103), Verner (1994a: 182–186).

THE MASTABA OF PTAHSHEPSES

Jaromír Krejčí

The extensive building of the mastaba of Ptahshepses is located on the cemetery of officials, not far from the pyramid of Niuserre. The first archaeological exploration of the tomb was undertaken in 1893 under the leadership of the French archaeologist Jacques de Morgan.[1] However, de Morgan did not finish the works – the tomb was so large and its ground plan so complex, that he had mistakenly considered it for a group of several tombs. In the years 1960–1974, the team of the archaeological expedition of the Charles University resumed the exploration, until 1970 led by Zbyněk Žába, in 1974 by František Váhala.[2]

The tomb is a large structure, well visible from the Nile valley, and consists of forty chapels, magazines and other rooms. It thus belongs among the most extensive mastabas belonging to the high-ranking officials that grew above all on the cemeteries of Saqqara and Giza (e.g. the tombs of Senedjemib, Mereruka, Kagemni, and Ti). Besides the complex architectural plan, these tombs attract visitors also by their rich relief decoration. The tomb of Ptahshepses is now in poor condition and most of its decoration is irreparably lost. It can nonetheless be considered one of the largest and most complexly structured non-royal tombs of the Old Kingdom.

The reason for the architectural exceptionality of the tomb of Ptahshepses may be found in the unique social rank of its owner. The priestly and official titles of Ptahshepses attest that in the course of his career, he acquired the highest administrative functions a person of non-royal origin could attain. Besides other important titles, he bore that of vizier, i.e. the most powerful official in the land. According to all available evidence, Ptahshepses (his name means "The god Ptah is splendid") spent the majority of his life in the time of the reign of king Niuserre. We may witness how the acquisition of new titles led to the rise of his power and thus also of his social rank. Perhaps it was owing to his breathtaking career that he became the husband of the king's daughter Khamerernebty. The marriage to a princess may, however, have been Niuserre's reward for the problems Ptahshepses helped him to solve at his succession to the Egyptian throne or in the course of his reign. We do not know many other details from Ptahshepses's life. Some fragments of the relief decoration of his tomb contain small passages from the standard, so-called "ideal" biographical inscription, which, however, provides no information about the real life of Ptahshepses.[3] The fact that the figure and name of his oldest son Khafini was chiseled out from the relief decoration of his tomb is of some importance. Besides this, the order of the other depicted children of Ptahshepses was altered in the relief decoration. Do these changes mean that, in order to be able to marry a princess, Ptahshepses rejected not only his first wife, but also some of his sons that she had borne to him?[4]

As Ptahshepses grew in importance, his tomb was also gradually enlarged, in three or, more likely four building phases. In the original phase, the ground plan of the tomb was

Obr. 2 Půdorys Ptahšepsesovy mastaby s vyznačením jednotlivých stavebních fází.

Fig. 2 The ground plan of the mastaba of Ptahshepses with indications of the individual building phases.

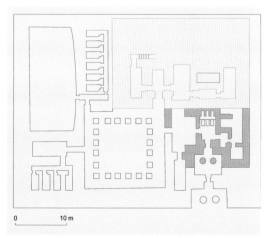

0   10 m

V souvislosti s Ptahšepsesovým kariérním vzestupem se postupně, během tří či spíše čtyř stavebních fází rozšiřovala i jeho hrobka. V počáteční stavební fázi se mastaba svým půdorysem podobala některým dalším nekrálovským hrobkám v Abúsíru a obsahovala následující vnitřní prostory: vestibul, dvě obětní kaple s nepravými dveřmi pro majitele hrobky a jeho manželku, serdab pro sochy a schodiště vedoucí na střešní terasu mastaby. V podzemí se nacházela pohřební komora přístupná sestupnou chodbou. Již v tomto počátečním stadiu se mastaba svými rozměry odlišovala od všech dosud prozkoumaných hrobek na pohřebišti (v této době zabírala plochu 600 m²). Nejzajímavější však je architektonické řešení prostoru pohřební komory, tedy místa, kde byly uloženy ostatky majitele hrobky i jeho manželky. Šířka komory dosahovala 4,45 m (tedy více než pohřební komory panovníků té doby), a proto ji nebylo možné zastropit obvyklými způsobem, tj. plochým stropem. Řešením bylo použití prvku neobvyklého v nekrálovské pohřební architektuře – sedlového stropu. Víme, že sedlový strop nad pohřební komorou byl vyhrazen pouze hrobkám králů (výjimečně i královnám). V pohřební komoře byly umístěny dva žulové sarkofágy. Použití žula, jejíž těžba byla královým monopolem, bylo u osob nekrálovského původu výrazem královy přízně a poukazuje na zvláštní Ptahšepsesovo postavení na královském dvoře. Také velké rozměry sarkofágu určeného pro majitele hrobky jsou hodné zaznamenání. Menší sarkofág, uložený v pohřební komoře těsně vedle sarkofágu Ptahšepsesova, patřil Chamerernebtej.

Svým způsobem přelomovou etapu ve vývoji hrobky představuje druhá stavební fáze. V tomto okamžiku se Ptahšepses rozhodl svoji hrobku nejen rozšířit, ale navíc ji proměnit v „kopii" královského zádušního chrámu, která by sloužila především k vystavení soch a provádění jejich kultu. Mastaba byla rozšířena o obdélný, východozápadně orientovaný přístavek, vybudovaný před její východní průčelí. Na nový vchod, jehož strop podpíraly dva šestistvolé lotosové sloupy z vápence, navazovala kaple se třemi nikami, dnes nejzachovalejší část celé mastaby. Niky v západní stěně kaple, ve kterých byly umístěny sochy majitele hrobky, uzavíraly dřevěné dvoukřídlé dveře. Výjimečně rozsáhle zachovaný soubor soch, resp. jejich fragmentů,[5] nalezený během výzkumu mastaby, dokládá propojení architektury se sochařskou a reliéfní výzdobou v jeden umělecký celek. Reliéfní výzdoba povětšinou čerpá z témat obvyklých i v jiných hrobkách (přinášení obětin, přivádění dobytka, výroba soch), ale setkáváme se tu i se zřídka doloženou scénou z trhu. Výzdoba byla provedena v nízkém reliéfu oživeném malbou. Na sever od kaple se třemi nikami během této stavební fáze vznikla skupina skladů, ve kterých bylo uloženo především cennější vybavení a kultovní náčiní.

Během třetí stavební fáze se Ptahšepsesova mastaba vyrovnala samotným královským

Obr. 3 Interiér kaple Ptahšepsesovy mastaby. Foto: Kamil Voděra

Fig. 3 Interior of the chapel of the mastaba of Ptahsheses. Photo: Kamil Voděra

**Obr. 4 Detail reliéfní
výzdoby místnosti
se třemi nikami
v Ptahšepsesově
mastabě zobrazující
výrobu soch.
Foto: Kamil Voděra**

**Fig. 4 Detail of the relief
decoration in the room
with three niches
in the mastaba of
Ptahshepses depicting
the making of statues.
Photo: Kamil Voděra**

⁵ Patočková (1994),
Patočková (1998).

similar to that of some other Abusir non-royal tombs and contained the following inner rooms: a vestibule (here the statue of Ptahshepses was probably originally placed), two offering chapels with the false doors for the tomb owner and his wife, a serdab and a stairway leading to the roof terrace of the mastaba. The burial chamber was located in the substructure of the tomb, accessible by a descending corridor. Already in this initial building phase, the mastaba differed from all other hitherto excavated tombs on the cemetery by its dimensions (it occupied the area of 600 m²). The architectural solution of the area of the burial chamber, i.e. the place where the remains of the tomb owner and his wife were buried, is especially interesting. The width of the chamber reached 4.45 m (it thus surpassed the width of the burial chambers of the kings of that time), and thus it was impossible to roof it the usual way, i.e. by a flat ceiling. A solution was found in using an element unusual for non-royal funerary architecture – a gabled roof. We know, however, that a gabled ceiling over the burial chamber was reserved only for the pyramids of kings (and exceptionally also of queens). Two granite sarcophagi were placed in the burial chamber. The quarrying of granite was a royal monopoly and its use in the tombs of persons of non-royal origin was an expression of royal favour, and its appearance here attests the unusual position of Ptahshepses at the royal court. The large dimensions of the sarcophagus of the tomb owner are also worth noting. The smaller sarcophagus, placed in the burial chamber right next to that of Ptahshepses, probably belonged to Khamerernebty.

The next building phase represents in a way a turning point in the development of the tomb. At this time, Ptahshepses decided not only to enlarge his tomb, but also to transform it into a "copy" of a royal funerary temple, which would serve above all for the exhibition of sculptures and for the performing of the rituals connected with them. The mastaba was enlarged by an oblong, east-west oriented annex, built in front of its eastern façade. The new entrance, the ceiling of which was supported by two limestone six-stemmed lotus columns, led to the chapel with three niches, now the best-preserved part of the entire mastaba. The niches in the western part of the chapel, in which statues of the tomb owner were placed, were closed by wooden double-winged doors. The unusually well preserved set of statues, resp. their fragments,⁵ found in the course of the exploration of the mastaba, attests the interconnection of architecture with the statue and relief decoration into a single artistic unit. The painted relief decoration draws mostly from the themes common to other tombs as well (bringing of offerings, leading cattle, statue making), but we encounter also the rather seldom attested market scene. A group of magazines, where above all more valuable equipment and cultic tools were stored, was built to the north of the chapel with three niches at this time.

zádušním chrámům, neboť získala rozměry 42,24 × 56,24 m (2375,60 m²). Do hrobky se nyní vstupovalo novým monumentálním vchodem s dvojicí osmistvolých lotosových sloupů, nejstarších doložených sloupů tohoto typu v historii egyptské architektury.[6] Hlavní změnou však byla stavba rozlehlého dvora s pilířovým ochozem v jihovýchodní části rozšířené hrobky. V jihovýchodním rohu mastaby se nacházela skupina čtyř skladů a kaple, v níž byla vystavena socha zesnulého majitele hrobky. Na pilířích ve dvoře jsou v reliéfu vyobrazeny kráčející postavy Ptahšepsese, které naznačují cestu pilířovým dvorem z této kaple směrem k nejdůležitější místnosti v mastabě, obětní kapli.[7] Z pilířového dvora vedl směrem k západu vchod do další skupiny skladů. Na jih od nich se rozkládá neobvyklá místnost, jejíž severní zeď napodobuje tvar lodního kýlu. Proto byla identifikována jako místnost pro pohřeb lodi; tuto hypotézu se však zatím nepodařilo bezpečně doložit, především proto, že místnost nebyla zcela dokončena a navíc byla v minulosti rozsáhle poničena. V severojižní ose dvora byl při výzkumu nalezen poškozený bazének spojený s rozsáhlým systémem odpadních kanálků. Tento systém začínal v hlavní obětní kapli mastaby, procházel pod zdivem mastaby a pod dlážděním dvora směřoval k bazénku, odkud pak pokračoval směrem ven z mastaby. Jeho účelem bylo především odvádět jednak tekutiny z obětních obřadů pravidelně prováděných k tomu určenými zádušními knězi, ale také dešťové srážky z pilířového dvora.

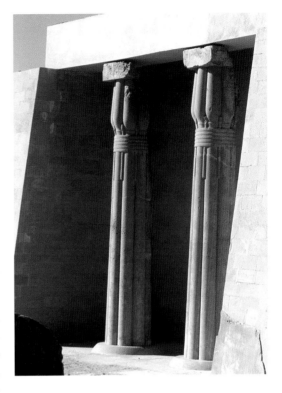

Obr. 5 Rekonstruovaná podoba vstupní části Ptahšepsesovy mastaby s dvojicí osmistvolých lotosových sloupů.
Foto: Kamil Voděra

Fig. 5 View of the reconstructed entrance part of the mastaba of Ptahshepses with a pair of eight-stemmed lotus columns.
Photo: Kamil Voděra

Zdá se, že Ptahšepses rozhodnutím o rozšíření hrobky během třetí stavební fáze přecenil svoje síly – v době jeho smrti hrobka nebyla dokončena. Můžeme předpokládat, že se následné stavební práce soustředily pouze na konečnou úpravu prostor potřebných pro řádné provedení Ptahšepsepsova pohřbu a pro provoz jeho zádušního kultu, tj. pohřební komory, přístupové chodby a hlavních kultovních prostorů. V následujících obdobích, zvláště pak od doby Nové říše, byla hrobka cílem zlodějů kamene a posléze se její prostory a zdivo staly oblíbeným místem pohřbívání obyvatel nižších vrstev z vesnic v blízkém okolí. Přesto Ptahšepsesova mastaba představuje jeden z vrcholných příkladů nekrálovské hrobové architektury, reliéfní a sochařské výzdoby období Staré říše. Zároveň je jedním z dokladů rostoucí moci vysokých hodnostářů této doby.

In the course of the third building phase, the mastaba of Ptahshepses rose to equal even the royal funerary temples, and acquired the dimensions of 42.24×56.24 m^2 (2375.60 m^2). The entrance to the tomb now led through the new monumental entrance with the pair of eight-stemmed columns, the oldest such columns so far attested in the history of Egyptian architecture.[6] The main alteration, however, consisted of the creation of a large court with a pillared gallery in the southeastern part of the enlarged tomb. The southeastern corner of the mastaba contained a group of four magazines and a chapel, where the statue of the deceased tomb owner was displayed. Reliefs on the pillars in the court represent striding figures of Ptahshepses, which indicate the way through the pillared court out of this chapel to the most important room inside the mastaba, the offering chapel.[7] Another entrance led from the pillared court to the west, to another group of magazines. To the south of these there was an unusual room, the northern wall of which imitates the shape of a boat keel. It was therefore identified as a place for a boat burial, but it has so far been impossible to prove this hypothesis, above all because the room was never completely finished and also largely damaged in the past. The exploration of the court revealed a damaged basin in its north-south axis, which was connected to a large system of waste canals. This system began in the main offering chapel of the mastaba, continued under the mastaba's masonry, and led under the pavement of the courtyard to the basin, whence it continued out of the mastaba. Its main purpose was to divert the liquids produced in the course of the offering rituals that were regularly performed by funerary priests assigned for this task, but also to divert rain waters from the pillared court.

It appears that by his decision to enlarge his tomb in the third building phase, Ptahshepses had overestimated his power – at the time of his death, the tomb was not completed. We may presume that the ensuing building works concentrated only on the finishing of the rooms necessary for the proper burial of Ptahshepses and for the maintenance of his funerary cult, i.e. the burial chamber, access corridor, and main cultic rooms. In the following periods, above all since the time of the New Kingdom, the tomb was subject to raids of stone robbers, and later its area and masonry became a favourite place for the burial of the lower-class inhabitants of nearby villages. Despite these facts, the mastaba of Ptahshepses represents one of the supreme examples of non-royal funerary architecture and relief and statue decoration of the Old Kingdom. At the same time it also attests the rising power of the high officials of that time.

[6] Verner (1984–1985).

[7] Jánosi (2000: 465).

ABÚSÍR V PRVNÍ PŘECHODNÉ DOBĚ A NA POČÁTKU STŘEDNÍ ŘÍŠE

Friederike Kampp-Seyfried

1 pohřebiště východně před Niuserreovým zádušním chrámem/ cemetery in front of the funerary temple of Niuserre

2 ojedinělé nálezy (cihlové hrobky, keramika)/ solitary finds (mudbrick mastabas, pottery)

Po období rozkvětu Abúsíru za vlády panovníků první poloviny 5. dynastie postupně klesal, v době Menkauhora, Džedkarea a během následující 6. dynastie, jeho význam, až se nakonec stal pohřebištěm středních a nižších společenských vrstev. Za místo svého posledního odpočinku si Abúsír vybrali především zaměstnanci zádušních kultů panovníků pohřbených na abúsírské královské nekropoli. Ze stavebního hlediska tu převládaly tzv. rodinné hrobky, jako např. hrobka „pekaře Niuserreova zádušního chrámu" Šedua či „pachtýře" Gegiho (viz příspěvek M. Bárty).[1]

Mohlo by se zdát, že v samotném závěru 6. dynastie v souvislosti s rozpadem centrální státní moci, která se soustřeďovala kolem bývalé královské rezidence v Memfidě, a během Prvního přechodného období upadla nekropole v Abúsíru zdánlivě do zapomnění a ztratila zcela na významu. Tento dojem však může být částečně způsoben nedostatkem jednoznačně datovatelného archeologického materiálu. Přestože vznikají nové studie, ještě stále převažují nejasnosti o povaze a chronologickém zařazení mnoha nálezových celků.

Téměř 200 let dlouhé časové období, které dělí závěr Staré říše a opětovné sjednocení Egypta Mentuhotepem II. na sklonku 11. dynastie, je zpravidla označováno jako První přechodná doba. Ta je charakterizována vzájemným soupeřením dvou mocenských center nacházejících se v Horním a Dolním Egyptě, jejichž královské rody (9./10. dynastie v Hérakleopoli Magně a 11. dynastie v Thébách) současně ovládaly po 88–111 let rozdělenou zemi.[2] Neměli bychom se nechat ovlivnit tendenčními literárními díly z doby Střední říše, která líčí První přechodnou dobu jako období chaosu a zmatku. Naopak dnes převládá názor, že se námi sledované období vyznačovalo nebývale vysokou a individualizovanou hmotnou kulturou, která nebyla omezována zvyklostmi mocenských center a jejíž výdobytky dalece přesahovaly literární a uměleckou uniformitu 12. dynastie.[3]

Rozhodující význam pro oblast Dolního a středního Egypta měli ve sledovaném období vládci 9. a 10. dynastie pocházející z Hérakleopole Magny. Jejich politická rozhodnutí ovlivnila rovněž historii starobylých nekropolí v Abúsíru, Gíze a Sakkáře. Bohužel však na základě stávajícího archeologického a písemného materiálu nelze přesně zrekonstruovat vývoj těchto lokalit. Není pochyb, že hérakleopolští vládci nepřestali používat Sakkáru jako královské pohřebiště, a oblast Abúsíru proto hrála významnou úlohu zemědělského zázemí nového hlavního města, které se však rozkládalo více na jih.[4]

Tento kulturní kontext je třeba míti na paměti, přistupujeme-li ke zhodnocení stávajících archeologických nálezů z Abúsíru, jejichž přesnější chronologické zařazení je dosud předmětem vědeckých diskusí. Především se jedná o hrobky a archeologické nálezy pocházející z vykopávek Německé orientální společnosti, které v letech 1902 až 1904 probíhaly pod vedením Ludwiga Borchardta. V roce 1908 je knižně zpřístupnil

Obr. 1 Mapa Abúsíru s vyznačenými lokalitami datovanými do První přechodné doby. © Ing. Vladimír Brůna, Laboratoř geoinformatiky Univerzity J. E. Purkyně v Ústí nad Labem

Fig. 1 Map of Abusir with indicated sites of the First Intermediate Period. © Ing. Vladimír Brůna, Geoinformatics Laboratory of the University of J. E. Purkyně in Ústí nad Labem

ABUSIR IN TURBULENT TIMES:
THE FIRST INTERMEDIATE PERIOD AND THE MIDDLE KINGDOM

Friederike Kampp-Seyfried

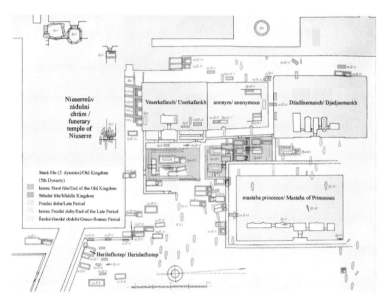

After the glorious time under the rulers of the first half of the 5th Dynasty, as early as the time of the kings Menkauhor and Djedkare and under the following 6th Dynasty the Abusir necropolis began to turn into a burial site for middle and low-ranking servants of the funerary complexes of the earlier kings who were buried there. Family tombs, such as that of the "baker of the funerary temple of Niuserre" Shedu, or of the "tenant" Gegi provide us with considerable evidence in this regard (cf. the contribution of M. Bárta).[1]

It would seem that in the beginning of the so-called First Intermediate Period the Abusir necropolis lost all its importance and was virtually forgotten as a result of the decline of the state power at the end of the 6th Dynasty that had once been concentrated in Memphis. This impression may, however, be merely the result of the lack of clearly datable archaeological material, since despite new research, uncertainty still reigns over the analysis and classification of the relevant finds.

The interval of almost two hundred years that separates the end of the Old Kingdom from the reunification of Egypt towards the end of the 11th Dynasty under Mentuhotep II is referred to as the First Intermediate Period. It can be regarded as a period of competing, or respectively simultaneously developing centers of power in Upper and Middle Egypt, the dynasties of which – the 9th and 10th in Herakleopolis Magna and the 11th in Thebes – co-existed next to one another approximately 88 to 111 years.[2] Despite the fact that the normalized and exceedingly propagandistic literary sources of the reunified Middle Kingdom describe this period as a time of chaos, it is now common opinion that precisely this era was marked by a highly individualistic cultural energy resulting from this absence of a centralized power. This outburst of energy had an effect which reached far beyond the literary and cultural uniformity of the 12th Dynasty.[3]

In the Lower and Middle Egyptian sphere of influence, the politics of the rulers of Herakleopolis Magna also determined at this time the history of the ancient necropolis of Abusir, Giza and Saqqara. The available archaeological and epigraphic materials allow us, nonetheless to draw only a rough sketch of the development of the individual sites. It is important to note that the so-called Herakleopolitan rulers did not abandon Saqqara as the royal necropolis, and the Abusir region played a very important role as the agrarian hinterland of the new capital, which was located somewhat further to the south.[4]

This is the context in which one should analyze the archaeological discoveries from the Abusir necropolis, the chronological classification of which is in part still a matter

[1] Verner (1994a: 89).
[2] Seidlmayer (1997).
[3] Seidlmayer (2000).
[4] Málek (2000).

Heinrich Schäfer v díle „Hrobky kněží a další pohřební nálezy od konce Staré říše po řecké období z okolí Niuserreova zádušního chrámu".[5]

V popředí zájmu se ocitly dva nálezové soubory, z nichž první svého času Schäfer nazval zjednodušujícím způsobem „6. dynastie, hrobky 1–20", dále pak skupina čítající více než 50 hrobek, která byla paušálně označena „Střední říše, hrobky 1–46". Je však třeba zdůraznit, že sám Schäfer následně v úvodech ke každé z kapitol revidoval předpokládanou dataci a např. z první skupiny vyčlenil hrobky, které mohly být postaveny až v První přechodné době. Rovněž předpokládal, že i skupina tzv. „středoříšských hrobek" může obsahovat několik pohřbů z období vlády hérakleopolských panovníků.[6]

Před několika lety znovuotevřel problematiku datování první skupiny Cháled A. Daoud. Pokusil se zpřesnit chronologii jednotlivých zlomků reliéfní výzdoby na příkladu analýzy dvojice nepravých dveří, které jsou dnes uloženy v Brémách a Hamburku, a vyslovil hypotézu, že pocházejí spíše z doby vlády hérakleopolských panovníků.[7] V této souvislosti je důležité zmínit, že jeden z majitelů nepravých dveří o sobě prohlašuje, že je „uctívaný v přítomnosti" zbožštělého panovníka Niuserrea.[8] Tato zmínka dokládá, že Niuserre byl poměrně velmi rychle povýšen na místního svatého a že hospodářské statky a nadace spojené s jeho zádušním kultem stále prosperovaly.

Druhá skupina nálezů, kterou Schäfer nazval „hrobky Střední říše", čítala v době výkopů přes 50 hrobových celků, avšak do závěrečné publikace jich bylo zahrnuto pouze 46.[9] Při oficiálním dělení nálezů se mnohé předměty pocházející z těchto hrobek dostaly, vedle jejich umístění do Egyptského muzea v Káhiře i do různých, většinou německých muzeí a sbírek, z nichž uveďme např. sbírky v Berlíně, Bonnu, Brémách, Greifswaldu, Hamburku, Heidelbergu, Mnichově a Lipsku. Sbírka Egyptského muzea Univerzity v Lipsku tímto způsobem získala kompletní pohřební výbavu hrobky jednoho správního úředníka, z níž lze některé předměty spatřit i na této výstavě.

Bohužel dosud nebylo dosaženo jednoznačné shody v otázce přesného chronologického postavení jednotlivých hrobek v rámci celé nálezové skupiny, neboť např. jednoznačná klasifikace typů keramických nádob a výzdoby rakví je stále předmětem odborných diskusí. Přesto však lze říci, že veškeré hrobky pocházejí z období mezi závěrem vlády hérakleopolských panovníků a nástupem 12. dynastie.[10] Toto je velmi důležité sdělení, neboť částečně dochovaná jména a tituly majitelů hrobek zřetelně dokládají úzký vztah mezi touto skupinou osob a pohřebním komplexem panovníka Niuserrea, který byl tehdy již více než 400 let mrtvý. Lze tedy předpokládat, že jeho zádušní kult buď nadále pokračoval, nebo tehdy došlo k jeho znovuoživení a zádušní statky k němu náležející byly i nadále udržovány.

Profesní napojení kněží na Niuserreovy zádušní statky rovněž vysvětluje, proč se tato skupina typologicky velmi homogenně působících hrobek nachází v bezprostředním okolí zádušního chrámu. Jejich stavitelé navíc často využívali nejen starší chrámové zdivo, ale dokonce i základy chrámu. Tyto jednoduché hrobky zpravidla sestávaly z jedné přístupové chodby ležící na severu a z navazující pohřební komory s cihlovou klenbou, jejíž stěny mohly být v některých případech obložené cihlami. Žádná z malých nadzemních kaplí postavených z nepálených cihel, v nichž nezbytně musel probíhat zádušní kult jednotlivých hodnostářů, se bohužel nedochovala.[11] Pravděpodobně v nich mohly být umístěny obětní stoly nebo stély.

Na druhou stranu našli archeologové v pohřebních komorách částečně intaktní pohřby a zaznamenali dokonce jednotně dodržovanou, severojižní orientaci rakví. Zemřelí leželi na boku, hlavu měli orientovanou k severu a obličej obrácený k východu. Pod temenem hlavy byla zpravidla umístěna podhlavnička. V mnoha pohřebních komorách byly nalezeny další součásti pohřební výbavy včetně keramiky, rozličných dřevěných modelů a soch majitelů hrobek.

[5] Schäfer (1908).

[6] Schäfer (1908: 3, 18).

[7] Daoud (2000).

[8] Daoud (2000: 199), Schäfer (1908: 13).

[9] Schäfer (1908: 15–110).

[10] Krauspe (ed.) (1997: 5557–63), Krauspe (1997: 61, Kat.-Nr. 112), Lapp (1993: 40ff., 272), Málek (2000: 245f, 255), Seidlmayer (1990: 389), Steinman (1998: 121 (Kat.-Nr. 347, 348), 123 (Kat.-Nr. 353, 354), 164 (Kat.-Nr. 561), 169 (Kat.-Nr. 589, 590)), Willems (1988: 105, 107).

[11] Schäfer (1908: 15–18).

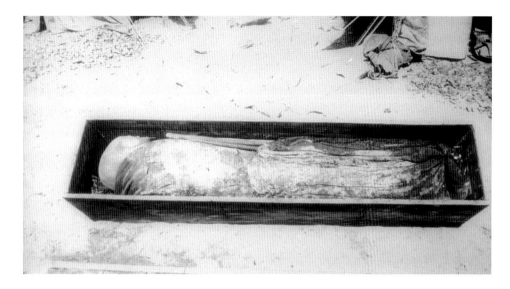

of discussion. They include above all the tombs and objects that were discovered in the course of the excavations of the Deutsche Orient-Gesellschaft between the years 1902 and 1904 under the leadership of Ludwig Borchardt, and that Heinrich Schäfer published in 1908 under the title "Priestergräber und andere Grabfunde vom Ende des alten Reiches bis zur griechischer Zeit vom Totentempel des Ne-User-Re".[5]

The most important of these tombs include the complex, that Schäfer in his time summarized as "6th Dynasty, tombs 1–20," and the group of over 50 tombs, that the same author included under "Middle Kingdom, tombs 1–46". It should however be stressed that Schäfer already extended the presumed dating of the tombs in the introductory passages of the relevant chapters, and believed the first group to have included First Intermediate Period tombs. He also suspected that the group of "Middle Kingdom Tombs" may have contained several tombs actually dating to the time of the Herakleopolitan kings.[6]

The dating of the first group was reexamined several years ago by Khaled A. Daoud. He attempted to determine a more precise dating of some of the relief pieces on the basis of two false doors, that are now stored in Bremen and Hamburg.[7] He came to the conclusion that the dating of both false doors to the Herakleopolitan period is to be preferred. In this context it is important that one of the false door owners calls himself "justified" in front of the deified pharaoh Niuserre.[8] This implies that this 5th Dynasty king reached the status of a local saint indeed very early after his death, and on the other hand, indicates that the estates and benefices, which were connected with his pyramid complex, still flourished.

The second complex, which Schäfer called "Middle Kingdom Tombs," includes over 50 tombs, 46 of which were published in the aforementioned volume.[9] After the official division of finds, numerous objects from these tombs were allocated besides Cairo to different, mainly German collections and museums, including among others Berlin, Bonn, Bremen, Greifswald, Hamburg, Heidelberg and Munich. Leipzig also received its share in the form of the complete burial equipment of an estate administrator, some objects of which can also be admired in this exhibition.

Hitherto, it has not been possible to reach consensus concerning the dating of the individual tombs within the group, since the exact classification of the pottery and the forms of coffin decoration is still a matter of debate. It can, however, be considered as certain that all tombs were built between the end of the Herakleopolitan period and the beginning of the 12th Dynasty.[10] This is of great importance, since the partially

Obr. 4 Vytahování obou rakví z Herišefhotepovy pohřební komory. Archiv Egyptského muzea Univerzity v Lipsku. Foto č. 2095

Fig. 4 Lifting both coffins out of the burial chamber of Herishefhotep. Courtesy of the Egyptian Museum of the University of Leipzig. Photo-Nr. 2095

Na příkladě pohřební výbavy Herišefhotepa, která se celá nachází ve sbírkách lipského Egyptského muzea, si v následující části přiblížíme obsah jednoho takového bohatě vybaveného a pro svou dobu příznačného pohřbu.

Hrobku označenou Schäferem jako „mR 6"[12] si nechal její majitel postavit v těsném sousedství vzestupné cesty Niuserreova zádušního komplexu, kdy využil bloky obložení vzestupné cesty pro stavbu jižní stěny vlastní pohřební komory. Ve velmi úzké a pouze lehce zaklenuté komoře archeologové nejprve objevili soubor dvou kompletně zachovaných rakví, který sestával z velké vnější rakve a menší vnitřní. Víko vnější rakve, které je zde vystaveno v podobě fotografické kopie, bylo vyrobeno z místního hrubého sykomorového dřeva. Vnější stěny byly bíle omítnuty, aby tak napodobovaly ceněný vápencový sarkofág, ale jinak byly ponechány nezdobené, kromě typického páru očí *vedžat*, které byly namalované na východní stěně rakve, a jednoduchého pásu hieroglyfického nápisu umístěného pod horním okrajem stěn. V nápise jsou uvedeny jméno a tituly majitele hrobky a jednoduché prosby o obětiny. Obdobný pruh hieroglyfického textu se nachází uprostřed víka rakve. Vnitřní stěny vnější rakve jsou zcela pokryté texty a vyobrazeními. Vnitřní stěny víka a dna rakve jsou popsány zaříkáními, jež měla na onom světě zajistit celkovou ochranu zemřelého. Nápisy, které si Herišefhotep vybral pro výzdobu své rakve, jsou zapsány v hieratickém písmu a pocházejí z rozsáhlého souboru nazývaného Texty pyramid, který mohl až do konce Staré říše používat výhradně panovník. Teprve s postupujícím rozpadem centrální královské správy a nárůstem moci provincií bylo osobám nekrálovského původu umožněno používat výňatky z těchto textů, které se staly základem tzv. Textů rakví.

Vyobrazení na vnitřních stěnách, které bylo vymalováno v několika základních barvách, zachycuje především předměty a zemědělské plodiny, jimiž chtěl být zemřelý na onom světě zásobován. Vedle umělecky vyskládaných obětin potravin a jejich doprovodných seznamů se zde nacházejí i kosmetické předměty, skříňky na oděvy a šperky, sandály a tesařské náčiní (v nohách rakve), vyobrazení lehátka s podhlavničkou, olejů, vonných mastí a zbraní (v čele rakve).

Menší a užší vnitřní rakev byla vyrobena z tenkých, asi 2 cm silných prken ze dřeva jehličnanu. Její výzdoba se od výzdoby vnější rakve téměř neliší. V rakvi byla na bok uložena mumie zabalená do lněného rubáše, jejíž hlava spočívala na podhlavničce. Dodatečně byla přidána obličejová maska z kartonáže. Před tělem měl Herišefhotep vyskládané dřevěné házecí hole, úřednické hole a dva luky.

[12] Schäfer (1908: 42–81, Taf. 2–8).

preserved names and titles of the tomb owners attest the clear connection of this group of people to the pyramid complex of king Niuserre, who had by then been dead for over four hundred years. It can thus be presumed that his cult either continued or was resumed at this time, and the funerary estates belonging to it were maintained.

The fact that the tomb owners were employed on the funerary estates of Niuserre explains also the location of their structurally very uniform tombs in the immediate vicinity of his funerary temple, where their builders readily made use of older walls or even temple foundations. These simple tombs consisted usually of a shaft placed on the northern side, which gave way to a chamber which, in some cases, could be brick-lined and possess a brick vault. The superstructures of the tombs, which were indispensable for the funerary cult, probably had the form of small brick chapels with an offering table or stela, but unfortunately none of these was preserved.[11]

On the other hand, in the burial chambers, the excavators found in part intact burials and a completely uniform orientation of the coffins was observed. They were all oriented north-south, with the head pointing north and the mummy was lying on its side with the head resting on a headrest and looking to the east. In many tombs other items of the funerary equipment were found, including pottery, various wooden models and statuettes of the tomb owners.

On the basis of the funerary equipment of Herishefhotep, which is in its entirety kept in Leipzig, we shall now describe the inventory of one especially rich and characteristic tomb equipment.

The tomb published by Schäfer under No. "mR 6"[12] was located in an ingenious way at the ascending causeway of the temple, and its owner made use of the casing stones of the causeway for the southern wall of his own funerary chamber. In the very narrow and slightly vaulted funerary chamber, the excavators first discovered a completely preserved coffin set, which consisted of a heavy outer coffin and a dainty inner one. The outer coffin, the lid of which is on display as a photographical replica in the exhibition is made of rough local sycamore wood. It is whitewashed on the outside to imitate a precious limestone sarcophagus. With the exception of a typical pair of *wedjat*-eyes painted on the eastern side of the coffin, the outer parts are decorated only with simple, horizontal hieroglyphic inscriptions running along the upper edges. The inscriptions include not only simple offering prayers but also the name and titles of the tomb owner. A similar line of inscription is also located along the middle of the coffin lid. The inner parts, on the other hand, are covered with inscriptions and scenes. The lid and bottom carry a complex set of utterances that were intended to protect the deceased in the afterlife. The texts that Herishefhotep had chosen for his coffin are written in the hieratic script and come from the corpus of the so-called "Pyramid Texts," that were, until the end of the Old Kingdom, the prerogative of the king. Then, with the growing disintegration of the central power and the rise of the power of the provinces, it became possible for private persons also to make use of these texts, which entered the corpus of the so-called "Coffin Texts".

The scenes that are executed in few basic colours depict generally objects and staples that the deceased would wish for himself in the afterlife. Besides an artfully arranged offering collection with food and the accompanying offering lists, they depict above all cosmetic items, boxes for clothing and jewelry, but also sandals and carpenter's tools at the feet and the re-

Obr. 5 Čelo vnitřní strany Herišefhotepovy rakve, zdobené vyobra-zeními jednotlivých součástí pohřební výbavy. Archiv Egyptského muzea Univerzity v Lipsku. Foto č. 6091

Fig. 5 Front of the inner coffin of Herishefhotep decorated with individual parts of burial equipment. Courtesy of the Egyptian Museum of the University of Leipzig. Photo-Nr. 6091

Mumiová maska složená z několika vrstev plátna je na povrchu přetřena štukem a bohatě omalována. Žlutavé zabarvení, které bylo použito na obličej, mělo napodobit tolik žádanou zlatou barvu kůže bohů. Masky tohoto typu se objevily na počátku První přechodné doby a posléze tvořily nedílnou součást pohřbů.[13] Prsa mumie byla vyzdobena širokým perlovým náhrdelníkem z tyrkysově zbarvené egyptské fajánse, jehož přesná původní podoba však není bohužel zcela zřejmá.

V průběhu rozbalování mumie, která je nyní uložena v Berlíně, byla nalezena malá měděná kultovní nádobka a pazourková čepelka, jež v těle zanechali, pravděpodobně z rituálních důvodů, balzamovači.

K dalším nálezům, které byly na sebe naskládány v několika vrstvách podél jižní stěny pohřební komory za vnější rakví, patřilo několik keramických nádob (43, 44, 45, 46) a poměrně velké množství dřevěných modelů a soch majitele hrobky. Bohužel, do dnešních dnů se z keramických nádob dochovaly pouze dva vysoké poháry a dvě úzké lahve. Další dvě mísy, na nichž byly původně uloženy milodary v podobě hovězích kostí, a dvě vysoké kultovní *hes*-nádoby byly za druhé světové války zničeny.

Herišefhotepův pohřeb byl velmi dobře vybaven dřevěnými modely, mezi nimiž byly např. čtyři lodě, kuchyně a sýpka, soška služebné a jeden pár dřevěných sandálů. Milodary v podobě dřevěných modelů s postavami služebníků patří k charakteristickým znakům První přechodné doby a Střední říše. Obzvláštní oblibě se těšily lodě, které majiteli hrobky umožňovaly na onom světě nejen volnost pohybu, ale především mu dovolovaly navštívit Abydos, hlavní kultovní centrum uctívání boha Usira, vládce podsvětí. Proto nás nemůže překvapit, že si Herišefhotep nechal zhotovit hned čtyři modely lodí s kompletní posádkou. Dva z nich napodobují loďky vyrobené z papyru, zbývající dva představují lodě dřevěné. Z obou typů lodí je vždy jedna zobrazena s plachtami, zatímco druhá je poháněna veslaři. Při jejich ukládání do pohřební komory byla věnována velká pozornost orientaci každé lodi, když byl zohledněn způsob jejího individuálního pohonu. Příď plachetnic směřovala k jihu, neboť staří Egypťané využívali při plavbě proti proudu Nilu pravidelných silných severních větrů. Veslice byly obráceny na sever, neboť v Egyptě lze při plavbě po proudu využít velkou sílu řeky.

Zbývající dřevěné modely v Herišefhotepově hrobce zobrazovaly sýpku a kuchyni. Sýpka zabezpečovala trvalý přísun životně důležitého obilí. V kuchyni, či lépe na kuchyňském dvoře, lze pozorovat vedle porážky krávy, opékání drůbeže a mletí obilí rovněž pečení chleba a přípravu piva. Veškeré úkony jsou zobrazeny velmi detailně.

I přes někdy hrubě vyřezané postavy služebníků, relativně horší kvalitu dřeva použitého pro výrobu rakví a modelů a částečně provinčně působící malbu na stěnách rakví představuje celá Herišefhotepova pohřební výbavy jedinečný a cenný zdroj informací. Umožňuje nám získat představu o majetku, kterým mohl disponovat hodnostář ve funkci správce statků určitého královského pohřebního komplexu. Otázka, zda tito správci a představení kněžských *fýl* udržovali či znovuobnovovali pohřební kult již dávno zemřelého a zbožštělého krále Niuserrea, hraje spíše podřadnou roli. V době politického neklidu v samotném závěru Staré říše bylo důležitější, že hospodářství záduších nadací a statků příslušejících k Niuserreovu pohřebnímu komplexu bylo i nadále udržováno a zaručovalo svým služebníkům jistou míru bohatství.

Obr. 6 Herišefhotepova kartonážová maska. Archiv Egyptského muzea Univerzity v Lipsku. Foto č. 5

Fig. 6 Cartonnage mask of Herishefhotep. Courtesy of the Egyptian Museum of the University of Leipzig. Photo-Nr. 5

[13] Jürgensen (1996: 146ff.), Krauspe (ed.) (1997: 61).

presentation of a bed with headrest, ointments, oils, and weapons at the head end.

The very narrow and much smaller inner coffin is made of thin – about 2 cm thick – planks of fine pine wood. Its decoration is almost identical to that of the outer coffin. The coffin contained a mummy wrapped in linen cloths that lay on its side with its head resting on a headrest. The head was additionally reinforced by a cartonnage mask. In front of the body of Herishefhotep lay sticks, staffs and two bows of the tomb owner.

The mummy mask, which consists of several layers of linen, was covered with stucco on the outside and painted in rich colours. The yellowish hue of the face should imitate the desired golden face of a god. Masks of this type appeared in the beginning of the First Intermediate Period, and belonged after that time to the indispensable parts of the mummy burial.[13] The breast of the mummy was adorned with a pearl collar of turquoise-coloured Egyptian faience, the original appearance of which is, however, uncertain.

In the course of the unwrapping of the mummy that is now deposited in Berlin, a small copper cult vessel and a tool blade were found: the embalmers had probably left these next to the body for ritual purposes.

The further finds, which were packed tightly together and for reasons of space also piled one atop another at the southern end of the burial chamber behind the coffin set, included several pottery vessels, as well as numerous models and a wooden statuette of the tomb owner. Unfortunately, only two tall jars and two slim flasks remain from the pottery. The two bowls, that once contained beef bones as offerings and the two cult vessels in the form of the so-called *Hes*-jars unfortunately fell victim to the second world war.

The tomb of Herishefhotep was exceptionally rich in wooden models, which included among others four boats, a kitchen and a granary model, a servant figure, and a pair of wooden sandals. Tomb equipment in the form of wooden models belongs to the typical traits of the First Intermediate Period and of the Middle Kingdom. Boat models were especially popular, since they guaranteed the tomb owner free mobility in the afterlife as well as a pilgrim journey to Abydos, the place of worship of the god of the dead, Osiris. It is therefore not surprising that Herishefhotep possessed full four vessels with their complete crews. Two of the ships imitate papyrus boats, the other two are apparently wooden boats. One of each pairs is always portrayed as sailing, the other as being propelled by oars. During their placement in the burial chamber, painstaking care was taken to ensure that the orientation of each boat would correspond to the thrust of its propulsion. The prow of the sailing boats was oriented to the south, since it was possible in Egypt to use the steadily blowing north wind when faring upstream. The two oared boats point to the opposite direction, since one would fare downstream using merely the force of the river flow.

The two other sets of models from the tomb of Herishefhotep include a granary, which was supposed to guarantee the availability of corn, and a kitchen court, where we can observe the slaughtering of a cow, the roasting of poultry, milling of grain, as well as the baking of bread and brewing of beer, all executed in astonishing detail.

Despite the sometimes clumsily appearing wood-cut figures, the admittedly low quality of the wood – in case of the models as well as of the coffins – and the

Obr. 8 Původní výkopová dokumentační fotografie se čtyřmi keramickými zásobnicemi z Herišefhotepovy pohřební komory. Archiv Egyptského muzea Univerzity v Lipsku. Foto č. 6087

Fig. 8 Reproduction of the original excavation photograph of four pottery jars from Herishefhotep's burial chamber. Courtesy of the Egyptian Museum of the University of Leipzig. Photo-Nr. 6087

Ačkoli stále ještě probíhají vědecké diskuse o přesném datování Herišefhotepovy pohřební výbavy (viz poznámka 10), jejíž původ je kladen do období od vlády Hérakleopolských panovníků do počátku 12. dynastie, mnohé indicie svědčí pro zařazení Herišefhotepa do samotného závěru 11. dynastie, tj. do období následujícího po sjednocení země Mentuhotepem II.

Pokud se výše zmíněné časové určení potvrdí, vynoří se další otázky – především vnitřní chronologie celé poměrně velmi homogenně působící skupiny hrobek, jejichž majitelé v mnoha případech nesou stejná jména a mají i stejné administrativní tituly (Herišefhotep I., Herišefhotep II., Inihotep („mR 11"), Inihotep („mR 32")). Taková shoda mluví na jedné straně pro rodinná pouta, ale na druhé straně rovněž o určité časové souslednosti generací uvnitř jmenované skupiny, která by nás opravňovala k odhadnutí skutečné délky hospodářských aktivit v dané oblasti.

Je zcela zřejmé, že Abúsír v První přechodné době nebyl nekropolí, která by byla výraznějším způsobem ovlivňována děním v tehdejších hlavních mocenských centrech. Se znalostí této skutečnosti představuje fenomén kontinuity hospodaření a správy abúsírského pohřebiště zajímavé téma dalšího studia. Pozornost by měla být věnována především vnitřní chronologii výše zmíněné skupiny hrobek.

Obr. 9 Jedna z plachetnic nalezených v Herišefho-tepově pohřební komoře. Archiv Egyptského muzea Univerzity v Lipsku. Foto č. 38

Fig. 9 One of the ships found in the burial chamber of Herishefhotep. Courtesy of the Egyptian Museum of the University of Leipzig. Photo-Nr. 38

somewhat provincial painting on the coffin walls, the entire funerary equipment of Herishefhotep has to be considered as very variegated and valuable. It lets us glimpse the resources that this man disposed of in his function as overseer of the estates and land-resources of the pyramid complex. The question, whether these estate overseers and leaders of priestly *phyles* actually maintained or revived the funerary cult of the long dead and deified king Niuserre, plays only a subordinate role. In the context of the political turbulence at the end of the Old Kingdom it appears much more important that the continuity of the economic activities of the foundations existed and guaranteed its servants considerable wealth.

Besides the ongoing discussion of the dating of the funerary equipment of Herishefhotep, which ranges between the Herakleopolitan period and the beginning of the 12th Dynasty, a lot speaks for dating Herishefhotep to the end of the 11th Dynasty, i.e. to the years that immediately followed the reunification of the country by Mentuhotep II.

If this theory is confirmed, other questions will arise, above all concerning the internal chronology of the very compact group of tombs and their tomb owners, who in some cases even bore the same names and titles (Herishefhotep I, Herishefhotep II, Inihotep (mR 11), Inihotep (mR 32)). Such congruencies speak on the one hand of family ties, on the other also of a certain succession of generations within the group, which would allow us to estimate the actual length of the time of the economical activities of the area.

In the context of the fact that Abusir was not at this time – but surely in the period covered by the reign of the Herakleopolitan kings – a provincial necropolis standing right in the centre of events, the phenomenon of its continued economic activity forms a theme for further study. Above all, more light should be shed on the inner chronology of the aforementioned group of tombs.

POZDNÍ DOBA NA ABÚSÍRSKÉ NEKROPOLI

Ladislav Bareš

1 Udžahorresnet/Udjahorresnet
2 Iufaa
3 Padihor
4 Menechibneko/Menekhibneko

Začátek Pozdní doby, přesněji řečeno období 26. dynastie (asi 664–525 př. n. l.), je epochou posledního rozmachu původní staroegyptské civilizace jak v oblasti kultury, tak ekonomiky a vojenství. Svůj poslední krátký okamžik slávy tehdy zaznamenalo i abúsírské pohřebiště, které vždy kopírovalo změny v postavení dávné egyptské metropole Mennoferu (řec. Memfidy).

Poměrně dlouho nic nenasvědčovalo tomu, že by se abúsírské pohřebiště, kde se nechalo pohřbít několik králů 5. dynastie, ještě jednou dostalo do středu zájmu. Už z doby Nové říše se dochovaly záznamy o navštěvování zdejších památek, které na stěnách pyramidových komplexů i dalších staveb – například i Ptahšepsesovy mastaby – zanechali nejrůznější písaři a další úředníci, ti tu však pobývali obvykle jen krátce a ojediněle. Významnější a dlouhodobější činností, která asi spadá především do závěru 18. a do počátku 19. dynastie, bylo rozebírání starších staveb a opětné používání jejich bloků. Tato činnost velmi pravděpodobně souvisela s rozvojem kultu tzv. Sahureovy Sachmety, místní formy této bohyně, jejíž uctívání se soustřeďovalo do jihovýchodní části Sahureova pyramidového chrámu.[1] Na přelomu 18. a 19. dynastie, kdy se po celé zemi obnovovalo uctívání božstev zakázaných nebo přinejmenším postižených v neklidných dobách amarnské náboženské reformy, věnovali tomuto původně lidovému kultu pozornost i egyptští panovníci. Ještě v průběhu 19. dynastie ale toto pohřebiště opět začalo zvolna upadat do zapomnění.

To se ještě prohloubilo v Třetí přechodné době, neboť z tohoto období dosud z Abúsíru nemáme žádné spolehlivé nálezy. Za 25. dynastie snad zkopírovali architekti tehdejších núbijských vládců části reliéfní výzdoby abúsírských královských komplexů, ležících už dávno v rozvalinách, ale tento názor není všeobecně přijímán.[2] Také se vedou spory, zda stále ještě trval kult Sahureovy Sachmety, pro jehož existenci chybí spolehlivé doklady.

Kult této bohyně je tak opět zcela jednoznačně doložen až na počátku vlády Ahmose II. Z této doby se dochovalo graffito na stěně Sahureova chrámu, ve kterém kněz Sahureovy Sachmety mluví o návštěvě místa, kde ležela její svatyně.[3] Právě skutečnost, že mu tato jediná návštěva stála za zaznamenání, ale vedla k pochybám, zda lze vůbec mluvit o trvalém uctívání. I kdybychom připustili, že další doklady tohoto kultu mohly být v pozdějších dobách zničeny, jeho význam zřejmě nepřesahoval nejbližší okolí abúsírského pohřebiště.

Pravděpodobně do první poloviny 26. dynastie lze datovat málo početné doklady o tom, že zde své mrtvé pohřbívali i zahraniční, převážně kárští žoldnéři, kteří v té době tvořili hlavní údernou sílu egyptské armády.[4] Mnohem více dokladů o pohřbívání těchto žoldnéřů ale pochází z oblasti dnešní severní Sakkáry – jejich hlavní pohřebiště, dosud nenalezené, tedy zřejmě leželo zde.

Obr. 1 Mapa Abúsíru s vyznačenými hrobkami datovanými do Pozdní doby. © Ing. Vladimír Brůna, Laboratoř geoinformatiky Univerzity J. E. Purkyně v Ústí nad Labem

Fig. 1 Map of Abusir with indicated tombs of the Late Period. © Ing. Vladimír Brůna, Geoinformatics Laboratory of the University of J. E. Purkyně in Ústí nad Labem-

THE LATE PERIOD AT THE ABUSIR NECROPOLIS

Ladislav Bareš

Obr. 2 Jedno z tzv. návštěvnických graffit zmiňující návštěvu Sahureova chrámu. Podle Megallyho (1981: 224–230)

Fig. 2 One of the socalled "visitors' graffiti" mentioning the visit of Sahure's funerary temple. After Megally (1981: 224–230)

The beginning of the Late Period, more precisely the time of the 26th Dynasty (ca. 664–525 BC), was the time of the last florescence of the original ancient Egyptian civilization in terms of culture as well as the economy and the military. The Abusir necropolis, which always reflected the fluctuating importance of the Egyptian capital Mennofer (Greek Memphis), also witnessed its last moment of glory.

For a long time there was no evidence which would imply that the cemetery of Abusir, where several kings of the 5th Dynasty were buried, once more became the centre of attention. Records of visits of the Abusir monuments, inscribed on the walls of pyramid complexes but also of several other buildings – for example the mastaba of Ptahshepses – by various scribes and other officials, originate already from the New Kingdom, generally however, they record shorter and singular stays. More important and rather long-term activities, dating above all to the end of the 18th and beginning of the 19th Dynasties, consisted of the disassembling of older buildings and re-using of their blocks. These activities were in all likelihood connected with the cult of the so-called Sakhmet of Sahure, a local form of this goddess, whose worship was concentrated in the south-eastern part of the pyramid temple of Sahure.[1] At the turn of the 18th and 19th Dynasties, when all around the country the cults of the deities forbidden or at least affected in the turbulent times of the Amarna religious reform were being renewed, even the Egyptian sovereigns turned their attention to this originally folk cult. Already in the course of the 19th Dynasty, this cemetery began once again to fall into oblivion.

This was even more so in the course of the Third Intermediate Period, as can be deduced from the fact that no finds from this cemetery can be reliably dated to this time. The architects of the Nubian rulers of the 25th Dynasty may have copied parts of the relief decoration of the Abusir royal pyramid complexes, which had by that time for long laid in ruins; this theory is, however, not generally accepted.[2] More discussions concern the question of the continued existence of the cult of Sakhmet of Sahure at that time, since there is no reliable evidence to confirm it with certainty.

The cult of this goddess is thus unequivocally attested first in the beginning of the reign of Ahmose II. A graffito from his time is preserved on the wall of the temple of Sahure recording the visit that a priest of this goddess paid to a place where her sanctuary was located.[3] However, precisely the fact that he considered a mere singular visit worth mentioning, has led to doubts whether we can indeed presume the existence of a more permanent cult. Even if we admit that more evidence of this cult may have been destroyed in later times, its importance probably did not extend beyond the immediate vicinity of the Abusir necropolis.

Scarce evidence concerning the fact that even foreign, above all Carian mercenaries, who at this time formed the main striking power of the Egyptian army, buried their dead here, dates probably to the first half of the 26th Dynasty.[4] Much more extensive

[1] Sadek (1988: 29–36), Kessler (1989: 123), Bareš (2000: 7–9, fn 6).

[2] Laming–Macadam (1949: 21, n. 51), Baines (1973: 11).

[3] Möller (1912: 8, Tab. II), Peden (2001: 278–279), Baines (1973: 13).

[4] Borchardt (1910: 135–137, fig. 187), Kammerzell (1993: 137–139, 173–176, 180–181).

Postavení abúsírského pohřebiště se náhle změnilo v samém závěru vlády Ahmose II., kdy si zde své hrobky nechalo postavit několik vysokých hodnostářů té doby. Podle dosavadního průzkumu, uskutečněného jak povrchovou prospekcí, tak pomocí geofyzikálních metod, zde vzniklo pět nebo možná šest velkých šachtových hrobek a řada menších staveb tohoto typu.[5] Všechny leží jihozápadně od skupiny královských pyramidových komplexů z první poloviny 5. dynastie, na území, které do té doby bylo zřejmě zcela pusté a nevyužívané. Velké šachtové hrobky, tvořené obvykle čtvercovým ohrazením o délce strany přibližně 25 metrů, které obklopuje velkou a hlubokou šachtu s pohřební komorou postavenou na jejím dně, jsou seskupeny přibližně do tvaru písmene V směřujícího k západu. Všechny dosud známé střední a menší hrobky leží východně od této skupiny – část z nich tvoří paralelní řadu, vzdálenou několik desítek metrů od linie velkých hrobek.

Můžeme se jen dohadovat, co vedlo vysoké hodnostáře k tomu, aby si pro svůj poslední odpočinek zvolili právě toto místo. Důvody lze hledat jak v oblasti technické, tak ve sféře duchovní, resp. náboženské.[6] Do první skupiny zřejmě patří skutečnost, že právě na tomto místě je terén pod tenkou slupkou písku tvořen neobyčejně silnou vrstvou ztvrdlých jílů (usazenin třetihorního moře, arabsky zvaných *tafl*), do kterých se velké a hluboké šachty, ústřední součást tohoto typu hrobek, daly kopat mnohem snáze než například do vápence. Dalším důvodem snad byla i blízkost starších staveb, které se mohly stát snadným a lehce dostupným zdrojem stavebního materiálu. I když je tento předpoklad zdánlivě zcela nasnadě, nedaří se jej zatím prokázat archeologicky.[7] Skupina těchto hrobek navíc leží na konci dvou mělkých prolákin, které mohly sloužit pro dopravu materiálu od okraje údolí, kam dosahovaly nilské záplavy a kam ještě vedly vodní cesty. Volbu mohla ovlivnit i skutečnost, že majitelé zdejších hrobek velmi pravděpodobně zastávali funkce v úřadech soustředěných v severní části rozsáhlé mennoferské aglomerace, a proto zvolili oblast nepříliš vzdálenou od místa svého každodenního působení, tedy území, které dobře znali a na které mohli snadno dohlížet. Nelze vyloučit, že v době budování těchto hrobek už v oblasti dnešní severní Sakkáry, kde jsou dvě skupiny obdobných staveb soustředěny kolem pyramid dalších králů 5. dynastie Veserkafa a Venise, nezbývalo žádné vhodné místo, ale to je za současného stavu poznání spíše jen hypotetický předpoklad.

Možné důvody ze sféry duchovní, resp. náboženské, lze v archeologických pramenech doložit ještě hůře. Miroslav Verner si povšiml, že hrobky jsou situovány přesně na spojnici mezi Džoserovou pyramidou, nejstarší egyptskou stavbou tohoto druhu, a proslulými pyramidami v Gíze. Tato oblast rovněž leží poměrně blízko západního břehu tzv. abúsírského rybníka, přirozené vodní plochy, která od nepaměti hrála důležitou roli v náboženských obřadech a kultech – toto území je ale bohužel z archeologického hlediska dosud téměř neprozkoumané. Nelze tedy s jistotou říci, že by blízkost předpokládaných kultovních míst na západním břehu abúsírského rybníka

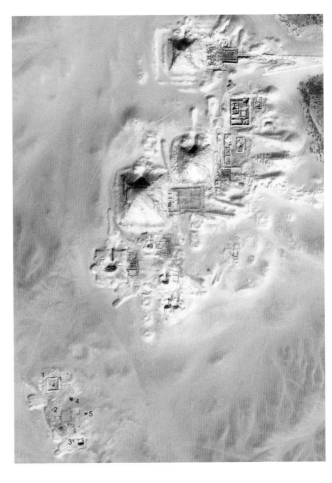

Obr. 3 Oblast velkých šachtových hrobek na výřezu ze satelitního snímku s vyznačenými polohami jednotlivých hrobek. 1 – Vedžahorresnet, 2 – Iufaa, 3 – Menechibneko, 4 – anonymní hrobka, 5 – Padihor.
© Ing. Vladimír Brůna

Fig. 3 Area of the great shaft tombs shown on a section from the satellite image with indicated locations of the individual tombs. 1 – Udjahorresnet, 2 – Iufaa, 3 – Menekhibneko, 4 – Anonymus, 5 – Padihor.
© Ing. Vladimír Brůna

evidence about the burial of these mercenaries comes, however, from the area of today's North Saqqara. It thus is North Saqqara, that appears to be the site of their main, hitherto undiscovered necropolis.

The role of the Abusir necropolis suddenly changed towards the very end of the reign of Ahmose II, when several important officials had their tombs built here. According to the investigations performed to this day, both by means of surface survey and the methods of geophysics, five or even perhaps six great shaft tombs were constructed here, as well as a number of smaller structures of the same type.[5] All of them are located to the southwest of the group of the royal pyramid complexes from the first half of the 5th Dynasty, on a hitherto completely deserted and virgin territory. Large shaft tombs, which consisted of a square enclosure with sides of ca. 25 m surrounding a large and deep shaft on the bottom of which the burial chamber is located, are arranged approximately in the shape of the letter V pointing to the west. All hitherto known middle-sized and smaller tombs lay to the east of this group – some of them formed a parallel line, located several dozens of metres from the line connecting the large shaft tombs.

We may only guess what led the high officials to choose precisely this site as their final resting place. Reasons can be found both in the technical and in the spiritual, respectively religious, spheres.[6] The former include probably the fact that the local terrain is formed by a thin crust of sand, hiding an extraordinarily thick layer of

Obr. 4 Socha Vedžahorresneta vystavená ve Vatikánském muzeu. Foto: Petra Vlčková.

Fig. 4 Statue of Udjahorresnet from the Vatican Museum. Photo: Petra Vlčková

hardened clay (Tertiary sea sediments, known as *tafl* in Arabic), into which it was much easier to dig the large and deep shafts that formed the main parts of these tombs than into for example limestone. Another reason may have been the proximity of older buildings, which may have become an easy and accessible source of building material. Even though this presumption appears to be natural, it has so far been impossible to substantiate it archaeologically.[7] A group of these tombs lies moreover at the end of two shallow depressions, which may have served for the transport of material from the edge of the valley, where the Nile floods reached and where waterways still existed. The choice may have also been stimulated by the fact that the owners of these tombs probably held offices concentrated in the northern part of the large Memphite agglomeration, and thus chose an area close to the place of their everyday activities, i.e. an area that they knew well and that they could easily supervise. It is also possible that in the time of the construction of these tombs, there was no longer any suitable place in North Saqqara, where there are two groups of similar structures concentrated around the pyramids of other 5th Dynasty kings Userkaf and Unas, but this is in the light of our current knowledge no more than a hypothetical presumption.

Possible spiritual, respectively religious reasons are still harder to trace in the archaeological record. M. Verner noted that these tombs lay on the connecting line between the pyramid of Djoser, the oldest Egyptian building of this kind, and the famous pyramids in Giza. This area lies also very close to the west bank of the so-called Lake of Abusir, a natural water basin, which from time immemorial played an important role in religious rituals and cults – this area is, however, archaeologically almost completely unexplored. It is therefore

[5] Verner (1992a: 122–123, fig. 4).

[6] Verner (1989: 289), Bareš (1999: 82–83).

[7] Bareš (2000: 13–14).

ovlivnila rozhodnutí hodnostářů Pozdní doby. Teoreticky lze uvažovat i o možné souvislosti s uctíváním Sahureovy Sachmety, eventuálně o spojení s výše zmíněným pohřebištěm zahraničních žoldnéřů, ale nic tomu prozatím nenasvědčuje.

Od roku 1980, kdy byl zahájen archeologický průzkum této části abúsírského pohřebiště, byly zcela nebo zčásti odkryty tři velké šachtové hrobky a dvě šachtové hrobky střední velikosti. Jako první byla prozkoumána nejzápadnější velká šachtová hrobka, kterou si nechal postavit významný hodnostář Vedžahorresnet.[8] Tento vojenský velitel, úředník a kněz byl do té doby znám především díky své soše, dnes umístěné ve Vatikánském muzeu.[9] Sochu téměř zcela pokrývá dlouhý nápis, který představuje dosud nejúplnější původní egyptský pramen pro dobu kolem roku 525 př. n. l., kdy Egypt dobyly armády perského krále Kambýse.[10] Vedžahorresnet, původně mj. velitel zahraničních žoldnéřů v egyptské armádě, se po dobytí země Peršany stal jedním z nejbližších místních spolupracovníků nových vládců Kambýse a jeho nástupce Dareia I., za jehož vlády zřejmě zemřel, a bývá proto někdy dokonce označován za „zrádce" nebo „kolaboranta".[11]

Jeho hrobka patří k vrcholům egyptské pohřební architektury své doby. Tvoří ji rozsáhlé čtvercové ohrazení, které bylo původně z vnější strany obloženo zářícím bílým vápencem. Vnitřek tohoto ohrazení byl naneštěstí v pozdějších dobách zničen tak, že jeho původní podobu nelze zcela spolehlivě rekonstruovat. Snad zde uprostřed dlážděného dvora stála čtvercová stavba se šikmými stěnami, která zakrývala ústí hlavní šachty a svým tvarem napodobovala prapahorek, jenž se podle tehdejších náboženských představ jako první část souše vynořil z praoceánu a symbolizoval tak zmrtvýchvstání. Vlastní pohřební komora ležela v hloubce asi 20 metrů na dně velké šachty o rozměrech 5,5 × 5,5 metru. Komoru téměř zcela vyplňoval obří dvojitý sarkofág – ve vnějším pravoúhlém sarkofágu z bílého vápence se skrýval sarkofág vnitřní, čedičový, opracovaný do podoby ležící mumie a zdobený texty a scénami v zaříznutém reliéfu. Hlavní šachtu s pohřební komorou na všech stranách obklopoval úzký hluboký příkop, který měl zřejmě zesílit ochranu proti možnému pronikání zlodějů. Přístup do pohřební komory zajišťovala úzká šachta ležící před východním průčelím ohrazení a z jejího dna vedla k sarkofágům téměř vodorovná chodba.

Navzdory tomu, že se Vedžahorresnet těšil přízni vládců i ve zcela změněných podmínkách, nebyla jeho hrobka nikdy dokončena, i když vlastně jen zbývalo vytesat v reliéfu nápisy předkreslené na stěnách pohřební komory. To spolu s faktem, že se v celé hrobce nenašly žádné stopy po Vedžahorresnetově mumii, vedlo M. Vernera k názoru, že hodnostář sem nikdy nebyl uložen, resp. že nebyl pohřben v dosud známé a odkryté pohřební komoře.[12] Některé skutečnosti, např. to, že obrovský dvojitý sarkofág byl pečlivě uzavřen a vstup do pohřební komory zazděn, a také nález zbytků původní pohřební výbavy mohly nasvědčovat tomu, že Vedžahorresnet zde přece jen pohřben byl.[13] Do úvahy je nutno vzít i to, že jeho hrobku opakovaně navštívili lupiči.

Ještě více překvapení než Vedžahorresnetova hrobka přinesl výzkum sousední stavby, která patřila knězi Iufaovi.[14] Pozoruhodná je už její nadzemní část, která je na rozdíl od ostatních staveb tohoto typu vybudovaná z nepálených cihel. Vnější líc ohrazení, které uzavírá hlavní šachtu, je navíc zdoben střídajícími se výklenky a výčnělky,

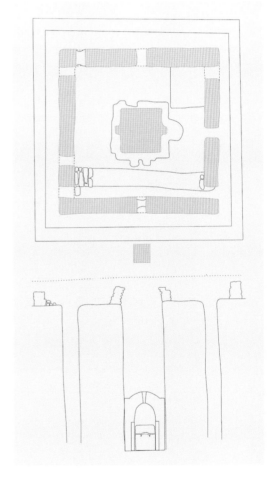

Obr. 5 Půdorys Vedžahorresnetovy hrobky.
© Květa Smoláriková

Fig. 5 Ground plan of Udjahorresnet's tomb.
© Květa Smoláriková

impossible to state with certainty, whether the presence of cultic places along the nearby western bank of the Lake of Abusir played any part in the decision of the Late Period officials. Theoretically we may also consider a possible connection with the worship of Sakhmet of Sahure, or the connection with the above-mentioned cemetery of foreign mercenaries, but this is hitherto unsubstantiated.

Since the year 1980, when the archaeological exploration of this part of the Abusir necropolis began, three large and two middle-sized shaft tombs were completely or partially uncovered. The first to be explored was the westernmost large shaft tomb, built for the important official Udjahorresnet.[8] This army general, official and priest was hitherto known above all due to his statue, located in the Vatican museum.[9] The long inscription, which almost entirely covers this statue, represents the most complete original Egyptian source for the time around the year 525 BC, when Egypt was conquered by the armies of the Persian King Cambyses.[10] Udjahorresnet, originally among others the leader of foreign mercenaries in the Egyptian army, became after the conquest of the land by the Persians one of the closest local allies of the new rulers Cambyses and his successor Darius I, in the course of whose reign he probably died. He is thus sometimes even called "traitor" and "collaborator."[11]

His tomb is one of the pinnacles of Egyptian funerary architecture of this time. It is formed by a large rectangular enclosure, originally cased along its outer side with shining white limestone. The inner area of this enclosure was unfortunately destroyed in later times to such extent that it is impossible to reconstruct it with any degree of reliability. Perhaps there was a rectangular building with inclined walls standing in the middle of the paved courtyard, which covered the mouth of the main shaft. Its shape would resemble the primeval hill, which was according to the religious ideas of that time the first piece of dry land to have emerged from the primeval ocean and symbolised resurrection. The burial chamber itself lay in the depth of ca. 20 metres at the bottom of a large shaft measuring 5.5×5.5 metres. The chamber was almost completely filled by a gigantic double sarcophagus – the outer rectangular sarcophagus of white limestone hid inner, basalt one, carved into the shape of a lying mummy and decorated with texts and scenes in sunk relief. The main shaft with the burial chamber was from all four sides surrounded by a narrow deep trench, which probably served as another protection against the possible penetration of thieves. The entrance to the burial chamber led through a narrow shaft located in front of the eastern façade of the enclosure. From its bottom, a nearly horizontal corridor led to the sarcophagi.

Despite the fact that Udjahorresnet enjoyed the favour of rulers even after the complete reversal of the political situation, his tomb was never finished, although it remained only to cut in relief the inscriptions drawn on the walls of the burial chamber. This, together with the fact that no traces of the mummy of Udjahorresnet were found in the tomb, led M. Verner to formulate the thesis that Udjahorresnet was never buried here, respectively that he was not buried in the hitherto known and un-covered burial chamber.[12] Some facts, for example the careful closing of the gigantic double sarcophagus and the walling off of the entrance to the burial chamber, as well as the discovery of the remains of burial equipment allow us to conclude that he was, after all, buried here.[13] The fact that the tomb was several times visited by robbers must be also borne in mind.

The exploration of the neighbouring structure, which belonged to the high priest Iufaa, brought a still greater surprise.[14] Already its superstructure is remarkable, as it is, unlike other structures of this type, built of mud bricks. The outer casing of the enclosure of the main shaft is moreover decorated with alternating niches and protrusions, so that it resembles the appearance of the enclosure wall of the Step

[8] Verner (1989: 283–290); Bareš (1999).

[9] Museo Gregoriano Egizio, Inv. No. 22690 viz Botti–Romanelli (1951: 32–40, Tab. XXVII–XXXI).

[10] Posener (1936: 1–26), Bareš (1999: 31–35). Český překlad/Czech translation – Vachala (1989: 248–250).

[11] Lloyd (1982: 166–180).

[12] Verner (1989: 289–290), Verner (1994a: 205–207), Verner (2002a: 189–191).

[13] Bareš (1999: 79–82).

[14] Bareš (2003), Bareš–Dvořák–Smoláriková–Strouhal (2002: 97–108), Verner (1998: 39–40), Verner (2002a: 193–205), Smoláriková (2002: 78–80).

takže připomíná vnější vzhled ohradní zdi Džoserovy stupňovité pyramidy, jež ostatně leží na dohled. Prostor uvnitř tohoto ohrazení zcela zničili dávní lupiči, kteří i v tomto případě vyčistili ohromnou hlavní šachtu (asi 12 × 13 metrů) až do hloubky přibližně 16 metrů. Naštěstí pro archeology zloději svou práci nikdy nedokončili – zastavili se zhruba jen 2 metry nad stropem pohřební komory, která tak zůstala nedotčena.

Na rozdíl od masivní Vedžahorresnetovy pohřební komory byla ta Iufaova o dost menší a také jednodušeji postavená. Výrazně menší byl i Iufaův dvojitý sarkofág, ale i tak vyplňoval téměř celý vnitřek pohřební komory. Kolem sarkofágu byla ponechána úzká, jen asi 0,5 metru široká ulička, ve které byla uložena původní pohřební výbava. Tu tvořil dřevěný stolek s několika desítkami fajánsových a keramických nádob na posvátné oleje a masti, dvě dřevěné skříňky, z nichž každá obsahovala dvojici nádherně vypracovaných

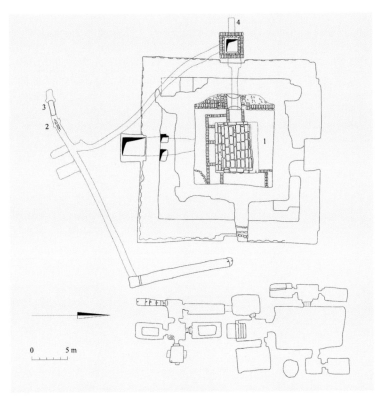

Obr. 6 Plán Iufaova pohřebního komplexu s naznačenou polohou jednotlivých pohřbů. 1 – Iufaa, 2 – starší muž, 3 – Imachetcherresnet (Iufaova sestra), 4 – Neko. © Květa Smoláriková

Fig. 6 Ground plan of Iufaa's funerary complex with indicated locations of individual burials. 1 – Iufaa, 2 – older man, 3 – Imakhetkherresnet (Iufaa's sister), 4 – Neko. © Květa Smoláriková

alabastrových kanop (nádob na vnitřnosti vyňaté při mumifikaci), dvě ploché dřevěné skříňky, v nichž bylo dohromady uloženo 408 fajánsových vešebtů (sošek služebníků, kteří měli za zemřelého plnit pracovní povinnost na onom světě), tzv. magické cihly z nepálené hlíny s úryvky z Knihy mrtvých, které měly zajišťovat symbolickou ochranu zemřelého, a další nádoby, amulety a menší předměty. Dva svitky papyru, pravděpodobně Kniha mrtvých a průvodce podsvětím (tzv. Amduat), které ležely poblíž sarkofágu, byly naneštěstí téměř zcela zničeny vysokou vlhkostí, způsobenou pronikáním spodních vod. Něčeho takového se možná obávali i stavitelé hrobky, protože stěny pohřební komory i stěny všech sarkofágů jsou téměř zcela pokryty dlouhými soubory náboženských textů a scén, vytesaných v reliéfu, nebo jen předkreslených – hlavně na západní stěně pohřební komory, která zůstala nedokončena.

Dříve než bylo možné zahájit otevírání uzavřeného a zapečetěného Iufaova dvojitého sarkofágu, bylo nutno zpevnit boční stěny dna hlavní šachty vyhloubené do křehkých a lámajících se jílovitých usazenin dávného moře. Stejnému problému ostatně čelili i stavitelé hrobky, jak o tom svědčí cihlová přizdívka lemující západní stěnu hlavní šachty. Celé dno této šachty bylo proto zakryto mohutnou konstrukcí se sedlovou střechou, která plně zajišťuje stabilitu a bezpečnost unikátní Iufaovy pohřební komory.

Samo otevírání dvojitého sarkofágu bylo nelehkou záležitostí, protože v první fázi bylo nutné zvednout víko vnějšího sarkofágu, tvořeného jediným blokem kamene o váze zhruba 24 tun, a přemístit ho mimo vlastní pohřební komoru. Díky spolupráci s našimi kolegy z Nejvyšší rady pro památky EAR a také díky obětavosti a zručnosti místních dělníků, vedených zkušenými předáky z rodiny el-Kerétiů, se tento obtížný a namáhavý úkol podařilo splnit za několik dní. Koncem února roku 1998 tak mohl být za účasti vedoucích představitelů Nejvyšší rady pro památky EAR, významných hostů a početných novinářů otevřen Iufaův vnitřní sarkofág, rovněž antropoidního tvaru. V něm se skrývala dřevěná rakev a Iufaova mumie – obojí bohužel rovněž téměř zcela zničené všudypřítomnou vlhkostí. Ta značně poškodila i nádhernou síť z drobných fa-

**Obr. 7 Víko jedné
z kanop nalezených
v Iufaově pohřebním
komplexu.
Foto: Kamil Voděra**

**Fig. 7 Lid of one
of the canopic jars
found in Iufaa's
funerary complex.
Photo: Kamil Voděra**

Pyramid of Djoser, which is for that matter visible from here. The area within this enclosure was completely destroyed by ancient robbers, who also in this case cleared the gigantic main shaft (ca. 12 × 13 meters) into the depth of ca. 16 meters. Luckily for the archaeologists, the thieves never finished their work – they stopped just about two meters above the ceiling of the burial chamber, which thus remained intact.

Unlike the massive burial chamber of Udjahorresnet, that of Iufaa was a lot smaller and also of a much simpler design. Iufaa's sarcophagus was also significantly smaller, but even thus it filled almost the entire burial chamber. A narrow, only about 0.5 m wide passage was left around the sarcophagus, and it was here where the original burial equipment was stored. It consisted of a wooden chest with several dozens of faience and pottery containers for sacred oils and balms, two wooden shrines, each of which contained a pair of finely worked alabaster canopic jars (containers for viscera taken out during mummification), two flat wooden boxes, which together contained 408 faience ushabtis (statues of servants, who fulfilled the works demanded from the deceased in the other world), the so-called magical bricks of unfired clay bearing passages from the Book of the Dead, symbolically protecting the deceased, and other vessels, amulets and objects. Two papyrus scrolls, probably containing the Book of the Dead and the guide through the netherworld (so-called Amduat), which lay in the vicinity of the sarcophagus, were unfortunately almost completely destroyed in consequence of the penetration of subsoil waters. The builders of the tomb might themselves have feared that something similar could happen, since the walls of the burial chamber and the entire sarcophagi are almost completely covered with long sets of religious texts and scenes, carved in relief or, above all on the western wall of the burial chamber, which remained unfinished, just sketched. Before it was possible to begin to open the closed and sealed double sarcophagus of Iufaa, it was necessary to strengthen the walls of the bottom of the main shaft, dug into the brittle and unstable clay deposits of the ancient sea. The brick buttress lining the western wall of the main shaft shows that the builders of the tomb faced the same problem. The entire bottom of this shaft was covered by a massive construction with a gabled roof, which fully guarantees the stability and safety of the unique burial chamber of Iufaa.

The opening of the double sarcophagus was an uneasy task, since it was at first necessary to lift the lid of the outer sarcophagus, which was formed by a single monolith weighing ca. 24 tonnes, and transport it out of the burial chamber. Thanks to the cooperation with our colleagues from the Supreme Council of Antiquities of the Arab Republic of Egypt and also to the dedication and abilities of local workers, led by the experienced headmen from the el-Kereti family, it was finally possible to fulfil this demanding task in several days. By the end of February 1998 it was thus possible to open the inner sarcophagus of Iufaa in the presence of the leading representatives of the Supreme Council of Antiquities of the Arab Republic of Egypt, important guests and numerous journalists. The inner sarcophagus, which was also anthropomorphic in shape, contained a wooden coffin and the mummy of Iufaa – both were unfortunately completely destroyed by the omnipresent humidity, which caused great damage also to the beautiful net of faience beads, which covered almost the entire mummy.

jánsových korálků, která původně zakrý-
vala téměř celou mumii.

Při zkoumání Iufaovy mumie bylo v je-
jích obinadlech objeveno ještě dalších
zhruba 20 amuletů, z nichž je nejpozoru-
hodnější malý skarab s hlavou sokola – je-
den z několika dosud v Egyptě objevených
kusů tohoto druhu. Antropologické zkou-
mání ukázalo, že Iufaa zemřel poměrně
mladý, ve věku do 30 let, a že trpěl různými
vrozenými poruchami; příčinu jeho smrti,
jíž zřejmě předcházelo dlouhodobé one-
mocnění, ale neurčilo.[15]

Vzhledem k velikosti hrobky a hlavně
k rozsahu její výzdoby a pohřební výbavy
je pozoruhodné, že pro Iufau je zatím do-
ložen jediný titul, „správce paláců". Tento

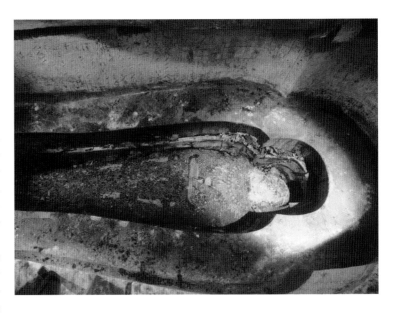

starodávný úřad ale v Iufaově době už ztratil svůj původní význam a představoval
zřejmě jen nepříliš významnou kněžskou funkci, spojenou snad s kultem bohyně Ne-
ity. Z vlastních prostředků si proto Iufaa mohl tuto hrobku nechat postavit jen těžko.
Pravděpodobně tedy pocházel z dostatečně bohaté rodiny, i když za zmínku stojí také
to, že v celé hrobce se několikrát opakuje pouze jméno jeho matky, zatímco jméno otce
se nikde neobjevuje.

Iufaova hrobka je pozoruhodná i z řady jiných důvodů. Sám Iufaa se nechal pohřbít
hlavou k východu, což zcela odporuje tehdejším egyptským zvykům. Tato poloha zem-
řelých byla typická pro Řeky, ale i při absenci jména jeho otce nic nenasvědčuje tomu,
že by snad Iufaa mohl být řeckého původu. Další pozoruhodnou skutečností je to, že
k pohřební komoře na dně hlavní šachty vedou dvě menší šachty, z nichž ta západní
zřejmě sloužila k vlastnímu pohřbu. Druhá šachta, ležící na jihu, byla snad používána
při stavbě podzemních částí hrobky. Iufaova pohřební komora, především její strop,
byla na rozdíl od všech dosud známých hrobek tohoto typu dokončena zřejmě až po
pohřbu a po uzavření obou sarkofágů. U vnějšího sarkofágu zde navíc chybí charak-
teristické zařízení pro spouštění jeho víka, které využívalo pseudohydraulických vlast-
ností písku a bylo tvořeno čtyřmi svislými kanály plnými písku, v nichž se pohybo-
valy mohutné dřevěné trámy.

Ve stěnách západní šachty Iufaovy hrobky byly vyhloubeny dvě další, menší pohřební
komory. Komora v západní stěně této šachty, obložená vápencovými bloky, patřila knězi
Nekonovi. Ten byl uložen ve dvojité dřevěné rakvi, bohatě zdobené texty a nábožen-
skými scénami; součástí jeho bohaté pohřební výbavy byly kanopy, vešebty, dřevěná
soška a také soubor zhruba dvaceti amuletů, umístěných přímo do obinadel mumie.
V druhé pohřební komoře, vyhloubené do severní stěny této šachty, byl pohřben kněz
Gemnefherbak, z jehož chudé pohřební výbavy stojí za zmínku jen amulety, zčásti zho-
tovené z pozlaceného měděného plechu, uložené přímo do obinadel mumie.

Jižně od Iufaovy hrobky byla odkryta podzemní chodba, na jejímž konci byly po-
stupně uloženy dvě mumie. Podle nápisů na rakvi a antropologického zkoumání pat-
řila jedna z nich Iufaově sestře, která zemřela ve věku kolem 40 let a trpěla ojedině-
lou formou rakovinného nádoru. Vedle ní byl o něco později pohřben starší, asi
šedesátiletý muž, rovněž Iufaův blízký příbuzný. Časové pořadí uložení všech těchto
pohřbů a s jedinou výjimkou Iufaovy sestry ani jejich vztah k majiteli hrobky zatím
nelze přesně určit.

Obr. 8 Otevírání Iufaova
dvojitého sarkofágu.
Foto: Milan Zemina.

Fig. 8 Opening
of Iufaa's double
sarcophagus.
Photo: Milan Zemina

In the course of the examination of the mummy of Iufaa, another ca. 20 amulets were discovered within its bandages. The most interesting of these is a small scarab beetle with a falcon's head – one of only few pieces of this kind hitherto found in Egypt. Anthropological analysis showed that Iufaa died relatively young, before the age of 30, and that he suffered from various innate diseases; it could not, however, determine the cause of his death, which was probably preceded by a long illness.[15]

With regard to the size of the tomb and above all the extent of its burial equipment, it is remarkable that only a single title – that of "administrator of the palaces" – has been hitherto attested for Iufaa. This ancient office had however in the time of Iufaa long lost its original importance, and denoted probably only a relatively insignificant priestly function, connected perhaps with the cult of the goddess Neith. It is thus highly improbable that Iufaa would be able to afford to build this tomb from his own means. He thus may have originated from a rich family, although it is noteworthy that only the name of his mother is several times repeated throughout his tomb, while the name of his father does not appear a single time.

The tomb of Iufaa is interesting for several other reasons. Iufaa himself was buried with his head to the east, which is completely against the Egyptian customs of his time. This orientation of the dead was typical for the Greeks, but despite the absence of the name of his father, nothing suggests that Iufaa could be of Greek origin. Another noteworthy detail is that two smaller shafts lead to the burial chamber at the bottom of the main shaft, and the western of these probably served for the burial. The other shaft, lying to the south, may have been used in the course of the construction of the subterranean parts of the tomb. The burial chamber of Iufaa, above all its ceiling, was unlike all hitherto known tombs of this type finished after the burial and closing of both sarcophagi. The outer sarcophagus moreover lacks the typical device for the closing of the lid, which used the pseudo-hydraulic characteristics of sand and consisted of four vertical canals full of sand, within which large wooden beams moved.

Two smaller burial chambers were incised into the walls of the western shaft of the tomb of Iufaa. The chamber in the western wall of this shaft was cased with limestone blocks and belonged to priest Neko. He was buried in a double wooden coffin, richly decorated with texts and religious scenes. His rich funerary equipment contained canopic jars, ushabtis, a wooden statuette and also a set of about twenty amulets placed directly among the mummy wrappings. The second burial chamber was cut into the northern wall of this shaft and held the burial of priest Gemenefherbak. His funerary equipment was poor; the only items worth mentioning are his amulets, made in part of a gilded copper foil and placed directly into the wrappings of the mummy.

To the south of the tomb of Iufaa, an underground passage was discovered, at the end of which two mummies were placed one after the other. According to the inscriptions on the coffin and anthropological analyses, one of them belonged to the sister of Iufaa, who died at the age of about 40 years and suffered from a unique form of cancer. Next to her, an older, approximately sixty years old man was buried, who was probably also a close relative of Iufaa. We do not know the sequence of insertions of these burials. With the single exception of Iufaa's sister, neither their precise relation with the tomb owner could as yet be specified.

In front of the eastern enclosure wall of the tomb of Iufaa a relatively extensive complex of sixteen rooms, sunk into the subsoil, was surprisingly discovered. All rooms except the open court were roofed by brick vaults, which have been partially preserved until now. This complex has so far no parallel in all known shaft tombs and functioned probably as the place of the funerary cult of Iufaa and the members of his

[15] Strouhal (2002a).

Před východní stěnou ohrazení Iufaovy hrobky byl překvapivě odkryt poměrně rozsáhlý komplex šestnácti místností zahloubených do podloží. Kromě otevřeného dvora byly všechny ostatní místnosti původně zakryty cihlovými klenbami, které se dosud zčásti zachovaly. Tento komplex, který u všech dosud známých egyptských šachtových hrobek prozatím nemá obdobu, fungoval zřejmě jako místo zádušního kultu pro Iufau a členy jeho rodiny, ale možná i pro další osoby pohřbené v širším okolí.[16] Tomuto účelu ovšem nesloužil dlouho – podle všeho byl záhy opuštěn.

Obr. 9 Zlomek vápencového bloku s původní reliéfní výzdobou z Menechibnekovy hrobky. Foto: Kamil Voděra

Fig. 9 Fragment of a fine limestone block with original relief decoration from Menekhibneko's tomb. Photo: Kamil Voděra

Výzkum třetí a zatím poslední zkoumané velké šachtové hrobky, ležící jihozápadně od Iufaovy, byl zahájen teprve nedávno, ale i tak už přinesl zajímavé výsledky.[17] Podle všeho patřila dalšímu významnému hodnostáři z doby Ahmose II. jménem Menechibneko, který byl dosud znám jen díky dvěma svým dochovaným sochám.[18] Zdá se, že nadzemní část jeho hrobky byla velmi honosně vybudována výhradně z bílého vápence, bohatě zdobeného scénami a texty v nádherně provedeném reliéfu. Podobně jako v Iufaově hrobce byla i zde hlavní šachta natolik rozlehlá (asi 12,5 × 12 metrů), aby svou velikostí odradila všechny případné zloděje. Přístup k pohřební komoře, která se dosud skrývá pod tisíci tun písku, umožňovaly opět dvě menší šachty, umístěné rovněž na jihu a na západě. Na dně jižní šachty byl nalezen poměrně velký vešeb z egyptské fajánse, který potvrzuje identifikaci majitele této hrobky. Poblíž jihozápadního rohu hrobky byl navíc odkryt podzemní sklad s několika stovkami velkých keramických zásobnic, které zřejmě sloužily při mumifikaci a pohřbu a musely tedy být z náboženských důvodů rovněž navěky uloženy nedaleko zemřelého, jemuž byly určeny.

Kromě velkých hrobek byly prozatím prozkoumány i dvě hrobky středních rozměrů. Jedna z nich, ležící východně od Vedžahorresnetovy hrobky, byla při nálezu zcela vyloupená a prázdná.[19] Také pravoúhlý vápencový sarkofág, umístěný na dně šachty hluboké 22 metrů, byl prostý nálezů, takže neznáme ani jméno majitele této hrobky. I ona má ovšem několik pozoruhodných rysů, jinde dosud nedoložených. Hlavní šachta je poměrně malá (2,1 × 1,8 metru), takže obě části vápencového sarkofágu musely být spouštěny na výšku, pravděpodobně zavěšeny na lanech. Zbytky zařízení, které sloužilo zřejmě jako třecí brzda, se ostatně našly poblíž této šachty, podobně jako svazky masivních lan z rostlinných vláken o tloušťce až 7 cm. Unikátní je i cihlová nadzemní část této hrobky čtvercového půdorysu, s délkou strany 11,5 metru. Prostor, do něhož ústila šachta, byl totiž přístupný chodbou vedoucí od jihu a později, po opuštění hrobky,

16 Bareš (2002b).

17 Bareš–Bárta–Smoláriková–Strouhal (2003: 151–153).

18 Nantes, Musée Dobrée, Inv. No. 1255 – El-Sayed (1975: 160–165, Tab. XXX–XXXI); Berlin, Inv. No. 2272 – Piehl (1894: 254).

19 Bareš–Bárta–Smoláriková–Strouhal (2003: 149–151).

family, but perhaps also for other persons buried in the wider environment.[16] It did not serve this purpose for long – apparently it was abandoned early.

The exploration of the third and hitherto last excavated large shaft tomb, which lies to the southwest of that of Iufaa, was initiated only recently, but it has nonetheless brought about interesting results.[17] It seems that it belonged to another important official from the time of Ahmose II, Menekhibneko, who was hitherto known only from his two preserved statues.[18] It seems that the superstructure of his tomb was spectacularly built exclusively of white limestone, richly decorated with scenes and texts in finely carved relief. Like in the tomb of Iufaa, the main shaft was large (ca. 12.5 × 12 m), so as to scare off all potential thieves by its size. The entrance to the burial chamber, which is still covered by thousands tonnes of sand, was again through two smaller shafts, located to the south and west. At the bottom of the southern shaft, a relatively large ushabti of Egyptian faience was found, which confirms the identification of the owner of the tomb. At the south-western corner of the tomb, a subterranean magazine was discovered, containing several hundred large pottery storage jars, which were probably used during mummification and burial and for religious reasons had thus to be forever stored close to the person for whom they were dedicated.

Besides the large tombs, two tombs of middle proportions were explored. One of them, lying to the east of the tomb of Udjahorresnet, was found completely robbed and empty.[19] The rectangular limestone sarcophagus, located at the bottom of the 22 metres deep shaft, was also completely void of inscriptions, and thus we do not even know the name of the tomb owner. The tomb itself, however, has several unique, so far elsewhere unattested features. The main shaft is relatively small (2.1 × 1.8 metres), and both parts of the limestone sarcophagus must have been lowered in vertical position, probably suspended on ropes. The remains of a device, which may have served as a frictional brake, were found in the vicinity of this shaft, as well as bundles of massive, up to 7 cm thick ropes of plant threads. The brick superstructure of this tomb is also unique. It is of a square ground plan with the side measuring 11.5 m. The area into which the shaft mouthed was accessible only through a corridor leading from the south, which was later, after the tomb had been abandoned, walled up. This passage in all likelihood resembles the Saite passage, which leads to the large shaft and burial chamber of the Djoser pyramid from the south.

The second middle – sized tomb was a perfect miniature of large shaft tombs. Its main shaft measured 3.2 × 4.8 m.[20] At its bottom, 12 metres deep, a vaulted burial chamber was built of limestone blocks. The entrance to the chamber, inside almost completely filled with religious texts executed in relief, was formed by a small shaft to the east and a narrow horizontal passage leading form its bottom. This tomb, too, was robbed already in ancient times, but the remains of the original burial were found here, as well as fragments of several ushabtis. According to the inscriptions the tomb belonged to a certain Padihor, who bore the relatively common title "king's acquaintance," which says nothing about his status and activities. Despite the fact that the tomb lies in the immediate vicinity of the cultic complex in front of the tomb of Iufaa, he was not

Obr. 10 Pohled do podzemního skladu keramických nádob při Menechibnekově hrobce. Foto: Kamil Voděra

Fig. 10 View into the subterranean passage with pottery storage jars. Photo: Kamil Voděra

zazděnou. Tento průchod velmi pravděpodobně napodobuje chodbu, kterou od jihu k velké šachtě s pohřební komorou vytesali pod Džoserovou stupňovitou pyramidou v sajské době.

Druhá hrobka středních rozměrů byla dokonalou miniaturou velkých šachtových hrobek, s hlavní šachtou o rozměrech 3,2 × 4,8 metru.[20] Na jejím dně, v hloubce 12 metrů, byla z vápencových bloků postavena klenutá pohřební komora. Přístup do komory, uvnitř zcela pokryté náboženskými texty v reliéfu, umožňovala malá šachta na východě a z jejího dna vycházející úzká vodorovná chodba. Také tato hrobka byla už dávno vyloupena, našly se v ní ale zbytky původního pohřbu a zlomky několika vešebtů. Podle nápisů patřila hrobka jistému Padihorovi, který nesl poměrně běžný titul „králův známý", nic neříkající o jeho postavení a činnosti. Navzdory tomu, že jeho hrobka leží v těsné blízkosti kultovního komplexu před Iufaovou hrobkou, nebyl Padihor s tímto hodnostářem nijak příbuzný. Zajímavé je, že na stěně chodby vedoucí do pohřební komory se dodnes dochoval narychlo vyrytý nápis v arabském kúfském písmu, pocházející asi z 9.–11. století n. l.

Pokud je zařazení Menechibneka do doby Ahmose II. správné, je vcelku pravděpodobné, že všechny velké, a zřejmě i střední šachtové hrobky vznikly v krátkém období na samém konci dlouhé vlády Ahmose II. O tom, že byly postaveny najednou a podle určitého plánu, ostatně svědčí i jejich rozložení v terénu. Stavba Vedžahorresnetovy hrobky, jež leží z celé skupiny nejvíce na západ a ve špičce celé šípovité formace těchto hrobek, byla podle krátkých démotických nápisů na jejím zdivu zahájena pravděpodobně ve 41. nebo 42. roce vlády tohoto panovníka, tedy asi v letech 530–528 př. n. l.[21] Protože se dá stěží předpokládat, že by se ve výstavbě tak rozsáhlých hrobek dalo ve větší míře pokračovat v neklidných dobách po roce 525 př. n. l., kdy zemi dobyl perský král Kambýsés, po jehož náhlé smrti propukla válka o následnictví, byly zřejmě tyto stavby víceméně dokončeny již před tímto rokem. Dobu jejich budování lze tedy odhadnout zhruba na 4–5 let. To samozřejmě neznamená, že během této krátké doby byly hrobky použity i k pohřbům, protože přinejmenším Vedžahorresnet žil ještě poměrně dlouho za vlády Dareia I. Nelze ovšem vyloučit, že právě Iufaa mohl během této krátké doby zemřít a být pohřben.

Zatím víme jen velmi málo o tom, co se na abúsírské nekropoli dělo v dalších letech, tedy v 5. a 4. století př. n. l. Toto území tehdy zřejmě sloužilo k pohřbívání obyvatel nejbližšího okolí. Soudě podle nálezu sochy, která někdy na konci 4. století př. n. l. připomíná Vedžahorresnetovu památku,[22] motivovala k pohřbívání na abúsírské nekropoli možná i vzpomínka na tohoto hodnostáře. Nelze proto vyloučit, že Vedžahorresnet byl považován za velkého a moudrého muže minulosti; podle některých vědců dokonce připomínal biblického Ezru a Nehemiáše.[23] To ale jen stěží dalo popud k tomu, že ve východní části nekropole, v prostoru Niuserreova pyramidového komplexu, vzniklo někdy v polovině 4. stol. př. n. l. rozsáhlé řecké pohřebiště, jedno z největších dosud známých řeckých pohřebišť na egyptském území z doby před příchodem Alexandra Velikého.[24]

V menší míře trval v tomto období snad i kult Sahureovy Sachmety, jak lze soudit podle pozdějších kněžských titulů, které jsou doloženy až do 2. století př. n. l. Tak jako předtím, i později pokračovalo rovněž rozebírání starších staveb, které sloužily jako pohodlný zdroj materiálu na další výstavbu, ale i na výrobu menších kamenných předmětů a na pálení vápna. Zdá se, že v tomto období utrpěly značné škody i velké šachtové hrobky. Slavné doby abúsírské nekropole tak nenávratně skončily.

related to this official. Interestingly, a quickly carved inscription in the Arab Kufic script, coming from the 9th–11th century AD, has been preserved on the wall of the passage leading into the burial chamber.

If the dating of the tomb of Menekhibneko to the time of Ahmose II is correct, it is quite likely that all large, and perhaps also middle sized, shaft tombs were constructed in a short period of time at the very end of the long reign of Ahmose II. Their distribution in the terrain also suggests that they were built at once and according to a certain plan. The construction of the tomb of Udjahorresnet, the westernmost from the entire group, which lies in the tip of the arrow-like formation of these tombs, was according to the short demotic inscriptions on the masonry initiated in the 41st or 42nd regnal year of this ruler, i.e. ca in the years 530–528 BC.[21] Since we can hardly presume that it was possible to continue the building of such extensive tombs after the year 525 BC, when the land was conquered by the Persian king Cambyses, whose reign was followed by a war for succession, it would seem that these tombs must have been more or less finished before this date. It may therefore be presumed that their construction lasted for ca. 4–5 years. This of course does not mean that they also received their burials within such a short period of time, since at least Udjahorresnet lived quite long under the reign of Darius I. We cannot, however, refute the possibility that Iufaa could have died and even been buried during this short period of time.

So far we know only very little about what was going on at the Abusir necropolis in the following years, i.e. in the 5th and 4th centuries BC. The area may have served as a burial ground for the inhabitants of the immediately surrounding areas. The discovery of a statue, which recalls the memory of Udjahorresnet sometimes at the end of the 4th century BC suggests,[22] that they may have been attracted by the memory of this official. It is therefore possible that he was considered a great and wise man of the past; according to some scholars, he even resembled the Biblical Ezra and Nehemiah.[23] This was, however, hardly the reason why a large Greek cemetery was founded in the area of the pyramid complex of Niuserre in the middle of the 4th century BC, and rose to one of the largest known Greek cemeteries on Egyptian territory of the time before the arrival of Alexander the Great.[24]

To a smaller extent, the cult of Sakhmet of Sahure may also have persisted into this period, as may be judged from later priestly titles, attested until the 2nd century BC. The destruction of older buildings, which served as easily accessible sources of building material, as well as for the production of smaller stone objects and lime slaking, continued. It appears that shaft tombs, too, suffered great damage at this time. The glorious days of the Abusir necropolis were thus over.

[20] Bareš–Dvořák–Smo-lárikova–Strouhal (2002: 105–106).

[21] Bareš (2002a: 36–37).

[22] Anthes (1965: 98–100, Tab. 36 a–b, 37 a–c), Bresciani (1985: 1–6).

[23] Holm–Rasmussen (1988: 37), Blenkinsopp (1987: 409–421), Briant (1996: 1002).

[24] Watzinger (1905: 1–23), Smoláriková (2000, 2002: 74–75).

MUMIE A KOSTRY Z ABÚSÍRU VYPOVÍDAJÍ

Eugen Strouhal

Od počátku archeologických výzkumů v Abúsíru se jejich nedílnou součástí stala bioantropologie (věda o člověku jako součásti přírody) a paleopatologie (věda o nemocech dávných lidí).

Pro zhodnocení kosterních pozůstatků dávných lidí bylo třeba nejprve poznat fyzické znaky současné populace Egypta. Proto se již v první výkopové sezoně v Ptahšepsesově mastabě roku 1961 uskutečnil výzkum stovky dělníků pracujících na vykopávkách. Byly při něm zjištěny významné rozdíly tělesné výšky a některých obličejových znaků mezi muži z Abúsíru (střední Egypt) a Kuftu (Horní Egypt). Výsledky výzkumu byly zasazeny do rámce analytického souhrnu tehdejších poznatků o regionálních populacích Egypta.[1]

Po dokončení prací na záchraně historických památek starověké Núbie pokračovalo v letech 1968–72 odkrývání dalších částí Ptahšepsesovy mastaby a jejího okolí. Při těchto pracích byly ve vrstvách navátého písku nalezeny četné pohřby chudých obyvatel vesnice Pozdní a Ptolemaiovské doby (7.–1. stol. př. n. l.), předchůdkyně dnešní obce Abúsír. Zpracování pozůstatků tří set osob poskytlo mnoho významných poznatků. Patří k nim např. průměrné stáří dospělých při úmrtí (33,3 let u mužů a 32,3 let u žen), vysoké zastoupení nedospělých osob (49,7 %), vyšší úmrtnost kojenců a dětí v zimě a dospělých na jaře a na podzim, určená podle odchylek orientace pohřbů, rychlejší tempo růstu u abúsírských než u núbijských dětí apod.

Mezi paleopatologickými nálezy dominovaly úrazy (včetně vzácného případu amputace) a produktivně degenerativní choroby (artrózy a spondylózy).[2] Zvláštní pozornost byla věnována chorobám zubů a zubních lůžek. Jejich příčinou bylo, spíše než zubní kaz, rychlé tempo obrušování, vyvolávající zánět zubní dřeně a v důsledku toho ztrátu zubů. Ztrátě zubů napomáhal i častý výskyt zubního kamene a paradentóza.[3]

Na rodinném pohřebišti krále 5. dynastie Džedkarea bylo mezi lety 1976–1987 odkryto několik mastab. Dvě z nich patřily podle nápisů „královým vlastním dcerám" Chekeretnebtej a Hedžetnebu. Jejich blízké příbuzenství potvrdil antropologický výzkum i stanovení krevních skupin P. Klírem.[4] Pozůstatky 15–16leté dívky Tisethor, pro jejíž uložení byla Chekeretnebtejina mastaba dodatečně rozšířena, prozradily těsný morfologický i sérologický vztah k Chekeretnebtej. Přestože Tisethor postrádala obvyklý titul královských vnuček, její titul „králova ozdoba, jeho milovaná" připouští domněnku, že šlo o Chekeretnebtejinu dceru. Čtvrtá, anonymní žena z mastaby L mohla být podle výsledků antropologického a sérologického rozboru

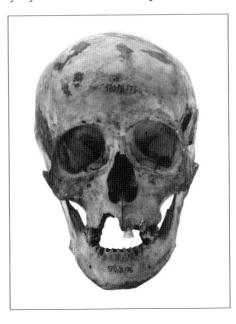

Obr. 1 Lebka princezny Chekeretnebtej zpředu. Foto: Eugen Strouhal

Fig. 1 Front view of the skull of Princess Khekeretnebty. Photo: Eugen Strouhal

THE ABUSIR MUMMIES AND SKELETONS SPEAK

Eugen Strouhal

Since the beginning of the archaeological explorations at Abusir, bioanthropology (the discipline that studies man as part of nature) and palaeopathology (the name of the discipline studying the illnesses of the ancient people) formed an integral part of archaeological science.

In order to analyse the skeletal remains of the ancient people, it was first necessary to study the physical features of the modern population of Egypt. Therefore, already in the course of the first excavation season in the Ptahshepses mastaba in 1961, several hundreds of workmen employed in the excavations were subjected to physical examination. In the course of the research, important differences in body height and some facial features between men from Abusir (Middle Egypt) and Kuft (Upper Egypt) were determined. The results were included in the analytical overview of information about the regional populations of Egypt.[1]

After the conclusion of the work on the salvation of the historical monuments of ancient Nubia, the excavations of the Ptahshepses mastaba and its surroundings continued in 1968–72. The layers of drift sand contained numerous burials of poor inhabitants of villages from the Late and Ptolemaic Periods (7th–1st centuries BC), the precursors of modern Abusir. The analysis of the remains of 296 individuals brought many interesting results, including the mean age of the adults at death (33.3 years men, 32.3 years women), and the high percentage of immature individuals (49.7 %). The higher mortality of suckling and children in winter and of adults in spring and autumn were determined according to the deviations of burial orientation. The study also revealed the faster growth of the Abusir children compared to the Nubian ones, etc.

Between paleopathological findings, common injuries prevailed (including a rare case of amputation), as well as productive-degenerative illnesses (arthroses and spondyloses).[2] Particular attention was paid to diseases of teeth and alveoli. More than by decay, dental problems were caused by their quick abrasion, leading to the inflammation of the tooth pulp and, as a result, to the loss of teeth. Both tartar and paradentosis were frequent.[3]

In the years 1976–1987, several mastabas were discovered at the family cemetery of the 5th Dynasty king Djedkare. According to the inscriptions on the tombs, two of them belonged to the "daughters of the king's own body" Khekeretnebty and Hedjetnebu. Their close relationship was confirmed by anthropological analyses as well as by P. Klír's blood group determination.[4] The analysis of the remains of the 15–16 years old girl Tisethor, for whom the

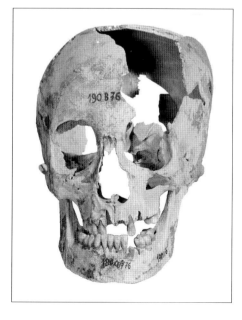

Obr. 2 Lebka dívky Tisethor zpředu.
Foto: Eugen Strouhal

Fig. 2 Front view of the skull of Tisethor.
Photo: Eugen Strouhal

[1] Strouhal–Reisenauer (1963, 1964).
[2] Strouhal–Bareš (1993).
[3] Strouhal (1984a: 163–172).
[4] Strouhal (1984b).

vzdálenější příbuznou zmíněných osob.[5] Další studie potvrdily morfologický a sérologický vztah uvedených žen k pozůstatkům krále Džedkarea, které byly nalezeny při výzkumu jeho pyramidy v jižní Sakkáře v roce 1950.[6]

V pyramidovém komplexu Lepsius č. XXIV byla v roce 1994 objevena na kusy roztrhaná a pohozená mumie mladé ženy. Antropologové E. Strouhal a V. Černý sestavili její tělo, změřili tělesnou výšku (160 cm) a určili stáří při úmrtí (21–23 let). Jméno mladé královny archeologický výzkum neodhalil, je však možné, že šlo o manželku krále Niuserrea, případně Raneferefa.[7]

V pohřební komoře nedokončené pyramidy krále Raneferefa (vládl kolem roku 2420 př. n. l.) byla při archeologickém vý-

Obr. 3 Lebka princezny Hedžetnebu zepředu. Foto: Eugen Strouhal

Fig. 3 Front view of the skull of Princess Hedjetnebu. Photo: Eugen Strouhal

zkumu v sezoně 1997–98 objevena levá ruka, další čtyři kosti a fragment kůže obličeje. Na základě určeného věku (20–23 let), mužského pohlaví, tělesných znaků, výsledků histologického studia A. Němečkové, které vykázalo mj. zmnožení buněk podkožní tukové tkáně,[8] i radiokarbonového datování (2628–2393 př. n. l.) byly uvedené nálezy identifikovány jako pozůstatky krále Raneferefa. Odpovídají krátké délce jeho vlády (2–3 roky) a sochám, které ho zobrazují jako mladíka plných tváří. Další dva zlomky, nalezené ve svrchní vrstvě písku v předsíni královy pohřební komory, mohly být vyloučeny stratigraficky, makroskopicky i histologicky. Podle C14 pocházely ze středověkého pohřbu (1297–1421 n. l.).[9]

Celkem 44 lidských kosterních pozůstatků ze tří mastab, 18 rodinných hrobů a několika sekundárních šachet Staré říše, zkoumaných v 80.–90. letech v jižní části abúsírského pohřebiště, zpracoval v roce 1995 V. Černý ve spolupráci s E. Strouhalem po stránce tafonomické (studium posmrtných změn), demografické (ukazatele vitální statistiky) a paleopatologické. I přes pouze poloviční zachovalost materiálu bylo možno zjistit vyrovnaný poměr obou pohlaví s malým zastoupením nedospělých jedinců (14 %). U starších osob byly časté produktivně degenerativní změny a traumata, které postihly 27 % jedinců.[10]

V neporušeném šachtové hrobce kněze Iufay byla v roce 1998 objevena po otevření dvojitého sarkofágu jeho polorozpadlá mumie. Vyšetření Iufaovy kostry prozradilo, že byl pohřben ve stáří pouhých 25–30 let; věk mikroskopicky potvrdila S. Saundersová. Iufaovo předčasné úmrtí odpovídá nedokončenému stavu některých stavebních detailů a výzdoby pohřební komory. Souviselo to s jeho předpokládanou chronickou chorobou, již dosud nebylo možno dostupnými metodami určit. Nemoc způsobila zřídnutí kostí (osteoporózu) se stlačením 7. hrudního obratle. Mozková část Iufaovy lebky má neobvyklý tvar. Je široká a nízká, na rozdíl od obvykle dlouhé, úzké a vyšší mozkovny dávných Egypťanů. Obě temenní kosti nesou hluboké miskovité deprese, které jsou nověji považovány za pozůstatek vrozeného přerušení vývoje těchto kostí krátce po narození.[11]

Na západním konci podzemní chodby, jižně od Iufaova šachtového hrobu, byly v roce 2001 nalezeny dvě za sebou uložené rakve, nebo jejich zbytky, obsahující mumie dalších osob – 40leté ženy Imachetcherresnet a 60letého muže neznámého jména. Jejich kostry byly porovnány s kostrou Iufay pomocí metrických, deskriptivních a epi-

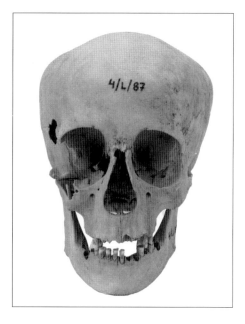

Obr. 4 Lebka
neznámé ženy
z mastaby L zepředu.
Foto: Eugen Strouhal

Fig. 4 Front view
of the skull of the
anonymous woman
from the mastaba L.
Photo: Eugen Strouhal

mastaba of Khekeretnebty was enlarged, confirmed her close morphological and serological relationship to Khekeretnebty, despite their age difference. Although Tisethor lacked the common title of royal granddaughters, her title ("king's jewel, his beloved") allows the suspicion that she may have been the daughter of Khekeretnebty. The other, anonymous woman from Mastaba L may have been a more distant relative of the aforementioned persons.[5] Other analyses confirmed the morphological and serological relationship of the aforementioned women to the remains of Djedkare (2380–2352 BC) that were found during the exploration of his pyramid in South Saqqara in 1950.[6]

In the pyramid complex Lepsius XXIV, a discarded and torn mummy of a girl was discovered in 1994. Anthropologists E. Strouhal and V. Černý managed to assemble the body and determine the girl's height (160 cm) and her age at death (21–23 years). Unfortunately, her name was not preserved, but she may have been the wife of either King Niuserre or Raneferef.[7]

The archaeological exploration in the burial chamber of the unfinished pyramid of King Raneferef (he ruled around 2420 BC) in the season of 1997–98 led to the discovery of a left hand, another four bones, and a fragment of facial skin. On the basis of the determined age (20–23 years), male sex, physical features, and the results of the histological analysis performed by A. Němečková (who noted the large number of cells of the hypodermic fat tissue)[8] and radiocarbon dating (2628–2393 BC), the aforementioned remains were identified as being those of King Raneferef. They correspond to the short duration of his reign (2–3 years) and to his statues that depict him as a young man with full cheeks. Another two fragments, found in the vestibule of the burial chamber, could be excluded stratigraphically, macroscopically, and histologically. According to the C^{14} analysis, they come from a mediaeval burial (AD 1297–1421).[9]

The 44 human skeletal remains from 3 mastabas, 18 family tombs, and several secondary shafts of the Old Kingdom, explored in the 1980s–1990s in the southern part of the Abusir necropolis, were analyzed in 1995 by V. Černý and E. Strouhal in terms of taphonomy (study of changes after death), demography (markers of vital statistics) and palaeopathology. An equal proportion of both sexes could be determined, as well as a small proportion of immature individuals (14 %). In the case of older individuals, degenerative changes and traumas were frequent (27 % of cases).[10]

The partially disintegrated mummy of the priest Iufaa was discovered in 1998 in his intact shaft tomb. The investigation of Iufaa's skeleton revealed that he was buried at an age of only 25–30 years. The age at death was confirmed by the microscopic analysis of Dr. S. Saunders. Iufaa's sudden premature death corresponds to the unfinished state of some architectural details as well as the burial chamber decoration. It was connected with his presumed chronic illness, which could not be diagnosed with currently available methods. It caused osteoporosis with the typical compression of the 7th thoracic vertebra. The cerebral part of Iufaa's skull is atypical in shape: it is wide and low, in sharp contrast to the usual long, narrow and taller skulls of the

[5] Verner–Callender (2002: 119–132), Strouhal (1984b, 1992).

[6] Strouhal et al. (1993).

[7] Strouhal–Vyhnánek (2000).

[8] Strouhal–Němečková (2002).

[9] Strouhal–Vyhnánek (2000).

[10] Bárta (2001: 193–202).

[11] Strouhal (2003).

genetických znaků. Ukázala se jejich vzájemná morfologická podobnost v rozměrech i profilových úhlech obličeje – s výjimkou jeho šířky – a shoda v řadě genetických i epigenetických znaků. Nalezené shody svědčí o blízkém příbuzenství uvedených tří osob. Sourozenecký vztah Iufay a Imachetcherresnet potvrdilo shodné jméno jejich matky Anchtisi v textech u obou pohřbů. Starý muž mohl být nejspíše jejich otcem nebo dalším sourozencem. Všichni přitom vykázali stejnou krevní skupinu.[12]

U obou nověji objevených osob se vyskytla řada paleopatologických změn. Anonymní starý muž trpěl velmi těžkou artrózou kyčelních kloubů, ale měl dosud slušně zachovaný chrup. Imachetcherresnet postihla v mládí spirální zlomenina pravých bércových kostí; bezpochyby šlo o otevřenou zlomeninu, jak to dokazují makroskopicky i rentgenologicky zjištěné stopy zánětu. Příznivý srůst bez větší dislokace kostních fragmentů a úplné vyhojení osteomyelitidy prozrazuje léčebný zákrok s použitím dlah.

Několik let rostl v křížové kosti též ženy vzácný nezhoubný nádor, který v ní vyhloubil trojlaločnou dutinu. Podle jejího tvaru, standardních rentgenových snímků, trojrozměrné rekonstrukce pomocí CT a histologického vyšetření zbytků nádorové tkáně A. Němečkovou mohla být vyslovena přesná diagnóza. Šlo o neurilemnom čili *schwannom*, nádor vznikající z buněk nervové pochvy. Tento výsledek je v oboru paleopatologie zcela ojedinělý. Současně jde o první paleopatologický nález svého druhu.[13]

Se zpožděním, zaviněným válkou v Iráku, byly ve dvou hrobových výklencích stěn západní šachty Iufaovy hrobky nalezeny na podzim 2003 části rozpadlé mumie kněze Nekona a na jaře 2004 zlomky mumie kněze Gemenefherbaka. Oba zemřeli v rozmezí 35–45 let. Spojuje je podobná anomálie křížové kosti a tři čtvrtiny shodných epigenetických znaků ze 35 stanovitelných. To naznačuje možnost jejich sourozeneckého vztahu. V textech se také podařilo zjistit jméno Nekonovy matky, Irturut. Přestože se Gemenefherbakova krevní skupina lišila od skupiny zjištěné u Iufay, Imachetcherresnet a anonymního starého muže, lze vyslovit hypotézu, že Gemenefherbaka i Neko mohli být syny tohoto starého muže a jeho pravděpodobné druhé manželky Irturut, a patřili tak do Iufaovy rodiny.

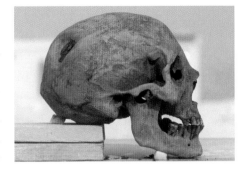

Obr. 5 Lebka kněze Iufay v profilu.
Foto: Eugen Strouhal

Fig. 5 Profile of the skull of the priest Iufaa.
Photo: Eugen Strouhal

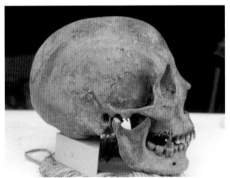

Obr. 6 Lebka Iufaaovy sestry Imachetcherresnet z profilu.
Foto: Eugen Strouhal

Fig. 6 Profile of the skull of Iufaa's sister Imakhetkherresnet.
Photo: Eugen Strouhal

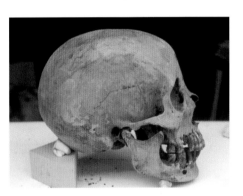

Obr. 7 Lebka neznámého starého muže z profilu.
Foto: Eugen Strouhal

Fig. 7 Profile of the skull of the anonymous old man.
Photo: Eugen Strouhal

12 Strouhal (2002a, 2002b).

13 Strouhal–Němečková (2004), Strouhal–Němečková–Kouba (2003), Strouhal–Němečková–Khattar (in press-a), Strouhal–Němečková–Khattar (in press-b).

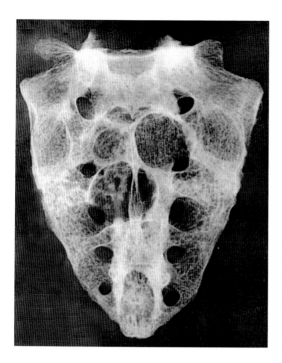

Obr. 8 Standardní
zadopřední rentgenový
snímek nádoru v sakru.
Snímek: Salima Ikram
a R. Walker

Fig. 8 Standard postero-
-anterior X-ray of
the tumor in sacrum.
Exposition: Salima Ikram
a R. Walker

ancient Egyptians. Both parietal bones have deep depressions, which are considered traces of the innate break in the development of these bones shortly after birth.[11]

In 2001, two subsequent burials of other persons were discovered at the western end of the thirty-meters long subterranean corridor extending several meters to the south of the tomb of Iufaa. The older one belonged to a 40-years old woman called Imakhetkherresnet, the younger one to a 60-years old man of unknown name. The metrical, descriptive and epigenetical marks of these skeletons were compared with those of the skeleton of Iufaa. These analyses demonstrated their similarity, above all in the facial dimensions and profile angles –with the exception of its width – and the correspondence of a number of genetic and epigenetic features. These features seem to indicate a close relationship between the relevant individuals, with the consequence that Iufaa and Imakhetkherresnet were siblings – as is also indicated by the same name of their mother preserved in the texts of both burials – Ankhtisi. The old man could be their father or another brother. All three individuals had the same blood group.[12]

The two more recently discovered individuals show many palaeopathological changes. The anonymous old man suffered from a very severe arthrosis of the iliac joints, but his teeth were preserved reasonably well. At a young age, Imakhetkherresnet was afflicted by a spiral fracture of the right shank bones, undoubtedly an open one, as suggest the macroscopically, roentgenologically and histologically confirmed traces of fistulae resulting form a purulent inflammation. The good fusion without any greater dislocation of the bones and the healing up of the osteomyelisis indicate a medical intervention with the use of splints.

For several years, a rare benign tumor grew in the sacrum of this woman, and its pressure created a three-lobe cavity in the bone. Evaluating its shape, X-ray analysis, three-dimensional reconstruction with the help of CT and histological analysis of the remains of the tissue of the tumor by A. Němečková enabled us to determine its precise diagnosis, which is an unique achievement in the field of paleopathology. It was a neurilemmoma or schwannoma, a tumor growing out of the cells of neural sheath. It is the first diagnosis of this kind in paleopathology.[13]

After a delay, caused by the war in Iraq, two niches in the walls of the western shaft of the tomb of Iufaa were found to have contained parts of the semi-disintegrated mummy of a priest named Neko (discovered in autumn 2003), and parts of the mummy of the priest Gemenefherbak (found in spring 2004). Both died at an age of 35–45 years. They share the same anomaly of the sacrum and three quarters of the same epigenetical features out of 35 determinable ones. This suggest that they may have been brothers. The name of Neko's mother, Irturut, that appears in the texts, and the different blood group of Gemenefherbak lead to the hypothesis, that they may have been the sons of the anonymous man and his probably second wife Irturut and thus belonged to Iufaa's family.

KOPTSKÉ SÍDELNÍ AKTIVITY V ABÚSÍRU

Wolf B. Oerter

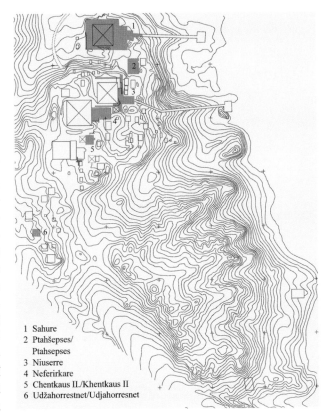

1 Sahure
2 Ptahšepses/
  Ptahsepses
3 Niuserre
4 Neferirkare
5 Chentkaus II./Khentkaus II
6 Udžahorrestnet/Udjahorresnet

Staroěcí Egypťané pokládali Egypt za „dar Nilu" a od doby sv. Antonína (251–356 n. l.) a Pachoma (287–347 n. l.) se může Egypt označovat také za „kolébku křesťanského mnišství". Oba církevní představitelé jsou pokládáni za nejstarší literárně doložené eremity, kteří v Egyptě působili. Pouze pomalu se prosazuje současný názor, že Antonín, příkladný anachoreta a mnich žijící v pustinách, a Pachom, vzorný koinobita a klášterní mnich, jsou součástí myšlenkového proudu, který vznikl již před jejich působením a mimo území Egypta a uznával princip „života zříkajícího se světa".[1] Ať už na otázku, kde hledat původ křesťanského mnišství, odpovíme jakkoli, je zcela nesporné, že v pozdní antice anachoreté, eremité a koinobité hluboce ovlivnili způsob vnímání Egypta vnějšími pozorovateli. Jejich vliv byl tak silný, že např. anonymní autor jednoho z antických cestopisů, *Historia Monachorum* (4. st. n. l.), dokonce napsal, že se v Egyptě stěží nachází vesnice či město, „které by nebylo obklopeno kláštery jako nějakou hradbou".[2]

Dokonce i dnes se návštěvník země na Nilu setkává s mnohými památkami, které po sobě zanechali dávní mnichové: vedle staveb vlastních klášterů to jsou přírodní jeskyně, staré lomy, opuštěné chrámy – pokud bychom chtěli jmenovat pouze některé příklady.[3] Ani Abúsír, starobylá nekropole panovníků 5. dynastie, nepředstavuje žádnou výjimku, ačkoli jeho památky z křesťanského období se nemohou rovnat s dalšími, které byly nalezeny na jiných lokalitách v Egyptě.

Vymezme si nyní časové období, v němž se budeme pohybovat. Přibližně 300 let dlouhá vláda ptolemaiovské dynastie skončila sebevraždou Kleopatry VII. roku 30 př. n. l. a Egypt přešel na několik následujících staletí pod správu Říma. V roce 395 n. l. při dělení římského impéria na západní a východní část se Egypt stal součástí východořímské (byzantské) říše. Poté, co byl roku 641/2 dobyt Araby, nastala pozvolná arabizace země a jejího obyvatelstva, z něhož v 5. století n. l. přibližně 80 % vyznávalo křesťanství . Po ní již následovala vlna islamizace širokých vrstev egyptské populace. Arabové obyvatele Egypta označovali slovem *qibt*, jehož forma se postupně přes středověkou latinu změnila na „kopt" a toto slovo je dnes společné téměř všem evropským jazykům. Protože Egypťané, kteří odmítali přestoupit na islám, vyznávali většinou křesťanské náboženství, nese v sobě označení *qibt* i náboženské konotace. „Koptský" od té doby neoznačovalo pouze obyvatele Egypta, nýbrž Egypťana vyznávajícího křesťanskou víru.[4]

Právě v tomto komplexním (etno-náboženském) smyslu budeme v následujícím textu chápat termín „koptský", budeme-li hovořit o pozůstatcích koptského osídlení, které se na abúsírském pohřebišti nahromadily během několika staletí. Na chronologické ose se nacházíme v pozdně antickém/raně byzantském a raně islámském období. Přesnější časové určení je možné pouze u individuálních nálezů – a i poté zůstává pouze orientační.

Obr. 1 Mapa abúsírsko--sakkárské oblasti s vyznačenými místy nálezů koptských předmětů.
© Ing. Vladimír Brůna, Laboratoř geoinformatiky Univerzity J. E. Purkyně v Ústí nad Labem

Fig. 1 Map of the Abusir-Saqqara area with indicated locations of discovery of Coptic artefact.
© Ing. Vladimír Brůna, Geoinformatics Laboratory of the University of J. E. Purkyně in Ústí nad Labem

THE REMAINS OF COPTIC SETTLEMENT AT ABUSIR

Wolf B. Oerter

The ancients regarded Egypt as the "gift of the Nile" (Herodotus). Since the times of Anthony (251–356) and Pachomius (287–347), the oldest monks recorded in literature who were active in Egypt, the land on the Nile is also regarded as the birthplace of Christian monasticism. Only now, scholars slowly begin to realize that Anthony, the exemplary anchorite and desert-dwelling monk, and Pachomius, the exemplary cenobite and cloister-dwelling monk, were the extreme ends of a broad spectre of world-renouncing ways of life[1] that had already existed outside of Egypt (Palestine, Syria). However one would like to answer the question of the origin of Christian monasticism, the view that the anchoritic and cenobitic forms of monasticism formed the outer picture of Egypt in Late Antiquity remains uncontested. To such an extent were they regarded characteristic for Egypt, that for example also the anonymous author of the ancient travelogue Historia Monachorum (4th century), came to the conclusion that there was hardly a village or city in Egypt "that was not enclosed by monasteries like by a rampart".[2]

Even today, the visitor of Egypt meets numerous traces left there by the ancient monks – besides the actual monasteries, they include for example also natural caves, old quarries, abandoned temples.[3] And Abusir, the royal necropolis of the 5th Dynasty, is no exception, although these traces are no match to the remains from Christian times that are to be found elsewhere in the country.

This way we define also the time span that interests us. The about 300 years lasting rule of the Ptolemies in Egypt ended in the year 30 BC with the suicide of Queen Cleopatra, and for the following centuries, Rome took over the rule of Egypt. After the division of the Roman Empire into the western and the eastern empire (395), Egypt became part of the East Roman (Byzantine) Empire. After the final conquest of Egypt by the Arabs in 641/42, the Arabization of Egypt and her inhabitants, of whom were already in the early 5th century approximately 80 % Christians, began, followed by the Islamization of the wide masses. The Arabic word for the inhabitants of Egypt is *qibt*, from which comes, over Middle-Age Latin, the almost in all European languages similar word "Copt". Since those Egyptians, who refuse to convert to Arabhood and Islam, are mostly Christians, the name *qibt* still bears a religious connotation with it: "Copt" refers not merely to an inhabitant of Egypt, but also an Egyptian of the Christian faith.[4]

When listing the "Coptic" settlement remains that have accumulated in the course of centuries on the once pharaonic necropolis, we want to understand "Coptic" precisely in this dual – ethno-religious – sense. Chronologically, we are situated in Late Antiquity (early Byzantine time) and the early Islamic periods; a more precise temporal delimitation is possible only in the individual cases and even then mostly only approximately.

We shall begin our search for Coptic traces on the burial ground of today's Abusir at the tomb complex of King Sahure, the founder of this pharaonic necropolis. In Late Antiquity, people visited his funerary temple and erected buildings on its ground. As L. Borchardt began his excavations here in the beginning of the 20th century, he found

[1] Joest (2002: 26).

[2] Joest (2002: 25).

[3] Grossmann (2002: 65–85).

[4] Atiya (1991: 599–601).

Naše hledání stop po koptském osídlení započneme v pohřebním komplexu panovníka Sahurea, dávného zakladatele celé královské abúsírské nekropole. Lidé v pozdně antickém období ještě stále přicházeli do zádušního chrámu a budovali tam stavby. Když na počátku 20. století začal Ludwig Borchardt jako první s odkrýváním Sahureova pohřebního komplexu, nalezl v prostoru sloupové síně pozůstatky staveb, které interpretoval jako pozůstatky kostela nebo kláštera.[5] Stavba, která překryla jihozápadní část sloupové síně, zcela jistě představovala malý, jednolodní klášterní kostel s polokruhovitou apsidou orientovanou na východ. Tehdy bylo ještě možno rozeznat pilastr umístěný ve východní stěně kostela a stopy po základech chórové přepážky, která původně oddělovala prostor apsidy od vlastního kostela.[6]

Z další stavby nacházející se v severovýchodní části sloupového dvora se dochovala pouze část stěny se dvěma pilastry a dveřmi a kolmo na ně navazující příčka. Přibližně uprostřed takto vymezeného prostoru byla nalezena vysoká patka sloupu. Zdi byly pouze pokryty nilským jílem a pokud se dochovaly nějaké stopy po barevných omítkách nebo výzdobě, Borchardt o nich nic nezaznamenal. Velmi zajímavé jsou předměty, které zde byly nalezeny. Konsekrační kříž vysekaný do jedné ze stěn pouze podtrhuje náboženský charakter stavby. Dřevěné pečetítko sloužící k označování zátek keramických nádob poukazuje dále za Abúsír: na něm vyrytý nápis obsahuje jméno Jerem(iáš), jež snad lze spojit s prostředím kláštera sv. Jeremiáše v nedaleké Sakkáře. Církevní stavba v Abúsíru by pak spadala pod klášterní správu, jak to předpokládali již mnozí badatelé.[7]

Třetí stavba, pravděpodobně světského charakteru, překrývala původní severní část pyramidového dvora a snad sloužila jako obydlí. Bylo zde nalezeno mnoho střepů koptské keramiky, z nichž jeden byl zdoben černě malovanou výzdobou s červenou výplní na žlutém pozadí a puntíky.[8] Zlomky keramiky se zcela totožným stylem výzdoby byly nalezeny v pilířovém dvoře pohřebního komplexu královny Chentkaus II. (viz níže). Přítomnost koptů v pozdně antickém období rovněž dokládají pozůstatky koptských nápisů na stěnách starobylého chrámu. Jejich stav dochování však byl již v okamžiku nálezu tak žalostný, že jim Borchardt nemohl vůbec porozumět. Snad bychom je mohli chápat jako i dnes tak často se vyskytující rozhněvané, „návštěvnické nápisy"!

Další koptský epigrafický materiál pocházející ze Sahureova pohřebního komplexu sestává z popsaných keramických střepů, na nichž byl zaznamenán obsah či majitel nádoby. Kromě nich zde byly nalezeny i střepy s krátkými zprávami, a dokonce i takové, na nichž se cvičilo psaní a hláskování. Bohužel ohlášený svazek, v němž měly vyjít písemné doklady z Borchardtových výzkumů, nebyl k naší velké lítosti nikdy publikován.

Výzkum mastaby (arabsky lavice) ležící jižně od zádušního chrámu panovníka Sahurea, v níž byl pohřben hodnostář Ptahšepses žijící v 5. dynastii, poskytl množství celých nádob (či jejich zlomků) vyrobených z hlíny, skla a fajánse. Nálezy pokrývaly časové období dlouhé několik staletí. Mezi typické nalezené tvary patří mísy či misky na nožkách, amfory používané jako zásobnice, zlomky okrajů nádob stejně jako ploché fragmenty zdobené jednoduchými geometrickými a bublinovitými motivy. Nebyly objeveny žádné indicie, které by naznačovaly, že zde nalezená keramika je něčím jiným než tehdejším běžným spotřebním zbožím. Několik střepů s dochovaným otiskem kříže na dně s největší pravděpodobností nepředstavuje zlomky kultovních nádob, nýbrž takových, které sloužily zcela světským „účelům", neboť v pozdně římské době motiv kříže na keramice prostě označoval její profánní použití.[9] Přítomnost tak velkého počtu rozličných zlomků nádob, které lze datovat do období mezi 4. a 7. století n. l. a mnohdy dokonce i do století desátého až jedenáctého, dokládá poměrně silnou koncentraci aktivit v této památce. Důvody tohoto jevu mohou však být čistě prak-

[5] Borchardt (1910: 109).

[6] Grossmann (2002b: 58–59).

[7] Grossmann (2002b: 58, 175).

[8] Borchardt (1910: 139).

[9] Charvát (1981: 181).

remains of structures, which he presumed to have been a church complex or monastery buildings.[5] The building erected over the southwestern part of the columned court was clearly a small, single nave monastery church, with an eastward oriented apsis of a semicircular groundplan. The eastern wall of the chapel had a pillar, and the bases of a shrine rostrum, which divided the apsis area from the lay part of the church, were also recognizable.[6]

Another building was located in the northeastern part of the columned court. A piece of wall with two pilastres and a door was preserved from this building, as well as a wall running at the right-angle to the first one, and, somewhere in the midddle of the room, a high column base. The surface of the walls was whitewashed with Nile clay; Borchardt did not record whether some remains of decoration or colour were preserved. The few finds that were brought to light here are also of great interest. The consecration cross masoned into one of the walls underlines the religious character of the buildings. A wooden stamp for sealing jars reaches beyond Abusir: its incised inscription contains the name Jerem(iah) and seems to refer to the monastery of St. Jeremiah at Saqqara, to which the Abusir building might have belonged as an out building, as various scholars have presumed.[7]

A third, probably secular building, lays over the northern pyramid court and probably served as a dwelling. Numerous Coptic pottery sherds were found here, among them one with painted decoration – black drawing filled in with red on a yellowish background – and with spots.[8] Exactly the same decoration is to be found on sherds from the pillared court of the funerary temple of Queen Khentkaus (cf. below). Coptic activities in Late Antiquity are also attested by remains of Coptic inscriptions on the ancient temple reliefs, which are, however, in such a fragmentary state, that even Borchardt could make neither head or tail of them anymore. Perhaps we ought to regard them as the also nowadays often annoying visitor's scribbles!

The other noteworthy Coptic epigraphic material from the temple of Sahure consists of inscribed jar sherds, which refer to the content or to the owner of the jar. The sherds, however, seem to have included those with short messages and those, on which one trained writing and spelling. The special volume concerning the epigraphic material from Borchard's excavations, that he announced in his time, unfortunately never came to exist.

The mastaba (Arab. "bank") located to the south of the funerary complex of Sahure, which belonged to the 5th Dynasty official Ptahshepses, brought to light a number of vessels or vessel sherds of clay, glass and faience, the origin of which extends over several centuries. The typical shapes include footed bowls, amphorae as storage jars, fragments of jar edges as well as flat decorated sherds with simple geometric motifs and with bubble-shaped motifs. There were no indications that these should be regarded as anything more common utility objects. The few sherds with a cross medallion stamped into the bottom are also probably no cultic vessels and served completely "worldly" uses, as the cross-motifs on late Roman vessels of demonstrably secular use indicate.[9] The presence of so many various vessel remains that can be dated to the period between the 4th and the 7th and in some cases even into the 10th/11th century AD, attests busy activity in this monument. The reason for this was, however, probably a purely practical one: the exploitation of the Ptahshepses mastaba as a stone quarry. This is shown also by the fact that the Coptic sherds did not, as the youngest ones, lie in the highest strata, and the oldest, Old Kingdom ones, in the lowest, but in many cases just the opposite was the case.

In the funerary complex of Niuserre, which lies immediately to the south of the Ptahshepses mastaba, archaeologists discovered remains of stone dwellings. Most of

tického charakteru: Ptahšepsesova mastaba byla výrazně využívána jako lom stavebního kamene. Dokládá to mnohdy obrácená stratigrafie jednotlivých nálezů. Zlomky keramiky ze Staré říše se totiž nenacházely, jak by se u intaktních vrstev dalo očekávat, zcela vespodu a nejmladší, tedy pozdně antická (koptská), keramika navrchu, nýbrž v mnoha případech tomu bylo právě naopak.

V pohřebním komplexu panovníka Niuserrea, který se nachází bezprostředně na jih od Ptahšepsesovy mastaby, archeologové odkryly pozůstatky kamenných obydlí. Ačkoli většina staveb pochází pravděpodobně z řeckého období, tj. z posledních století před zlomem letopočtu, lze podle H. Schäfera

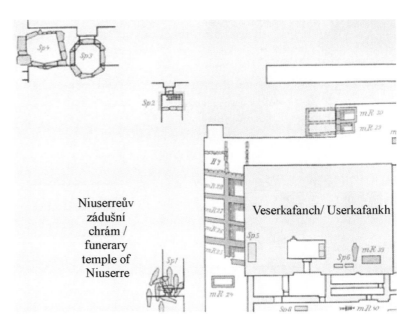

Obr. 2 Detail plánu pohřebiště východně před Niuserreovým zádušním chrámem s vyznačeným domem 7. Podle Schäfera (1908: pl. 1)

Fig. 2 Detail from the plan of the cemetery located to the east of Niuserre's funerary temple with indicated location of house 7. After Schäfer (1908: pl. 1)

některé domy datovat i do římského, či dokonce arabského období.[10] Bohužel však jejich přesné časové určení zůstává nejasné. Protože nebylo možné určit jasné půdorysy jednotlivých domů, nechali je výkopci prostě odstranit. Nemůžeme tedy určit počet příbytků, které koptové sekundárně využili k obývání. Jediný přímý doklad využití starší stavby představuje dům 7, který přiléhal od západu k jedné středoříšské hrobce (mR 28). Dům byl postaven na vrcholku hromady stavebního odpadu. Pochází z něj mimo jiné několik malých zlomků papyrů s napsanými jednotlivými koptskými znaky.[11]

V pohřebním komplexu panovníka Neferirkarea téměř žádné koptské předměty nalezeny nebyly. Z architektury obydlí, v nichž sídlili koptští křesťané, nacházejících se podél severní části vstupní fasády zádušního chrámu, se nic nezachovalo.[12] Jedinými svědky koptské přítomnosti tak zůstávají četné zlomky hrubých i malovaných keramických nádob. Na jednom z těchto střepů byla zapsána jména apoštolů: Ondřej, Jan, Filip, Bartoloměj, Tomáš, Matěj, Jakub, Tadeáš, Šimon a Jidáš Iškariotský.[13]

Při výzkumu velmi zničeného malého pohřebního komplexu královny Chentkaus II., manželky panovníka Neferirkarea, bylo objeveno velké množství nálezů různých kategorií.[14] V prostoru pilířového dvora a v jihozápadní části královnina zádušního chrámu byly archeology odkryty struktury z neomítnutých zdí stavěných nasucho ze sušených cihel i kamene, které vymezovaly malé nepravidelné místnosti. Zda byly stěny zdí původně omítnuty nebo ne, dnes nelze s jistotou posoudit. Avšak nedaleko od těchto staveb bylo nalezeno šest zlomků vápenné omítky se zbytky červeně malovaného geometrického nebo rostlinného motivu.

Podobná výzdoba je známa i z jiných obydlí koptských mnichů a patřila k typickým dobovým výzdobným prvkům, jak to rovněž dokládají nálezy koptské zdobené keramiky. Relativně četné nálezy jednotlivých střepů keramických nádob se soustřeďovaly nejen do prostoru pilířového dvora, ale i do severovýchodní části zádušního chrámu a přiléhající ohradní zdi. Ačkoli je soubor koptské keramiky velmi zlomkovitý, lze určit alespoň základní tvarovou škálu nádob. Setkáváme se zde s poměrně pestrou paletou tvarů nádob používaných v běžném životě, od misek a džbánů po zásobnice. Byly vyrobeny z vypálené hlíny a aplikovaná výzdoba odráží soudobý vkus. Objevuje se zde například tzv. pletencový ornament, který se dochoval na několika zlomcích pocházejících z různých nádob a který byl s velkou oblibou používán i na koptských látkách; dále jsou nádoby zdobeny rostlinnými girlandami a znázorněními

---

[10] Schäfer (1908: 134).

[11] Schäfer (1908: 142).

[12] Borchardt (1909: 71).

[13] Borchardt (1909: 71).

[14] Oerter (2000: 57–61).

the houses came from the time of Greek rule, i.e. from the last centuries B.C., but other house remains can nonetheless, according to H. Schäfer, be traced well into Roman, or even Arab times. Their precise dating is, however, not possible.[10] Since in case of most of the houses no groundplan could be observed, they were cleared away by the excavators. Therefore we cannot tell how many of the dwellings were secondarily used by the Copts. The only building (house 7) of this type adjoins a Middle Kingdom tomb from the west (MK tomb 28) and was constructed on a high mound of debris. Several papyrus fragments, that were discovered within it, were inscribed with Coptic signs.[11]

Coptic finds from the area of the pyramid of Neferirkare are no more numerous. No architectural elements of the dwelling(s) of Coptic Christians, that were built against the north facade of the temple, were preserved.[12] The only witnesses of Coptic presence are the numerous sherds of rough and painted jars. On one of these sherds, the names of the apostles were inscribed: Andrew, John, Philip, Bartholomew, Thomas, Matthew, James, Thaddaeus, Simon, and Judas the Iscariot.[13]

Most finds belonging to various different categories were discovered during the excavations of the damaged funerary complex of the wife of Neferirkare Khentkaus (II).[14] Dry stone and mud brick structures with unwashed walls were found in the pillared court and southwestern part of the funerary temple, enclosing small irregular rooms. It is now impossible to state with certainty if the walls were once washed or not, but in the vicinity of these structures, six fragments of a calcareous wall-wash decorated with plant and geometric motifs in red colour were found. Such decoration is known from other dwelling structures of Coptic monks and belongs, as is shown also by the decorated pottery of this time, to the then typical stock of motifs. The relatively numerous pottery items come above all from the pillared court, but also from the north-eastern part of the temple and from the area of the enclosure wall of the funerary temple. They consist above all of single sherds, but even these can in many cases betray the original form of the vessel. Thus we arrive at a relatively variegated collection of items of daily use, ranging form bowls over jars to the so-called storage jars. They are made of burnt clay, and their decoration corresponds to the taste of that time – for example the twisted-band ornament, which was found on several sherds belonging to various vessels, and which was very popular also on Coptic textiles, as well as girlands or bird figures. Several sherds have some of the decoration elements, that form the decoration of one of the sherds coming from the funerary temple of Sahure (the aforementioned black painting on yellowish background with spots). The eleven fragments of a storage jar, found at the enclosure wall of the funerary temple, formed an especially nice example. The fragments are of burned clay, they are painted white on the inside and decorated with birds, spirals and girlands on white background on the outside. A vessel inscription mentions the Coptic saint Menas, whose festival is celebrated on the 15th of Hathor (November), and whose sanctuary in Abu Mena in the Nile Delta is a sought-out aim of pilgrimages. The name of Menas is inscribed in red ink on a fragment of a clay flask. The name of the saint on flasks is other-

Obr. 3 Zlomek koptské zásobnice s malovanou výzdobou. Foto: Milan Zemina

Fig. 3 Fragment of a Coptic storage jar with painted decoration. Photo: Milan Zemina

ptáků. Na několika fragmentech však byly nalezeny i jednotlivé součásti ornamentu, jaký se dochoval na jednom ze zlomků v Sahureově zádušním chrámu (je to výše zmíněná černě malovaná výzdoba na žlutém pozadí s puntíky). Obzvláště pěkný příklad představuje osm zlomků pocházejících z jedné zásobnice, která byla nalezena u ohradní zdi zádušního komplexu královny. Jedná se o zlomky z vypálené hlíny, jejichž vnitřní strana byla potažena bílým slipem a vnější strana je zdobena motivy ptáků, spirál a girland na bílém pozadí. Nápis na zásobnici uvádí jméno koptského svatého Meny, jehož svátek byl oslavován 15. dne měsíce hathor (listopadu) a jehož svatyně v Abú Míně v nilské deltě byla oblíbeným poutním místem. Jméno tohoto světce bylo zpravidla zapsáno na tzv. Menových poutních lahvích, kde tvořilo součást delšího votivního nápisu. Rovněž na zlomku se jménem tohoto světce pocházejícím z Abúsíru lze původní tvar nádoby určit jako láhev. Menovo jméno zde bylo zapsáno červeným inkoustem. V případě poutnických lahvi se však struktura nápisu odlišuje od abúsírského zlomku. Lze tedy rovněž předpokládat, že se v případě tohoto fragmentu setkáváme s označením „pozemského" vlastníka zmíněné nádoby, neboť Mena bylo obvyklé koptské osobní jméno. Je však možné i to, že střep byl druhotně použit jako ostrakon, tj. zlomek keramické nádoby či úlomek vápence, který sloužil pro rychlé zaznamenání textu. Další úlomek původně pocházel z polokulovité misky, jež nesla skutečný nápis. Jeho smysl nám bohužel uniká, neboť se z jeho tří řádek dochovala pouze jednotlivá písmena.

Jméno „Menas" se objevuje i na dalším nálezu: na vápencovém úlomku s vyrytými koptskými písmeny – rovněž zde nám bohužel zůstává utajeno, k čemu původně sloužil. Mezi zajímavými nálezy ze zádušního chrámu královny Chentkaus II. patří dvě písemné památky – zlomek papyrového svitku a úlomek vápence. Fragment papyru je z obou stran popsán koptsky a řecky a byl nalezen přeložený na dvě poloviny. Vzhledem k tomu, že koptský text byl na vnitřní straně přeloženého papyru, lze se domnívat, že ho chtěl pisatel ochránit a že je tedy mladší než řecky psaná stvrzenka o dodávce obilí z 5. století n. l. Koptsky psaný text je dopisem obracejícím se na jistého Apu Pavla, který je v něm žádán, aby tomu, kdo mu dopis doručí, předal několik předmětů, jež jsou zřetelně majetkem pisatele dopisu. Adresát je osloven Apa, což bylo nejen čestné pojmenování necírkevních mučedníků, ale především běžný způsob označování koptských mnichů. Lze tedy předpokládat, že i dopis je spjatý s klášterním prostředím. Jména v něm zmiňovaná – Moun, Izák a Pavel, jsou rovněž doložena v klášteře svatého Jeremiáše v blízké Sakkáře.

Další epigrafický nález snad původně tvořil součást vápencové stély, na níž byla jednotlivá písmena nápisu vyplněna červenou barvou. Jelikož se však nápis na zlomku pocházejícím z českých výzkumů dochoval ve velmi poničeném stavu, není možné rekonstruovat jeho obsah. Jedinými čitelnými součástmi nápisu jsou dvě jména – Viktor a Kollothos a titul Apa. Obě uvedená osobní jména byla ve své době velmi oblíbená[15] a jsou rovněž doložena i mezi jmény mnichů kláštera svatého Jeremiáše v Sakkáře.[16]

Obr. 4 Zlomek nádoby s typickým pletencovým ornamentem.
Foto: Milan Zemina

Fig. 4 Fragment of a storage jar with typical plaited decoration.
Photo: Milan Zemina

[15] Crum (1909: 247–248), Heuser (1929: 100–101).
[16] Wietheger (1992: 246–247, 252).

wise known from the so-called Menas votive flasks, where it forms part of a longer votive inscription. These pieces exhibit, however, a different composition of the votive inscription than would be the case of our fragment. As Menas is also a common personal name of this time, the name on the fragment could refer merely to the "earthly" owner of the flask, or the sherd could be an ostrakon, i. e. a sherd serving exclusively as medium for inscriptions. Another sherd of a ball-shaped vessel bears what must have been a vessel inscription, however, only individual letters of the three lines of inscription are recognizable, and the sense escapes us. The name "Menas" appears also on another piece: on a limestone fragment engraved with Coptic capitals, the use of which, however, is unclear. The interesting finds from the funerary temple of Khentkaus include two written records, one on a papyrus, the other on limestone. The papyrus fragment is inscribed on both sides, on its one side in Greek and on the other in Coptic, and was discovered in a folded form. Since the papyrus was folded in such a way that the Coptic text was on the inside, we can suppose that the writer took care to preserve this text, which would thus be younger than the Greek one. The Greek text is a corn bill from the 5th century, the Coptic text is a letter, in which a certain Apa Paule is asked to hand over to the carrier of the letter some things which apparently belong to the author of the letter. Since the addressee is called "Apa," the honorary title of non-clerical martyrs, but generally also the title of monks, he probably belonged to a monastic milieu. The names mentioned in the letter, Moun, Isak and Paule, appear also in the monastery of St. Jeremiah in Saqqara. The other epigraphical record consists of apparently a fragment of a limestone stela, since traces of red colour are preserved on the inscription in a manner that is known from stelae, the inscriptions of which were often filled with red colour. Our inscription is, unfortunately, only fragmentary and cannot be restored with certainty. The few certain elements are the remains of two names, Viktor and Kollouthos, as well as again the title Apa. Both names are common Coptic personal names,[15] they are, however, also found among the names of the monks that are attested for the monastery of St. Jeremiah in Saqqara.[16] If our presumption that the limestone fragment represents a piece of a stela is correct, the inscription is the beginning of a tomb inscription. The original location as well as precise dating of the stela remain, however, uncertain.

To the south-west of the pyramids of Abusir lies the shaft tomb of Udjahorresnet from the Persian period, which already in antiquity inspired much interest of tomb robbers.[17] Apparently the stream of visitors continued also later, since how else should we explain the fact that the chronological ordering of the strata is completely confused, so that sherds of the original (Persian) tomb equipment were found alongside fragments of Coptic vessels in one and the same stratum.[18]

The Coptic pottery discovered here bears traits indicating home use, and thus it represents utilitarian pottery. It has therefore been presumed that this pottery too shows a relationship to activities that could be connected with the existence of a Coptic community concentrated around the monastery of St. Jeremiah at Saqqara.[19]

No finds from Late Antiquity, that would indicate the presence of a Coptic settlement, have hitherto been made in the Old Kingdom official (mastaba) cemetery to the southeast. Here we have reached the modern frontier of the Abusir necropolis. The adjoining site bears another name: Saqqara, to which we have already referred several times in connection with the monastery of St. Jeremiah. However, Abusir and Saqqara were probably still a single site in Late Antiquity, Saqqara apparently had no Greek and no Arabic name. In this context, it is also interesting to note that Rufinus of Aquileia (345–410) speaks in his church history[20] about numerous monks "in regionibus Memfeos et Babylonis," while by the latter he means the area of Cairo.[21]

Obr. 5 Koptsky psaný dopis pro Apu Pavla. Foto: Milan Zemina.

Fig. 5 Coptic letter addressed to Apa Paul. Photo: Milan Zemina

Pokud je náš předpoklad, že před sebou máme zlomek stély, správný, pak by mohlo jít o začátek nápisu z hrobky. Původní umístění i přesnější datování stély však zůstává nejasné.

Jihozápadně od abúsírských královských pyramid se nachází šachtová hrobka Vedžahorresneta z období první perské nadvlády.[17] Tato památka upoutala pozornost vykradačů hrobek ještě ve starověku. Proud návštěvníků zřejmě neustal ani poté, vždyť jak jinak si lze vysvětlit, že chronologické pořadí jednotlivých vrstev je zcela promíchané a např. keramika pocházející z původní pohřební výbavy (perská doba) byla nalezena ve stejné vrstvě jako zlomky koptské keramiky.[18]

Zde nalezená koptská keramika ostatně představuje spotřební zboží, které ukazuje na sídelní ráz aktivit v tomto prostoru. Lze tedy předpokládat, že koptské nálezy souvisejí s existencí koptské komunity, která se soustřeďovala do okolí kláštera svatého Jeremiáše v Sakkáře.[19]

V jihovýchodních částech Abúsíru, kde se rozkládají pohřebiště úředníků ze Staré říše, dosud nebyly nalezeny žádné významnější pozdně antické nálezy dokládající koptské osídlení. Tímto jsme pokryly moderní plochu abúsírské nekropole. Sousední lokalita nesoucí jméno Sakkára již byla několikrát zmíněna v souvislosti s existencí kláštera svatého Jeremiáše. V pozdně antickém období však Abúsír a Sakkára tvořily jedno rozsáhlé pohřebiště, neboť pro Sakkáru neznáme ani řecké, ani arabské soudobé pojmenování. Na tomto místě by snad bylo dobré zmínit, že Rufinus z Aquileje (345–410 n. l.) se ve svých církevních dějinách[20] zmiňuje o velkém počtu mnichů „in regionibus Memfeos et Babylonis", přičemž poslední toponymum označovalo prostor Káhiry.[21]

Máme tedy dva důvody, proč klást pozůstatky koptského osídlení v Abúsíru do souvislosti se sakkárskými nálezy. Na závěr shrňme, aniž bychom zacházeli do detailů, že kromě kláštera svatého Jeremiáše existovalo v Sakkáře další, starší křesťanské osídlení, k němuž přináleželo koptské pohřebiště objevené v jedné ze zvířecích podzemních galerií v severní Sakkáře.[22]

---

[17] Bareš (1999).

[18] Smoláriková (1999: 103).

[19] Smoláriková (1999: 104).

[20] Hist. eccl. XI, 23.

[21] Timm (1991: 2301).

[22] Jeffreys–Strouhal (1980: 28–35), Lloyd (1979: 102–120).

Obr. 6 Prostor, kde
se původně rozkládal
klášter svatého Jeremiáše.
Foto: Petra Vlčková

Fig. 6 The area
of the original location
of the monastery
of Saint Jeremiah.
Photo: Petra Vlčková

There are thus two reasons for considering the Coptic settlement remains in Abusir together with those at Saqqara. Let us thus, without going into detail, conclude by pointing to the fact that besides the monastery of St. Jeremiah, there was also an older Christian settlement in Saqqara, to which belongs the Coptic cemetery discovered in the sacred animal necropolis of North Saqqara.[22]

KATALOG
CATALOGUE

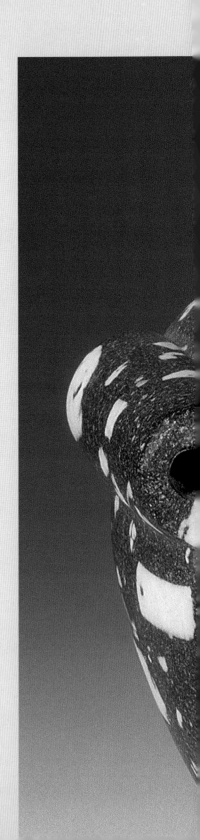

1   Zásobnice

nilský jíl, v. 76,5 cm, max. průměr 18,2 cm;
nakádská kultura, stupeň IIID,
asi 2900–2700 př. n. l.;
Abúsír, tzv. Bonnetovo pohřebiště, neznámá hrobka;
Egyptské muzeum Univerzity v Lipsku;
Inv.-Nr. 3506

1   Storage Jar

Nile clay, H: 76.5 cm, max. diam. 18.2 cm;
Naqada culture, stage IIID, ca. 2900–2700 BC;
Abusir, the so-called Bonnet cemetery,
exact provenance unknow;
Egyptian Museum of the University of Leipzig;
Inv.-Nr. 3506

V hrobkách na tzv. Bonnetově pohřebišti bylo během výzkumu nalezeno velké množství keramických nádob, které zde jsou zastoupeny vysokou a štíhlou zásobnicí. Tento typ zároveň zastupuje nejpočetnější skupinu ze zásobních tvarů.[1] Všechny tyto nádoby si jsou velmi podobné – jejich výška se pohybuje kolem 70 cm, mají lehce zaoblenou či plochou podstavu, štíhlý doutníkovitý tvar těla s poměrně plynulým přechodem mezi tělem a plecemi, které jsou zdobeny jednoduchou plastickou lištou. Jejich povrch byl původně upraven načervenalým či hnědavým přetahem, který však byl dlouhodobým pobytem v zemi silně poškozen zasolením. Tyto vysoké zásobnice se objevily na počátku 1. dynastie a používaly i v následující Staré říši.

Všechny nalezené zásobnice byly vyráběny ručně nálepem pomocí dlouhých, předem připravených pásků hlíny.[2] Tuto techniku lze doložit i opticky, neboť v místě jejich napojení je střep obvykle slabší a vzniká tak efekt jemného zvlnění povrchu nádoby. Na výrobu jedné zásobnice z Abúsíru bylo zapotřebí dvou, zřídka i tří pásků.

O případném obsahu zásobnic se nedochovaly žádné informace, byť jedna z nádob byla nalezena s původní hliněnou zátkou, kterou chránila menší keramická miska. Na základě rozborů makrozbytků z nádob pocházejících z Abydu je zřejmé, že se zásobnice používaly především pro uskladnění vína.

Na plecích zde vystavené zásobnice, přibližně 13 cm pod okrajem, byla vyryta jednoduchá hrnčířská značka v podobě kříže.[3] Stejné značky jsou doloženy i z dalších soudobých lokalit, např. z královských hrobek v Abydu datovaných do poloviny 1. dynastie.[4] Na keramických nádobách z Abúsíru bylo nalezeno přes 60 různých znaků a symbolů.[5] Bližší význam těchto hrnčířských značek je dosud předmětem vědeckých debat, avšak lze předpokládat, že sloužily pro určení obsahu nádoby či jejího vlastníka.[6]

In the course of their exploration, tombs at the so-called Bonnet cemetery were found to have contained a large number of pottery vessels, which are here represented by a tall and slender storage jar. This type also represents the largest group of storage jar shapes.[1] All of these vessels are very similar in form – their height reaches around 70 cm, they have a slightly rounded or flat bottom. They have a thin cigar-shaped body with a rather smooth transition between the body and shoulders, which are decorated with a simple plastic ledge. Their surface was originally treated with a reddish or brownish slip, which suffered substantial damage due to the salination of the earth in which it lay. These tall storage jars appeared in the beginning of the 1st Dynasty and they were used also in the course of the following Old Kingdom period.

All of the storage jars discovered were hand-made by sticking together long bands of clay.[2] Traces of this technique may be observed by the naked eye, since at the joints of these bands, the walls are usually thinner and thus the vessel surface appears slightly corrugated. The making of one Abusir storage jar required two or seldom even three bands.

We have no information about the content of the storage jars, despite the fact that one of them was found sealed by its original clay cap, which was protected by a small pottery bowl. The analysis of macroremains from Abydos storage jars indicates that they were used for the storage of wine.

A simple potter's mark in the form of a cross[3] is located at the shoulders of the storage jar exhibited here, approximately 13 cm below the rim. The same marks are attested also from other sites, e.g. from the royal tombs at Abydos dated to the middle of the 1st Dynasty.[4] Pottery vessels from Abusir bear over 60 various signs and symbols.[5] The precise meaning of these potter's marks is still a matter of debate, but it may be presumed that they served to identify the content of the vessel or its owner.[6]

[1] Bonnet (1928: 40–41, Taf. 28.1–6).
[2] Arnold–Bourriau (1993: 28–36).
[3] Steinmann (1998: 62, Cat. No. 144, Taf. 56.2).
[4] Helck (1990: 52 Abb. 70.i, k, 53 Abb. 70.l, m, r, v, w), Petrie (1900: Nr. 1409, Taf. 58).
[5] Bonnet (1928: Taf. 30).
[6] Helck (1990), van den Brink (1992: 267).

2 Cylindrické vázy

travertin, v. 12,2 cm, průměr ústí 11,5 cm (3213);
v. 43,2 cm, průměr ústí 20,9 cm (3216);
v. 19,4 cm, průměr ústí 11,8 cm (3284);
v. 27,4 cm, průměr ústí 21,1 cm (3491);
nakádská kultura, stupeň IIIC1–IIID,
asi 3100–2700 př. n. l. (3213, 3284);
IIIC2, asi 3000–2900 př. n. l. (3216);
IIID, asi 2900–2700 př. n. l. (3491);
Abúsír, tzv. Bonnetovo pohřebiště, hrobka 9A-5
(3213); 10B-4 (3216); neznámá hrobka (3284);
10B-2/3 (3491);
Egyptské muzeum Univerzity v Lipsku;
Inv.-Nr. 3213, 3216, 3284, 3491

Vysoké cylindrické vázy, vyrobené převážně z tzv. egyptského alabastru (geol. travertinu), patří mezi nejobvyklejší součásti pohřebních výbav v hrobkách z Archaické doby, s nimiž se archeologové setkávají. Poprvé se objevují již v rané fázi Předdynastického období egyptských dějin a tvarem napodobují nádoby vyrobené ze dřeva či slonoviny.[1] V následující Archaické době byly na jejich výrobu používány různé druhy kamene (čedič, vápenec, tzv. egyptský alabastr), a od počátku Staré říše se téměř výlučně vyskytují nádoby z posledně jmenovaného materiálu.[2]

Tvarová škála cylindrických váz byla velmi bohatá a řídila se především tím, zda měly stěny konkávní, přímý či konvexní profil.[3] Přesto je základním rozlišovacím kritériem, které lze na tento typ nádob uplatnit, přítomnost (3216) – či naopak absence (3491, 3213) – plastické lišty v podhrdlí, jež mohla mít podobu provázku. Poslední vystavená cylindrická váza (3284) není zcela dokončena a jsou na ní jasně patrné stopy pracovních nástrojů,[4] které se při výrobě kamenných nádob používaly (kamenná kladiva a dřevěné klikové vrtáky s kamennou hlavicí).

Bohužel nelze tento typ kamenných nádob použít k přesnějšímu datování hrobek, v nichž byly nalezeny, neboť jednotlivé tvarové varianty nelze ztotožnit s určitým, časově omezeným úsekem egyptských dějin. Proto bylo nutné určit dobu, v níž byly zde vyobrazené cylindrické vázy vyrobeny, na základě analýzy s nimi souvisejícího archeologického kontextu a dalších součástí pohřební výbavy (viz příspěvek D. Blaschty v tomto sborníku).

O původním rozmístění cylindrických váz v pohřebních komorách abúsírských hrobek rovněž nelze říci nic podrobnějšího. Na základě paralel z dalších archaických pohřebišť z území Egypta se však zdá, že tyto vázy byly většinou ukládány u hlav zemřelých.

V cylindrických kamenných nádobách byly zpravidla uchovávány cenné komodity, jako např. olej či vonné masti.

2 Cylinder Jars

travertine, H: 12.2 cm, mouth diam.: 11.5 cm (3213); H: 43.2 cm, mouth diam.: 20.9 cm (3216); H: 19.4 cm, mouth diam.: 11.8 cm (3284); H: 27.4 cm, mouth diam.: 21.1 cm (3941); Naqada culture, stages IIIC1–IIID, ca. 3100–2700 BC (3213, 3284); IIIC2, ca. 3000–2900 BC (3216); IIID, ca. 2900–2700 BC (3491); Abusir, the so-called Bonnet cemetery, tomb 9A-5 (3213); 10B-4 (3216), exact provenance unknown (3284); 10B-2/3 (3491); Egyptian Museum of the University of Leipzig; Inv.-Nr. 3213, 3216, 3284, 3491

Tall cylinder jars made mostly of the so-called Egyptian alabaster (geologically travertine) belong to the most common items of burial equipment of Early Dynastic tombs. They first appear already in the early Predynastic period, and their shape imitates that of ivory or wooden vessels.[1] In the following Early Dynastic Period, various kinds of stone were used for their production (basalt, limestone, the so-called Egyptian alabaster), and since the beginning of the Old Kingdom, these vessels are made almost exclusively of the last-mentioned type.[2]

The range of shapes of cylindrical jars was very wide. The vessels had concave, convex, or straight walls.[3] Nonetheless, the main criterion for the classification of cylinder jars is the presence (3216) or absence (3491, 3213) of a plastic ridge under the rim, which could take the form of a string. The last exhibited vessel (3284) is not completely finished, and still bears traces of tools[4] that were used in the making of stone vessels (stone hammers and wooden crank drills with a stone drilling head).

Unfortunately, this type of stone vessels cannot be used for a more precise dating of the tombs in which they were discovered, since the individual shapes cannot be ascribed to any precisely defined period of Egyptian history. The time, in which the cylinder jars exhibited here were made, therefore had to be determined on the basis of the analysis of their archaeological context and other parts of the burial equipment (cf. the study of D. Blaschta in this volume).

We know nothing about the more precise location of cylinder jars in the burial chambers of Abusir tombs. The parallels from other archaic cemeteries on Egyptian territory suggest, however, that they were placed at the heads of the deceased.

Stone cylinder jars usually stored valuable commodities, such as oil or ointments. In the case of the Abusir jars, our sources give no information concerning their content. Thus

[1] Reisner (1931: 130–131).
[2] Aston (1994: 42–47).
[3] El-Khouli (1978: xx–xxxiii).
[4] Stocks (2003: 139–168).

Pokud se týká abúsírských nálezů, bohužel nemáme v našich pramenech o případném obsahu nádob žádné zprávy. Pouze ve dvou případech se dochovala informace, že v jedné nádobě (3216) byla nalezena písařská paleta (viz heslo 12, 2656) a v další zlomky měděné misky. Je však spíše pravděpodobné, že se tyto předměty dostaly do nádob až druhotně.

we only know that in one of these jars (3216), a scribe's palette (cf. catalogue entry 12, 2656), was found, and in another one, fragments of a copper bowl. It seems, however, likely, that these objects got into the vessels only secondarily.

3 Soudkovité kamenné nádoby

modravý vápenec, v. 6,6 cm, průměr 6,0 cm (3255); dolomit, v. 10,4 cm, průměr 15,3 cm (3417); nakádská kultura, stupeň IIID, asi 2900–2700 př. n. l.; Abúsír, tzv. Bonnetovo pohřebiště, hrobka 10B-2/3 (3255), 10C-4 (3417); Egyptské muzeum Univerzity v Lipsku; Inv.-Nr. 3255, 3417

3 Shoulder Jars

bluish limestone, H: 6.6 cm, Diam.: 6.0 cm (3255); dolomite, H: 10.4 cm, Diam.: 15.3 cm (3417); Naqada culture, stage IIID, ca. 2900–2700 BC; Abusir, the so-called Bonnet cemetery, tomb 10B-2/3 (3255), 10C-4 (3417); Egyptian Museum of the University of Leipzig; Inv.-Nr. 3255, 3417

Tento typ nádob patřil, vedle cylindrických váz, k nejběžnějším součástem pohřebních výbav v Archaické době.[1] Předpokládá se, že podoba soudkovitých nádob vznikla již na počátku 1. dynastie.[2] Jejich původ lze odvodit ze soudobých keramických tvarů, neboť široké okraje nejstarších exemplářů, které byly nalezeny například v tzv. Meniho hrobce v Nakádě či na pohřebišti B na Umm el-Kábu, jsou symetricky zaoblené.[3] Tento detail je typický právě pro keramické nádoby.

Soudkovité nádoby se záhy velmi rozšířily a až do konce Archaické doby zůstaly jedním z hlavních typů kamenných nádob. Na jejich výrobu se používaly především měkčí druhy kamenů jako travertin, jenž převažoval, a dále i vápenec, dolomit či serpentinit. Tvarově lze rozlišit dvě základní varianty: vyšší soudkovité nádoby, jež byly ukládány zpravidla do královských hrobek; a nižší tvary, které se objevovaly především v hrobkách úředníků. V poněkud hrubší podobě si svou oblibu udržely i po celou následující 2. dynastii (3255).[4]

V samotném závěru 1. dynastie se vyvinul nový tvar nižších soudkovitých nádobek s velmi úzkým hrdlem a výrazně vyklenutými plecemi (3417). Jejich výroba vyžadovala velkou znalost vlastností použitého druhu kamene a dokonalé ovládnutí techniky zpracování kamenných nádob – byly často vyráběny ze dvou kusů, které do sebe přesně zapadaly.[5] Z výzkumu tzv. Bonnetova pohřebiště v Abúsíru pocházejí především horní části těchto dvoudílných nádob.[6]

Ačkoli nemáme přímé archeologické doklady, jakým způsobem byly využívány, lze předpokládat, že sloužily k uchovávání mastí, vonných olejů a kosmetických přípravků. Hrdlo nádobek bylo uzavíráno kouskem kůže či látky, která se pod širokým okrajem podvazovala provázkem. Velmi úzký průměr otvorů navíc chránil cenný obsah před vyschnutím.

This type belongs, besides cylindrical jars, to the most common components of the burial equipment of the Early Dynastic Period.[1] The shape of these vessels was presumably developed already in the beginning of the 1st Dynasty.[2] Their origin is derived from contemporary pottery forms, since the wide rims of the most ancient vessels, found for example in the tomb of Meni at Naqada or in cemetery B at Umm el-Qab, are symmetrically rounded.[3] This feature is typical for pottery vessels.

Shouldered jars with cusp or rounded rim soon became very widespread and until the end of the Early Dynastic Period, they remained among the chief stone vessel types. They were made above all of softer stones, such as travertine, which was the most common, as well as limestone, dolomite, or serpentinite. Typologically, two main shape types can be distinguished: taller shouldered jars that were usually placed in royal tombs, and squat shapes, that appear above all in the tombs of officials. Somewhat rougher versions of these vessels remained popular throughout the entire following 2nd Dynasty (3255).[4]

In the very end of the 1st Dynasty, a new shape of squat shouldered jar was developed, with a narrow neck and markedly concave shoulders (3417). Their production required profound knowledge of the characteristics of the stone type used and prefect mastery of the technology of the working of stone vessels, and therefore they were often made of two directly adjoining halves.[5] Excavations in the so-called Bonnet cemetery have yielded above all the upper parts of these two-piece vessels.[6]

Despite the fact that we do not posses direct archaeological evidence of their usage, we may presume that they served for the preservation of ointments, aromatic oils, and cosmetic substances. The mouth of the vessels was closed by a piece of leather or cloth, tied under the wide rim by a string. The small diameter of the mouth protected the content from desiccation.

[1] Reisner (1931: 137–162).

[2] Reisner (1931: 145).

[3] Hendrickx–Bielen–de Paepe (2001), Petrie (1901: pl. 51.e, 278, 283, 284).

[4] Aston (1994: 122, 123), Reisner (1931: 155–156).

[5] Aston (1994: 123, No. 86), Günther–Wellauer (1988: Taf. 32, 66).

[6] Bonnet (1928: Taf. 12).

4 Soudkovitá nádoba s horizontálními uchy

porfyr, v. 14,6 cm, max. průměr 20,9 cm;
nakádská kultura, stupeň IIID,
asi 2900–2700 př. n. l.;
Abúsír, tzv. Bonnetovo pohřebiště, hrobka 10C-4;
Egyptské muzeum Univerzity v Lipsku;
Inv.-Nr. 3179

Výroba kamenných nádob představuje jeden z nejstarších dokladů existence specializovaných řemesel ve starověkém Egyptě. Jistě není náhodou, že se v hieroglyfickém písmu stal znak 𓌕, zobrazující klikový vrták používaný při výrobě kamenných nádob, základem pro označení celé profesní skupiny „řemeslníků", *hemutejeu*, a dalších odvozených slov.[1]

Původ tohoto typu kamenných nádob lze vysledovat ve tvarech malované keramiky (v Petrieho klasifikaci jde o třídu D), která byla velmi oblíbená v předcházející fázi nakádské kultury.[2] Výzdoba některých těchto nádob, např. mnohonásobné vlnice, pravidelně rozmístěné puntíky či drobné „šupinky", zcela prokazatelně napodobuje texturu tvrdých druhů kamene.[3]

Zde vyobrazená nádoba má široký límcovitý okraj, na plecích dvě malá provrtaná ouška a plochou podstavu odsazenou pouze drobným a nízkým prstencem.[4] Kamenné nádoby velmi podobné abúsírskému exempláři byly nalezeny v hrobce Chasechemueje, posledního panovníka 2. dynastie v Abydu,[5] některé jsou umístěny v muzejních sbírkách.[6] Podle analogií lze konstatovat, že oušky byly původně protahovány měděné drátky, za které mohly být nádoby zavěšovány v interiérech. V případě velmi luxusního provedení byly – především drobnější nádobky – zdobeny zlatou fólií, kterou byla obalována ouška.[7] Na výrobu tohoto typu kamenných nádob byly používány vždy velmi tvrdé druhy hornin – bazalt, porfyr, sienit či slepenec.[8]

Soudkovité kamenné nádoby se vyráběly až do počátku Staré říše, a proto lze jednotlivé nalezené exempláře datovat pouze na základě analýzy dalších součástí pohřební výbavy. Používaly se především pro skladování olejů, vonných mastí a pryskyřic. O jejich oblíbenosti svědčí fakt, že se objevují na reliéfních vyobrazeních skladů pohřební výbavy z konce Staré říše a jsou dokonce zobrazeny i v seznamech obětin pocházejících až z Pozdní doby.[9]

4 Barrel-shaped Vessel with Horizontal Handles

porphyry, H: 14.6 cm, max. diam. 20.9 cm;
Naqada culture, stage IIID, ca. 2900–2700 BC;
Abusir, the so-called Bonnet cemetery,
tomb 10C-4;
Egyptian Museum of the University of Leipzig;
Inv.-Nr. 3179

The production of stone vessels represents one of the most ancient evidence of the existence of specialized crafts in ancient Egypt. It is certainly not accidental, that the sign 𓌕, representing the crank drill used in the manufacture of stone vessels, became in the hieroglyphic script the basic sign for the word denoting the entire profession of "craftsmen", *hemutyw*, and many other derived words.[1]

The origin of this type of stone vessels may be found in the shapes of painted pottery (class D in the classification of Petrie), which were very popular in the preceding stage of the Naqada culture.[2] The decoration of some of these vessels, such as multiple wavy lines, regularly dispersed spots, or small scales clearly imitates the texture of hard stones.[3]

The vessel depicted here has a wide everted rim, two small pierced handles on the shoulders, and a flat base, set off only by a small and low ring.[4] Stone vessels very similar to the Abusir ones were discovered in the tomb of Khasekhemui, the last king of the 2nd Dynasty in Abydos[5], and some are also kept in museum collections.[6] According to analogies, we may say that copper wires were threaded through the handles so that the vessels could be hung in the interiors of houses. Luxury items, above all smaller ones, were decorated with gold foil, which was wrapped around the handles.[7] This type of stone vessels was always made of very hard stone types, such as basalt, porphyry, syenite, or breccia.[8]

Barrel-shaped stone vessels were made until the beginning of the Old Kingdom, and individual items can therefore be dated only on the basis of other parts of the funerary equipment. They were used above all for the storage of oils, ointments and resins. Their popularity is attested by the fact that they appear in the relief depiction of magazines for funerary equipment towards the end of the Old Kingdom, and they are even depicted in offering lists coming from the Late Period.[9]

[1] Drenkhahn (1976: 75–81, 141).

[2] Petrie (1920: pls. 35, 39).

[3] Spencer (1993: 37, fig. 21).

[4] Bonnet (1928: 31, 32, Taf. 24. 287).

[5] Amélineau (1902: pl. 14, 15, 20).

[6] Günther–Wellauer (1988: Nr. 111, 50, Taf. 14, 37).

[7] CG 14341, Tiradritti (2000: 31).

[8] Reisner (1931: 134).

[9] Blackman (1914: pl. 5), Dümichen (1884: Taf. 4).

5   Mísy a misky

diorit, v. 7,3 cm, průměr 21,6 cm (3184); břidlice,
v. 10,1 cm, průměr 41 cm (3191); travertin, v. 2,8
cm, průměr 27,7 cm (3226); travertin, v. 7 cm,
průměr 12,2 a 16,5 cm; (3274); dolomit, v. 8,3 cm,
průměr 20,6 cm (3338);
nakádská kultura, stupeň IIIC1–IIID, asi
3100–2700 př. n. l. (3184, 3274); IIIC2,
asi 3000–2900 př. n. l. (3226); IIID, asi 2900–2700
př. n. l. (3191, 3338);
Abúsír, tzv. Bonnetovo pohřebiště, hrobka 9A-5
(3184), 10C-4 (3191), 11C-2, (3226),
neznámá hrobka (3274), 10B-2/3 (3338);
Egyptské muzeum Univerzity v Lipsku;
Inv.-Nr. 3184, 3191, 3226, 3274, 3338

Mělké otevřené tvary kamenných nádob (mísy, misky a talíře)
z Archaické doby nás dodnes udivují velkou tvarovou boha-
tostí i četností použitých druhů hornin a kamenů. V hrobkách
dokonce početně převýšily cylindrické vázy, které jinak byly
nejvíce používaným typem kamenných nádob.[1] V tomto ob-
dobí se rovněž plně vytváří škála otevřených tvarů – mísy,
misky, talíře se zataženým, zaobleným okrajem atd. Ačkoli té-
měř všechny otevřené tvary kamenných nádob mají v tomto
období svůj protějšek v keramické produkci, detaily, jako např.
ostré odsazení dovnitř zataženého okraje a kruhovité pro-
hlubně na dnech, jsou vlastní pouze kamenným nádobám
a souvisejí s technologií jejich výroby.

Rovněž materiál, z něhož jsou mísy a misky vyráběny, do-
znal během Archaické doby změn. Na počátku, v 1. dynastii se
používaly různé druhy kamenů jako např. bazalt, vulkanický
popel, horský křišťál, porfyr, vápenec a rovněž i tzv. egyptský
alabastr (travertin), z něhž bylo vyrobeno přibližně 25 % všech
nádob.[2] Postupně docházelo k jeho častějšímu využívání, až
z něj bylo vyráběno přes polovinu všech mis, misek a talířů.

Až na jednu výjimku (3226) mají veškeré zde vystavené mísy
a misky lehce dovnitř zatažený okraj, plochou podstavu a je-
jich dno je odsazeno jednoduchou vyrytou drážkou. Povrch
vnitřních i vnějších stěn je nejen vyhlazený, ale dokonce i vy-
soce vyleštěný. Nízký plochý talíř vyrobený z travertinu (3226)
představuje druhotně použitou podstavu původně mnohem
většího talíře, který se pravděpodobně poškodil a jehož spodní
polovinu starověcí řemeslníci upravili do současné podoby. Do-
kládá to vychýlení drážky od současného středu talíře.

Oválné misky (3274) se vyskytují téměř výhradně v 1. dy-
nastii – v době vlády panovníků Džera a Džeta.[3] Převažují
u nich přímé okraje a jsou vyrobeny pouze z travertinu. Za-
tímco u zbývajících otevřených tvarů lze předpokládat, že slou-
žily k předkládání potravin, oválné misky mohly sloužit jako
pohárky k pití.

5   Bowls and Dishes

diorite, H: 7.3 cm, mouth diam. 21.6 cm (3184);
schist, H: 10.1 cm, mouth diam. 41 cm (3191);
travertine, H: 2.8 cm, mouth diam. 27.7 cm (3226);
travertine, H: 7 cm, mouth diam. 12.2
and 16.5 cm (3274); dolomite, H: 8.3 cm,
mouth diam. 20.6 cm (3338);
Naqada culture, stages IIIC1–IIID, ca. 3100–2700
BC (3184, 3274); IIIC2, ca. 3000–2900 BC (3226);
IIID, ca. 2900–2700 BC (3191, 3338);
Abusir, the so-called Bonnet cemetery, tombs 9A-5
(3184), 10C-4 (3191), 11C-2, (3226),
exact provenance unknown (3274), 10B-2/3 (3338);
Egyptian Museum of the University of Leipzig;
Inv.-Nr. 3184, 3191, 3226, 3274, 3338

The shallow and open shapes of stone vessels from the
Early Dynastic Period (bowls, dishes and plates) continue to
amaze us with their great variety and the large number
of different rocks and stones used to make them. In Early
Dynastic tombs, they even outnumber cylindrical jars, which
otherwise represent the most frequently used shape of stone
vessels.[1] The full scale of open shapes was created precisely
in this period – bowls, dishes and plates with rounded
internal rim etc. Despite the fact that almost all open stone
vessel shapes have corresponding shapes in the pottery
production of that time, details, such as for example sharply
marked internal rims and circular hollows at the bottom are
specific for stone vessels and are connected with the methods
of their production.

The material used for making open shapes also changed
in the course of the Early Dynastic Period. In the beginning,
in the 1st Dynasty, various stone types were used, such as
basalt, vulcanic ash, bergcrystall, porphyry, limestone, and also
travertine, which formed about 25 % of the total production.[2]
Gradually, more vessels were made out of travertine, until
they formed over 50 % of the total production of bowls,
dishes and plates.

With a single exception (3226), the dishes and bowls
exhibited here all display a slightly contracted internal rim,
flat base, and their bottom is indented on the inner side by
a simple flat incised line. The surface of the inner and outer
walls is not just smoothed, but even highly polished. The low
flat plate made out of travertine (3226) represents a reused
base of an originally much larger plate, which had probably
suffered irreversible damage. Artisans then altered its lower
half into its present form, as is indicated by the current
decentring of the incised line.

Oval bowls (3274) appear almost exclusively in the
1st Dynasty – in the time of the reign of kings Djer and Djet.[3]

---

[1] Reisner (1931: 148–151, 159–162).
[2] Reisner (1931: 148).

[3] Aston (1994: 109), Emery (1949: 69, 144, fig. 77; 1954: 90,
fig. 104), el-Khouli (1978: 383).

V rozmístění mis a misek uvnitř pohřebních komor nelze v Archaické době vysledovat žádné pravidlo – byly nacházeny podél stěn pohřebních komor, v nohách i hlavách rakví.

They have mostly flat rims and they are made exclusively out of travertine. While other open shapes were presumable used to hold food, oval bowls may have been used as drinking vessels.

No regularity can be found in the placing of dishes and bowls inside Early Dynastic burial chambers. They were found along the walls of burial chambers, and at the feet as well as at the heads of coffins.

6 Kruhový obětní stůl

travertin, v. 8,6 cm, průměr 28,6 cm;
nakádská kultura, stupeň IIIC2/IIID,
asi 3000–2700 př. n. l.;
Abúsír, tzv. Bonnetovo pohřebiště, hrobka 10D-1;
Egyptské muzeum Univerzity v Lipsku;
Inv.-Nr. 3207

6 Round Offering Table

travertine, H: 8.6 cm, Diam.: 28.6 cm;
Naqqada culture, stage IIIC2/IIID, ca. 3000–2700 BC;
Abusir, the so-called Bonnet cemetery, tomb 10D-1;
Egyptian Museum of the University of Leipzig;
Inv.-Nr. 3207

Zvyk zásobovat zemřelé pokrmy měl v Egyptě velmi dlouhou tradici. Již Guy Brunton při popisu neolitického pohřebiště v Badarí (asi 5000–4000 př. n. l.) poznamenal, že *„víra v trvalou přítomnost duchů v hrobech se projevuje v obyčeji vaření a pojídání jídla na pohřebištích. V mělkých jamách vykopaných v zemi byly usazeny velké nádoby, kolem nichž byly naskládány větve tamarišků a dalších křovin."*[1] I na pohřebišti el-Omarí (asi 4200–4000 př. n. l.) byly nalezeny kamenné kruhy, které sloužily k předkládání obětin.[2]

V Archaické době dále dochází k rozvoji myšlenky, že zemřelí žijí na onom světě stejným způsobem jako za svého pozemského života a mají tedy i stejné požadavky, které je třeba splnit. Do podzemních prostor byly proto ukládány milodary a v kaplích probíhal zádušní kult. Početnost pohřebních výbav v hrobkách naznačuje, že neměly sloužit pouze pro jednorázové uspokojení, ale jejich primárním cílem bylo zajistit neustálý přísun obětin. Na počátku 4. dynastie dochází k posunu v chápání posmrtné existence a jejího zajištění a na významu nabývá zádušní kult provozovaný v kaplích. Stejný cíl sledovalo i umisťování obětních stolů do pohřebních komor. Není vyloučeno, že v Archaické době na nich mohly v pohřebních komorách spočívat skutečné obětiny.

V samotném závěru Předdynastické doby se v hrobkách objevují keramické obětní stoly, předchůdci stolů kamenných, jejichž vrchní část nebyla zcela plochá, ale lehce prohloubená. Kamenné obětní stoly vyráběné především z travertinu s horní zploštělou plochou a pevně připojenou nožkou se ojediněle vyskytují již v 1. dynastii, avšak objevují se i další materiály (vápenec, břidlice apod.). Jejich povrch byl velmi kvalitně vyleštěn. Nožka bývala zpravidla nižší a širší a byla vyvrtána stejným způsobem jako vnitřní prostory kamenných nádob. Staří Egypťané nazývali tento typ obětních stolů *chauet*. Jeden z nejstarších příkladů pochází z hrobky „nosiče pečeti" Hemaky, hodnostáře žijícího v době vlády panovníka Dena (1. dynastie).[3] Avšak většina kruhových obětních stolů byla uložena do nekrálovských hrobek datovaných do 2., 3. a 4. dynastie.[4] Průměr horních desek se obvykle pohyboval od 30 do 35 cm. Na základě reliéfních vyobrazení ze Staré říše je zřejmé, že kamenné obětní stoly byly upevňovány na další dřevěné či keramické podstavce.

Na pohřebišti v Abúsíru bylo nalezeno několik kruhových obětních stolů.[5] Převažovaly sice tvary s nožkou, avšak byly objeveny i exempláře, u kterých byla nožka pouze nepatrně naznačena, či dokonce zcela chyběla.

The custom to supply the dead with food had a long tradition in Egypt. Already Guy Brunton mentioned in his description of the Neolithic cemetery at Badari (ca. 5000–4000 BC) that *„the belief in the actual presence of the ghost at the grave is shown by the custom of cooking and eating meals at the cemeteries. Great pots were set up in little hollows in the ground, and surrounded with tamarisk boughs and other brushwood."*[1] At the cemetery of el-Omari (ca. 4200–4000 BC) stone circles were found that were used for the presentation of offerings.[2]

The Early Dynastic Period witnessed further development of the idea that the deceased continued to live in the other world in the same way as they had done in their earthly life, and therefore that they would have the same needs that had to be fulfilled. Therefore, offerings were placed in tomb substructures and funerary cult was conducted in the chapels. The extent of the funerary equipment in the individual tombs suggests that its primary task was not to satisfy a momentary demand, but to secure a lasting and stable supply of offerings. In the beginning of the 4th Dynasty, the understanding of afterlife existence and funerary provision underwent a significant change, resulting in the rise of importance of cultic activities performed in chapels. The placing of offering tables into funerary chambers followed the same aim. It is even possible that in the Early Dynastic Period, real offerings were placed on the offering tables in the funerary chambers.

In the very end of the Predynastic period, ceramic offering tables, precursors of stone dish-topped tables, appeared in tombs. Stone offering tables made above all out of the travertine with a flat top and fixed leg appear sparsely already in the 1st Dynasty, but other materials (such as limestone, schist, etc.) are also used. Their surface was well polished. The leg was usually short and thick, and it was drilled in the same way as the inside of stone vessels. Ancient Egyptians called this type of offering tables *khawet*. One the oldest examples of these tables comes from the tomb of the „seal bearer" Hemaka, an official who lived in the time of King Den (1st Dynasty).[3] However, most of round offering tables were placed inside non-royal tombs dated to the 2nd, 3rd, and 4th Dynasties.[4] The diameter of the plates ranged usually between 30 and 35 cm. Old Kingdom relief scenes indicate that stone offering tables were fixed onto other wooden or pottery stands.

Several round offering tables were discovered at the Abusir cemetery.[5] Footed ones were the most common.

[1] Brunton–Caton–Thompson (1928: 42).
[2] Mostafa (1982: 6).
[3] Emery (1938: 55, No. 1443, pls. 31, 36).

[4] Aston (1994: 131, 132), Needler (1984: 249).
[5] Bonnet (1928: 29–30, Taf. 23, Nos. 272–277).

7 Model dvou nádobek v košíku

travertin, v. 5,9 cm, š. 6 cm, d. 8,7 cm;
Nakádská kultura, stupeň IIIC2,
asi 3000–2900 př. n. l.;
Abúsír, tzv. Bonnetovo pohřebiště, hrobka 10B-4;
Egyptské muzeum Univerzity v Lipsku;
Inv.-Nr. 3281

7 Model of Two Vessels in a Basket

travertine, H: 5.9 cm, W: 6 cm, L: 8.7 cm;
Naqada culture, stage IIIC2, ca. 3000–2900 BC;
Abusir, the so-called Bonnet cemetery, tomb 10B-4;
Egyptian Museum of the University of Leipzig;
Inv.-Nr. 3281

Tento miniaturní model zpodobňuje dvě nádoby, pravděpodobně pivní džbány, usazené v proutěném košíku.[1] Typologicky představují obě nádoby vyšší zásobnicovité tvary s maximální výdutí v horní třetině těla. Jejich okraje jsou zaoblené a dokonce mají částečně vyvrtaný vnitřní prostor. Nádobky jakoby částečně splývají dohromady a přibližně z jedné třetiny převyšují okraje košíku. Dokonce je naznačen i volný prostor mezi nádobkami a košíkem. Jeho povrch je velmi propracovaný a lze pozorovat nejen jednotlivé pruty, z nichž byl spleten, ale i širší dřevěné lišty, které zpevňovaly jeho okraje a zaoblené dno. Dřevěný rám je na obou horních delších stranách provrtán, aby bylo možné model volně zavěsit. Ačkoli je v současnosti povrch modelu poměrně zvětralý, původně byl pečlivě vyhlazen a vyleštěn. Starověký řemeslník dokázal svou předlohu velmi živě ztvárnit a vytvořil sice drobné, leč půvabné umělecké dílko.

Výjimečnost nádobky podtrhuje i skutečnost, že byla nalezena v jednom ze šachtových hrobů, do nichž byli na abúsírském pohřebišti ukládáni výše postavení členové staroegyptské společnosti. Na základě rozboru dalších součástí pohřební výbavy lze stanovit, že hrob pochází z druhé poloviny 1. dynastie.

Kamenné nádoby zvláštních tvarů tvořily ve starověkém Egyptě poměrně nepočetnou skupinu nálezů. Náměty vycházely nejen z egyptské fauny (ptáci, hroch, želva, opice) a flóry (rozevřený lotosový květ, list palmy), které Egypťany obklopovaly, ale i z jednotlivých součástí každodenního života (loďky, košíky).[2] Ačkoli představují nálezy pocházející zpravidla z hrobek, musely sloužit i během života majitelů. Jsou známy i případy, kdy takové kamenné nádoby byly zcela prokazatelně používány v chrámových rituálech či při sympatetické magii.[3]

I když sama nádobka nemá v egyptské archeologii obdoby, byly nalezeny alespoň analogické modely vyrobené jak z různých druhů kamene, tak i z keramiky.[4] Nejpodobnější modely znázorňují tři, resp. pět nádobek zcela pohroužených do nezdobených oválných podstavců.[5] Oba byly vyrobeny z vápence a původně tvořily součást rozsáhlého tzv. hlavního depozitu objeveného v základech chrámu v Hierakonpoli.[6] Podobně jako je tomu v případě abúsírského exempláře, jsou i tyto nádoby u horní hrany provrtány.

This miniature model represents two vessels, probably beer jars, set into a reed basket.[1] Typologically, the vessels represent tall storage jars with maximum bulge in the upper third of the body. Their rims are rounded, and they are even partially drilled-out on the inside. The vessels appear as if melting together in part, and approximately their upper third overtops the edge of the basket. Even the free space between the vessels and the basket is indicated. Its surface is very well worked, and we may observe not only the individual reeds, of which it was woven, but even the wider wooden mouldings, which supported its edges and rounded bottom. The wooden frame is pierced on both upper longer sides, so that the model could be suspended. Despite the fact that the surface of the model is weathered, originally it was carefully smoothed and polished. The ancient craftsmen managed to shape his model is a very lively way and created a small, but beautiful work of art.

The exceptional character of this vessel is emphasized by the fact that it was discovered in one of the shaft tombs, in which members of the upper echelons of the Egyptian society were interred at Abusir. The analysis of other parts of the burial equipment indicates that the tomb dates to the second half of the 1st Dynasty.

Stone vessels of peculiar shapes represent a sparse group of finds among the objects of ancient Egypt. Their motifs were based not only on the Egyptian fauna (birds, hippopotamus, turtle, monkey) and flora (open lotus flower, palm leaf), but even on items of everyday life (boats, baskets).[2] Despite the fact that they were mostly found in tombs, they must have been in use even in the daily lives of the owners. Several cases are even known when such stone vessels were arguably used in temple rituals or in sympathetic magic.[3]

Although the vessel itself has no counterpart in Egyptian archaeology, analogous models made of various stone types as well as pottery were discovered.[4] The most similar models depict three and five vessels completely inserted into undecorated oblong bases.[5] Both were made of limestone and originally formed part of the large so-called Main deposit discovered in the foundation of the temple at Hierakonpolis.[6] Just like the Abusir example, these vessels too are pierced at their upper edge.

---

[1] Bonnet (1928: 33, Taf. 26:4).
[2] Payne (1993: 144–145).
[3] Fischer (1977).

[4] Hendrickx (1994b: 38, 39).
[5] Vassilika (1999: 12, 13), Quibell–Green (1902: pls. 31.4, 48a).
[6] Quibell–Green (1902: 13, 14).

8 Rekonstrukce pazourkového nože

pazourek, d. 12,8 cm, š. 4,8 cm, v. 0,9 cm;
Nakádská kultura, stupeň IIIC2,
asi 3000–2900 př. n. l.;
Abúsír, tzv. Bonnetovo pohřebiště, hrobka 11C-2;
Egyptské muzeum Univerzity v Lipsku;
Inv.-Nr. 3292

8 Reconstruction of a Flint Knife

flint, L: 12.8 cm, W: 4.8 cm, H: 0.9 cm;
Naqada culture, stage IIIC2, ca. 3000–2900 BC;
Abusir, the so-called Bonnet cemetery,
tomb 11C-2;
Egyptian Museum of the University of Leipzig;
Inv.-Nr. 3292

Přestože po sjednocení Egypta docházelo obecně k úpadku významu a výroby štípané industrie, pazourkové nože si až do Střední říše udržely výlučné postavení,[1] byť již z počátku 1. dynastie známe nože vyráběné z mědi. Staří Egypťané spojovali pazourek, pro který používali označení *des*, s rituální čistotou, Sluncem a ohněm[2], a nástroje z něj vyrobené se používaly v zádušním kultu a staly se i součástí pohřebních výbav.

Tvar velkých pazourkových nožů doznal v závěrečné fázi doby Předdynastické a v Archaické době poměrně výrazných proměn. Původní tvar si zachoval nůž s obloukovitě prohnutou hřbetní hranou a zakřiveným hrotem, který byl zasazen do rukojeti z rohu nosorožce – nejlepším příkladem je nůž z Gabal el-Araku, dnes uložený v Louvru.[3]

Od počátku 1. dynastie se objevují podlouhlé nože s výrazně obloukovitě zakřivenou hřbetní i břišní hranou, u kterých řap přímo navazuje na hřbet a bývá poměrně krátký a hákovitě ukončený. Tento tvar byl tak charakteristický, že přešel i do hieroglyfického písma a znak se používal jako determinativ pro slova jako nůž, krájet či řezat.[4] Eggebrecht uvádí, že pro práci s nožem stačily pouze tři prsty, kdy ukazovák spočíval na hřbetní hraně a usměrňoval pohyb nástroje.[5] Řap byl pravděpodobně omotáván rostlinnými vlákny, aby bylo možno nůž pevně uchopit. Ve Staré říši se tvary nožů ještě dále zjednodušovaly a postupně se jejich zakřivená hřbetní hrana napřimovala (viz heslo 28).

Na archaické nekropoli, která se rozkládala na skalnatém výběžku v severní Sakkáře, bylo prozkoumáno několik hrobek vysoce postavených hodnostářů,[6] v jejichž pohřebních výbavách byly nalezeny i krásné příklady velkých pazourkových nožů. Asi nejznámější zástupce tohoto typu nožů byl objeven v pohřební komoře Hemaky a je v současné době vystaven v káhirském Egyptském muzeu.[7]

Pazourkový řap nože, který byl nalezen v abúsírské šachtové hrobce 11C-2 na tzv. Bonnetově pohřebišti, je téměř 13 cm dlouhý a je bifaciálně retušovaný.[8] Během výzkumu bylo nalezeno větší množství těchto nožů. Nástroj byl datován do druhé poloviny 1. dynastie, tj. do stupně IIIC2 podle celkového rázu pohřební výbavy, která ho doprovázela.

Despite the fact that the time of the unification of Egypt at the beginning of the 1st Dynasty witnessed a general decline of flint industry, flint knives retained their exclusive position[1] until the Middle Kingdom, although already since the beginning of the 1st Dynasty, copper knives were also made. The ancient Egyptians connected flint, which they called *des*, with ritual purity, the sun and fire.[2] Tools made of flint were often used in the funerary cult and became part of the burial equipment.

Towards the end of the Predynastic and during the Early Dynastic Period the shape of large flint knives underwent relatively significant changes. The original shape was, and remained, a knife with a curved back of the blade and with a curved stem which was set into a handle made of rhinoceros horn. The best example remains the Gebel el-Araq knife, today kept in the Louvre.[3]

In the beginning of the 1st Dynasty, long knives with a curved blade, concave back and rounded tip appear. Their stem adjoined the blade directly and was usually relatively short and hook-shaped. This shape was so typical, that it was adopted into the hieroglyphic script, and the sign was used as the determinative of words such as knife, or to cut.[4] According to Eggebrecht, only three fingers were necessary to work with the knife, the index finger resting on the back and adjusting the movement of the tool.[5] The stem was in all likelihood wrapped in plant fibres, so that the knife could be held firmly. Later in the Old Kingdom, the shape of the knives became even more simplified – their curved back was gradually straightened (cf. the entry 28).

Several tombs of high officials were discovered at the Early Dynastic necropolis extending over the rocky outcrop in North Saqqara.[6] Their burial equipment contained also several examples of large flint knives. Perhaps the most famous example of this type of knives was discovered in the burial chamber of Hemaka. It is now exhibited in the Egyptian Museum in Cairo.[7]

The flint stem of a knife, that was found in the Abusir shaft tomb 11C-2 at the so-called Bonnet cemetery, is almost 13 cm long and bifacially flaked.[8] In the course of the excavation, a large number of these knives were found. The knife was dated to the second half of the 1st Dynasty, i.e. to stage IIIC2 according to the nature of the funerary equipment that accompanied it.

[1] Midant–Reynes (1984).
[2] Graves–Brown (2005).
[3] Louvre E 11517, Boehmer (1991: 51–57).
[4] Gardiner (2001: 515 – T30).
[5] Eggebrecht (1973).
[6] Emery (1938; 1939).
[7] Emery (1938: 18, 19, fig. 5, pl. 11).
[8] Bonnet (1928: Taf. 33: 3).

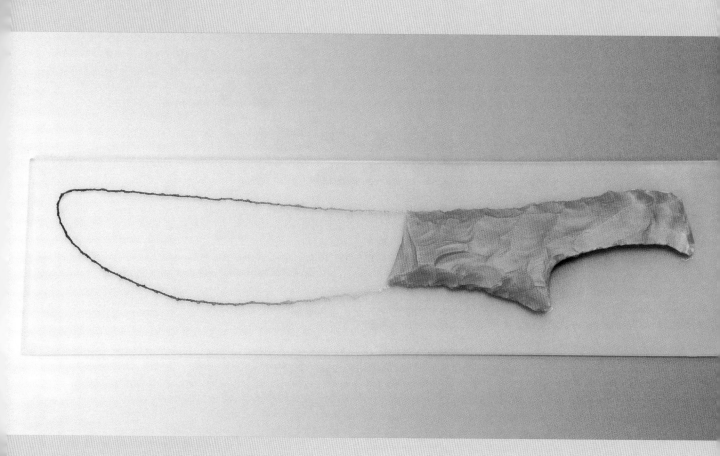

9 Paleta na roztírání líčidel

šedá břidlice, d. 36,9 cm, š. 20 cm, v. 2,7 cm;
nakádská kultura, stupeň IIIC2/IIID,
asi 3000–2700 př. n. l.;
Abúsír, tzv. Bonnetovo pohřebiště, hrobka 10C-3;
Egyptské muzeum Univerzity v Lipsku;
Inv.-Nr. 3280

9 Cosmetic Palette

grey schist, L: 36.9 cm, W: 20 cm, H: 2.7 cm;
Naqada culture, stage IIIC2/IIID, ca. 3000–2700 BC;
Abusir, the so-called Bonnet cemetery, tomb 10C-3;
Egyptian Museum of the University of Leipzig;
Inv.-Nr. 3280

Již od nejstarších dob ukládali staří Egypťané do hrobů různé kosmetické přípravky a předměty související s jejich přípravou.[1] Podle četnosti jejich výskytu lze konstatovat, že vonné oleje, parfémy a líčidla byly tehdy pokládány za nezbytný a běžný prvek každodenního života. Mezi obvyklé součásti pohřebních výbav patřily především palety používané na roztírání očních líčidel, které byly nalezeny v hrobkách pocházejících již z badárské kultury, tedy z doby před více než 6000 lety.[2] Nejstarší palety byly jednoduché, zpravidla pravoúhlé a bez jakýchkoli ozdob, avšak postupně byly vyráběny ve stále dokonalejších a nápaditějších geometrických (kosodélné se zaoblenými rohy, oválné) či zoomorfních tvarech (želvy, hroši, ptáci a ryby), vycházejících z přírodního světa, jenž starověké Egypťany obklopoval.[3]

Palety sloužily k roztírání líčidel v běžném životě Egypťanů či během náboženských rituálů. Menší hrudka surového pigmentu, především zeleného malachitu či černého galenitu, byla na povrchu palety nejprve najemno rozdrcena oblázkem a poté smíchána s pojivem. Nakonec bylo líčidlo štětečkem naneseno kolem očí.[4] O tom, jaký význam Egypťané přikládali líčení očí, se můžeme pouze dohadovat. Líčení pravděpodobně zčásti plnilo stejnou funkci jako v současnosti, tj. zkrášlování očí (jejich zvýraznění a optické zvětšení), ale především bylo používáno jako přírodní dezinfekce a ochrana před účinky přímého slunečního záření. Z mladších období se dokonce dochovaly lékařské předpisy, které popisují přesné složení léků (proti nejrůznějším očním nemocem), v nichž jsou zastoupeny nejrůznější minerály.[5]

Zde vyobrazená paleta má velmi jednoduchý, dokonce by bylo možné říci i archaizující tvar – je pravoúhlá s lehce vyklenutými delšími stranami.[6] Podél okrajů je vyryt poměrně hluboký žlábek, který ohraničuje vlastní pracovní plochu; ta je lehce prohloubená. Škrábance na ploše svědčí o jejím dlouhodobém používání. Tato paleta byla nalezena rozbitá na tři kusy v hrobce s komorou přístupnou sestupným schodištěm, z níž pochází největší dochovaný soubor pohřební výbavy. Bližší informace – např. o uložení palety v komoře – bohužel chybí. Na základě nálezů z dalších lokalit se však zdá, že palety byly zpravidla ukládány poblíž hlavy zemřelého.[7]

Already since the earliest times, ancient Egyptians placed various cosmetic substances into their tombs, as well as items connected with their preparation.[1] According to the frequency of their appearance we may state that aromatic oils, perfumes and make-up were considered indispensable and common items of everyday use. Funerary equipment usually contained above all palettes for the preparation of eye paint, which were found already in tombs of the Badarian culture, i.e. from a time more than 6000 years ago.[2] While the earliest palettes were simple, usually rectangular and without any decoration, they were gradually shaped into more perfect and imaginative geometric (rhomboidal with rounded edges, oblong) or animal shapes (turtles, hippopotami, birds and fish), derived from the natural world that surrounded the ancient Egyptians.[3]

The palettes were used for the smearing of eye paint, both in the daily lives of the Egyptians and in the course of rituals. A small lump of rough pigment, above all green malachite or black galena, was first crushed on the top of the palette with a pebble and then mixed with binder and applied around the eyes with a brush.[4] We may only guess the importance the Egyptians accorded to eye make up. In part it probably fulfilled the same function as in modern times, i.e. embellishing the eyes (their accentuation and optical enlargement), but above all it was used as a natural disinfectant and protection against the effects of direct sunshine. Medical prescriptions have even been preserved from later times, describing the precise composition of remedies against various eye diseases, and mentioning various minerals.[5]

The palette depicted here has a very simple, even archaizing shape – it is rectangular with slightly bulging longer sides.[6] A relatively deep groove is incised along the edges, delimiting the slightly recessed workspace. The scratched surface indicates that the palette was used on a prolonged basis. It was found broken into three pieces in the tomb with the largest preserved burial equipment, the burial chamber of which was entered through a descending stairway. Unfortunately, any more detailed information, for example about the position of the palette within the chamber, is lacking. The situation on other sites appears to indicate that palettes were usually placed close to the head of the deceased.[7]

[1] Lucas–Harris (1989: 80–97), Vandier d'Abbadie (1972).
[2] Brunton (1928: 30, 31, pls. 20, 21, 26, 27).
[3] Spencer (1993: 29, 41).
[4] Spencer (1993: 25).
[5] Deines–Grapow–Westendorf (1958).
[6] Bonnet (1928: 33, Taf. 26.1).
[7] Kroeper (1996: 82).

10 Jehlice a lžička

kost, d. 15,8 cm, š. hlavice 0,7 cm, š. těla jehlice
0,5 cm (2650); slonovina, d. 15,9 cm, š. 2,9 cm,
průměr 0,9 cm (2653);
nakádská kultura, stupeň IIID,
asi 2900–2700 př. n. l.;
Abúsír, tzv. Bonnetovo pohřebiště, hrobka 11C-4;
Egyptské muzeum University v Lipsku;
Inv.-Nr. 2650, 2653

10 Hair-pin and Spoon

bone, L: 15.8 cm, W (head): 0.7 cm,
W (pin): 0.5 cm (2650); ivory, L: 15.9 cm,
W: 2.9 cm, Diam.: 0.9 cm (2653);
Naqada culture, stage IIID, ca. 2900–2700 BC;
Abusir, the so-called Bonnet cemetery, tomb 11C-4;
Egyptian Museum of the University of Leipzig;
Inv.-Nr. 2650, 2653

Ozdobné předměty vyráběné z kosti či slonoviny se ve starém Egyptě objevily již v badárské kultuře, kdy byly do hrobek ukládány drobné korálky, šídla, kosmetické tyčinky, hřebeny a samozřejmě i jehlice a lžičky, které se posléze vyskytují i v následujících obdobích.[1]

V otázce, jak používali staří Egypťané jehlice, nepanuje mezi badateli shoda názorů. Jednoduchý tvar jehlic totiž umožňuje několikeré použití – k sepnutí šatů, ozdobě účesu či paruky, jako kosmetické tyčinky nebo jako pracovní nástroje, šídla.[2] Jehlice s bohatě zdobenými hlavicemi, např. siluetami ptáků či zvířat, se pravděpodobně používaly jako ozdoby účesů.[3]

Již v badárské kultuře se objevily překrásně zdobené lžičky, na jejichž výrobu byly používány rozličné materiály – kromě slonoviny a kostí v menším měřítku i zlato, stříbro, dřevo, břidlice a hlína.[4] Měly velmi širokou škálu tvarů – od prostých a nezdobených až po nápadné a velmi zdobné exempláře, které mohly plnit i ochrannou funkci (jejich držadla nabývala podob Hathořiny hlavice, Esetina uzlu, kříže *anch*, různých částí těl divokých zvířat apod.),[5] či byly používány při náboženských rituálech, např. lžičky ve tvaru lidské ruky s miskou, případně s rukojetí ztvárněnou do podoby postav různých božstev.[6]

V abúsírské hrobce 11C-4 bylo nalezeno nejen pět kostěných jehlic (2650), ale i slonovinová lžička (2653). Ze souboru jehlic se do dnešních dnů dochovala pouze jediná – s hlavicí zdobenou šesti drobnými zářezy, ostatní byly zničeny během druhé světové války.[7] Rovněž lžička byla částečně poškozená.[8] Její tvar je sice jednoduchý, ale nepostrádá jistou eleganci a její držadlo, dnes ukončené šikmým seříznutím, mohlo být původně zdobeno jednoduchou řezbou.[9]

Decorative items made of bone or ivory appeared in ancient Egypt already in the Badarian culture. At that time, small beads on strings, awls, cosmetic sticks, combs and of course also pins and spoons were placed in tombs, and continued to appear in the following periods.[1]

Egyptologists do not agree on how the Egyptians used the pins. The simple shape of the pins allows for their several usages – as fastener for clothes, hair or wig decoration, cosmetic sticks, or as a tool, an awl.[2] Pins with richly decorated heads, for example with motifs of birds or animals were probably used as hair accessories.[3]

Already in the Badarian culture, beautifully decorated spoons appear. They were made of various materials – besides ivory and bone also of gold, silver, wood, schist and clay.[4] The variety of shapes of the spoons was very wide. It ranged from simple undecorated shapes to ostentatious and richly decorated examples that could even fulfil a protective function (their handles took the form of the Hathoric head, Isis' knot, the *ankh*, various parts of bodies of wild animals, etc.).[5] Some were also used in the course of religious rituals, for examples spoons in the shape of a human hand with a bowl, or with the handle in the form of various deities.[6]

Besides five bone pins (2650), the Abusir tomb 11C-4 contained also an ivory spoon (2653). Only one of the pins has been preserved until today – the one with the head decorated with six small incisions. Others were destroyed in the course of the Second World War.[7] The spoon was also partially damaged.[8] Its shape is simple, but elegant, and its handle, which now has an obliquely cut end, may originally have been decorated by a simple carving.[9]

[1] Brunton–Caton-Thompson (1928: 30-33), Petrie (1920: 30-33; 1927: 24).
[2] Gamer–Wallert (1982).
[3] Petrie (1920: 30, pl. 8).
[4] Wallert (1967: 5).

[5] Wallert (1967: Taf. 4, 7, 8).
[6] Wallert (1967: Taf. 9, 33, 38).
[7] Bonnet (1928: 47, Taf. 31.3).
[8] Bonnet (1928: 47, Taf. 31.3).
[9] Wallert (1967: Taf. 4-K59).

11 Hrací kámen

slonovina, v. 2,3 cm, průměr 4,5 cm;
nakádská kultura, stupeň IIIC2,
asi 3000–2900 př. n. l.;
Abúsír, tzv. Bonnetovo pohřebiště, hrobka 9A-6;
Egyptské muzeum University v Lipsku;
Inv.-Nr. 3599

11 Game Piece

ivory, H: 2.3 cm, Diam.: 4.5 cm;
Naqada culture, stage IIIC2, ca. 3000–2900 BC;
Abusir, the so-called Bonnet cemetery, tomb 9A-6;
Egyptian Museum of the University of Leipzig;
Inv.-Nr. 3599

Zde vyobrazený hrací kámen má velmi jednoduchý tvar – je téměř polokulovitý, o průměru 4,5 cm. Ačkoli je jeho povrch poškozený, zcela zřetelně byl původně velmi kvalitně vyhlazen a vyleštěn.

V pohřební komoře hrobky 9A-6 byly původně nalezeny čtyři hrací kameny dvou základních typů – nižší polokulovité a vyšší kuželovité, zakončené drobným polokulovitým knoflíkem.[1] Tři kameny se bohužel do dnešních dnů nedochovaly. Jak uvádí D. Blaschta ve svém příspěvku, bližší informace o uložení hracích kamenů v abúsírských hrobkách chybí a lze se pouze domnívat, že představují jeden ze znaků, na jejichž základě se uvažuje o vyšším sociálním postavení pohřbených hodnostářů.

Obdobné hrací kameny pocházejí i z bohatě vybavených pohřbů na dalších lokalitách – Tarchánu a Umm el-Kábu, kde byly nalezeny např. v hrobce panovníka Chasechemueje. V jedné ze sakkárských hrobek nalezl W. Emery celý hrací soubor sestávající ze slonovinových kamenů a hrací desky, která byla vyrobená ze dřeva a její jednotlivá políčka byla oddělena lištami ze slonoviny.[2] Deska obsahovala dvakrát 13 polí, jež byla všechna obsazena kameny, a to 13 kuželovitými a 13 polokulovitými.

Na základě reliéfních vyobrazení pocházejících z hrobek 5. a 6. dynastie lze vyvodit, že kameny mohly být používány při hře, kterou Egypťané nazývali *senet*.[3] Na reliéfech jsou jasně zřetelné dva druhy používaných kamenů, z nichž jeden je vyšší než druhý a někdy je jeho vrcholek zakončen knoflíkem.[4] Promluvy obou hráčů, kteří tuto poziční hru hrají, se objevují v popiscích nad scénami: „táhni trojkou na dvojku (?) po (hrací) desce" nebo „táhl jsem trojkou po (hrací) desce".[5] Bez znalosti pravidel jsou pro nás tyto popisky bohužel poněkud nejasné. Vyobrazení senetu je zpravidla zasazeno mezi další kratochvíle (hudební a taneční produkce), jimiž si mohli bohatí Egypťané zpříjemnit dlouhé chvíle na tomto i onom světě.

The shape of the game piece depicted here is very simple – almost semispherical, reaching about 4.5 cm in diameter. Its surface is now damaged, but originally it was clearly highly smoothed and polished.

Inside the burial chamber of tomb 9A-6 were found four game pieces of two different types: shorter semispherical and taller conical with a small semispherical tip.[1] Three of the stones have, however, not been preserved. As D. Blaschta mentions in his contribution, we have no detailed information about the precise location of game pieces in the Abusir tombs. We may only hypothesize that they belonged among the features indicating the higher social status of the tomb owners.

Similar game pieces were discovered in richly equipped tombs at other sites – Tarkhan and Umm el-Qaab, e.g. in the tomb of King Khasekhemuy. W. Emery discovered in one of the Saqqara tombs a complete game set consisting of ivory game pieces and a game board. The board was made of wood and the individual fields were delimited by ivory ledges.[2] The board contained twice thirteen fields, all of which were occupied by stones, 13 of them conical and 13 semispherical.

Relief depictions from the tombs of the 5th and 6th Dynasties indicate that the stones may have been used in the game that the Egyptians called *senet*.[3] The reliefs clearly show two types of game pieces used, one being taller and sometimes having a button-like tip.[4] The words of both players appear in the inscriptions over the scenes: "draw three to two (?) on the (game) board," or "I drew three on the (game) board."[5] Unfortunately, our knowledge of the rules is still fragmentary. The depiction of *senet* commonly appears among other diverting activities (musical and dance performances), which shortened the while of the rich Egyptians on this and the other world.

---

[1] Bonnet (1928: 47, Taf. 31.2).
[2] S 3504–16, Emery (1954: 59, fig. 11, pls. 22, 29).
[3] Pusch (1979: 6–40).

[4] Pusch (1979: Taf. 3b, 5, 7).
[5] Erman (1919: 59).

12 Pečetní váleček a písařská paleta

slonovina, v. 2 cm, průměr 1 cm (2657); v. 3,3 cm,
š. 1,2 cm, d. 7 cm (2656);
nakádská kultura, stupeň IIID, asi 2900–2700 př. n. l.
(2657); IIIC2, asi 3000–2900 př. n. l. (2655);
Abúsír, tzv. Bonnetovo pohřebiště,
hrobka 10B-2/3 ? (2657), 10B-4 (2656);
Egyptské muzeum Univerzity v Lipsku;
Inv.-Nr. 2657, 2656

Ve starověkém Egyptě byl rozvoj státní administrativy velmi úzce propojen s vrstvou úředníků a především písařů, jejichž svět dokumentují dva vyobrazené předměty. Písařská paleta se již na počátku Archaické doby stala jakousi ikonou a hieroglyfický znak, který ji zobrazoval – , byl používán pro označení slova „psát, písař" a všech souvisejících výrazů.

Drobná písařská paleta (2656), dlouhá pouhých 7 cm, byla vyrobena ze slonoviny a pochází z jedné z hrobek přístupných schodištěm.[1] Dvě hlavní barvy, které písaři používali – černá a červená, byly míchány s vodou ve dvou nestejně velkých prohlubních s vyššími okraji. Uprostřed jedné z kratších stran byla paleta provrtána, aby mohla být provázkem připevněna ke zbývajícím částem písařské soupravy – koženému váčku na barvy a pouzdru, v němž byly uchovávány štětečky používané při psaní.[2]

Dalším dokladem o gramotnosti hodnostářů uložených na abúsírském pohřebišti je drobný pečetní váleček (2657), který byl rovněž vyroben ze slonoviny.[3] Je vysoký asi 2 cm, jeho průměr dosahuje přibližně 1 cm a je provrtán, aby ho bylo možné zavěsit na šňůrku kolem krku. Hieroglyfický nápis, který pokrývá celý povrch válečku, je u horního a dolního okraje částečně setřen. Ačkoli jeho překlad není jednoznačný (viz příspěvek D. Blaschty v tomto sborníku), je v něm zmíněn kněz, který se snad jmenoval *Ipet* , a sloužil v chrámu významné staroegyptské bohyně Neity . Hlavní chrám bohyně Neity se sice nacházel v dolnoegyptské metropoli Bútó, avšak jméno bohyně a další jí zasvěcené chrámy se vyskytovaly po celém území Egypta. Na abúsírském pohřebišti se kromě tohoto pečetního válečku dochoval i nápis pečlivě vyrytý do plecí kamenné nádoby s širokým límcovitým okrajem, který zmiňuje „*sem*-kněze (bohyně) Neit" .[4] Můžeme jen litovat, že jméno zmíněného chrámového zaměstnance nebylo uvedeno.

12 Sealing and Scribe's Palette

ivory, H: 2 cm, Diam.: 1 cm (2657); H: 3.3 cm,
W: 1.2 cm, L: 7 cm (2656);
Naqada culture, stage IIID, ca. 2900–2700 BC
(2657); IIIC2, ca. 3000–2900 BC (2655);
Abusir, the so-called Bonnet cemetery,
tomb 10B-2/3 ? (2657), 10B-4 (2656);
Egyptian Museum of the University of Leipzig;
Inv.-Nr. 2657, 2656

The development of state administration in ancient Egypt was very tightly connected with the class of bureaucrats and above all scribes, whose world the exhibited objects document. Already in the beginning of the Early Dynastic Period, the scribe's palette became something of an icon, and the hieroglyphic sign that depicted it – , was used for words as "to write", "scribe" and all derived expressions.

The small scribe's palette (2656), reaching only 7 cm in length, was made of ivory and comes from one of the tombs accessible by a stairway.[1] The two main colors that the scribes used – black and red, were mixed with water in two hollows of unequal size with higher edges. In the middle of one of the shorter sides the palette was pierced in order to be tied to the remaining parts of the scribe's equipment by a string. The set included a leather sack for pigments and a case with reed brushes used for writing.[2]

Further evidence about the literacy of the officials resting in the Abusir necropolis consists of a small sealing (2657), that was also made of ivory.[3] It is about 2 cm high, reaches approximately 1 cm in diameter, and it is pierced, so that it could be hung around the neck on a string. The hieroglyphic inscription that covers the entire surface of the sealing is partly erased at the upper and lower edges. Although the translation is uncertain (cf. the study of D. Blaschta in this volume), the text mentions a priest called perhaps *Ipet* , who served in the temple of the important ancient Egyptian goddess Neith . Goddess Neith came from the Lower Egyptian metropolis Buto, but her name and temples could be found throughout the entire Egyptian territory. Besides this cylinder seal, an inscription carefully etched into the shoulders of a stone vessel was also found in the Abusir necropolis. The inscription mentions "the *sem*-priest of (the goddess) Neith" .[4] Unfortunately, the name of this temple employee was not included.

---

[1] Bonnet (1928: 47, Taf. 31.3).
[2] Schlott (1989: 58, 59, 124, 125).
[3] Bonnet (1928: 47, Abb. 17, Taf. 31.3).
[4] Bonnet (1928: 19, No. 104, Abb. 12).

13 Slonovinové nádobky

slonovina, v. 8,8 cm, průměr ústí 4,8 cm (3595),
v. 8,6 cm, průměr 3,6 cm (3596);
nakádská kultura, stupeň IIID,
asi 2900–2700 př. n. l.;
Abúsír, tzv. Bonnetovo pohřebiště, hrobka 10B-2/3;
Egyptské muzeum Univerzity v Lipsku;
Inv.-Nr. 3595, 3596

13 Ivory Vessels

ivory, H: 8.8 cm, mouth diam.: 4.8 cm (3595),
H: 8.6 cm, Diam.: 3.6 cm (3596);
Naqada culture, stage IIID, ca. 2900–2700 BC;
Abusir, the so-called Bonnet cemetery, tomb 10B-2/3;
Egyptian Museum of the University of Leipzig;
Inv.-Nr. 3595, 3596

Ze součástí pohřebních výbav vyrobených ze slonoviny zaujmou především dvě miniaturní cylindrické nádobky, obě dosahující téměř shodné výšky 9 cm. Jejich tvar však není totožný – jedna se lehce rozšiřuje směrem k podstavě, zatímco druhá má širší okraj. Jejich průměr se pohybuje od 3 do 3,5 cm. Na vnitřní straně jedné z nádobek (3596) jsou dosud patrné stopy po vrtáku, který byl použit při její výrobě. Ve dně této nádobky zanechala špička vrtáku poměrně velkou kónickou prohlubeň. Horní část vnitřních stěn druhé miniatury (3595) byla vyhlazena a stopy po vrtání jsou patrné pouze u dna. Pravděpodobně během používání tohoto exempláře došlo k poškození dna, které bylo nahrazeno nízkou okrouhlou destičkou ze slonoviny, jež byla dodatečně vtlačena do začištěného spodního okraje. Vnější povrch obou nádobek byl po dokončení pečlivě vyhlazen a vyleštěn.[1]

Obě nádobky pocházejí z velmi poničené hrobky přístupné schodištěm (10B-2/3), jejíž pohřební komora byla spojena zlodějským průchodem s vedlejším hrobem. Podle stávající dokumentace byly nalezeny v nohách jedince pohřbeného v dřevěné rakvi v horní části depotu kamenných a keramických nádob.[2]

Obecně se soudí, že v malých cylindrických nádobkách vyrobených z kamene mohli starověcí Egypťané uchovávat cenné masti a vonné oleje pro kosmetické účely. Zdá se však, že v nádobkách vyrobených ze slonoviny byly skladovány suché sypké směsi, jak to dokládá nález z Abú Rawáše, kde byla prokázána přítomnost křídového prášku.[3]

Jak bylo uvedeno již v kapitole o Archaické době na abúsírské nekropoli, obě nádobky lze datovat pouze na základě celkového rázu pohřební výbavy v hrobce 10B-2/3 do samotného závěru 1. dynastie.

Among the most interesting ivory items from the burial equipments belong two miniature cylindrical jars, both reaching almost 9 cm in height. They are, however, not identical in shape – one is slightly extending towards the base, while the other has a wider rim. Their diameter varies between 3 and 3.5 cm. Inside one of the vessels (3596), traces of the drill that was used in its making are still visible. The tip of the drill has left a relatively large conical depression in the bottom of this vessel. The upper part of the inner walls of the second miniature (3595) was smoothed, and drilling traces are thus visible only at the bottom. Probably in the course of the use of this piece, the bottom was damaged, and it was replaced by a low rounded plate of ivory, that was inserted into the smoothed lower edge of the vessel. Their outer surface was carefully smoothed and finally polished.[1]

Both vessels come from a very damaged stairway tomb (10B-2/3), the burial chamber of which was connected with the next tomb by a robber's passage. According to the archaeological records, they were found at the feet of a deceased buried in a wooden coffin in the upper part of the depot of stone and pottery vessels.[2]

It is generally believed that the ancient Egyptians may have used small cylindrical stone vessels for the storage of valuable ointments and aromatic oils for cosmetic purposes. It would seem, though, that dry powdery substances were stored in ivory vessels, as the discovery at Abu Rawash indicates, where a vessel contained chalk powder.[3]

As was already stated in the chapter on the Early Dynastic Period at the Abusir necropolis, both vessels can be dated only according to the style of the entire burial equipment of tomb 10B-2/3, to the very end of the 1st Dynasty.

---

[1] Bonnet (1928: 46–47, Taf. 31: 2).
[2] Bonnet (1928: 2).

[3] Klasens (1958: 31 Fig. 10, Nr. 5).

14 Zlomek reliéfu s vyobrazením boha Bese

vápenec se zbytky polychromie, v. 25,5 cm, š. 19 cm;
Stará říše, 5. dynastie, asi 2450–2325 př. n. l.,
doba vlády Sahurea;
Abúsír, zádušní chrám panovníka Sahurea;
Egyptské muzeum Univerzity v Lipsku;
Inv.-Nr. 2095

Reliéf dochovaný na lehce vypouklém zlomku jemného vápence zobrazuje horní část trupu a hlavu poněkud podivně vyhlížejícího stvoření, které od sebe natahuje svou pravou, jen nepatrně nahoru ohnutou paži.[1] Levá paže mu spočívá na hrudi, která je zdánlivě zdeformovaná egyptským způsobem zobrazování těla. Podle velkých svěšených ženských prsou bylo vyobrazení na tomto zlomku reliéfu určeno jako personifikace boha Nilu či božstva plodnosti, neboť právě nilská božstva bývala zpravidla zobrazována jako androgynní bytosti s povislými prsy.[2] Tato interpretace se zpočátku zdála být zcela samozřejmá, protože mezi reliéfními vyobrazeními nalezenými v zádušním chrámu panovníka Sahurea se rovněž nachází dlouhé procesí rozličných božstev symbolizujících Nil a jednotlivé staroegyptské kraje. Tento výklad však nevysvětluje hlavu postavy, která se zřetelně podobá lví masce s jasně viditelnýma ušima. Na reliéfu rovněž chybí božský vous, bezpodmínečně nutný u skutečného nilského božstva. Oční partie v groteskním obličeji mohly být zničeny pravděpodobně záměrně, ačkoli nelze blíže určit, kdy se to stalo. V Egyptě však k takovým „zneškodněním" zdánlivě nebezpečných stvoření, zvířat a démonů velmi často docházelo v koptském a islámském období.

Na základě mladších paralel[3] lze usoudit, že se v případě zde vystavovaného zlomku reliéfu setkáváme s nejstarším zobrazením staroegyptského boha Bese. Tento bůžek býval zpodobňován jako trpaslík se lví tváří a ochraňoval těhotné ženy a novorozence před všemi nástrahami.

V kontextu výzdobného programu královského pohřebního komplexu však toto vyobrazení pravděpodobně souvisí s cyklem reliéfů vztahujících se k průběhu oslav královského jubilea, svátku *sed*. Slavnost se konala 30 let po nástupu panovníka na trůn a měla umožnit jeho rituální omlazení.

14 Relief Fragment Depicting the God Bes

limestone with polychromy, H: 25.5 cm, W: 19 cm;
Old Kingdom, 5th Dynasty, ca. 2450–2325 BC,
reign of King Sahure;
Abusir, funerary temple of King Sahure;
Egyptian Museum of the University of Leipzig;
Inv.-Nr. 2095

The relief preserved on a slightly bulging fragment of fine limestone depicts the upper part of the body and head of a somewhat weird looking creature, stretching out its slightly bent right arm.[1] Its left arm rests on the upper part of the body, which seems deformed in the aspective representation. The large pending female breasts have led to the identification of the representation on this relief fragment as a personification of the Nile or fecundity figure, since precisely the Nile deities used to be regularly represented as androgynous creatures with pending breasts.[2] This interpretation appeared at first to be self-evident, since the relief depictions discovered in the funerary temple of King Sahure also contain a long procession of various deities representing the Nile and the individual districts of ancient Egypt. Such an interpretation is, however, inconsistent with the head of the creature, which clearly looks like a lion mask with easily perceptible ears. The relief also lacks the divine beard, which is a necessary feature of Nile deities. The eyes of the grotesque face could have been destroyed on purpose, although it cannot be said when. In Egypt, however, such "neutralisations" of potentially dangerous creatures, animals and demons often happened in the Coptic and Islamic periods.

Later parallels[3] indicate that the relief fragment displayed here contains the oldest representation of the ancient Egyptian god Bes. This deity used to be depicted as a dwarf with a lion's face, and he protected pregnant women and newborns from all dangers.

In the context of the royal funerary complex decoration, this representation is probably connected with the relief cycle illustrating the course of the celebrations of the royal jubilee, the *sed*-festival. The festival took place 30 years after the king's ascent to the throne, and its purpose was the ritual rejuvenation of the sovereign.

---

[1] Borchardt (1913: 38f, Blatt 22).
[2] Baines (1985b).

[3] Epigraphic Survey (1980: pls. 24, 39, 40), Romano (1989: 5–7, No. 1).

15 Fragmenty soch panovníka Raneferefa

travertin (v. 4,9 cm, š. 4 cm), diorit (suknice:
v. 7,8 cm, š. 3,6 cm; vous: v. 2,9 cm; š. (u dolního
okraje) 3,4 cm; pěst: v. 4,1 cm, š. 3,3 cm)
kvarcit (v. 6,8 cm; š. 5,8 cm);
Stará říše, 5. dynastie, asi 2450–2325 př. n. l.;
Abúsír, zádušní chrám panovníka Raneferefa;
NM – Náprstkovo muzeum;
P 6843, P 6842, P 6849, P 6851, P 6847

15 Fragments of Statues of King Raneferef

travertine (H: 4.9 cm, W: 4 cm), diorite
(kilt H: 7.8 cm, W: 3.6 cm; beard H: 2.9 cm;
W: (at bottom edge) 3.4 cm; fist H: 4.1 cm,
W: 3.3 cm), quartz (H: 6.8 cm; W: 5.8 cm);
Old Kingdom, 5th Dynasty, ca. 2450–2325 BC;
Abusir, funerary temple of King Raneferef;
NM – Náprstek Museum;
P 6843, P 6842, P 6849, P 6851, P 6847

Výzkumy velkých pyramidových komplexů Sahurea, Neferirkarea a Niuserea na královské nekropoli v Abúsíru prováděné německou archeologickou expedicí na počátku 20. století nepřinesly žádné nové kompletní sochy zde pohřbených panovníků.[1] O to překvapivější byl nález soch panovníka Raneferefa v zádušním chrámu jeho nedokončené pyramidy v Abúsíru. Expedice tehdejšího Československého egyptologického ústavu zde odkryla během tří výkopových sezon[2] téměř dvě stovky fragmentů kamenných a dřevěných soch různých typů a velikostí, mezi nimi šest Raneferefových podobizen.[3]

Sochy panovníků plnily v pyramidových komplexech dvě různé funkce. Část královských soch byla kultovní a další tvořily součást výzdobného programu. Kultovní sochy, uzavřené ve svatostáncích, byly předmětem každodenního kultu a přispívaly k udržení krále při věčném životě. Další sochy byly umístěny v otevřených dvorech, porticích a údolních chrámech, kde zpřítomňovaly zemřelého panovníka a vytvářely tak patřičný kontext pro konání obřadů a slavností.[4] U královských soch rozeznáváme atributy, které je jasně odlišují od ostatních soch – koruny, ozdobnou pokrývku hlavy *nemes*, urea (ochrannou kobru) nad čelem, nepravý vous, žezla, plášť svátku *sed* atp.

Ze zlomků nalezených v Raneferefově komplexu se podařilo sestavit dvě téměř kompletní sochy panovníka.[5] Z ostatních soch se dochovaly pouze části, přesto bylo možné určit jejich společné rysy. Raneferefovy sochy vynikají zaobleností obličeje, mladistvým vzhledem, kvalitou provedení, malou velikostí a bohatostí materiálů, ze kterých jsou vytesány. Víme také, že Raneferef měl alespoň jednu kultovní dřevěnou sochu v životní velikosti umístěnou pravděpodobně poblíž obětního bazénku ve sloupové síni svého zádušního chrámu. Kamenné sochy se rovněž nacházely ve sloupové síni nebo v místnostech těsně k ní přiléhajících.

Dioritové zlomky představované v rámci výstavy pocházejí ze sedící Raneferefovy sochy menší velikosti (45–50 cm), která zobrazovala panovníka s ozdobnou pokrývkou hlavy *nemes* a nepravým vousem. Oděn byl v plisované suknici s širokým opaskem, ruce měl položené na stehnech v obvyklé po-

The excavation of the large pyramid complexes of Sahure, Neferirkare, and Niuserre at the royal necropolis of Abusir conducted by the German archaeological expedition in the early 1900s brought to light no new complete statues of the kings buried here.[1] The discovery of the statues of King Raneferef in the funerary temple of his unfinished pyramid at Abusir was thus the more surprising. The expedition of the then Czechoslovak Institute of Egyptology discovered here, in the course of three excavation seasons,[2] almost two hundred fragments of stone and wooden statues of various types and sizes, including six portraits of Raneferef.[3]

Statues of kings had two different functions in the pyramid complexes. Some of the royal statues were cultic and others formed part of the royal decoration programme. Cultic statues, enclosed in naoi, were subject to everyday cult and contributed to the preservation of the king in his eternal life. Other statues were placed in open courts, porticoes, and valley temples, where they represented the deceased king and created the relevant context for the performance of rituals and celebrations.[4] Royal statues exhibit numerous attributes that distinguish them from other, non-royal ones – crowns, the decorative *nemes* headcloth, the uraeus (guardian cobra) over the forehead, the false beard, sceptres, the *sed*-festival gown, etc.

Two almost complete statues of the king could be assembled from the fragments found in the complex of Raneferef.[5] Only parts of his other statues have been preserved, but it was nonetheless possible to determine their common features. The statues of Raneferef are characterised by a round face, youthful appearance, high quality of execution, small size and rich variety of materials from which they were sculpted. We also know that Raneferef had at least one wooden life-size cult statue, placed in all likelihood in the vicinity of the offering basin in the hypostyle hall of the funerary temple. Stone statues were also located in the hypostyle hall or in the immediately adjacent rooms.

The diorite fragments on display in the exhibition come from a small size (45–50 cm) seated statue of Raneferef, which

[1] Borchardt (1907, 1909, 1910–1913).
[2] Verner (1985a, 1985b, 1986a, 1986b, 1988).
[3] Bazalt/basalt: JE 98181, JE 98177,
  diorit/diorite: JE 98180, JE 98176,

vápenec/limestone: JE 98171, JE 98178; Benešovská (2002, 2006).
[4] Arnold (1999).
[5] Bazalt/basalt: JE 98181, vápenec/limestone: JE 98171.

zici – pravou pěst svírající tzv. kapesník měl postavenou vertikálně na stehně pravé nohy, volné cípy „kapesníku" splývaly podél stehna a levá rozevřená dlaň ležela u kolena levé nohy. Kvarcitový fragment s jemně vypracovaným uchem pravděpodobně patřil k soše sedícího Raneferefa s vysokou hornoegyptskou korunou. Výběr kvarcitu mohl mít náboženský a symbolický význam, neboť tento kámen byl pro svoji tmavě červenou barvu spojován se slunečním kultem a bohem Reem. Travertinový fragment představuje odlomenou přední část prstů natažené levé ruky, která mohla patřit ke stojící mužské či ženské soše střední velikosti (80 cm). Nelze ani vyloučit, že se jednalo o zpodobení královny. Travertin byl díky své bílé barvě symbolicky spojován s rituální čistotou.

depicted the king with the decorative nemes headcloth and a false beard. He is wearing a pleated kilt with a wide belt, his hands rest on his thighs in the usual position – the right fist holding the so-called handkerchief rests vertically on the thigh of the right leg, the free tips of the "handkerchief" falling down the thigh, and the left open palm lay at the knee of the left leg. The quartz fragment with an ear executed in fine detail probably belonged to the seated statue of Raneferef wearing the tall Upper Egyptian crown. The choice of quartz may have had a religious and symbolic significance, because it was for its dark red colour connected with the solar cult and the sun god Re. The travertine fragment represents a broken-off front part of fingers of an extended left hand, which may have belonged to a middle-size (80 cm) standing male or female statue. It cannot even be excluded that it was part of the portrait of a queen. Due to its white colour, travertine was connected with ritual purity.

16 Fajánsové výplně ze zádušního chrámu královny Chentkaus II.

egyptská fajáns, max. 1,5 × 7 cm (P 5814a, P 5816a, P 5816f, P 5816i, P 5816j); max. 4,5 × 1 cm (P 7171b, P 7174l, P 7174m); 7,7 × 4,7 × 0,7 cm (P 6496a); 5,7 × 5,2 cm (P 6496b); 3 × 5 cm (P 6496d);

Stará říše, 5. dynastie, asi 2450–2325 př. n. l.;
Abúsír, zádušní chrámy královny Chentkaus II. a panovníka Raneferefa;
NM – Náprstkovo muzeum;
P 5814a, P 5816a, P 5816f, P 5816i, P 5816j, P 6496a, P 6496b, P 6496d, P 7171b, P 7174l, P 7174m

16 Faience Inlays from the Funerary Temple of Queen Khentkaus II

Egyptian faience, max. 1.5 × 7 cm (P 5814a, P 5816a, P 5816f, P 5816i, P 5816j); max. 4.5 × 1 cm (P 7171b, P 7174l, P 7174m); 7.7 × 4.7 × 0.7 cm (P 6496a); 5.7 × 5.2 cm (P 6496b); 3 × 5 cm (P 6496d);

Old Kingdom, 5th Dynasty, ca. 2450–2325 BC
Abusir, funerary temples of Queen Khentkaus II and King Raneferef;
NM – Náprstek Museum;
P 5814a, P 5816a, P 5816f, P 5816i, P 5816j, P 6496a, P 6496b, P 6496d, P 7171b, P 7174l, P 7174m

V letech 1982–84 se expedici tehdejšího Československého egyptologického ústavu podařil v oblasti zádušního chrámu panovníka Raneferefa zcela jedinečný nález přibližně 2000 zlomků fajánsových výplní. V téže době byl v zádušním komplexu královny Chentkaus II.[1] nalezen i druhý, menší soubor těchto výplní. Jeho interpretace byla značně zkomplikována tím, že ač je zdobení dřevěného nábytku fajánsovými výplněmi doloženo po celé období trvání staroegyptské civilizace (od Archaické doby po řecko-římskou dobu), existují pouze dvě paralely. První představují čtyři dřevěné ceremoniální nádoby zdobené fajánsovými výplněmi,[2] které na počátku 20. století nalezl v abúsírském Neferirkareově zádušním chrámu německý archeolog Ludwig Borchardt.[3] Druhou paralelu, významnou zejména pro rekonstrukci podoby výplní z pohřebního komplexu královny Chentkaus II., tvoří soubor vykládaného nábytku, který vyprovázel na věčnost královnu Hetepheres I., matku slavného Chufua.[4] Skříňky, nosítka a kostra postele byly zdobeny florálními motivy, jmény a titulaturou krále Snofrua, manžela Hetepheres, a jménem a tituly samotné Hetepheres.

V souboru výplní objevených v komplexu královny Chentkaus II. zaujmou především zlomky, které jednoznačně pochází z královniny titulatury. Mistrovským dílem staroegyptské technologie výroby fajánsových výplní je téměř zcela dochovaná výplň znázorňující královnu sedící na pravoúhlém trůnu (P 6496a). Královna je oděna do úzkých šatů s širokými ramínky a její hlavu zdobí supí čelenka. V levé ruce drží žezlo *was* a v pravé znak života *anch*. Neméně zajímavé jsou i dva zlomky hieroglyfických značek – supice *mut* označující „matku" (P 6496b) a včely *bitej*, tedy „král Dolního Egypta" (P 6496d). Volné plochy byly ve všech třech případech vyplněny bílou pastou a pozlaceny, nepatrné zbytky zlacení jsou dosud na zlomcích vidět. S pomocí dalších fragmentů, dnes uložených v Egyptském muzeu v Káhiře, lze z těchto značek

Between the years 1982–84, the expedition of the then Czechoslovak Institute of Egyptology made a unique discovery of approximately 2000 fragments of faience inlays in the funerary temple of King Raneferef at Abusir. At the same time, a second, smaller collection of faience inlays was discovered in the funerary complex of Queen Khentkaus II.[1] Its interpretation was complicated by the fact that although the decoration of wooden furniture with faience inlays is attested throughout the entire period of ancient Egyptian history (since the Archaic to the Graeco-roman Period), only two true parallels exist. The first consists of four wooden ceremonial vessels decorated with faience inlays.[2] German archaeologist Ludwig Borchardt discovered them in the Abusir funerary temple of Neferirkare in the early 20th century.[3] The second parallel, important above all for the reconstruction of the appearance of the inlays from the funerary complex of Queen Khentkaus II, is represented by the set of inlaid furniture that was part of the burial equipment of Queen Hetepheres I, mother of the famous King Khufu.[4] Chests, litter, and bed frame were decorated with floral motifs, the names and titles of King Snofru, the husband of Hetepheres, and with the name and titles of Hetepheres herself.

The most interesting of the fragments from the set discovered in the funerary complex of Queen Khentkaus II are those that bear parts of the titulary of the queen. The almost completely preserved inlay representing the queen sitting on a rectangular throne (P 6496a) is a masterpiece of ancient Egyptian faience inlay production. The queen is wearing a tight-fitting dress with wide shoulder straps and a vulture headdress. In her left hand she is holding the *was* scepter and in the right hand the *ankh* sign. No less interesting are other two fragments of hieroglyphic signs – the vulture *mut* denoting "mother" (P 6496b) and the bee *bjtj*, i.e. "King of Lower Egypt" (P 6496d). In all three cases, the background of

---

[1] Verner (1995b).
[2] Berlín 18807, 18808, 18815–16, 35550–52, 35610–14.
[3] Borchardt (1909: 59–66).
[4] Reisner–Smith (1955).

složit Chentkausiny hlavní tituly: „matka dvou králů Horního a Dolního Egypta, velká (paní) žezla *hetes*, velmi chválená královská manželka Chentkaus".[5] Neobvyklý titul „matka dvou králů Horního a Dolního Egypta" náležel kromě Chentkaus II. již jen jediné královně egyptské historie – Chentkaus I. Původně nápis pravděpodobně zdobil překlad naa – skříňky pro sochu, jichž bylo, podle svědectví zlomků papyrového archivu nalezeného v královnině pohřebním komplexu, v chrámu uloženo nejméně šestnáct.[6] Jsou zde zmíněny skříňky pro královniny sochy, jež byly zdobeny postavami ze zlata a lapisu lazuli. Ačkoli Egypťané měli slovo přímo označující fajáns, často ji nazývali lapisem lazuli (např. Neferirkareovy nádoby). Zlatem pak bylo pravděpodobně míněno zlacení, s nímž se na fajánsových výplních setkáváme poměrně často.

Další skupina vystavovaných fajánsových výplní představuje hvězdnou oblohu (P 7171b, P 7174l, P 7174m). Jedná se o 0,5 až 1 cm silné tmavomodré pásy s pěticípými tyrkysovými hvězdami. Podobné pásy tvoří na egyptských reliéfech horní okraj scén a lze tedy předpokládat, že tomu tak bylo i zde.

Poslední typ fajánsových výplní naznačuje, že se v Chentkausině záduším chrámu mohly nacházet i dřevěné ceremoniální nádoby. Jedná se o výplně typu „per" (P 5814a; P 5816a; P 5816f; P 5816i; P 5816j), jejichž profilace jasně dokládá, že musely být umístěny na zaoblený předmět. Nádoby, nalezené Borchardtovou expedicí v záduším chrámu panovníka Neferirkarea (Berlín 18807), jsou zdobeny právě takovými „pery", lze tedy předpokládat, že se podobné nádoby nacházely i v chrámu královny Chentkaus II.

the relief was filled with white paste and gilded. Small traces of the gilding can still be seen on the fragments. Together with other fragments, now kept in the Egyptian Museum in Cairo, they form the main titles of Khentkaus: "Mother of two kings of Upper and Lower Egypt, great one of the *hetes* scepter, one greatly praised, royal wife Khentkaus."[5]

The unusual title "mother of two kings of Upper and Lower Egypt" belonged, besides Khetkaus II, only to one other queen of ancient Egyptian history – Khentkaus I. The inscription probably originally decorated the lintel of a naos – a shrine for a statue. According to the testimony of the fragments of the papyrus archive of the temple, there were at least 16 naoi in the funerary temple of Khentkaus II.[6] The papyri also describe shrines of the statues of the Queen, that were decorated with figures of gold and lapis lazuli. Although the Egyptians had a word for faience, they often named it with the term for lapis lazuli. "Gold" then probably referred to the gilding, which is quite frequent on faience inlays.

Another group of exhibited faience inlays represent the starry sky (P 7171b, P 7174l, P 7174m). This group includes 0.5–1 cm thick dark blue bands with five-pointed turquoise stars. Such bands form the upper edge of scenes on Egyptian reliefs and we may thus presume, that they performed the same role here.

The last type of faience inlays indicates that the funerary temple of Khentaus II may have also contained wooden ceremonial vessels. These are the "feather" type inlays (P 5814a; P 5816a; P 5816f; P 5816i; P 5816j), the profile of which attests that they must have decorated a rounded object. Vessels, discovered by Borchardt's expedition in the funerary temple of Neferirkare (Berlin 18807), are decorated precisely by such "feathers". It may thus be presumed that similar vessels were located also in the temple of Queen Khentkaus II.

---

[5] Landgráfová (2000, 2004). [6] Verner (1995b: 133–142).

17 Figurální fajánsové výplně

egyptská fajáns, 2,2 × 3 cm (P 7060a); 2,2 × 3 cm
(P 7060b); 3,8 × 3,5 × 0,7 cm (P 7109a);
3,8 × 3,5 × 0,7 cm (P 7109b); 6,7 × 7,2 cm
(P 7174a); 2,3 × 2,4 cm (P 7174c); 2,5 × 2,7 cm
(P 7175b); 3 × 4,4 cm (P 7175c); 2,5 × 2,7 cm
(P 7175e); 4,4 × 2,9 cm (P 7176a); 2,6 × 4,7 cm
(P P 7176n); 3,2 × 3 cm (P 7178a);
Stará říše, 5. dynastie, asi 2450–2325 př. n. l.;
Abúsír, zádušní chrám panovníka Raneferefa;
NM – Náprstkovo muzeum;
P 7060a, P 7060b, P 7109a, P 7109b, P 7174a,
P 7174c, P 7175b, P 7175c, P 7175e, P 7176a,
P 7176n, P 7178a

17 Figured Faience Inlays

Egyptian faience, 2.2 × 3 cm (P 7060a); 2.2 × 3 cm
(P 7060b); 3.8 × 3.5 × 0.7 cm (P 7109a);
3.8 × 3.5 × 0.7 cm (P 7109b); 6.7 × 7.2 cm
(P 7174a); 2.3 x 2.4 cm (P 7174c); 2.5 × 2.7 cm
(P 7175b); 3 × 4.4 cm (P 7175c); 2.5 × 2.7 cm
(P 7175e); 4.4 × 2.9 cm (P 7176a); 2.6 × 4.7 cm
(P P 7176n); 3.2 × 3 cm (P 7178a);
Old Kingdom, 5th Dynasty, ca. 2450–2325 BC;
Abusir, funerary temple of King Raneferef;
NM – Náprstek Museum;
P 7060a, P 7060b, P 7109a, P 7109b, P 7174a,
P 7174c, P 7175b, P 7175c, P 7175e, P 7176a,
P 7176n, P 7178a

Vystavené zlomky velmi dobře ilustrují povahu fajánsových výplní z Raneferefova zádušního chrámu v Abúsíru. Typologicky lze celý soubor rozdělit do tří hlavních skupin podle povahy výzdoby: na fajánsové výplně s figurálními motivy, s nápisy, a na varia. Výplně prvního typu jsou zdobeny především postavami panovníka a různých božstev. Fragment P 7109b znázorňuje panovníka ve velmi typickém postoji s palicí v jedné ruce a holí v druhé. Dochovaly se bohužel pouze nohy, ruka držící hůl a hlava palice. Ruka s královským žezlem *mekes* se zachovala na fragmentu P 7174c. Typ žezla a pozice, v které ho panovník drží, naznačují, že by fragment mohl pocházet ze znázornění rituálního běhu při svátku *sed* – jubilea panovníkova nástupu na trůn, při němž byla symbolicky obnovována jeho moc a síla.[1] Na poslední z vystavených výplní s postavou panovníka se dochovaly bohužel jen spodní část těla a rituální býčí ocas (P 7174a), který však ve starověkém Egyptě nenosili pouze panovníci, ale i různá božstva. Není tedy zcela zřejmé, zda tato doprava nakročená postava skutečně zobrazovala krále.

Na dalších třech vystavených výplních jsou znázorněna různá božstva. Fragment s torzem ženského těla se symbolem života *anch* v ruce (P 7178a) představuje bohyni, neboť *anch* mohla na egyptských reliéfech držet pouze božstva. Bohyně pravděpodobně hleděla doleva. Stejně orientována je i jemně modelovaná hlava bohyně (snad ochranné bohyně Horního Egypta Nechbety) se supí čelenkou (P 7109a) – zřetelné jsou jak obličejové rysy bohyně, tak i hlava, křídla a ocas supice. Poblíž oka jsou patrné stopy zlacení. Zlomek (P 7175c) znázorňující torzo sehnutého kráčejícího bůžka plodnosti, který pravděpodobně přinášel obětiny, zastupuje poměrně početnou skupinu znázornění bohů plodnosti a personifikací zádušních statků.[2] Přítomnost těchto postav zaručovala panovníkovi nepřetržitou hojnost obětin. Jejich dlouhá procesí byla často doprovázena obětními formulkami začínajícími slovy: „Recitace: dávám ti…" (P 7176a). Bůžci plodnosti však měli ještě jeden důležitý úkol – ve dvojici drželi pohromadě symbol dvou pro-

The fragments on exhibition illustrate very well the nature of faience inlays from the funerary temple of Raneferef at Abusir. Typologically, the set can be divided into three main groups according to the nature of the decoration: faience inlays with figured motifs, inscriptions, and varia. The inlays of the first type are decorated above all with figures of the king and various deities. Fragment P 7109b depicts the king in a typical pose with a mace in one hand and a staff in the other. Unfortunately only the legs, the hand holding the staff and head of the mace have been preserved. A hand holding the royal *mekes* sceptre has been preserved on fragment P 7174c. This type of sceptre and the position in which the king is holding it suggest that the fragment might come from a representation of the ritual run in the course of the *sed*-festival – the jubilee of the royal ascent to the throne, during which the might and strength of the king was symbolically renewed.[1] The last of the exhibited inlays depicting the king now unfortunately bears only the lower part of the body and the bull's tail (P 7174a). The tail is, however, not an exclusive sign of the king, various deities were also depicted wearing it. It is thus uncertain whether this figure with its right leg extended indeed represented the king.

Other exhibited inlays bear the representations of various deities. The fragment with the torso of a female body holding the *ankh* symbol of life in her hand (P 7178a) represents a goddess, since the *ankh* could only be held by deities on Egyptian reliefs. The goddess probably faced left. The finely modeled head of a goddess (perhaps the guardian goddess of Upper Egypt Nekhbet) with the vulture headdress (P 7109a) faced the same direction. The facial features of the goddess are very clear, as well as the head, wings and tail of the vulture. At the eye are perceptible traces of gilding. Fragment (P 7175c) depicts the torso of a bowed walking fecundity figure, who was probably carrying offerings, and represents a rather numerous group of scenes with fecundity figures and funerary estate personifications.[2] The presence

---

[1] Hornung–Staehelin (1974), Martin (1984).

[2] Baines (1985b).

pletených heraldických rostlin Horního a Dolního Egypta nazývaný *sema-tauej*, sjednocení Egypta. Fragmenty fajánsových výplní s těmito scénami jsou dnes uloženy v Egyptském muzeu v Káhiře.

Fajánsové výplně s figurálními motivy doplňuje a ozřejmuje skupina zlomků s nápisy. Většinou jsou to nápisy uvádějící Raneferefova jména a královskou titulaturu; zde jsou zastoupeny dvěma zlomky. Na fragmentu se *serechem* a levou horní částí kartuše (P 7176n) čteme Raneferefovo Horovo jméno *Nefer-chau*, druhý fragment (P 7060b) pochází z tzv. jména Obou paní a znázorňuje supici sedící na košíku a hlavu kobry. Supice a kobra byly ochranné bohyně Horního a Dolního Egypta – pokud jsou znázorněny vedle sebe sedící na košíku, tvoří titul předcházející královskému *nebtej*-jménu, jež v Raneferefově případě znělo *Nefer-em-nebtej*.[3]

Jméno a titulatura panovníka tvořily (často rozsáhlé) popisky ke scénám, v nichž se král objevoval, a stejnou roli měly i jména a tituly božstev. Zde jsou zastoupeny dvěma fragmenty se jménem a tituly Hora Behdetského (P 7175b, 7175e). Panovníka ochraňoval vedle supí bohyně Nechbety i sokolí bůh Hor Behdetský. Je vyobrazen, jak se vznáší nad králem a shora jej chrání svými roztaženými křídly. Poslední z epigrafických fragmentů (P 7060a) nese část titulu bohyně písma a moudrosti Sešaty, „ta, jež je v čele domu božských dokumentů".[4] V zádušních chrámech egyptských panovníků Staré říše patří Sešata, vedle Vadžety, Nechbety a Hathory, k poměrně velmi často vyobrazovaným bohyním.

Motivy, které zdobí fajánsové výplně, vlastně představují miniaturizovaný svět reliéfů, které zdobily královské zádušní chrámy ve Staré říši. Setkáváme se zde nejen s panovníkem s jeho titulaturou, s panovníkem předstupujícím před božstva, ale i s různými bohy, kteří přinášejí zemřelému králi dary, a dokonce i s formulkami, které k těmto scénám patří. Výzdobný program fajánsových výplní odpovídá jejich umístění na naa (svatostánky) pro sochy (jichž bylo i v Raneferefově chrámu mnoho). Zde vytvářejí kontext či vlastní „svět" pro dřevěnou sochu umístěnou ve skříňce a zajišťují tak její funkčnost. Není rovněž bez zajímavosti, že zadní strany mnohých z výplní nesou stopy po umístění na dřevo (otisk dřeva v adhezivní pastě či přímo kus zuhelnatělého dřeva).[5]

Za takto jedinečný nález vděčíme jedné zvláštní historické skutečnosti. Neferirkareovi, Raneferefovi ani královně Chentkaus II. se totiž nepodařilo před smrtí dokončit své pohřební komplexy a povinnost dostavět tyto většinou jen sotva započaté stavby tedy připadla Raneferefovu nástupci Niuserreovi. Ten nemohl z finančních a časových důvodů dostavět všechny komplexy z kamene (stavěl rovněž svůj vlastní), a proto zvolil ekonomičtější stavební materiál – sušenou cihlu. Stavby ze sušených cihel však nedovolovaly zdobit stěny reliéfní výzdobou. Namísto (nepříliš trvalé) nástěnné malby se Niuserre rozhodl umístit důležité prvky výzdobného pro-

of these figures guaranteed the king a continuous influx of offerings. Their long processions were often accompanied by offering formulae beginning with the words: "Recitation: I am giving you..." (P 7176a). Fecundity figures had one other important task – in pairs they tied together the symbol of two intertwined heraldic pants of Upper and Lower Egypt, called *sema-tawy* and symbolizing the unification of Egypt. Fragments of faience inlays with these motifs are now kept in the Egyptian Museum in Cairo.

Faience inlays with figured motif are complemented and explicated by a group of fragments with inscriptions. Most numerous are those mentioning the names of Raneferef and his royal titulary. This group is represented here by two fragments. The fragment with the *serekh* and top left part of the cartouche (P 7176n) contains Raneferef's Horus name *Nefer-khau*. The second fragment (P 7060b) comes from the so-called Two Ladies name, and shows a vulture seated on a basket and the head of a cobra. The vulture and cobra were guardian deities of Upper and Lower Egypt. When they are represented seated next to one another on a basket, they form the title preceding the royal *nebty*-name, which was in the case of Raneferef *Nefer-em-Nebty*.[3]

The names and titles of the king formed (often extensive) labels to scenes involving the king, and the same role was played also by the names and titles of deities. This type is represented here by two fragments with the name and titles of Horus of Behedet (P 7175b, P 7175e). Besides the vulture goddess Nekhbet, the falcon god Horus of Behedet also protected the king. He was depicted hovering over the king and protecting him from above with his spread wings. The last of the epigraphic fragments (P 7060a) bears part of the title of the goddess of writing and wisdom Seshat, "one who is at the head of the house of the divine documents"[4] Besides Wadjet, Nekhbet and Hathor, Seshat belonged to frequently depicted goddesses in the funerary temples of Old Kingdom kings.

The motifs that the faience inlays depict represent a miniature world of the reliefs that had decorated royal funerary temple in the Old Kingdom. We meet not only the king and his titles, the king coming to meet the deities, but also various gods bringing gifts to the deceased king and even formulae belonging to these scenes. The decoration programme of the faience inlays corresponds to their placement on the naoi (shrines) for statues (of which quite a few were discovered in the funerary temple of Raneferef). Here they create the context or "world" for the statue placed in the shrine and enable it to function properly. It is not without significance that the rear sides of many of the inlays bear traces of having been attached to wood (wood imprint in the adhesive paste or even pieces of charred wood).[5]

This unique find is the result of a peculiar historical coincidence. Neferirkare, Raneferef, and Queen Khentkaus II

---

[3] Beckerath (1984: 55).
[4] Begelsbacher–Fischer (1981: 175).

[5] Landgráfová (2006).

gramu přímo k sochám, na jejich dřevěné schránky, a pro jejich realizaci zvolil materiál se silnou symbolikou: tyrkysovou fajáns, jejíž barva odkazovala na myšlenky znovuzrození a věčného života.

had not managed to complete their funerary complexes before their deaths and the responsibility to finish these barely launched building projects thus fell to Raneferef's successor Niuserre. Due to financial and temporal reasons, he was unable to finish all complexes in stone (he had to construct his own complex as well), and thus he chose a more economical building material – the mud brick. Buildings made of mud brocks could, however, not have been decorated with reliefs. Instead of (not very durable) wall painting, Niuserre decided to place the important components of the relief programme right to the statues, on their wooden shrines. For their realization, he chose a highly symbolical material, turquoise faience, the colour of which was connected with the concepts of resurrection and eternal life.

18 Fritové tabulky a destička s kartuší

frit, 2,5 × 0,8 cm (P 6512a); 4 × 4,3 cm
(P 6512b); 3,1 × 2,6 cm (P 6512c);
egyptská fajáns, 5 × 4,5 cm (P 5261);
Stará říše, 5. dynastie, asi 2450–2325 př. n. l.
(P 6512a, P 6512b, P 6512c); 6. dynastie,
asi 2325–2175 př. n. l. (P 5261);
Abúsír, zádušní chrám královny Chentkaus II.
(P 6512a, P 6512b, P 6512c); mastaba vezíra
Ptahšepsese (P 5261);
NM – Náprstkovo muzeum;
P 5261, P 6512a, P 6512b, P 6512c, P 6512d

18 Tablets of Egyptian Blue and Plaque with a Cartouche

Egyptian blue, 2.5 × 0.8 cm (P 6512a);
4 × 4.3 cm (P 6512b); 3.1 × 2.6 cm (P 6512c);
Egyptian faience, 5 × 4.5 cm (P 5261);
Old Kingdom, 5th Dynasty, ca. 2450–2325 BC
(P 6512a, P 6512b, P 6512c); 6th Dynasty,
ca. 2325–2175 BC (P 5261);
Abusir, funerary temple of Queen Khentkaus II
(P 6512a, P 6512b, P 6512c); mastaba of vizier
Ptahshepses (P 5261);
NM – Náprstek Museum;
P 5261, P 6512a, P 6512b, P 6512c, P 6512d

Na rozdíl od fajánsových výplní, jež se v různých podobách objevují po celou dobu egyptských dějin, jsou fritové tabulky objevené v komplexech krále Raneferefa a královny Chentkaus[1] zcela jedinečné. Technicky tvoří jakýsi zrcadlový obraz výplní fajánsových: zatímco fajánsová výplň původně nesla tyrkysový reliéf na pozlaceném podkladě, u fritové tabulky tomu bylo naopak. Zde byly do modrého povrchu tabulky vyryty hrubé obrysy zamýšlené scény, ty byly vyplněny bílou pastou, v níž byly vyvedeny detaily, a celý povrch pasty byl následně pozlacen, aby tak vytvořil zlatý reliéf na modrém podkladě.

Přestože motivy odpovídají výzdobnému programu fajánsových výplní, umožňovala technika výroby fritových tabulek navrhovat i složitější a větší scény. Z vystavených fragmentů je nejzajímavější úlomek s částí dolnoegyptské koruny a kartuše, pocházející z větší scény znázorňující panovníka (P 6512b). Fragment se spodní částí žezla a symboly *anch* (život) a *was* (moc, P 6512a) je bohužel příliš drobný a nelze již určit, ze které scény původně pocházel. Z množství symbolů lze usuzovat, že zde snad byla vyobrazena božstva. Další dva fragmenty s částí těla a nohou s ceremoniálním býčím ocasem vypovídají o tom, že i fritové tabulky obsahovaly vyobrazení panovníka v přítomnosti různých bohů (P 6512c).

Ačkoliv nálezy fragmentů fritových výplní pocházejí z pohřebního komplexu královny Chentkaus, vztahují se výlučně k panovníku Raneferefovi. Motivy, s nimiž se na fritových tabulkách setkáváme, napovídají, že rovněž mohly zdobit naa pro sochy, popř. schránky na kultovní náčiní.

Fajánsová destička (P 5261), pocházející z hrobky vezíra Ptahšepsese, byla zdobena kartuší panovníka Tetiho, zakladatele 6. dynastie. V několika egyptských chrámech byly nalezeny obdobné destičky pocházející z dob vlády králů Pepiho I. a II. (6. dynastie),[2] jejichž nápisy se vztahují ke svátku *sed*, tedy oslavám královského jubilea.[3] Rovněž v hrobce vezíra Tetiho ležící na pohřebišti v okolí pyramidy Pepiho II. v jižní Sakkáře

Unlike faience inlays that appear in various forms throughout the entire Egyptian history, the tablets of Egyptian blue discovered in the complexes of King Raneferef and Queen Khentkaus II[1] are unique. Technologically they represent a kind of mirror image of the faience inlays. While faience inlays originally carried turquoise relief on a gilded background, here, a rough sketch of the intended scene was first incised into the blue surface of the tablet. The sketch was then filled with white paste, into which the details were executed. Finally, the paste was gilded, so as to create a golden relief on a blue background.

Despite the fact that the motifs correspond to the decoration programme of the faience inlays, the technology of the production of the tablets of Egyptian blue allowed for more complex and larger scenes. Of the fragments on display, the most important is that with part of the Lower Egyptian crown and a cartouche, coming from a larger scene representing the king (P 6512b). The fragment with the bottom part of a scepter and the *ankh* (life) and *was* (power, P 6512a) symbols is unfortunately too small and it is impossible to determine the scene to which it originally belonged. The number of symbols present indicates that perhaps deities were present in the scene. Two other fragments with a part of a body and legs with the ceremonial bull's tail are evidence only of the fact that the tablets of Egyptian blue also included many representations of the king in the presence of various deities (P 6512c).

Despite the fact that the fragments of tablets of Egyptian blue come from the funerary complex of Queen Khentkaus, they mention and depict exclusively King Raneferef. The motifs found on the tablets of Egyptian blue indicate that they may also have decorated naoi for statues, or boxes storing cultic equipment.

The faience plaque (P 5261) was discovered in the tomb of the vizier Ptahshepses. It was decorated with the cartouche of King Teti, the founder of the 6th Dynasty. Similar plaques coming from the time of the reign of Kings Pepi I and II

---

[1] Landgráfová (2004).
[2] Jéquier (1938: frontispice).

[3] Dreyer (1986: 426), Petrie (1903: 32).

byla nalezena fajánsová destička, která znázorňuje panovníka ve společnosti bohyně Hathory. Destička z Ptahšepsesovy hrobky se však ostatním nálezům obdobného typu vymyká, neboť královskou kartuši doprovázela obětní formule.

(6th Dynasty)[2] were discovered in several Egyptian temples. Their inscriptions are connected to the *Sed* festival, i.e. the celebration of the royal jubilee.[3] A faience plaque depicting the king in the presence of Hathor was discovered in the tomb of vizier Teti at the cemetery around the pyramid of Pepi II in South Saqqara. The plaque from the mastaba of Ptahshepses differs, however, because it contained a royal cartouche accompanied by an offering formula.

19 Pečeti

hlína, 7 × 3,3 cm (P 6791), 5,9 × 2,8 cm
(P 6808a), 4,3 × 3,3 cm (P 6809a), 4,2 × 3,6 cm
(P 7197g), 6,2 × 6,8 cm (P 7200h);
Stará říše, 5. dynastie, asi 2450–2325 př. n. l.;
Abúsír, zádušní chrám panovníka Raneferefa;
NM – Náprstkovo muzeum;
P 6791, P 6808a, P 6809a, P 7197g, P 7200h

19 Clay Sealings

clay, 7 × 3.3 cm (P 6791), 5.9 × 2.8 cm
(P 6808a), 4.3 × 3.3 cm (P 6809a), 4.2 × 3.6 cm
(P 7197g), 6.2 × 6.8 cm (P 7200h);
Old Kingdom, 5th Dynasty, ca. 2450–2325 BC
Abusir, funerary temple of King Raneferef;
NM – Náprstek Museum;
P 6791, P 6808a, P 6809a, P 7197g, P 7200h

Staří Egypťané objevili velmi jednoduchý způsob jak ve státní správě, při složitém redistribučním systému, provádět účinnou kontrolu, a to pomocí pečetí.[1] Ty se připravovaly z jemné hlíny, do níž byla někdy přidána nasekaná sláma nebo plevy. Podle typu pečetěného předmětu – papyrový svitek převázaný provázkem, nádoba, košík, pytel, dřevěná skříňka, závora dveří aj. – se přilepil menší nebo větší kus čerstvé hlíny na předmět a do ní se otiskl nápis či symbol vyrytý na pečetítku. Rychle tvrdnoucí hliněná pečeť byla umístěna tak, aby při použití předmětu muselo dojít k jejímu poškození.

Nápisy, s nimiž se na pečetích setkáváme, kolísají od velmi jednoduchých, zahrnujících pouhých pár znaků nebo jen ornament, až po velmi členité. Ty členité obsahují královská jména a epiteta, jména bohů, významných staveb a nechybí ani tituly odpovědných úředníků a kněží, jejichž jména však uvedena nejsou.

Mezi královskými jmény výrazně vystupuje do popředí tzv. Horovo jméno, jímž se panovník ztotožňoval se sokolím bohem Horem.[2] Toto jméno bývá zapsáno v obdélníku, který představuje stylizované průčelí královského paláce, tzv. *serech*, na němž stojí sokolí bůh. Horovo jméno je důležitým chronologickým údajem, neboť se vztahuje k době, kdy pečetítko vzniklo. Další údaje v nápisech na pečetích poskytují cenné údaje o hospodářských a administrativních poměrech příslušného období.

Nápisy bývají pravidelně uspořádány, a to tak, že se vždy střídá *serech* obsahující panovníkovo Horovo jméno se sloupcem textu obsahujícím další panovníkova jména a epiteta, jména a epiteta božstev, úřednické tituly aj. Pod pásem takto uspořádaného textu pak někdy bývají jeden či dva vodorovné řádky nápisu s dalšími tituly příslušného úředníka. Vedle pečetí s nápisy s královskými jmény, tituly úředníků aj. postupně stále více přibývalo soukromých pečetí s jednoduchými, někdy zkomolenými nápisy, případně jen se symboly a ornamentálními motivy. Příklad nápisu z jedné z pečetí:[3]

1 Ptah Chentej Cenenet
2 Hor Setibtauej (tj. Niuserre)
3 správce tajemství Rea a Hathory ve (slunečním chrámu) „Místo Reova srdce"
4 Hor Setibtauej (tj. Niuserre)
5 (pohřební komplex) Božská je Raneferefova síla.

The ancient Egyptians discovered a simple method to perform efficient control in the state administration, the complex redistribution system, namely using sealings.[1] They were made of fine clay, to which straw or husks were sometimes added. According to the type of the sealed object – a papyrus scroll tied with a string, a vessel, basket, bag, wooden box, door bolt, etc., a smaller or bigger lump of fresh clay was attached to it. Into the clay was impressed the inscription or symbol incised into the seal. The quickly hardening clay sealing was placed so to that it would have to be broken if the object was to be used.

The inscriptions we find on the sealings vary between very simple ones, including only few signs or an ornament, to very complex ones. The complex ones contain royal names and epithets, names of gods, important buildings. There are also the titles of the responsible officials and priests, whose names are, however, not given.

Among the royal names, the so-called Horus name, through which the king was associated with the falcon god Horus,[2] appears most prominently. This name is usually inscribed in a rectangle that symbolizes the stylised façade of the royal palace, the so-called *serekh*, with the falcon god standing on its top. The Horus name is an important chronological indicator, because it is connected to the time when the sealing was made. Other data included in the inscriptions on sealings contain important information about the economical and administrative situation of the period in question.

The inscriptions were regularly structured. A *serekh* surrounding a royal Horus name alternates with a column of text including other names and epithets of the king, names and epithets of deities, titles of officials, etc. One or two horizontal lines of inscription with other titles of the relevant officials are sometimes located under a band of the thus ordered text. Besides sealings with inscriptions including royal names, titles of officials, etc., private sealings became more frequent with time. They contained simple, sometimes corrupt inscriptions, or just symbols and ornaments.
An example of the inscription of one of the sealings:[3]

1 Ptah Khenty Tjenenet
2 Horus Setibtawy (i.e. Niuserre)
3 keeper of the secret of Re and Hathor in (the sun temple) "Site of the heart of Re"
4 Horus Setibtawy (i.e. Niuserre)
5 (the funerary complex) Divine is the power of Raneferef.

---

[1] Kaplony (1977, 1981).
[2] Beckerath (1984: 7–13).
[3] P 7197g

20 Pečetítko

vápenec, d. 4 cm, průměr 1,8 cm;
Stará říše, 5. dynastie, asi 2450–2325 př. n. l.;
Abúsír, mastaba vezíra Ptahšepsese;
NM – Náprstkovo muzeum;
P 5238

20 Seal

limestone, L: 4 cm, Diam.: 1.8 cm;
Old Kingdom, 5th Dynasty, ca. 2450–2325 BC;
Abusir, mastaba of vizier Ptahshepses;
NM – Náprstek Museum;
P 5238

Zejména administrativní a ekonomické potřeby rychle se rozvíjející společnosti starého Egypta, spjaté úzce s nezbytností účinné kontroly, vedly již od Archaické doby k rozsáhlému využívání pečetění (viz heslo 19). Pouze tímto způsobem bylo možné v tehdejších specifických podmínkách udržovat relativně efektivní přehled a kontrolu např. nad pohybem nejrůznějších produktů, označovat vlastníka atp.

Pečetítka se zhotovovala z nejrůznějších materiálů a měla rozmanité tvary.[1] Mohla být zhotovena z kamene, fajánse, kovu aj. Klasické bylo válečkové pečetítko z vápence, uvnitř podélně provrtané, aby jím bylo možné provléci provázek, na němž je pak zavěšené na krku nosil příslušný úředník pověřený pečetěním. K otištění nápisu do hlíny bylo třeba válečkovým pečetítkem rolovat zpravidla po celém povrchu pečeti. Často se proto stávalo, že text byl místy zdeformován, byl neúplný nebo se překrýval. Bývalo zvykem po otištění textu otisknout na závěr pečetění doprostřed čerstvé pečeti také kruhový profil válečku.

Existovaly však i další typy pečetítek. Velmi rozšířené, zejména od Střední říše, byly skaraboidní typy, u nichž byl text vyrytý na základně. Pečetítka však mohla mít i tvar destičky, prstenu nebo drobné sošky, na jejímž podstavci pak byl vyryt nápis užívaný k pečetění. Jsou však doloženy také pečeti, u nichž nebylo použito žádného pečetítka a příslušný text byl do čerstvé hlíny vyryt kostěným hrotem, popřípadě jen seříznutým okrajem stvolu.

Vedle oficiálních pečetítek, používaných odpovědnými úředníky a nesoucích vedle jejich titulů i královská jména, se postupně stále více rozšiřovala i soukromá pečetítka, často velmi drobná a nesoucí pouze jednoduchý text s osobním jménem, případně jen symbolem či skupinou symbolů.

Překlad textu na pečetním válečku:[2]
„zádušní kněz, ten, který je pověřen záležitostmi…, královský…"

The administrative and economic needs of the quickly developing society of ancient Egypt, tightly connected with the need of efficient control, led already since the Early Dynastic Period to a wide use of sealing (cf. catalogue entry 19). Even in the specific conditions of that time it was thus possible to maintain a relatively effective overview and control for example over the movement of various products, to indicated the owner, etc.

Seals were made of various materials and in different shapes.[1] They could be made of stone, faience, metal, etc. Typical was a cylinder sealing of clay, drilled on the inside so that a string could be interlaced through it. The official responsible for sealing wore it hung round his neck. In order to impress the inscription into the clay, it was necessary to roll the cylinder seal over the entire surface of the sealing. Thus it often happened that the text was deformed, incomplete, or overlapping. After the text was impressed, it was common to impress also the round profile of the cylinder in the middle of the fresh sealing.

There were, however, also other types of seals. Above all, since the Middle Kingdom, scaraboid types were very common. The text on these seals was incised into the base. Seals could, however, acquire also the shape of a plaque, ring, or a small statuette with the inscription used to seal incised into its base. Attested are, however, also sealings, for which no seal was used. The text was incised into the fresh clay by a bone tip or a trimmed reed.

Besides official seals, used by responsible officials and including besides their titles also royal names, personal seals were gradually becoming more and more common. They were often very small and bore only a simple text with the personal name, or just a symbol or a group of symbols.

Translation of a text on a cylinder seal:[2]
"mortuary priest, the one who is entrusted with the affairs…, royal …"

---

[1] Martin (1985).

[2] Pavlasová (1997: 18, cat. no. 2).

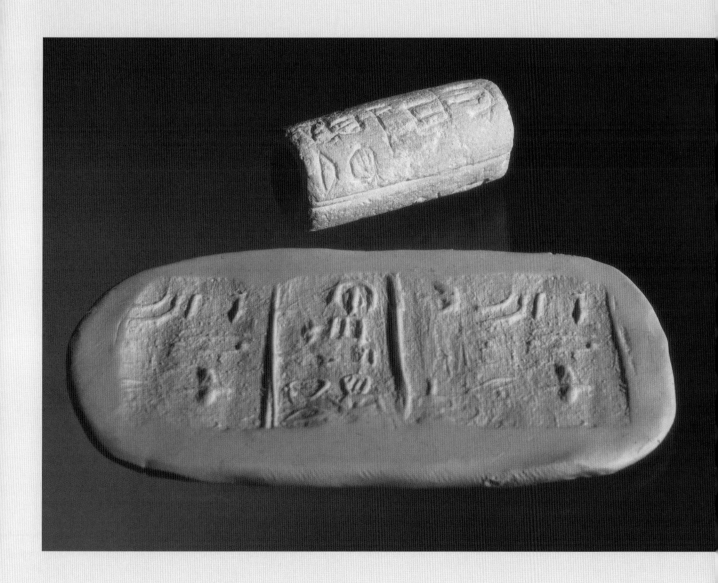

21 Zakládací depozit

hlína, v. 1,6 cm, průměr 10,2 cm (P 7136); hlína,
v. 8,5 cm, průměr ústí 13 cm (P 7173) lebka a kosti
husice nilské *(Alopochen aegyptiacus)* (P 7209);
Stará říše, 5. dynastie, asi 2450–2325 př. n. l.;
Abúsír, zádušní chrám panovníka Raneferefa;
NM – Náprstkovo muzeum;
P 7136, P 7137, P 7209

21 Foundation Deposit

clay, H: 1.6 cm, Diam.: 10.2 cm (P 7136);
clay, H: 8.5 cm, mouth diam.: 13 cm (P 7173);
skull and bones of a Nile Goose
(Alopochen aegyptiacus) (P 7209);
Old Kingdom, 5th Dynasty, ca. 2450–2325 BC;
Abusir, funerary temple of King Raneferef;
NM – Náprstek Museum;
P 7136, P 7137, P 7209

Zahajování všech významnějších stavebních projektů – chrámů, paláců, pyramid, výkop nového zavlažovacího kanálu – byly ve starém Egyptě provázeny tzv. zakládacími obřady. Na podkladě dochovaných písemných pramenů a archeologických materiálů můžeme průběh těchto obřadů rekonstruovat, byť ne do všech detailů. Zahajování těch nejvýznamnějších staveb se účastnil sám panovník.

Vhodným termínem k zahájení zakládacích obřadů byla noc úplňku. Stavební místo bylo upraveno a urovnáno, byly shromážděny pracovní nástroje, materiály atp. Další důležitý krok představovalo astronomické zaměření budoucí stavby pomocí jednoduchých pomůcek, buď pozorováním pohybu hvězd, zejména Polárky, nebo Slunce. Následovalo tzv. napínání provazu, při němž byly pomocí provazů a kolíků vytyčeny osy a základy budoucí stavby. Tento obřad probíhal pod patronací bohyně písma a počítání Sešat. Vytyčení základů stavby doprovázelo přinášení obětin sestávající z úlitby vody, obětování husy a býka, nakuřování kadidlem. Výkop zahájil motykou panovník, což provázely další obětní úkony. Na významných místech budoucí stavby, např. v rozích obvodní zdi nebo v hlavní ose, byly do základů uloženy kultovní předměty sestávající z modelů obřadních nádob a pracovních nástrojů a pomůcek, ze symbolických cihel, fajánsových destiček nesoucích jméno panovníka aj. Tyto tzv. zakládací depozity někdy obsahovaly i kosti obětovaných zvířat.

Předměty zakládacího depozitu byly uloženy do písku, který hrál při zakládacích obřadech velmi důležitou úlohu. Býval buď rozestřen po celé ploše, nebo jen na vybraných místech v základech stavby – měl nejen zajistit rituální čistotu místa, ale zároveň i symbolicky připomenout tzv. písečný prapahorek, který se podle představ starých Egypťanů vynořil z pravodstva a na němž pak bůh-stvořitel započal své dílo.

Během archeologického výzkumu Raneferefovy hrobky byl objeven zakládací depozit zádušního chrámu. Celý soubor sestával z býčí lebky s rohy, lebky a několika kůstek husice nilské (P 7209), dvou hliněných kuželů, pivního džbánu s podstavcem, keramického talíře (P 7136), kónického pohárku (P 7137) a několika keramických miniatur.

The launching of all major building projects in ancient Egypt – temples, palaces, pyramids, etc., for example also the digging of a new irrigation canal – was accompanied by foundation ceremonies. The preserved written sources and archaeological data allow us to reconstruct the course of such rituals, although without many details. The king himself took part in the beginning of the most important projects.

The midnight of full moon was a suitable time for the beginning of foundation ceremonies. The construction site was prepared and evened, and working tools, materials etc. were collected. A further step was the astronomical survey of the future building by means of simple tools, either watching the movement of stars, above all the pole star, or of the sun. Then followed the ritual of the so-called stretching of the string, during which the axes and foundation of the future structure were marked. This ritual was conducted under the patronage of the goddess of writing and counting Seshat. The demarcation of the foundations was accompanied by a presentation of offerings consisting of a libation of water, offering of a goose and a bull, and burning of incense. The king commenced the digging of the foundation by means of a hoe, and again this ritual was accompanied by offering practices. At important places of the future building, for example in the corners of the enclosure wall or in the main axis, cultic objects were placed into the foundations. They included models of ritual vessels and working tools, symbolical bricks, faience plaques bearing the name of the king, etc. These so-called foundation deposits sometimes included also bones of sacrificed animals.

The objects of the foundation deposits were placed in sand that played a very important part in the ceremonies. It was either sprinkled over the entire area, or over selected places of the foundations of the building. It not only guaranteed the ritual purity of the site, but also symbolised the primeval hill.

In the course of the archaeological exploration of the tomb of Raneferef, the foundation deposit of the funerary temple was discovered. The entire set consisted of a bull's skull with horns, a skull and several bones of a Nile Goose (P 7209), two clay cones, a beer jar with a stand, a pottery plate (P 7136), a conical cup (P 7137) and several pottery miniatures.

22 Zlomky kamenných misek s královskými jmény

diorit, 14,5 × 9 × 0,6 cm (P 6666); 9,5 × 9 × 0,8 cm
(P 6701); v. misky 5 cm, max. 0,9 cm (P 6741);
Stará říše, 5. dynastie, asi 2450–2325 př. n. l.;
Abúsír, zádušní chrám panovníka Raneferefa;
NM – Náprstkovo muzeum;
P 6666, P 6701, P 6741

22 Fragments of Stone Vessels with Royal Names

diorite, 14.5 × 9 × 0.6 cm (P 6666); 9.5 × 9 × 0.8 cm
(P 6701); H (bowl): 5 cm, max. 0.9 cm (P 6741);
Old Kingdom, 5th Dynasty, ca. 2450–2325 BC;
Abusir, funerary temple of King Raneferef;
NM – Náprstek Museum;
P 6666, P 6701, P 6741

Kamenným nádobám nesoucím nápisy vždy badatelé věnovali velkou pozornost a vnímali je jako významný historický pramen. Struktura nápisů se vzájemně velmi odlišovala: od jednoduchých hieroglyfických textů po složité výtvarné kompozice, kdy nápis doplňovala vyrytá vyobrazení bohů a panovníků.[1]

V Raneferefově pohřebním komplexu bylo nalezeno 14 kamenných nádob a jejich zlomků, jejichž stěny byly zdobeny nápisy.[2] Raneferefova skupina se tak řadí jak počtem, tak rozmanitostí nápisů k nejpočetnějším souborům ze Staré říše. Lze v ní vydělit dvě základní skupiny nápisů lišících se formou provedení a vlastním obsahem.

První skupinu tvoří osm zlomků, do jejichž vnitřních či vnějších stěn je vyryto jedno z královských jmen – Horovo, nebo tzv. trůnní. V nápisech jsou zastoupeni dva panovníci Staré říše – Snofru (4. dynastie) a Menkauhor (5. dynastie). Snofruova jména a součásti jeho královské titulatury patří k nejčastějším nápisům, s nimiž se na kamenných nádobách ze Staré říše setkáváme.

Na vnitřní straně dioritové misky (P 6701) je v serechu vyryto Horovo jméno panovníka Snofrua (Hor-neb-maat). Další dva zlomky uvádějí trůnní jméno téhož panovníka včetně titulu, který toto jméno uvozoval – „král Horního a Dolního Egypta, Snofru" (P 6666). Nápis na posledním zlomku (P 6741) se bohužel nedochoval celý a je čitelný pouze jeho konec „…nofru".

Přítomnost kamenných nádob nesoucích jméno Snofrua v Raneferefově zádušním chrámu lze chápat jako potvrzení univerzálního postavení staroegyptských panovníků. Snofru byl již ve Staré říši považován za ideálního vládce a zakladatele egyptské státnosti; proto pokud kněží při vykonávání zádušního kultu použili misku se jménem tohoto vládce, Snofru tak v symbolické rovině vyjadřoval svou přízeň Raneferefovi a stvrzoval jeho nárok na božské pocty. Obětinu předkládanou v nádobě, která nesla Snofruovo jméno, lze vysvětlit jako přímou oběť jmenovaného vladaře Raneferefovi. Zároveň tím Snofru sám získával podíl z obětovaných komodit. Zlomky kamenných nádob nesoucích Snofruova jména byly navíc nalezeny v západní části chrámu, kde bylo ukládáno cenné kultovní náčiní používané pro vykonávání zádušního kultu.

Druhá skupina nápisů na kamenných nádobách je vnitřně velmi nehomogenní a tvoří ji pět zlomků s nápisy napsanými černou barvou. Vzhledem ke stavu dochování a zlomkovitosti celé skupiny nelze o nápisech říci nic podrobnějšího.

Researchers have always treated stone vessels bearing inscription with special attention and acknowledged them as an important historical source. The structure of the inscriptions varied greatly and ranged from simple hieroglyphic texts to complex artistic compositions with figures of gods and kings.[1]

Fourteen stone vessels or fragments of stone vessels with their walls decorated by inscriptions were discovered in the funerary complex of Raneferef.[2] His set thus belongs to the largest Old Kingdom collections, both in terms of the number of pieces and variety of inscriptions. Two basic groups of inscriptions differing in execution and content may be distinguished.

The first group is formed by eight fragments with one of the royal names – the Horus name or the so-called throne name, incised into their outer or inner walls. The inscriptions mention two Old Kingdom rulers – Snofru (4th Dynasty) and Menkauhor (5th Dynasty). Snofru's names and elements of his royal titulary belong to the most frequent inscriptions found on Old Kingdom stone vessels.

The diorite bowl (P 6701) has the Horus name of King Snofru (Hor-Neb-maat) inside the serekh incised in its inner wall. Other two fragments display the throne name of the same ruler, including the title that preceded this name – "King of Upper and Lower Egypt, Snofru" (P 6666). From the inscription on the last fragment (P 6741) only its end is legible, "…nofru".

The presence of stone vessels bearing Snofru's name in the funerary temple of Raneferef can be understood as the confirmation of the universal position of ancient Egyptian kings. Already in the Old Kingdom, Snofru was considered the ideal ruler and founder of the Egyptian statehood. Therefore, if priests used a bowl with the name of this king in the funerary cult, Snofru thus on a symbolic level expressed his favour of Raneferef and legitimized his claims to divine honours. The offering presented in a bowl with Snofru's name can be explained as his direct offering to Raneferef. Snofru at the same time acquired a portion of the offered commodities. Fragments of stone vessels with the names of Snofru were also found in the western part of the temple, where valuable cultic equipment was stored.

The second group of inscriptions on stone vessels is badly preserved and consists of five fragments with traces of inscriptions executed in black ink.

---

[1] Kaplony (1968).

[2] Vlčková (1999, 2006: 325–359).

23 Nádoba s límcovitým okrajem a horizontálními uchy

gabro, v. 13 cm, vnější průměr ústí 21 cm;
Stará říše, 5. dynastie, asi 2450–2325 př. n. l.;
Abúsír, zádušní chrám panovníka Raneferefa;
NM – Náprstkovo muzeum;
P 7157

23 Wide-rimmed Squat Jar with Horizontal Handles

gabbro, H: 13 cm, outer mouth diam.: 21 cm;
Old Kingdom, 5th Dynasty, ca. 2450–2325 BC;
Abusir, funerary temple of King Raneferef;
NM – Náprstek Museum;
P 7157

Jednou z nejdůležitějších funkcí, kterou ve starověkém Egyptě plnily kamenné nádoby, bylo uskladnění kosmetických olejů a mastí.[1] Tyto přípravky se nepoužívaly pouze v běžném životě, ale především během důležitých náboženských rituálů v chrámech, kdy byly oleji a mastmi potírány sochy bohů a panovníků, a během zádušního kultu v hrobkách. Různé druhy olejů se rovněž uplatňovaly při mumifikaci. Na základě svědectví reliéfních vyobrazení lze předpokládat, že v chrámových skladech muselo být uloženo velké množství zásobnic s tímto obsahem.[2]

Mezi velmi oblíbené typy kamenných nádob, které se ve Staré říši používaly pro uskladnění drahocenných olejů a mastí, patřily i masivní nádoby s širokým límcovitým okrajem, vrtanými či nevrtanými horizontálními uchy a se zaobleným dnem. Jejich silné stěny napomáhaly uchovávat olejnatý obsah studený, čímž zamezovaly jeho zničení. Byly téměř výhradně vyráběny z tvrdých druhů kamene, např. z gabra, porfyru, dioritu či slepence. Působivý materiál a jemné provedení nádob tak zdůrazňovaly cennost skladovaného obsahu. Nádoby byly uzavírány pravděpodobně kouskem kůže, který byl přetažen přes límcovitý okraj a stažen provázkem uchyceným v podhrdlí. Podle analogií z Archaické doby mohla být navíc kůže pozlacena jemnou fólií.

Morfologický vývoj tohoto typu kamenných nádob lze vysledovat již v Předdynastické době.[3] Snad nejkrásnější příklady nádob s širokým límcovitým okrajem pocházejí z období 2. dynastie: okraje jejich provrtaných uch jsou lemovány zlatou fólií a v otvorech jsou protaženy měděné dráty, na kterých byly nádoby zavěšeny.[4] Od počátku Staré říše však postupně dochází k hrubnutí tvarů, které je patrné především na nevrtaných uchách.

V Raneferefově zádušním chrámu byl tento typ kamenných nádob nalezen převážně na dvou místech, která odpovídají i hlavním fázím v „životě" nádob.[5] V době, kdy v chrámu probíhal zádušní kult, byly nádoby s oleji uloženy ve skladech přiléhajících k obětní kapli a sloupové síni. Na zlomcích papyrového archivu objeveného v Raneferefově chrámu jsou zapsány dodávky olejů a vonných mastí přicházejících z královského paláce do *per adž/anedž*, tj. do „domu oleje", který snad lze ztotožnit právě se skupinou těchto skladů.[6] Když se nádoby během používání rozbily, byly vyhazovány do odpadních prostorů, které se tehdy nacházely v již nefungujícím komplexu původní Svatyně nože.

One of the most important functions of stone vessels in ancient Egypt was to store cosmetic oils and ointments.[1] These substances were used not only in everyday life, but above all in the course of important religious rituals in temples, where priests used to anoint statues of gods and kings, and in the course of the funerary cult in tombs. Various types of oils were also employed during mummification. The relief decoration indicates that temple magazines contained a large number of storage jars with these substances.[2]

The favourite types of stone vessels that were used to store precious oils and ointments included also massive squat jars with wide rims, pierced or unpierced horizontal handles and a rounded bottom. Their thick walls helped keep their content cold and thus prevented its destruction. The vessels were made almost exclusively of hard stone types, such as gabbro, porphyry, diorite or agglomerate. The vessels were probably closed with a piece of leather, stretched over the everted rim and held by a string tied under the rim. Analogies from the Early Dynastic Period suggest that the leather could also have been gilded with a fine foil.

The morphological development of this stone vessel type can be traced back into the Predynastic Period.[3] The probably most beautiful vessels with wide rims come from the time of the 2nd Dynasty: the edges of their pierced handles are lined with gold foil and copper strings are interlaced through the handles, so that the vessel could be hung.[4] Since the beginning of the Old Kingdom, the shapes get gradually rougher, above all in the case of vessels with unpierced handles.

In the funerary temple of Raneferef, this type of stone vessels was found above all on two places, which correspond to two main stages of the „life" of the vessels.[5] In the time when the funerary cult was conducted, vessels with oils were stored in the magazines adjoining the offering chapel and columned hall. Fragments of the papyrus archive discovered in the funeary temple of Raneferef contain the records of oil and ointment supplies from the royal palace to *per adj/anedj*, the "house of the oil," which can perhaps be equated with the group of these magazines.[6] When the vessels were broken, they were thrown out into waste disposal areas, that were at that time located in the no longer functional complex of the original Sanctuary of the knife.

1 Arnold–Pischikova (1999: 124).
2 Koura (1999: 19–28).
3 Reisner (1931: fig. 38: 1–3)

4 Tiradritti (2000: 31).
5 Vlčková (2001: 77).
6 Posener–Kriéger (1997: 22).

24 Hrubé miniaturní misky

vápenec, v. 5 cm, max. průměr 10 cm;
Stará říše, 5. dynastie, asi 2450–2325 př. n. l.;
Abúsír, zádušní chrám panovníka Raneferefa;
NM – Náprstkovo muzeum;
P 6654a, P 6654b

24 Rough Miniature Vessels

limestone, H: 5 cm, max. diam.: 10 cm;
Old Kingdom, 5th Dynasty, ca. 2450–2325 BC;
Abusir, funerary temple of King Raneferef;
NM – Náprstek Museum;
P 6654a, P 6654b

Na zlomcích dvou zde vyobrazených hrubých miniaturních misek lze velmi dobře vysvětlit, jak staří Egypťané vyráběli kamenné nádoby, které tak často stojí na pomezí mezi uměleckými a užitkovými předměty.

Řemeslníci – „kameníci", v egyptštině označovaní jako *hemutejeu*, jsou při výrobě kamenných nádob zachyceni na mnoha reliéfech pocházejících z dlouhého časového období od Staré říše po konec Nové říše.[1] Nejprve si kameník z připraveného bloku vysekal kamennou palicí a měděným dlátem hrubý tvar nádoby a její vnější povrch ohladil tvrdým oblázkem, a pak začal vrtat vnitřní prostor nádoby. Pro zvýšení třecího momentu se nevrtalo pouze jedním směrem, ale střídavě po a proti směru hodinových ručiček. Tento způsob práce vyžadoval stabilitu nádoby během vrtání, která proto byla usazována do podložky nebo do připravených jamek vyhloubených do země. V následující fázi byl odstraněn vývrtek a stěny vyvrtaného prostoru byly postupně rozšiřovány tak, aby kopírovaly vnější tvar nádoby. K rozšíření otvoru byly rovněž používány sady hrotů a kamenných vrtných hlavic, z nichž většina měla tvar osmičky. Vrtné hlavice měly různý průměr, postupně se vyměňovaly a tak umožňovaly tvarovat vnitřní prostor nádob.

Na závěr řemeslníci vyhladili a vyleštili vnitřní i vnější stěny pomocí kamenného oblázku a abraziva. Z Ptahšepsesovy mastaby v Abúsíru pochází výjimečný doklad „natírání" již hotové kamenné nádoby, jenž nemá ve známých pramenech ze starého Egypta paralelu.[2] Pravděpodobně šlo již o přípravu nádob na uskladnění olejů, snad obdobu procesu „zatažení" keramických džbánů před jejich použitím.

Výsledky experimentální archeologie nám pomáhají upřesnit představy o časové náročnosti výroby kamenných nádob a především o spotřebě materiálu. Na výrobu a upravení povrchu experimentální vápencové nádoby vysoké 11 cm a široké 10 cm bylo potřeba 22 hodin. Čas potřebný na vyvrtání nádob z červené žuly a dioritu byl přibližně patnáctinásobný.[3]

Oba dva vyobrazené zlomky nádob byly nalezeny v prostoru otevřeného sloupového dvora v zádušním chrámu panovníka Raneferefa. Kněží vykonávající zádušní kult panovníka velmi záhy zastavěli tuto část chrámu lehkými přístřešky, v nichž přebývali. Rovněž si zde vyráběli předměty, které potřebovali pro kultovní úkony i pro svůj běžný život – mezi ně snad patřily i obě hrubé miniaturní misky.

The represented fragments of two rough miniature vessels illustrate in an excellent way, how the ancient Egyptians produced stone vessels, which often seem to be something between an object of art and an item of everyday use.

Many reliefs coming from the long period between the Old Kingdom and the end of the New Kingdom depict artisans – "stone workers", called *hemutyu* in Egyptian, making stone vessels.[1] The stone worker first used a stone mace and copper adze to cut a rough shape of the vessel from his stone block, and polished its outer surface with a pebble. Then he began to bore the inner area of the vessel. In order to increase the moment of friction, one did not bore only in one direction, but alternatively clockwise and counterclockwise. This method of work demanded that the vessel be stable in the course of boring, and therefore it was inserted into a stand or into prepared hollows in the ground. In the following stage, the bored shaft was removed and the walls of the inner area were gradually reduced, so as to copy the outer shape of the vessel. For the enlarging of the hollow, a whole set of points and stone drill heads in the shape of an eight was used. The drill heads had various diameters, they were employed gradually and thus enabled to shape the inner walls of the vessels.

In conclusion, both inner and outer walls were smoothed and polished with a pebble and abrasive material. In the Ptahshepses mastaba at Abusir, a unique example of the "anointing" of an already finished stone vessel was found, which has no parallel in the known sources from ancient Egypt.[2] Probably it was already the preparation of vessels for the storing of oils, perhaps equivalent to the process of tightening of pottery jars before their usage.

The production and polishing of an 11 cm high and 10 cm wide experimentaly made limestone vessel took 22 hours. The time needed to make vessels of red granite and diorite was about fifteen times as long.[3]

Both of the represented vessel fragments were found in the area of the open columned court in the funerary temple of King Raneferef. Priests maintaining the funerary cult of the king very soon filled this part of the temple with light dwellings, which they inhabitted. They used the area also for the production of objects needed for the cultic practice as well as for their everyday life – and these probably included also both these rough miniature vessels.

---

[1] Drenkhahn (1976: 73–74).
[2] Vachala (2004: 181, fragment 702).

[3] Stocks (1993, 2003: 155–164).

25 Miniaturní misky

vápenec, travertin, max. v. 2 cm, max. průměr ústí
6 cm (P 5769); v. 2 cm, průměr ústí 5 cm (P 6646);
Stará říše, 5. dynastie, asi 2450–2325 př. n. l.;
Abúsír, zádušní chrámy panovníka Raneferefa
a královny Chentkaus II., hrobka princezny
Chekeretnebtej;
NM – Náprstkovo muzeum;
P 5572, P 5577, P 5578, P 5580–5583, P 5587,
P 5590, P 5769 (15 ks), P 6646

Zde vyobrazené miniaturní misky pocházejí ze dvou odlišných prostorů: z královských zádušních chrámů (Raneferef a Chentkaus II.) a z pohřební komory princezny Chekeretnebtej, dcery Džedkarea.[1] Typologicky však všechny představují poměrně vnitřně homogenní skupinu nízkých a mělkých miniaturních misek se zaobleným dnem a různě upraveným okrajem (přímo seřízlý, zaoblený, apod.). Jejich povrch je z vnitřní i vnější strany hlazený, již však není vyleštěný. V průběhu Staré říše nedochází k výraznějším proměnám jejich tvarů, pouze se zmenšuje jejich velikost a snižuje kvalita provedení.

Nástup miniaturních a miniaturizovaných nádob souvisí s dalekosáhlými změnami chápání pohřebních zvyklostí, ke kterým došlo na počátku 4. dynastie za vlády panovníka Snofrua.[2] Obecně lze říci, že je redukováno množství milodarů ukládaných do hrobek a v návaznosti na to se i zmenšují vlastní skladištní prostory v podzemních částech hrobek. V pohřebních výbavách se začínají objevovat nové typy kamenných nádob – miniaturní a miniaturizované tvary původně funkčních nádob. S tímto trendem souvisí i celková ekonomizace (nekrálovského) zádušního kultu, kdy duchu zemřelého vlastníka hrobky začínají být předkládány obětiny již spíše v symbolickém množství. Miniaturní misky byly používány jak v královském zádušním kultu, tak v hrobkách soukromníků.

Podobně jako miniaturní vázičky (viz hesla 26 a 37), tvořily i misky součást pohřebních výbav. V pohřebních komorách býval obvykle uložen soubor čítající kolem osmdesáti miniaturních nádobek – misek, pohárků, cylindrických nádob a džbánů. Badatelé hledali souvislost mezi nimi a obsáhlými seznamy obětin nacházejícími se na stěnách obětních kaplí, v nichž byly vyjmenovány veškeré komodity, které si zemřelý přál mít na onom světě – voda, pivo, víno, masti, kadidlo, různé druhy chlebů, mas a ovoce apod. Miniaturní nádobky by poté představovaly jakýsi symbolický trojrozměrný seznam obětin.[3] V případě, že miniaturní misky byly vyrobeny za účelem uložení do pohřební komory, může se ve volbě materiálu na jejich výrobu projevit sociální postavení majitele hrobky. Výše postavení jedinci si mohli dovolit cennější materiál – např. princezna Chekeretnebtej měla soubor misek vyrobených z travertinu, zatímco její dcera – dvorní dáma Tisethor – pouze z vápence.[4]

25 Miniature Dishes

limestone and travertine, max. H: 2 cm,
max. mouth diam.: 6 cm (P 5769); H: 2 cm,
mouth diam. 5 cm (P 6646);
Old Kingdom, 5th Dynasty, ca. 2450–2325 BC;
Abusir, funerary temples of King Raneferef and
Queen Khentkaus II, tomb of Princess Khekeretnebty;
NM – Náprstek Museum;
P 5572, P 5577, P 5578, P 5580–5583, P 5587,
P 5590, P 5769 (15 pc), P 6646

The miniature dishes on dsplay here come from two different contexts: from royal fuerary temples (Raneferef and Khentkaus II) and from the burial chamber of Princess Khekeretnebty, daughter of Djedkare.[1] Typologically they all represent a reatively homogeneous group of low and shallow miniature dishes wih rounded bottom and variously shaped rim (straight cut, rounded, atc.). No significant changes in the shape of these vessels can be traced in the Old Kingdom, however, both their size and quality of workmanship decreases.

The use of miniature and miniaturized vessels is connected to far-reaching changes in the concepts connected with the funerary practices, that happened in the course of the 4th Dynasty, under King Snofru.[2] In general it may be said, that the amounts of funerary equipment stored in tombs decreases, and consequently, the storerooms in the substructures of the tombs are smaller. New types of stone vessels appear in funerary equipment – miniature and miniaturized shapes of originally functional vessels. This trend is connected also to the overall economization of the (non-royal) funerary cult. The spirit of the deceased tomb owner is henceforward presented only with symbolical amounts of offerings.

Just like miniature vases (cf. catalogue entries 26 and 37), dishes too were part of funerary equipment. The funerary chambers usually contained a set of about eighty miniature vessels – dishes, jugs, cylindrical vessels and jars. Researchers searched for the connection between them and the extensive offering lists inscribed on the walls of offering chapels, in which all commodities, which the deceased wished to dispose of in the other world were included: water, beer, wine, ointments, incense, various types of bread, meat and fruit, etc. Miniature vessels would thus represent a symbolical three-dimensional version of an offering list.[3] In the case that miniature vessels were made in order to be deposited in the burial chamber, the choice of material for their production may reflect the social status of the tomb owner. The higher ranking individuals could afford more valuable material – for example Princess Khekeretnebty had a set of vessels made out of the travertine, while the vessels of her daughter, the lady Tisethor, were made only of limestone.[4]

---

[1] P 5572, P 5577, P 5578, P 5580–83, P 5587, P 5590, cf. Verner–Callender (2002: 34–36).

[2] Bárta (1997).

[3] Junker (1929: 108–109).

[4] Verner–Callender (2002: 35).

26 Miniaturní keramické poháry

keramika, max. v. 7 cm, max. š. 3 cm;
Stará říše, 5. dynastie, asi 2450–2325 př. n. l.;
Abúsír, zádušní chrám královny Chentkaus II.;
NM – Náprstkovo muzeum;
P 5755 (19 ks)

26 Miniature Pottery Jars

pottery, max. H: 7 cm, max. W: 3 cm;
Old Kingdom, 5th Dynasty, ca. 2450–2325 BC;
Abusir, funerary temple of Queen Khentkaus II;
NM – Náprstek Museum;
P 5755 (19 pc)

Miniaturní nádobky zcela nepochybně patří k nejčastějším keramickým tvarům vyráběným ve starověkém Egyptě – objevují se ve velkých množstvích na téměř všech archeologických lokalitách. Podobně jako u kamenných miniaturních a miniaturizovaných nádobek (viz hesla 25 a 37) souvisí i jejich nástup s dalekosáhlými změnami chápání pohřebních zvyklostí, ke kterým došlo na počátku 4. dynastie.[1] Poprvé jsou doloženy v zádušním chrámu panovníka Snofrua v Médúmu.

Ve starověkém Egyptě byly vyráběny dva základní typy miniatur – mělké misky a nízké pohárky na nožce. Tvary keramických misek jsou v podstatě totožné s jejich protějšky vyráběnými z vápence. U téměř všech nalezených exemplářů lze na základě stop po technologii výroby prokázat, že byly vyráběny na pomalu otáčivém kruhu či na desce. Soudíme tak především dle vodorovných rovnoběžných rýžek na podstavách nádobek, které vznikly při modelování nádoby rotací na kruhu.[2] Tento způsob výroby keramiky je doložen i na reliéfních vyobrazeních z Bení Hasanu, která se dochovala v hrobkách hodnostářů Bakta III. a Amenemheta pocházejících ze Střední říše.[3]

Miroslav Bárta rozlišil na základě analýzy keramiky pocházející z pohřebního komplexu panovníka Raneferefa v Abúsíru šest základních tvarů miniaturních pohárků, které jsou zastoupeny i ve zde vyobrazeném souboru. Nejvíce se objevují pohárky s konkávními stěnami a zataženým okrajem, miniatury s široce rozevřeným tělem a tvary s dvakrát zalomeným průběhem stěn a širokým rozevřeným okrajem.[4] Všechny pohárky mají plochou podstavu a na vnějším povrchu některých z nich se dochovaly stopy bílé barvy, která je měla připodobnit miniaturám vyráběným z vápence.

Hliněné miniatury byly používány především v běžném denním zádušním kultu, jak v královském, tak nekrálovském prostředí.[5] Byly na nich v malém, symbolickém množství předkládány různé typy obětin, jako např. obilí, víno a pivo. Již pouhá jejich přítomnost měla zajistit trvalý přísun těchto produktů v posmrtném životě.

Miniature vessels undoubtedly belong to the most frequent pottery types produced in ancient Egypt – they appear in great numbers at almost all archaeological sites. Like in the case of stone miniature and miniaturized vessels (cf. entries 25 and 37), their appearance is connected to the far-reaching changes of the understanding of burial customs, that took place in the beginning of the 4th Dynasty.[1] For the first time, they are attested in the funerary temple of Snofru at Meidum.

Two basic miniature types were made in ancient Egypt – shallow dishes and low footed jars. The shapes of pottery dishes are essentially identical to those of their limestone counterparts. Almost all examples were according to manufacture traces made on a slow potter's wheel or plate. Most of them show parallel horizontal lines on the base, the results of modeling the vessels by rotation on the wheel.[2] This method of pottery making is attested also in the relief decoration of the Middle Kingdom tombs of officials Baket III and Amenemhet at Beni Hassan.[3]

On the basis of analysis of the pottery from the funerary complex of King Raneferef at Abusir, Miroslav Bárta distinguished six basic shapes of miniature jars, which are represented in the collection on exhibition. Most frequent are jars with concave walls and everted rim, miniatures with wide open body and shapes with double crank and wide open rim.[4] All jars have a flat base and traces of white colour have been preserved on the outer surface of several items, which were thus to imitate miniatures of limestone.

Pottery miniatures were used above all in common daily funerary cult, both in royal and non-royal environments.[5] They were filled with small, symbolical amounts of various offerings, such as corn, wine, and beer. Even their presence alone was to secure the lasting income of these products in the afterlife.

---

[1] Bárta (1997).
[2] Charvát (1981: 148).
[3] Newberry (1893: pls. 7, 11).

[4] Bárta (2006).
[5] Reisner (1931: 228, 229, fig. 80).

27 Obětní oltář

vápenec, d. 46 cm, š. 29 cm, v. 10 cm;
Stará říše, 5. dynastie, asi 2450–2325 př. n. l.;
Abúsír, zádušní chrám královny Chentkaus II.;
NM – Náprstkovo muzeum;
P 5785

27 Offering Table

limestone, L: 46 cm, W: 29 cm, H: 10 cm;
Old Kingdom, 5th Dynasty, ca. 2450–2325 BC;
Abusir, funerary temple of Queen Khentkaus II;
NM – Náprstek Museum;
P 5785

K místům, která se stala v nekrálovských hrobkách centrem zádušního kultu, patřily nejen nepravé dveře nebo sochy hodnostářů, ale i obětní oltáře, jež byly zpravidla umisťovány na podlahy či nízké podstavce před kultovními nikami.[1] Protože na oltáře byly v průběhu zádušních rituálů kladeny obětiny a odlévána očistná úlitba, nabyly silných nábožensko-magických významů. Zároveň představovaly funkční součást architektury hrobek.

O vývoji a významu tvarů obětních oltářů se dlouho vedly mezi badateli spory. Jejich původ je na počátku Staré říše hledán v nezdobených kamenných deskách, prostých podstavcích ze sušených cihel či do skály vytesaných lavic pro odkládání kultovního náčiní. Nejrozšířenějším typem obětního stolu se během mladší fáze Staré říše stal jednoduchý obdélný oltář s dvojicí zahloubených bazénků a hieroglyfickým znakem pro „oběť, obětovat", *hetep*. Dosud nebylo zcela jednoznačně prokázáno, kde hledat kořeny grafické podoby značky *hetep*, △. V současnosti se zdá, že představa, kdy byl její tvar vysvětlován jako rozprostřená rohož, v jejímž středu se nacházel obětní chléb, je překonána.[2] Nejstarší výskyt značky *hetep* na obětním stole byl zaznamenán na velkém oltáři z vápence vévodícím otevřenému dvoru slunečního chrámu panovníka Niuserrea v Abú Ghurábu.[3]

Horní plocha tohoto obětního oltáře je provedena ve vysokém reliéfu a dominuje jí značka *hetep*, po jejíchž stranách jsou umístěny dva bazénky na úlitbu.[4] Ačkoli je povrch oltáře částečně velmi zničen zvětráním, lze vysledovat, že původně byl upraven dvojím způsobem. Zatímco horní část byla po vyhloubení bazénků pouze zběžně ohlazena, dolní část, kde se nachází i značka *hetep*, byla jemně vyhlazena. Do jejího povrchu byl vyryt kurzivní nápis, který pravděpodobně obsahoval obětní formuli s tituly a jménem majitele hrobky, dnes je však téměř nečitelný.

Na svrchní straně oltáře byly nalezeny stopy malty a lze předpokládat, že byl druhotně použit jako stavební materiál. Oltář byl nalezen ve vstupním prostoru do zádušního chrámu královny Chentkaus II. v Abúsíru.[5] Je velmi pravděpodobné, že byl původně umístěn v jedné z nedaleko se nacházejících menších nekrálovských hrobek, které se během 6. dynastie začaly používat coby zdroj dostupného stavebního materiálu.

The places that became the centres of the funerary cult in non-royal tombs include not only the false doors or statues of officials, but also offering tables. They were usually placed on the floor or low stands in front of cult niches.[1] Since offerings were placed on them in the course of funerary rituals and purifying libation was poured over them, they acquired strong magico-religious meaning. However, they also represented functional parts of the architecture of the tombs.

Scholars have long disagreed on the problem of the development and importance of the shapes of offering tables. Their origin in the beginning of the Old Kingdom can be found in undecorated stone plates, simple mud brick stands or benches cut into the rock on which cultic equipment was set aside. In the course of the Old Kingdom, the most common offering table type was a simple rectangular altar with a pair of basins and a hieroglyphic sign for "offering", "to offer", *hetep*. It has hitherto not been unequivocally proved where the roots of the hieroglyphic sign *hetep* △ are to be found. It seems that the hypothesis, that its shape can be derived from a representation of a spread offering mat with an offering bread in the middle, is no longer valid.[2] The earliest occurrence of the *hetep* sign is the great limestone altar dominating the open court of the sun temple of King Niuserre at Abu Ghurab.[3]

The top of the offering table is executed in high relief and dominated by the *hetep* sign. Along its side are two libation basins.[4] Despite the fact that part of the table's surface has been destroyed by weathering, we can see that it was originally treated in two ways. While the upper part was only roughly smoothed after the hollowing of the basins, the lower part, where the *hetep* sign is found, was finely polished. A cursive inscription was incised into its surface, and probably contained an offering formula with the titles and name of the tomb owner. Today, the inscription is unfortunately legible only partially.

The top of the offering table bore traces of plaster and it was probably secondarily used as building material. The altar was found in the entrance area of the funerary temple of Queen Khentkaus II at Abusir.[5] It is highly likely that originally the table was placed in one of the nearby smaller non-royal tombs, that became already in the course of the 6th Dynasty to be used as a cheap source of building material.

[1] Hölzl (2001).
[2] Mostafa (1982: 81ff).
[3] Bissing (1905: 42ff, Abb. 33).

[4] Pavlasová (1997: 80, cat. no. 117).
[5] Verner (1995: 30, 31, fig. 40).

28 Nože a čepelky

nože: rohovec, d. 25 cm, š. 6 cm (P 5773);
d. 15cm, š. 6 cm (P 6567); d. 17 cm, š. 7 cm
(P 6582a); d. 10 cm, š. 6 cm (P 6582b);
čepelky: rohovec, d. 11,3 cm, š. 2,6 cm (P 6565);
d. 3–8 cm (P 6578); max. d. 5 cm, max. š. 4 cm (P 6474);
Stará říše, 5. dynastie, asi 2450–2325 př. n. l.;
Abúsír, zádušní chrámy královny Chentkaus II.
a panovníka Raneferefa;
NM – Náprstkovo muzeum;
P 5773,[1] P 6474 (6 ks), P 6565, P 6567, P 6578
(20 ks), P 6582a, P 6582b

28 Knives and Blades

knives: flint, L: 25 cm, W: 6 cm (P 5773); L: 15cm,
W: 6 cm (P 6567); L: 17 cm, W: 7 cm (P 6582a);
L: 10 cm, W: 6 cm (P 6582b); blades: flint, L: 11.3
cm, W: 2.6 cm (P 6565); L: 3–8 cm (P 6578); max. L:
5 cm, max. W: 4 cm (P 6474);
Old Kingdom, 5th Dynasty, ca. 2450–2325 BC;
Abusir, funerary temples of Queen Khentkaus II
and King Raneferef;
NM – Náprstek Museum;
P 5773,[1] P 6474 (6 pc), P 6565, P 6567, P 6578
(20 pc), P 6582a, P 6582b

Nálezy nožů a čepelek[2] v královských pohřebních komplexech v Abúsíru snad lze spojit s existencí rituálních jatek, která byla funkčně propojena s Raneferefovým zádušním chrámem. Tento objekt, v egyptštině označovaný *hut nemet*, „Svatyně nože", je výjimečný, neboť se vůbec poprvé podařilo archeologicky prozkoumat stavbu, jež byla předtím známa pouze z písemných pramenů.[3] Severojižně orientovaná stavba se zaoblenými vnějšími rohy byla postavena ze sušených cihel. V přední části se nacházel menší nezastřešený dvorek, v němž byla ke kamenným kotvám přivazována zvířata určená k porážce. Řezníci jim zvláštním trojitým pohybem velkými noži prořezávali krky, maso naporcovali, upravovali a tepelně zpracovávali. V zadní části Svatyně nože se nacházela skupina skladů, v nichž bylo maso uskladněno před použitím v zádušním kultu.

O rozsahu prací ve Svatyni nože svědčí údaj z jednoho fragmentu Raneferefova papyrového archivu, sdělující, že během jediného náboženského svátku zde bylo za jeden den poraženo 13 býků. Tento svátek, který byl pevnou součástí královského zádušního rituálu, snad trval 10 dnů, tj. dohromady bylo během něj poraženo minimálně 130 býků.

V pohřebních komplexech panovníka Raneferefa a královny Chentkaus II. bylo celkem nalezeno více než 100 kusů kamenných nožů a jejich zlomků, které byly vyrobeny z tvrdého a celistvého rohovce. Rohovec se v přírodě nachází ve vrstvičkách o mocnosti do 1 cm a nože z něj vyrobené jsou proto poměrně tenké. Na jednom noži pocházejícím ze zádušního chrámu královny Chentkaus II. (P 5773) jsou na svrchní straně dokonce viditelné pozůstatky původní kůry kamene. Obecně lze vystavené nože rozdělit do tří základních skupin: na původní nedeformované tvary (P 6582a), nože deformované přiostřovací retuší (P 5773) a rezidua, tj. již dále nepoužitelné zlomky.[4]

Čepelky a úštěpy byly nacházeny po celé ploše královského pohřebiště – i v blízkosti nekrálovských hrobek. Typologicky se zde objevují vruby, jednoduchá drasadla a šídla, tj. druhy nástrojů používaných v běžném životě. Materiál pro výrobu těchto nástrojů (rohovec), včetně nožů, se musel dovážet, a proto se nám v Abúsíru nedochovaly žádné doklady o jejich lokální výrobě.

Discoveries of knives and blades[2] in royal funerary complexes may be connected with the existence of ritual slaughterhouse, that was functionally connected with the funerary temple of Raneferef. This structure, called *hut nemet* (Sanctuary of the Knife), in ancient Egyptian, is unique, since it is the first case, when archaeological evidence was found of a building that had previously been known only from written sources.[3] The north-east oriented structure with rounded outer edges was built of mud bricks. The front part contains a small open court, where animals destined for slaughter were tied to large stone anchors. Butchers cut their throats with large knives, cut the meat in portions, prepared it and cooked or roasted it. The back part of the sanctuary of the knife contained a group of magazines, in which the meat was stored before it was used in the funerary cult.

The extent of works in the Sanctuary of the knife is illustrated by a record on a fragment from the papyrus archive of Raneferef, which states that in the course of only one religious festival, 13 bulls were slaughtered here in one day. This festival, which was an integral part of the royal funerary cult, lasted approx. 10 days, which means that altogether 130 bulls were slaughtered in its course.

The funerary complexes of King Raneferef and Queen Khentkaus contained over 100 stone knives and their fragments, that were made of hard and compat flint. Flint is found in nature in layers reaching up to 1 cm in thickness, and the knives built from them are therefore relatively thin. One of the knives coming from the funerary temple of Queen Khentkaus (P 5773) containes even the remains of the original polish of the stone on its upper part. The knives may be divided into three basic groups: the original undeformed shapes (P 6582a), knives deformed by a sharpening retouche (P 5773) and residua, i.e. no longer usable fragments of knives.[4]

Blades and flakes were found all over the area of the royal cemetery and in the vicinity of non-royal tombs. They include dents, simple scratchers and prickers. The material for the production of these tools, including the knives, had to be brought onto the site, and there is therefore no evidence for the flaking industry at Abusir.

---

[1] Pavlasová (1997: 39, cat. no. 42).
[2] Svoboda–Vachala (1989).

[3] Verner (1986c).
[4] Svoboda–Vachala (1989: 364–366).

29 Barevný kánon Hetepiho panelu

sádrová kopie, v. 112 cm, š. 94,5 cm;
Stará říše, 3./4. dynastie, asi 2575 př. n. l.;
Abúsír, mastaba hodnostáře Hetepiho;
Český egyptologický ústav

29 The Colours of Hetepi

gypsum cast, H: 112 cm, W: 94.5 cm;
Old Kingdom, 3rd/4th Dynasty, ca. 2575 BC;
Abusir, mastaba of the official Hetepi;
Czech Institute of Egyptology

Hetepiho mastaba patří mezi nejstarší zdobené hrobky na sakkársko-abúsírské nekropoli.[1] Svědectví této hrobky potvrzuje hypotézu, že se reliéfní výzdoba nejstarších hrobek na sakkársko-abúsírském pohřebišti poprvé objevila ve vchodových partiích a teprve poté přešla na stěny vnitřní zakryté kaple. Reliéf na severním křídle průčelí kaple zachycuje Hetepiho, jak sedí za obětním stolem s nakrájenými krajíci chleba. Jednotná orientace krajíců chleba představuje jeden z důležitých archaizujících prvků výzdoby hrobky. Další obětiny, které měly být předkládány duchu zemřelého majitele hrobky v rámci pravidelného zádušního kultu, jsou vyobrazeny v okolí stolu. Nad Hetepiho hlavou jsou vytesány dva řádky hieroglyfického nápisu se seznamem jeho titulů, které nám poskytují informace o postavení u dvora. Hetepi byl knězem bohyně Bastety a královským komorníkem.

Několik hledisek této unikátní památky si zasluhuje naši pozornost. Jedním z nich je hypotetická rekonstrukce původní polychromie a rozvržení barev celé scény a doprovodných hieroglyfických nápisů. Na panelu byly v okamžiku objevu nalezeny jen nepatrné zbytky původní polychromie, černá barva na paruce a červená na rtech a částech těla, neboť většina barev byla dávno setřena věkem. Analýza obdobných památek ze stejného období ukázala, že v Egyptě existovala, co se týká práva užívat jednotlivé barvy, velká propast mezi královskou rodinou a zbývajícími členy mocenské elity tehdejšího státu.[2] Zatímco členové královské rodiny mohli používat všech šest dostupných barev – bílou a černou, žlutou, červenou, zelenou a modrou, zbytek populace měl právo pouze na první čtyři. Z toho můžeme usuzovat, že omezený a přísně kontrolovaný přístup k používání barev představoval významnou sociální hranici.

Nejdražší pigmenty, tj. modrý a zelený,[3] které byly vyráběny z importované měděné rudy, zůstaly mimo Hetepiho dosah. Omezení používání modré a zelené zapříčinilo, že umělci museli znaky a předměty, které byly takto přirozeně barevné, při jejich reprodukci na stěnách hrobek „kódovat" v rámci dostupných čtyř barev.[4] V průběhu 4. dynastie se tato sociální hranice postupně vytratila a všech šest barev se stalo dostupných i úředníkům nižšího společenského postavení.[5]

The tomb of Hetepi belongs to the oldest decorated tombs in Abusir – Saqqara area[1] and corroborates the current assumption that tomb decoration had first evolved in the entrance area and only later on was transferred on the interior chapel walls of the officials' tombs. The northern part of the chapel facade shows Hetepi seated at an offering table with bread loaves oriented in one direction (a very archaising attribute). More offerings are depicted around the table; these were to be regularly offered to the deceased in his chapel. The space above Hetepi's head includes his titles, arranged in two horizontal lines, which mediate to us the character of the duties of this man, who was, among others Priest of the goddess Bastet and Property custodian of the king.

There are certainly several aspects of this unique panel that deserve our closest attention. One of them is the tentative reconstruction of the original colour layout and the appearance of the scene and accompanying hieroglyphic signs. At the moment of its discovery, the panel bore only faint traces of the original painting preserved on Hetepi's wig (black) and his face (red). Most of the pigments were gone long ago. The analysis of roughly contemporary monuments shows that there may have existed a profound difference between the royal family and the others when the access to and the use of colours was concerned.[2] Whereas members of the royal family could use all six available pigments of the day – white, black, red, yellow, green and blue, the others had access to the first four ones only. Thus the colours were during this period used as a mediator of social rank.

Modern reconstruction of the panel colouring shows that this may also have been the case with Hetepi. The most expensive pigments, i.e. blue and green[3] which were procured from the copper ore, remained beyond his reach. This simple fact produces rather serious implications when the philosophy of colour usage is considered – hieroglyphic signs that were supposed to be painted green or blue (entirely or partially) had to be re-encoded according to the social barriers imposed on the art of the day.[4] During the 4th Dynasty, however, even non-royal members of the elite administration gained access to all six colours and the "social borders of colours" came to an end.[5]

---

[1] Bárta–Vachala (2001), Bárta–Voděra (2002: 12–15).
[2] Baines (1985a).
[3] Lee–Quirke (2000).

[4] Kahl (1997).
[5] Wilkinson (1994: 104–105).

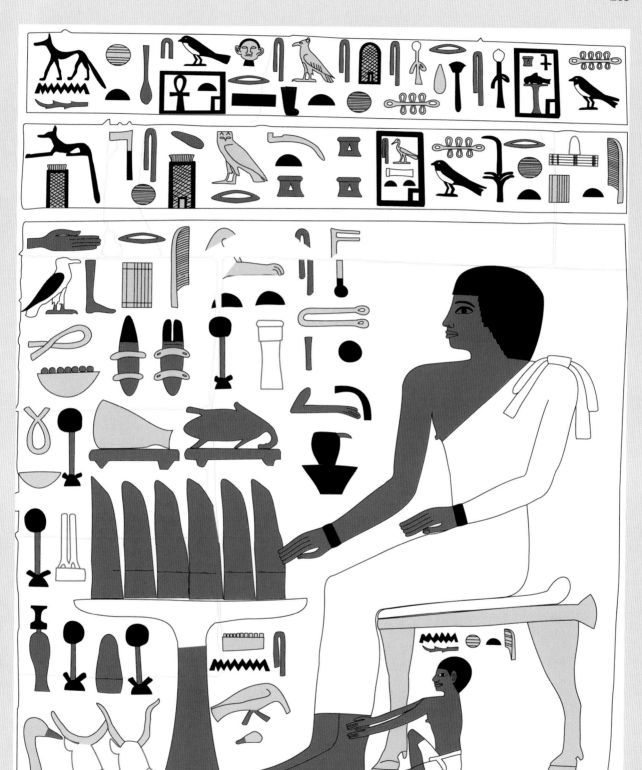

30 Podstavec sochy hodnostáře Mernefua

dřevo, v. 37.7 cm; š. 26,3 cm; d. 62,5 cm;
Stará říše, 5. dynastie, asi 2450–2325 př. n. l.;
Abúsír, mastaba hodnostáře Mernefua;
NM – Náprstkovo muzeum;
P 5703

30 Base of the Statue of the Official Mernefu

wood, H: 37.7 cm; W: 26.3 cm; L: 62.5 cm;
Old Kingdom, 5th Dynasty, ca. 2450–2325 BC;
Abusir, mastaba of the official Mernefu;
NM – Náprstek Museum;
P 5703

V podélném, původně zaklenutém serdabu hrobky hodnostáře Mernefua[1] se dochovaly zbytky pěti dřevěných soch. Jejich těla neodolala času a tíze propadlé klenby, zůstaly tak pouze popsané podstavce se spodními částmi nohou, vyrovnané podél jižní stěny serdabu a symbolicky "hledící" k severu, k nice vestavěné do východní fasády hrobky, kde se kdysi nacházely nepravé dveře. Čtyři podstavce nesly obvyklé mužské sochy s nakročenou levou nohou, na menším pátém podstavci se téměř do výše pasu zachovala velmi ojedinělá soška klečícího muže v krátké suknici.[2] Nápisy provedené v zahloubeném reliéfu prozrazují, že všechny sochy patřily Mernefuovi. Tři z nich shodně uvádějí Mernefuovy tituly „*jediný přítel, správce paláce, ten, který je zasvěcený Jitřnímu domu, správce okrsku ‚Hor, jenž ovládá nebesa', ten, který je zodpovědný za rozdělování (obětin) v Domě života, ten, který je zasvěcený svému bohu, ctěný svým pánem, jediný přítel, poctěný láskou, Mernefu*". Podstavce byly původně natřeny černou barvou a nápisy vyplňovala narůžovělá pasta.

Přesnou podobu chybějících Mernefuových soch nelze odhadnout. Mezi tituly a konkrétním oděvem či typem sochy totiž ve starém Egyptě neexistoval žádný prokázaný vztah.[3] Většina egyptských soch navíc nepředstavovala skutečný vzhled majitele hrobky, ale zobrazovala jeho idealizovanou podobu, která získávala svoji identitu díky jménu a titulům uvedeným na podstavci. V případě Mernefua se mohlo jednat o sochy oděné v obvyklé krátké slavnostní suknici nebo podobné sochám prince Neserkauhora, jehož hrobka se nacházela poblíž (viz heslo 31).

Mernefuova hrobka je součástí pohřebiště členů rodiny panovníka Džedkarea, byla však postavena dříve, pravděpodobně již za vlády panovníka Niuserrea. Tituly napovídají, že Mernefu patřil k vybrané skupině dvorních hodnostářů a zastával významné úřady související s královskou rodinou. Dohlížel na každodenní chod a zásobování paláce, doprovázel krále, připravoval jej na jeho ranní chrámové povinnosti a staral se o rozdělování obětin v rámci jeho zádušního kultu.[4]

In the oblong, originally vaulted serdab of the tomb of the official Mernefu[1], the remains of five wooden statues have been preserved. Their bodies did not resist time and the weight of the collapsed vault, and thus only inscribed stands with lower parts of the legs were found. They were arranged in a row along the southern wall of the serdab and symbolically "looked" to the north, to the niche built in the eastern façade of the tomb, where the false door was once located. Four stands carried usual male statues with a striding left leg. The fifth, smaller stand, held a unique statuette in a short kilt,[2] preserved almost to the waist. Inscriptions executed in sunk relief state that all statues belonged to Mernefu. Three give Mernefu's titles in the same form: "*The sole friend, director of the palace, privy to the Morning House, director of the district "Horus, who rules over the sky"*, *he who is responsible for the supply (of offerings) in the House of Life, one privy to the secret of his God, praised by his lord, the sole friend, one beloved, Mernefu.*" The stands were originally painted black and the inscriptions were filled with pinkish paste.

The precise appearance of Mernefu's missing statues cannot be determined. No relationship has hitherto been found between the titles and dress or type of statue in ancient Egypt.[3] Most Egyptian statues moreover did not represent the real appearance of the tomb owner, but his idealised form, which acquired its identity through inscriptions and titles on the stand. In the case of Mernefu, the statues may have worn the usual short ceremonial kilt, or they may have looked like those of Prince Neserkauhor, whose tomb was located nearby (cf. catalogue entry 31).

The tomb of Mernefu is part of the cemetery of the members of the family of King Djedkare, it was, however, built earlier, probably in the course of the reign of King Niuserre. Mernefu's titles indicate that he belonged to the privileged group of court officials and held important offices connected with the royal family. He supervised the everyday functioning and supply of the palace, accompanied the king, prepared him for his morning temple duties and took care of the redistribution of offerings for his funerary cult.[4]

---

[1] Verner–Callender (2002: 71–76).
[2] Verner–Callender (2002: 76, pl. XVII, fig. Ef6); srov./cf. Egyptské muzeum v Káhiře/Egyptian Museum in Cairo CG 119.

[3] Harvey (1999: 363).
[4] Verner–Callender (2002:134); Bárta (1999: 16).

31 Sochy prince Neserkauhora

dřevo, v. 93 cm (P 5696); v. 47 cm (P 5697);
v. 37 cm (P 5698); v. 85 cm (P 5699 s čepy);
Stará říše, 5. dynastie, asi 2450–2325 př. n. l.;
Abúsír, mastaba prince Neserkauhora;
NM – Náprstkovo muzeum;
P 5696, P 5697, P 5698, P 5699

31 Statues of Prince Neserkauhor

wood, H: 93 cm (P 5696); H: 47 cm (P 5697);
H: 37 cm (P 5698); H: 85 cm (P 5699 with pegs);
Old Kingdom, 5th Dynasty, ca. 2450–2325 BC;
Abusir, mastaba of Prince Neserkauhor;
NM – Náprstek Museum;
P 5696, P 5697, P 5698, P 5699

Neserkauhor byl nejstarším synem panovníka Džedkarea, dědičným princem a vrchním knězem předčitatelem. Jeho mastaba byla postavena na rodinném pohřebišti v Abúsíru, poblíž hrobek jeho sester Chekeretnebtej (viz heslo 32) a Hedžetnebu.[1] V původně klenutém serdabu jeho hrobky se dochovaly čtyři poškozené dřevěné sochy, které stojí u jižní zdi a hledí směrem k obětní kapli. Právě sochy jsou to jediné, co zbylo z Neserkauhorovy pohřební výbavy. V pohřební komoře nebyly nalezeny žádné zbytky mumie, rakve či sarkofágu, a zůstává tak otázkou, zda zde byl Neserkauhor skutečně pohřben.[2]

Přesnou podobu princových soch můžeme pouze odhadnout. Ze dvou z nich se zachovala torza – hlava a část trupu bez rukou (P 5697, P 5698 – vystavováno je torzo bez hlavy). Detaily tváře zmizely, oči, nos a ústa se objevují v náznaku. Obě sochy představovaly Neserkauhora v polodlouhé nakadeřené paruce dosahující těsně pod uši. Další socha (P 5699) jej ukazuje oděného do dlouhé suknice s vyčnívajícím trojúhelným předním dílem. Hlava je velice poškozená, přesto však je možné říci, že ji pravděpodobně zdobil krátce střižený účes z přirozených vlasů.[3] Ruce se nezachovaly. Levá noha je nakročená. Pod oběma chodidly zůstaly čepy, které sochu přidržovaly v obdélném podstavci se dvěma sloupci hieroglyfického nápisu: „králův nejstarší milovaný vlastní syn, Neserkauhor". Poslední socha (P 5696) představuje prince jako kráčejícího nahého muže. Obě chodidla chybí a z podstavce se dochovaly pouze zbytky. Z nálezových fotografií je patrné, že pravá ruka byla volně spuštěná podél těla a levá ruka, ohnutá v lokti, svírala hůl. Hlavu pokrýval krátce střižený účes z přirozených vlasů. Detaily tváře se nezachovaly, poblíž sochy však bylo nalezeno pravé oko vyrobené z kosti a krystalu a vsazené do měděného „víčka". Obličej oživený vykládanýma očima měly pouze ty nejkvalitnější sochy. K soše patřil rovněž penis a pravé ucho, obojí vyrobené ze štuku a s viditelnými stopami tmavě červené barvy, která původně pokrývala celou sochu.

Jedná se o jeden z nejstarších dokladů nahé dřevěné sochy. Tento typ se plně rozvinul během 6. dynastie a První přechodné doby.[4] Dodnes nedokážeme uspokojivě vysvětlit, proč si úředníci přáli být zobrazováni nazí, bez oděvů a ozdob, které byly důležitým ukazatelem jejich sociálního postavení. Pravděpodobně to souvisí s jejich naléhavým přáním být znovuzrozeni na onom světě.[5] Existence čtyř Neserkauhorových soch odráží

Neserkauhor was the oldest son of King Djedkare, a hereditary prince and chief lector priest. His mastaba was constructed in the family cemetery at Abusir, near the tombs of his sisters Khekeretnebty (cf. entry 32) and Hedjetnebu.[1] Four damaged wooden statues were discovered in the originally vaulted serdab of his tomb. They stand at the south wall and look towards the offering chapel. Statues are the only things that remain from Neserkauhor's funerary equipment. No remains of the mummy, coffin or sarcophagus were discovered in the burial chamber and it is thus uncertain whether the prince was indeed buried here.[2]

The precise likeness of the prince's statues can be only guessed. Only the torsos of two of them were preserved – the head and part of the chest without arms (P 5697, P 5698 – on display is the headless torso). The details of the face have disappeared, eyes, nose and mouth are only indicated. Both statues represented Neserkauhor in a medium curly wig reaching just under the ears. The other statues (P 5699) show him dressed in a long kilt with a protruding triangular front part. The head is highly damaged. We may nonetheless presume that it was probably decorated by a short haircut of natural hair.[3] The hands have not been preserved. The left foot strides forward. Under both feet are pegs that held the statue in its rectangular stand with two columns of a hieroglyphic inscription: "King's own oldest beloved son, Neserkauhor." The last statue (P 5696) represents the prince as a striding naked man. Both feet are missing and only fragments of the stand have been preserved. Archaeological photographs make it clear that the right hand hung freely along the body and the left hand, bent at the elbow, was holding a staff. The head was covered by a short haircut of natural hair. The details of the face have not been preserved, but close to the statue, a right eye was discovered. It was made of bone and crystal and inset into a copper lid. Only the highest-quality statues had their face enlivened by inlaid eyes. To the same statue belonged also a penis and the right ear, both made of stucco and bearing visible traces of red paint, which originally covered the entire statue.

It is one of the most ancient examples of the naked wooden statues. This type has fully developed in the course of the 6th Dynasty and First Intermediate Period.[4] Until today,

---

[1] Verner–Callender (2002).
[2] Verner–Callender (2002: 55–61, 137).
[3] srov./cf. Mitri (MMA New York 26.2.4).

[4] srov./cf. Tjetji (British Museum AE 29594), 6. dynastie, Achmím/6th Dynasty, Akhmim.
[5] Ziegler (1999: 305).

zvyk zobrazovat majitele hrobky v různém věku a v různých úřednických funkcích, které zastával během života. Poškození soch nám bohužel nedovoluje ocenit původní jemnost modelace ve dřevě, mladé či zralé vzezření tváře ani informace ukryté v barvách a detailech oděvu.

it has not been satisfactorily explained why officials wished to be represented naked, without the dress and jewelry that were an important indicator of their social status. It is probably related to their fervent wish to be reborn in the other world.[5] The existence of four Neserkauhor's statues reflects the custom to depict the tomb owner in different ages and different official functions that he held in the course of his life. Unfortunately, the damage of the statues does not allow us to fully appreciate the original fine form of the wood, young or mature appearance of the face, or the information hidden in the colours and details of the dress.

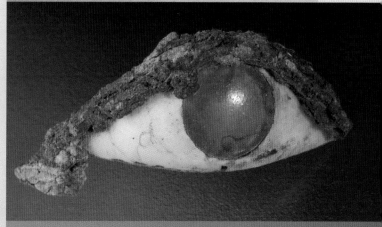

32 Socha princezny Chekeretnebtej

dřevo, v. 94 cm (P 5608); d. 13 cm, š. 5,5 cm
(P 5606);
Stará říše, 5. dynastie, asi 2450–2325 př. n. l.;
Abúsír, mastaba princezny Chekeretnebtej;
NM – Náprstkovo muzeum;
P 5608, P 5606

32 Statue of Princess Khekeretnebty

wood, H: 94 cm (P 5608); L: 13 cm, W: 5.5 cm
(P 5606);
Old Kingdom, 5th Dynasty, ca. 2450–2325 BC;
Abusir, mastaba of Princess Khekeretnebty;
NM – Náprstek Museum;
P 5608, P 5606

V období Staré říše byly sochy používány především jako součást pohřební výbavy. Jejich význam nespočíval v estetických kvalitách a originálním pojetí námětu, ale především ve funkci, kterou plnily v rámci zádušního kultu. Proto se nejčastěji vyskytovaly v pyramidových chrámech panovníků, chrámech božstev nebo v uzavřených místnostech (serdabech) nekrálovských hrobek, kde setrvávaly pečlivě skryty před zraky nezasvěceného obyvatelstva. Socha představovala náhradní „věčné tělo", do kterého mohla vstupovat duše zemřelého v případě, že došlo k poškození mumifikovaného těla. Aby však socha tuto funkci naplňovala, musela být oživena pomocí tzv. obřadu otevírání úst, při kterém došlo k probuzení smyslů, schopnosti dýchat a přijímat potravu. Poté se stala předmětem kultu. Vznik sochy je proto v původních staroegyptských textech popisován jako její zrození.[1]

Princezna Chekeretnebtej byla dcerou panovníka Džedkarea. Její hrobka je součástí pohřebiště, které tento panovník vystavěl pro členy své rodiny a jim nejbližší hodnostáře v jihovýchodní části abúsírské královské nekropole.[2] Chekeretnebtejiny sochy byly nalezeny v serdabu spojeném úzkým průzorem s obětní kaplí její hrobky. Oživené princezniny podoby tak mohly „pozorovat" rituály v kapli a symbolicky se na nich podílet. Lépe dochovaná z obou soch představuje Chekeretnebtej s nakročenou levou nohou, což byl postoj typický spíše pro mužské sochy. Ruce, původně připojené k tělu pomocí čepů, a spodní části nohou se bohužel nedochovaly. Princezna je oděna v úzkých dlouhých šatech. Na hlavě má krátce zastřižené vlasy, na nichž jsou patrné zbytky původní černé barvy. Detaily tváře zmizely. Nerovnosti povrchu sochy byly původně vyplněny hlínou, překryty štukem a celá socha byla polychromována. V místě náhrdelníku se zachovaly stopy modré a žluté barvy, na levé noze zbytky nákotníku.

O původním vzhledu sochy můžeme získat představu díky překvapivě kompletní soše princezny Hedžetnebu,[3] Chekeretnebtejiny sestry, objevené na stejném pohřebišti a dnes vystavované v Egyptském muzeu v Káhiře.[4] Hedžetnebu má stejný účes i šaty, na kterých se však zachovaly malované detaily. Ramínka šatů částečně překrývá límcový náhrdelník, živůtek ve tvaru V je zdobený červenými, bílými a zelenými horizontálními pruhy. Pokožka je naznačena žlutou barvou.

Ženských dřevěných soch ze Staré říše se dochovalo mnohem méně než soch mužů. Většinou se jedná o podobný typ

In the course of the Old Kingdom, statues were produced above all as parts of the burial equipment. Their importance did not lie in their esthetic qualities or in an original treatment of the motif, but above all in the function they fulfilled in terms of the funerary cult of the deceased. Therefore, they most often found their place in the pyramid temples of kings, temples of deities, or in closed rooms (serdabs) of non-royal tombs, where they remained carefully hidden from the sight of the uninitiated public. The statue represented a spare "eternal" body, where the soul of the deceased could enter in the case the real mummified body was damaged. In order to be able to fulfill its function, it had to be revived by the so-called Opening of the Mouth ritual, which enabled the statue to feel, breathe, and eat. Then the statue became the object of cult. Ancient Egyptian texts therefore describe the making of a statue as its "birth".[1]

Princess Khekeretnebty was the daughter of King Djedkare. Her tomb is part of the cemetery in the south-eastern part of the Abusir necropolis that the king had built for the members of his family and the officials closest to them.[2] Khekeretnebty's statues were discovered in the serdab, that was connected with the offering chapel of the tomb by a narrow peep-hole. The animated likenesses of the princess thus "observed" the cultic activities in the chapel and symbolically took part in them. The better preserved of the two statues represents Khekeretnebty with her left foot advanced forwards, which is a stature typical for male statues. The arms, originally attached to the body by means of pegs, and the lower parts of legs have unfortunately not been preserved. The princess is wearing a long, tight-fitting dress. Her hair is cut short and bears traces of the original black colour. The details of the face have disappeared. The irregularities of the surface of the statue were originally filled with mud and plastered with stucco and the entire statue was painted. Traces of blue and yellow colour were preserved at the place of the collar, and the left foot still bears some remains of the original anklet.

The original appearance of the statue may be deduced from the surprisingly completely preserved statue of princess Hedjetnebu,[3] Khekeretnebty's sister. The statue was discovered at the same cemetery and it is now on display in the Egyptian Museum in Cairo.[4] Hedjetnebu had the same haircut and

[1] Robins (2001).
[2] Verner–Callender (2002).

[3] Verner–Callender (2002: 93).
[4] Hedžetnebu/Hedjetnebu, JE 98438.

stojících soch, které se musely lišit malovanými detaily oděvů a ozdob.[5] Tyto informace jsou však téměř vždy ztraceny. Objev dřevěných soch, starých několik tisíciletí, lze i přes jejich poškození považovat za velkou vzácnost.

dress, on which even the painted details have been preserved. The shoulder-straps are partially covered by a collar, the V-shaped bodice is decorated with red, white and green horizontal stripes. The skin is indicated in yellow.

Much fewer female statues have been preserved from the Old Kingdom than male ones. Usually, they represent a similar type of standing statues that had to differ in the painted details of dress and jewellery.[5] This evidence is, however, almost always lost. The discovery of several millennia old wooden statues is, despite their damage, very important.

---

[5] Harvey (2001: 365).

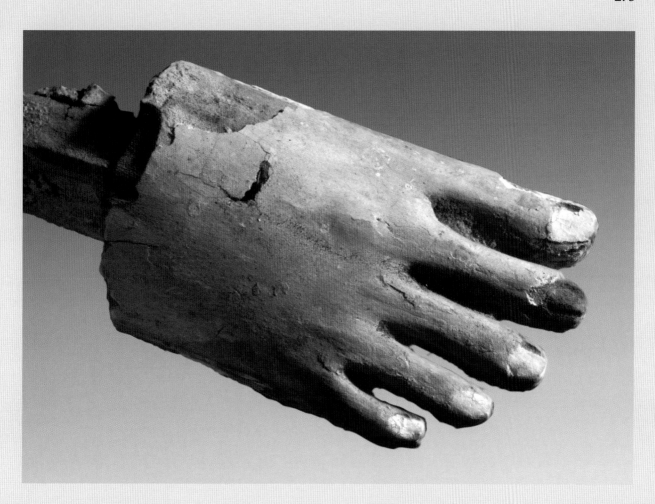

33 Kanopy

vápenec, v. 30 cm, průměr ústí 15 cm, průměr
podstavy 11,5 cm (P 5562); v. 30 cm, průměr ústí
15,5 cm, průměr podstavy 11,5 cm (P 5563);
v. 28,5 cm, průměr ústí 14,5 cm, průměr podstavy
11 cm (P 5564); v. 27 cm, průměr ústí 15, 5 cm,
průměr podstavy 11 cm (P 5565);
Stará říše, 5. dynastie, asi 2450–2325 př. n. l.;
Abúsír, mastaba princezny Chekeretnebtej;
NM – Náprstkovo muzeum;
P 5562–5565

33 Canopic Jars

limestone, H: 30 cm, mouth diam.: 15 cm,
base diam.: 11.5 cm (P 5562); H: 30 cm,
mouth diam.: 15.5 cm, base diam.: 11.5 cm
(P 5563); H: 28.5 cm, mouth diam.: 14.5 cm,
base diam.: 11 cm (P 5564); H: 27 cm,
mouth diam.: 15.5 cm, base diam.: 11 cm (P 5565);
Old Kingdom, 5th Dynasty, ca. 2450–2325 BC;
Abusir, mastaba of Princess Khekeretnebty;
NM – Náprstek Museum;
P 5562–5565

Poprvé staří Egypťané pocítili potřebu samostatně ukládat určité vnitřní orgány (plíce, játra, žaludek a střeva) poté, co se zdokonalili ve stavbě prostornějších hrobek, v nichž tělo zemřelého již nepřicházelo do přímého styku se suchým pouštním pískem.[1] Vyjmuté vnitřnosti nejprve balili do plátěných obinadel a balíčky ukládali do niky vysekané v jižní stěně pohřební komory. Teprve na počátku 4. dynastie se objevily první speciální nádoby pro ukládání vnitřností – kanopy. Termín kanopa pro označení keramických džbánů zdobených reliéfní podobou boha Kanopa, které pocházely z řecko-římského období egyptských dějin, poprvé použil v 17. století Athanasius Kircher.

Ve Staré říši byly pro ukládání vnitřností používány jak kamenné, tak keramické kanopy.[2] Typologicky kanopy představují vysoké bezuché vázovité tvary s maximální výdutí v horní třetině těla nádob, které především sloužily jako zásobnice. Po uložení vnitřností byly nádoby uzavírány nízkými víčky pouze lehce konvexního tvaru. Za povšimnutí stojí, že pokud se dochovaly kompletní soubory kanop, tvary jednotlivých nádob se od sebe mohou výrazně odlišovat. Někteří badatelé vysvětlovali tuto variabilitu tvarů rozdílným obsahem každé jednotlivé nádoby.[3] Spíše se však zdá, že pro staré Egypťany neměl takovou důležitost tvar, ale obsah nádob, pročež se nesnažili zachovávat jednotnou tvarovou typologii.

Soubor vystavených kanop pochází z částečně vykradené pohřební komory princezny Chekeretnebtej, dcery panovníka Džedkarea.[4] Ani v jedné z nádob nebyly nalezeny jiné stopy po původním obsahu než tmavě zabarvené skvrny na jejich stěnách. Zloději shledali kanopy bezcennými a nechali je rozházené po celé pohřební komoře: jedna byla nalezena ve výplni vápencového sarkofágu (P 5563), další u jihovýchodního rohu víka sarkofágu (P 5562), třetí podél západní stěny komory (P 5564) a poslední (P 5565) ležela na vrstvě vápencové drtě u jihozápadního rohu sarkofágu.[5]

The ancient Egyptians first felt the need to individually deposit certain inner organs (lungs, liver, stomach and intestines) after they had advanced their construction of more spacious tombs, where the body of the deceased no longer came into contact with the dry desert sand.[1] They first packed the extracted viscera into bandages and deposited the packages into a niche cut into the southern wall of the burial chamber. First in the beginning of the 4th Dynasty, earliest special vessels for the deposition of viscera appeared – the canopic jars. The term canopic jar was first used in the 17th century by Athanasius Kircher for pottery vessels decorated with a relief depiction of the god Canopus, which come from the Graeco-Roman Period of Egyptian history.

In the course of the Old Kingdom, both stone and pottery canopic jars were used.[2] Typologically, the canopic jars represent tall handle-less shoulder jars, which served above all as storage jars. After the deposition of the viscera, the vessels were closed by low, only slightly convex lids. It is worth noticing, that when complete sets of canopic jars were preserved, the shapes of the individual vessels may differ significantly. Some researchers explained this shape variability by the different content of each of the vessels.[3] It is, however, more likely, that not the shape, but the content of the vessels was important for the ancient Egyptians, and therefore they did not try to maintain a united shape typology.

The set of exhibited canopic jars comes from a partially looted burial chamber of princess Khekeretnebty, daughter of King Djedkare.[4] None of the vessels contained more significant remains of their original content than dark spots on their surface. The thieves found the canopic jars of no value and left them scattered around the entire burial chamber: one of them was found in the fill of the limestone sarcophagus (P 5563), another at the southeastern corner of the arcophagus (P 5562), a third one at the western wall of the burial chamber (P 5564), and the last one (P 5565) lay on a layer of limestone debris at the southwestern edge of the sarcophagus.[5]

[1] Sethe (1934: 211–239).
[2] Ikram–Dodson (1998: 276–292), Martin (1980).
[3] Junker (1929: 53).
[4] Pavlasová (1997: 78, cat. no. 108 (P 5564, P 5565)), Verner–Callender (2002: 32).
[5] Verner–Callender (2002: 21).

34 Podhlavnička

travertin, délka 19,2 cm, výška 7,6 cm,
síla stěny max. 1,3 cm;
Stará říše, 5. dynastie, asi 2450–2325 př. n. l.;
Abúsír, mastaba princezny Chekeretnebtej;
NM – Náprstkovo muzeum;
P 5566

34 Head-rest

travertine, L: 19.2 cm, H: 7.6 cm,
wall thickness max. 1.3 cm;
Old Kingdom, 5th Dynasty, ca. 2450–2325 BC;
Abusir, mastaba of Princess Khekeretnebty;
NM – Náprstek Museum;
P 5566

Zvyk podpírat při spánku hlavu podhlavničkou se v Egyptě objevil již na samotném úsvitu civilizace a svůj význam si udržel až do nástupu Pozdní doby.[1] Staří Egypťané podhlavničku nazývali *veres*. V několika hrobkách pocházejících z Předdynastické doby byly pod hlavami zemřelých nalezeny kameny, které snad lze považovat za předchůdce podhlavniček.[2] Od 3. dynastie dále se objevují vyobrazení podhlavniček na stěnách hrobek, rakvích a stélách, kde jsou znázorněny jednotlivé součásti pohřební výbavy. Podhlavničky se rovněž vyskytují ve významných mladších náboženských skladbách, např. v Textech rakví (říkadlo 232) i v Knize mrtvých (kapitola 166).

Podhlavničky patřily v egyptských domácnostech zajisté k běžným předmětům a většina jich musela být vyrobena ze dřeva, které pak mohlo být následně dále zdobeno či vykládáno. V hrobkách ze Staré říše však byly nalezeny podhlavničky především z travertinu (tzv. egyptského alabastru), ale známe příklady ze dřeva, méně často i z vápence a slonoviny. Některé z nich nesou stopy dlouhodobého používání, zatímco jiné, vyrobené především z křehkých materiálů, vznikly za účelem uložení do hrobky. Ačkoli mohly nabývat různých tvarů, převažovalo trojčlenné dělení na pravoúhlý podstavec, který podhlavničce zajišťoval stabilitu, na nožku, jejíž stěny mohly být zdobeny drobnou kanelurou, a půlměsícovitou svrchní část, na níž spočívala hlava.[3] Na nožce nalezené v zásypu pohřební komory stejnojmenného syna vezíra a soudce Kara v jižním Abúsíru bylo v hieroglyfech zapsáno Karovo jméno a jeho hlavní tituly. Z důvodu dodržení tvarové elegance a lepšího rozkládání tlaků působících na podhlavničku byl ke spodní ploše svrchní části připojován pravoúhlý abakus. Jednotlivé díly bývaly vzájemně spojeny čepy nebo, jako v našem případě, jemnou sádrou. V některých případech byla tvrdost podhlavničky zmírňována vložením několikrát přehnutého pruhu látky.

Vyobrazená svrchní část podhlavničky se čtvercovým abakem byla objevena před víkem sarkofágu v severozápadním rohu pohřební komory[4] princezny Chekeretnebtej, dcery panovníka Džedkarea, jejíž mastaba se nacházela jihovýchodně od Neferirkareova zádušního chrámu. Podhlavnička byla vyrobena z jemného, téměř průhledného travertinu a její povrch byl krásně vyleštěn.[5] V okamžiku nálezu již byla rozbita na tři díly, které však bylo možné spojit dohromady.

The custom to support one's head with a head-rest during sleep developed in ancient Egypt at the very dawn of civilization and retained its importance until the beginning of the Late Period.[1] Ancient Egyptians called the head-rest *veres*. In several Predynastic tombs, stones were discovered under the heads of the deceased. The may perhaps be considered the precursors of head-rests.[2] Since the 3rd Dynasty, head-rests were depicted on tomb walls, coffins and stelae, alongside other parts of the burial equipment. They also appear in later important religious compositions, for example in the Coffin Texts (Spell 232) or the Book of the Dead (Chapter 166).

Since head-rests belonged to the usual equipment of Egyptian households, most of them had to be made of wood, which could subsequently be decorated or inlaid. The head-rests discovered in Old Kingdom tombs were, however, predominantly made of travertine, but we know also examples made of wood, more rarely of limestone or ivory. Some of them bear traces of long-term use, while others, made above all of fragile materials, were created only in order to be placed into the tomb. Despite the fact that they could take different shapes, a tripartite division into a base, which ensured the stability of the head-rest, a column, the walls of which could be finely fluted, and a crescent shaped upper part, on which the head rested, was most usual.[3] The column discovered in the fill of the burial chamber of the son of the judge and vizier Qar of the same name in Abusir South bore Qar's name and main titles in hieroglyphs. In order to maintain the elegant shape and better distribution of pressure on the head-rest, a rectangular abacus was added to the bottom part of the upper crescent. The individual parts were interconnected by pegs, or, as in our case, by fine plaster. In some cases, the hardness of the head-rest was decreased by a several times folded stripe of cloth.

The upper crescent of the head-rest with a square abacus depicted here was discovered in front of the sarcophagus lid in the northwestern corner of the burial chamber[4] of Princess Khekeretnebty, daughter of King Djedkare, whose mastaba was located to the southeast of the funerary temple of Neferirkare. The head-rest was made of fine, almost translucent travertine, and its surface was finely polished.[5]

---

[1] Fischer (1980), Roehrig (1992).
[2] Petrie (1927: 33).
[3] Fischer (1980: 687).

[4] Verner–Callender (2002: 19–21).
[5] Pavlasová (1997: 78, cat. no. 113), Verner–Callender (2002: 52).

35 Obinadlo s nápisem

plátno, d. 40 cm; š. 12 cm (P 5609a), d. 7,5 cm;
š. 7,5 cm (P 5609b);
Stará říše, 5. dynastie, asi 2450–2325 př. n. l.;
Abúsír, hrobka princezny Chekeretnebtej;
NM – Náprstkovo muzeum;
P 5609a, P 5609b

35 Inscribed Mummy Wrapping

linen, L: 40 cm; W: 12 cm (P 5609a); L: 7.5 cm,
W: 7.5 cm (P 5609b);
Old Kingdom, 5th Dynasty, ca. 2450–2325 BC;
Abusir, tomb of Princess Khekeretnebty;
NM – Náprstek Museum;
P 5609a, P 5609b

Od neolitu jsou v egyptských hrobkách doloženy lněné látky a existenci tkalcovského stavu musíme pravděpodobně předpokládat již v Předdynastické době.[1] V době Staré říše užívali Egypťané horizontální stav, který mnohdy tvořily pouhé kolíky zaražené v zemi. Při práci s ním museli tkalci často sedět v dřepu na zemi. Podle dochovaných znázornění pracovaly v tkalcovských dílnách především ženy, teprve se zavedením vertikálního stavu v době Nové říše se tkaní začali věnovat i muži, snad proto, že nový stav vyžadoval více síly. Ženy i nadále pracovaly se starým typem stavu.[2]

Zavinování mumií mělo značnou symbolickou hodnotu, neboť pro Egypťany posvátnost úzce souvisela se skrytostí a zahalením. Obinadla obvykle pocházela ze starších oděvů či látek a Egypťané je nazývali *uit* či *vechit*.[3] Mumie se balily velmi pozorně, každý jednotlivý prst zvlášť. Nakonec byly někdy pokryty vrstvou štuku či oblečeny do oděvů, které zemřelý nosil za svého života. Ke konci Staré říše začaly být mumie zavinovány do několika vrstev, až celé tělo získalo pevnou válcovitou podobu. Celkem tedy mohlo být na jednu mumii užito až kolem 350 m² lněných obinadel. Nápisy na obinadle obvykle udávají jméno zemřelého či osoby, která dodala plátno k jeho pohřbu.

V hrobce princezny Chekeretnebtej bylo nalezeno velké množství fragmentů lněných tkanin různých velikostí. Většinou byly objeveny v suti kolem sarkofágu v pohřební komoře[4] a jde o zbytky obinadel, do nichž byla původně zabalena princeznina mumie. Odhodili je zloději, kteří mezi obinadly hledali cenné amulety.

Pro výrobu tohoto obinadla bylo užito velmi jemného lnu – královského plátna, jak je nazývali sami staří Egypťané. Tři vystavené fragmenty mají okrovou barvu a nesou semihieratický nápis vyvedený černým inkoustem. V sloupci textu na největším z fragmentů (P 5609a) stojí: „inspektor zásob, královský poddaný, jenž miluje svého pána, soudce a správce kraje Seru – jeho pomocník, (představený?) Domu života, představený v síni (?), … královské plátno, šířka 3, 3 (role)". Jedná se tedy o záznam dodávky plátna, který je zapsaný přímo na předmět této dodávky. Nápis na druhém fragmentu (P 5609b) je kratší, ale podobného znění: „královský poddaný Achethetep – jeho pomocník Kehef". Třetí fragment nese pouze stopy několika značek.

Linen textiles are attested in Egyptian tombs already since the Neolithic period, and the development of the loom may presumably be set into the Predynastic period.[1] In the Old Kingdom, Egyptians used the horizontal loom, which was often composed of mere pegs hammered into the ground. To work with such a loom often meant to crouch in very uncomfortable positions, like squatting awkwardly on the ground. According to the preserved representations, mostly women worked in weaving workshops. First with the employment of the vertical loom in the New Kingdom, men began to weave, perhaps because more strength was required. Women continued to work with the older loom type.[2]

The wrapping of mummies had a great symbolic value, since for the Egyptians, the divine was closely connected to the hidden and covered. The wrappings were usually made of older clothing or tissues, and the Egyptians called them *wyt*, or *wekhyt*.[3] Mummies were wrapped very carefully, each individual finger separately, and finally they were covered with a layer of stucco or dressed in the clothes that the deceased used to wear during his life. Towards the end of the Old Kingdom, mummies became to be wrapped in several layers, until the body acquired the typical "mummiform" appearance. Thus even around 350 m² of linen wrappings would commonly be used for the making of a single mummy. The inscriptions on the wrappings usually give the name of the deceased or of the person, who supplied linen for the funeral.

A large number of fragments of linen textiles of various sizes were discovered in the tomb of princess Khekeretnebty. Most of them were found in the burial chamber in the debris around the sarcophagus[4] and they are the remains of mummy wrappings, in which the mummy of the princess was originally wrapped. They were discarded by robbers, who were searching the bandages for precious amulets.

The wrapping depicted here was made of very fine linen – royal linen, as the ancient Egyptian called it. The three fragments on exhibition are of slightly ochre colour and bear a semihieratic inscription in black ink. The column of text on the largest fragment (P 5609a) reads: "The overseer of provisions, King's subordinate, one who loves his lord, district administrator Seru – his assistant, (overseer?) of the House of Life, overseer of the Hall?, Royal linen, width 3, 3 rolls". It is a record of a supply of linen, written directly on the object of supply. The inscription on the second fragment (P 5609b) is shorter, but similar: "King's subordinate Akhethetep – his assistant, Kehef". The third fragment bears only traces of several signs.

[1] Lucas (1926: 166).

[2] Hall (1986), Manuelian (2003: 153–160).

[3] Ikram–Dodson (1998: 153).

[4] Verner–Callender (2002: 46).

36 Pohřební maska hodnostáře Mernefua

plátno, štuk, v. 25 cm, š. 20 cm;
Stará říše, 5. dynastie, asi 2450–2325 př. n. l.;
Abúsír, mastaba hodnostáře Mernefua;
NM – Náprstkovo muzeum;
P 5704

36 Funerary Mask of the Official Mernefu

linen, stucco, H: 25 cm, W: 20 cm;
Old Kingdom, the 5th Dynasty, ca. 2450–2325 BC;
Abusir, mastaba of the official Mernefu;
NM – Náprstek Museum;
P 5704

Kromě zbytků dřevěných soch (viz heslo 30) se v hrobce hodnostáře Mernefua dochovala také část jeho pohřební výbavy. V podzemní pohřební komoře byla ve vrstvě keramických střepů a úlomků vápence nalezena pohřební maska společně s modelem penisu a miniaturním měděným dlátkem.[1] Maska, původně zakrývající Mernefuovu tvář zavinutou do obinadel, byla vyrobena z tzv. kartonáže a několika vrstev plátna spojených štukem a za vlhka vytvarovaných na modelu obličeje. Po zaschnutí se sice maska zpevnila, avšak ponechala si ohebnost, a byla dozdobena tak, aby získala velmi živý vzhled. Z Mernefuovy masky se dochovala horní část obličeje s plasticky naznačeným nosem, namalovanýma očima a částí krátce zastřiženého, přirozeného účesu. Oči protáhlého tvaru, panenky, obočí i pravidelné kadeře účesu byly vyznačeny černou barvou, bílá barva pokrývala tvář a růžová se objevila v místě očí.

Pohřební masky byly součástí pohřební výbavy, ochraňovaly a oživovaly tvář zemřelého. Jejich funkcí nebylo zakrývat nebo pozměňovat jeho identitu a charakter.[2] Počátky tradice zakrývání hlavy zemřelého úzce souvisejí s rozvíjejícím se uměním mumifikace během Staré říše. Udržení těla zemřelého v náležitém tvaru vyžadovalo jeho zavinování do mnoha vrstev obinadel. Živoucí reálné podoby zemřelého pak bylo dosaženo domodelováním přirozených forem těla. Nejprve se jednalo o tvarování plátna nebo sádry rovnou na mumifikovaném těle, později se na tělo pokládaly masky z kartonáže.[3]

Četnost nálezů pohřebních masek ze Staré říše na pohřebištích v okolí královské rezidence naznačuje, že jejich užívání bylo pro vrstvu dvorských úředníků důležitým a pevně ustanoveným pohřebním obyčejem, vrcholícím v 5. a 6. dynastii.[4] V Abúsíru byly zbytky takových masek nalezeny také v hrobkách hodnostářů Veserkafancha[5] a Kahotepa[6], ležících nedaleko Mernefuovy mastaby.

Zatímco pohřební masky z plátna nebo sádry modelované přímo na těle vymizely po konci Staré říše, samostatné masky pokládané na tvář tvořily nedílnou součást pohřební výbavy až do konce staroegyptské civilizace.

Besides the remains of wooden statues (cf. entry 30), several items of the burial equipment were discovered in the tomb of official Mernefu. Inside the underground burial chamber, a funerary mask was discovered in a layer of pottery shards and limestone chips alongside a model penis and miniature copper chisel.[1] The mask, that originally covered Mernefu's face wrapped in bandages, was made of the so-called cartonnage, several layers of linen joined by stucco and shaped into the form of the face while still wet. After drying, the mask hardened, but retained its flexibility, and was decorated so that it acquired a very lively appearance. Only the upper part of the face has been preserved from Mernefu's funerary mask. It has a plastic nose, painted eyes, and a short, natural haircut, part of which has also been preserved. The elongated eyes, pupils, eyebrows, and the regular curls of the hair were indicated in black paint, the face was painted white and the eyes pinkish.

Funerary masks were part of the funerary equipment. They protected and vivified the face of the deceased. Their function was far from covering or changing his identity or character.[2] The beginning of the tradition of the covering of the head of the deceased is connected to the developing art of mummification in the course of the Old Kingdom. The attempt to keep the body in the desired shape required its wrapping into many layers of bandages. Its real form was then achieved by modeling the natural forms of the body. At first, linen or plaster was shaped directly on the mummified body, later, masks of cartonnage were placed on it.[3]

The frequency of discoveries of Old Kingdom funerary masks at the cemeteries in the vicinity of the royal residence indicates that its use was a well-established funerary custom with a peak in the 5th and 6th Dynasties.[4] At Abusir, remains of such masks were discovered also in the tombs of officials Userkafankh[5] and Kahotep[6], lying not far from the mastaba of Mernefu.

While linen or plaster funerary masks modeled directly on the body disappeared with the end of the Old Kingdom, separate masks placed on the face formed an integral part of the funerary equipment until the end of ancient Egyptian civilization.

---

[1] Verner–Callender (2002: 74, 76).
[2] Taylor (1994: 168–189).
[3] Tacke (1996: 307–313).

[4] Tacke (1996: 313).
[5] Borchardt (1907: 114, Abb. 92).
[6] Borchardt (1907: 133, Abb. 114).

37 Miniaturní nádobky s nápisy

travertin, v. 8,5 cm, průměr ústí 3 cm, průměr
podstavy 2,4 cm (P 5567); v. 7,8 cm, průměr ústí
2,6 cm, průměr podstavy 2,6 cm (P 5568); v. 7,4 cm,
průměr ústí 3,9 cm, průměr podstavy 3,1 cm (P 5569);
Stará říše, 5. dynastie, asi 2450–2325 př. n. l.;
Abúsír, mastaba princezny Chekeretnebtej;
NM – Náprstkovo muzeum;
P 5567–5569

37 Miniature Inscribed Vessels

travertine, H: 8.5 cm, mouth diam.: 3 cm,
base diam.: 2.4 cm (P 5567); H: 7.8 cm,
mouth diam.: 2.6 cm, base diam.: 2.6 cm (P 5568);
H: 7.4 cm, mouth diam.: 3.9 cm, base diam.: 3.1 cm (P 5569);
Old Kingdom, 5th Dynasty, ca. 2510–2345 BC;
Abusir, mastaba of Princess Khekeretnebty;
NM – Náprstek Museum;
P 5567–5569

Od druhé poloviny 4. dynastie se v pohřebních komorách ne-královských hrobek objevují nové tvary miniaturních kamenných nádob. Představují tzv. „mladší skupinu", jejichž tvarová škála je odvozena především od kovových nádob a určitých průběžných typů keramiky.[1] Spíše než o chronologický stupeň jde o odlišnou vývojovou tendenci, která se vyvíjí a uplatňuje souběžně s klasickou „starší skupinou" – mísami, cylindrickými nádobami apod., jež se sice stále používají, ale nevyskytují se ve větších souborech. Obecně lze říci, že v případě „mladší skupiny" převažují vyšší tvary s doutníkovitým tělem a drobnou, plochou až hrotitou podstavou.

Junker uvádí, že soubory miniatur čítající kolem osmdesáti nádobek a misek, které staří Egypťané ukládali do pohřebních komor, lze chápat jako trojrozměrné seznamy obětin. V souborech by neměly chybět následující typy nádob: soubor pro rituální očistu sestávající z mísy a konvice, sedm nádobek na posvátné oleje, osm pivních a vinných džbánů, dvě amfory na víno, čtyři štíhlé lahve a asi šedesát pohárků a misek na obětiny potravin.[2]

Mezi zástupce této skupiny kamenných nádob lze počítat i soubor deseti nádobek nalezených v pohřební komoře princezny Chekeretnebtej.[3] Většina z nich nesla jednoduchý nápis určující přesný typ nádobky. Všechny miniatury byly nalezeny poblíž severovýchodního rohu princeznina sarkofágu ve vrstvě písku promíšeného s úlomky vápence. Nádobky byly doplněny větším množstvím miniaturních misek (viz heslo 25).

Krátké hieratické nápisy namalované na nádobkách z Chekeretnebtejiny pohřební komory udávají jména tří typů nádob: *abeš, džujeu* (P 5567, P 5568) a *aperet* (P 5569). První typ představoval soudkovitou zásobnici, která měla střední část těla chráněnou omotaným pruhem látky a mělo v ní být skladováno víno. Rovněž tvar nádobek s označením *džujeu* je odvozen od vysokých keramických zásobnic, které však tentokrát měly zapečetěná hrdla. Sloužily pro uskladnění jak vína, tak piva. Nápis nejen určuje typ nádobek, ale rovněž naznačuje jejich kvalitu, neboť o nich mluví jako o „krásných *džujeu* nádobách". Původ posledního typu se hledá ve vysokých kovových nádobách s prstencovitým okrajem a maximální výdutí v horní třetině těla, které se v písemných pramenech označovaly jako *nemset*.[4] Jejich použití bylo poměrně široké – od uskladnění tekutin po potraviny a suché ovoce.

Since the second half of the 4th Dynasty, new shapes of miniature stone vessels appear in the burial chambers of non-royal tombs. They represent the so-called "later group", whose range of shapes is derived above all from metal vessels and some common pottery shapes.[1] Rather than a chronological stage, it is a different tendency of development, which evolved and was applied alongside the classical "older group" – dishes cylindrical vessels etc., which remained in use, but did not appear in larger sets. Generally, it may be said, that the "later group" is represented above all by taller shapes with a cigar-shaped body and small, flat to pointed base.

Junker states that the sets of miniatures amounting to around eighty vessels and dishes, that the ancient Egyptians placed into burial chambers, can be understood as three dimensional offering lists. The sets could not lack the following vessel types: a set for ritual purification consisting of a basin with ewer, seven vessels for the sacred oils, eight beer and wine jars, two amforae for wine, four thin flasks and approximately sixty cups and dishes for food offerings.[2]

The set of ten vessels found in the burial chamber of Princess Khekeretnebty belongs to the latter group.[3] Most of them bore a simple inscription defining the precise type of the vessel. All miniatures were found close to the northeastern corner of the sarcophagus of the princess in a layer of sand mixed with limestone fragments. The vessels were completed by a larger amount of miniature plates (cf. catalogue entry 25).

Short hieratic inscriptions painted on the vessels from the burial chamber of Khekeretnebty state the names of three types of vessels: *abesh, djuyeu* (P 5567, P 5568), and *aperet* (P 5569). The first type was a barrel-shaped storage jar, the central part of the body of which was protected by a band of cloth wrapped around it. According to the epigraphic sources, it stored wine. The shape of the *djuyeu* vessels is also derived from tall pottery storage jars with sealed mouths. They served for the storage of both wine and beer. The inscription not only defines the type of the vessels, but also indicates their quality, because they are called "beautiful *djuyeu* vessels". The origin of the last type is sought in tall shoulder metal vessels with an annular rim, which were called *nemset* in the epigraphic sources.[4] Their use was very wide – from the storage of liquids to food and dried fruit.

---

[1] Reisner (1932: 56), Reisner–Smith (1955: 91).
[2] Junker (1929: 108–109).

[3] Verner–Callender (2002: 36–38).
[4] Reisner–Smith (1955: 95 – OK V-d).

285

38 Miniaturní měděné nádobky

měď, v. 3,6 cm, průměr okraje 2,7 cm, max. průměr
4,2 cm (P 5594); v. 3,4 cm, průměr okraje 2,6 cm,
max. průměr 4,6 cm (P 5598); v. 4,4 cm, š. 2,7 cm,
průměr podstavy 1,9 cm (P 5601); v. 4,6 cm, š. 2,7
cm, průměr podstavy 1,8 cm (P 5602); v. 4,7 cm,
š. 2,6 cm, průměr podstavy 1,8 cm (P 5603);
v. 1,8 cm, průměr ústí 6,2 cm (P 5604);
Stará říše, 5. dynastie, asi 2510–2345 př. n. l.;
Abúsír, mastaba princezny Chekeretnebtej;
NM – Náprstkovo muzeum;
P 5594, P 5598, P 5601–5604

Vedle nádob vyrobených z pálené hlíny a různých druhů nerostů a hornin představují měděné předměty[1] další významnou součást pohřebních výbav nekrálovských hrobek ze Staré říše, s níž se archeologové setkávají. V hrobkách byly ukládány nejen skutečné funkční měděné nádoby, ale rovněž soubory modelů kovových nádob a nástrojů (viz heslo 39). V roce 2002 odkryl v jižním Abúsíru tým archeologů Českého egyptologického ústavu pohřební komoru „dohlížitele písařů královských dokumentů v přítomnosti krále" Inti-Pepiancha, v níž byl nalezen soubor čtyř funkčních měděných nádob a početný soubor modelů.[2]

Soubor modelů v Chekeretnebtejině pohřební komoře sice není početný (18 kusů), avšak některé tvary nádob jsou velmi zajímavé a v archeologickém materiálu poměrně vzácné.[3] Jednotlivé nádobky byly vyrobeny z měděného plechu a jsou všechny pokryty zelenou patinou. Měděné modely byly nalezeny *in situ* na podlaze pohřební komory poblíž severovýchodního rohu vany princeznina sarkofágu.[4] K nejjednodušším a nejpočetněji dochovaným tvarům patří misky (P 5604) se zaobleným dnem a nahoru vytaženým okrajem. Lépe zastoupeny jsou v Chekeretnebtejině souboru další dva typy nádob: vyšší bezuchá zásobnice s maximální výdutí v horní třetině těla, s plochým prstencovitým okrajem a s plochou podstavou (P 5601–5603) a vakovitá nádoba s kónicky se rozšiřujícím tělem a zaoblenou podstavou (P 5594, P 5598). Zatímco původ vakovité nádoby je hledán v keramických zásobnicích nazývaných v egyptštině *dešret*, bezuchá zásobnice s maximální výdutí v horní třetině těla představuje model funkční měděné nádoby zvané *nemset* (další model tohoto tvaru, tentokrát vyrobený z travertinu – viz heslo 37, P 5569). V případě skutečných měděných nádob byly tyto zásobnice doplněny o kónické víčko, které bylo rovněž vyrobeno z mědi.

Dalšími součástmi celého souboru, které však nejsou zastoupeny na výstavě, byly i souprava pro rituální očistu a úlitbu sestávající z mělké mísy a konvice a misky s výrazně ven vytaženým okrajem a plochým dnem, jež jsou uloženy v Egyptském muzeu v Káhiře.

38 Miniature Copper Vessels

copper, H: 3.6 cm, mouth diam.: 2.7 cm,
max. diam.: 4.2 cm (P 5594); H: 3.4 cm, mouth
diam.: 2.6 cm, max. diam.: 4.6 cm (P 5598);
H: 4.4 cm, W: 2.7 cm, base diam.: 1.9 cm (P 5601);
H: 4.6 cm, W: 2.7 cm, base diam.: 1.8 cm (P 5602);
H: 4.7 cm, W: 2.6 cm, base diam.: 1.8 cm (P 5603);
H: 1.8 cm, mouth diam.: 6.2 cm (P 5604);
Old Kingdom, 5th Dynasty, ca. 2510–2345 BC;
Abusir, mastaba of Princess Khekeretnebty;
NM – Náprstek Museum;
P 5594, P 5598, P 5601–5604

Besides vessels made of fired clay and various minerals and rocks, copper objects[1] represent another important part of burial equipment of non-royal tombs of the Old Kingdom that the archaeologists are likely to encounter. The tombs contained not only real functional copper vessels, but also sets of models of metal vessels and tools (cf. entry 39). In 2002, a team of archaeologists of the Czech Institute of Egyptology unearthed the burial chamber of the "overseer of the scribes of the royal documents in the presence of the king" Inti-Pepyankh, where a set of four functional copper vesels and a large set of models were found.[2]

The set of models from the burial chamber of Khekeretnebty is not large (18 pieces), but some shapes are very interesting and relatively rare in the archaeological material.[3]

The individual vessels were made of copper foil and all are covered with green patina. Copper models were found in situ on the floor of the burial chamber at the northeastern corner od the sarcophagus of the princess.[4] The simplest and most often preserved shapes include dishes (P 5604) with rounded bottom and upright rim. The set of Khekeretnebty also includes a greater amount of two other vessel types: tall handle-less storage shoulder jar with flat annular rim and flat base (P 5601–5603), and a bag-shaped vessel with a conically extending body and rounded base (P 5594, P5598). While the origin of the bag-shaped vessel is sought in pottery vessels called *desheret* in Egyptian, the handle-less shoulder storage jar represents the model of a functional vessel called *nemset* (for another model of this shape, this time made out of the travertine, cf. catalogue entry 37, P 5569). In the case of real copper vessels, these storage jars were closed with a conical lid also made of copper.

Other parts of the set, which were, however, not on display in the exhibition, included also the set for ritual purification and libation consisting of a shallow basin and pot and a dish with an everted rim and flat bottom, which are now deposited in the Egyptian Museum in Cairo.

---

[1] Radwan (1983).
[2] Vlčková (2005).
[3] Verner–Callender (2002: 42–45).
[4] Verner–Callender (2002: 21).

39 Miniaturní měděné nástroje a destička s držadlem

měď, d. 7,8 cm, š. 1,1 cm (nůž); d. 7,5 cm,
š. 1,6 cm (dláto); d. 8 cm, max. š. 0,3 cm (teslice);
4,5 × 3,2 cm (sekera); d. 7,2 cm, š. 3,3 cm,
průměr 0,6 cm (2133);
Stará říše, 5. dynastie, asi 2450–2325 př. n. l.;
(P 5605); Nakádská kultura, stupeň IIID,
asi 2900–2700 př. n. l. (2133);
Abúsír, mastaba princezny Chekeretnebtej (P 5605);
tzv. Bonnetovo pohřebiště, hrobka 8A-5 (2133);
NM – Náprstkovo muzeum, P 5605 (19 ks),
Egyptské muzeum Univerzity v Lipsku;
Inv.-Nr. 2133

39 Miniature Copper Tools and Tablet with a Handle

copper, L: 7.8 cm, W: 1.1 cm (knife); L: 7.5 cm,
W: 1.6 cm (chisel); L: 8 cm, max. W: 0.3 cm (graver);
4.5 × 3.2 cm (adze); L: 7.2 cm, W: 3.3 cm,
Diam.: 0.6 cm (2133);
Old Kingdom, 5th Dynasty, ca. 2450–2325 BC
(P 5605); Naqada culture, stage IIID, ca. 2900–2700
BC (2133);
Abusir, mastaba of Princess Khekeretnebty (P 5605);
the so-called Bonnet cemetery, tomb 8A-5 (2133);
NM – Náprstek Museum, P 5605 (19 pieces),
Egyptian Museum of the University of Leipzig;
Inv.-Nr. 2133

Od doby, kdy si staří Egypťané osvojili dovednost tavby mědi odléváním do předem připravených kadlubů, začínají se měděné nástroje objevovat ve větší míře. Přesto ještě při vykopávkách sídliště řemeslníků z 12. dynastie v Káhúnu převažoval počet kamenných nástrojů nad kovovými. Důvodem mohla být delší trvanlivost kamenných nástrojů a především jejich nižší výrobní náklady.[1] Již samotnou tavbou a odléváním totiž docházelo k významným ztrátám rudy, kterou Egypťané dováželi z okolních zemí (Sinaj). Masivnější výroba měděných nástrojů tedy kladla vysoké nároky na zásobování touto surovinou. Staroegyptští řemeslníci tedy i nadále souběžně používali nástroje vyrobené z obou hlavních surovin.

Nelze jednoznačně určit, jaký druh nástroje jednotlivé modely představují, neboť o pracovních nástrojích, které starověcí řemeslníci používali, se dozvídáme pouze zprostředkovaně z reliéfní výzdoby hrobek.[2] Měděné části byly upevňovány do dřevěných násad provazy a tmelením, aby bylo možné jednoduše vyměnit rychle se opotřebovávající nástroj.[3]

Vystavený soubor modelů měděných nástrojů byl nalezen v severovýchodním rohu pohřební komory „milované královské ozdoby" Tisethor, dcery princezny Chekeretnebtej, ve vrstvě písku promíšeného s úlomky vápence.[4] Předměty byly v okamžiku nálezu v silně zkorodovaném stavu a jsou pokryty silnou zelenou patinou.

V souboru z pohřební komory Tisethor lze rozpoznat listové čepele nožů s hrotitým řapem, kterým se upevňovaly do dřevěných rukojetí, či dlouhá úzká dláta. Staří Egypťané používali dva základní druhy dlát – ploché a příčné.[5] Plochým dlátem byly opracovávány větší plochy měkkých druhů kamene a dřeva, kde nebylo potřeba dosáhnout dokonale vyhlazené plochy. Při používání příčného dláta naopak mohli tesaři koncentrovat sílu úderu na menší plochu – proto ho používali na sekání a páčení pomocí hlubokých zášeků. Užší měděná dláta byla upevňována do dřevěných násad a byla užívána k jem-

Since the time, when the ancient Egyptians acquired the ability to smelt copper and cast it in moulds prepared in advance, copper tools began to appear in greater quantities. Nonetheless, even in the excavations of the artisan settlement from the 12th Dynasty in Kahun, stone tools outnumbered copper ones. The reason may have been the greater durability of stone tools as well as their lower production costs.[1] Already the smelting and casting processes led to significant loss of copper ore, which the Egyptians imported from the neighbouring countries (the Sinai). The massive production of copper tools thus created a high demand for this raw material. Ancient Egyptian artisans thus continued to use tools made out of both main raw materials.

It is nearly impossible to precisely determine the type of tool represented by the individual models, since our only information on tools used by the ancient artisans is mediated by the relief decoration from the tombs.[2] Copper parts were affixed into the wooden handles by ropes and cement, so that the easily worn tool could be quickly changed.[3]

The exhibited set of copper tools was found in the north-eastern corner of the burial chamber of the "beloved royal jewel" Tisethor, daughter of Princess Khekeretnebty, in a layer of sand mixed with limestone chips.[4] The objects were discovered in a highly corroded state, and they are covered by green patina.

The set from the burial chamber of Tisethor includes leaf blades of knives with a pointed stem, by which the knife should be affixed into its wooden handle, and long thin chisels. Ancient Egyptians used two basic shapes of chisels, flat and crosscut.[5] Flat chisels were used to work larger surfaces of softer kinds of stone or wood, in which one did not have to reach a perfectly smooth surface. The use of the transverse chisel on the other hand allowed the artisan to concentrate on a smaller area and therefore it was employed for cutting and prising things open by means of deep incisions. Thinner

[1] Tillmann (1999: 265).
[2] Drenkhahn (1976).
[3] Stocks (2003: 26, fig. 2.1, 2.2).
[4] Verner–Callender (2002: 21–23).
[5] Stocks (2003: 27, fig. 2.3).

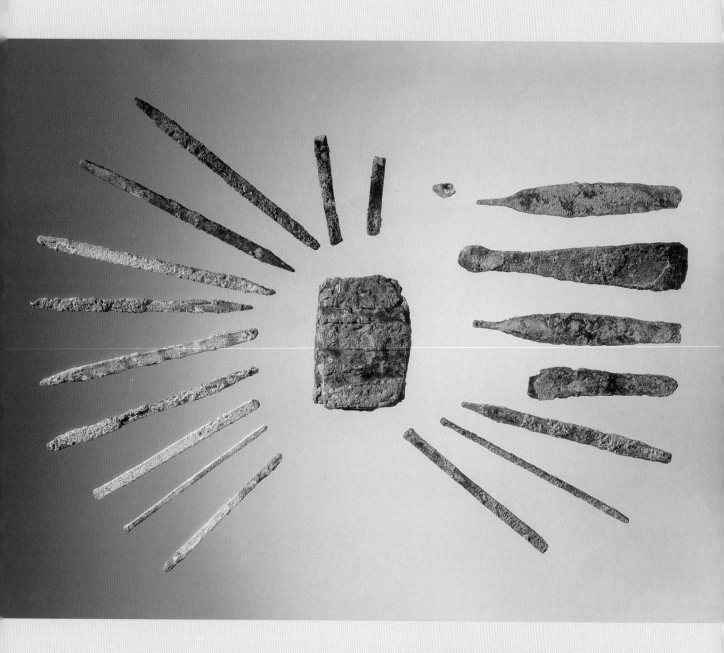

nému opracování dřeva. Měděné tesly s projmutě se rozšiřujícím tělem a břitem v kombinaci s pískovcovými brusy sloužily k dokončování povrchu předmětů vyrobených z měkkých druhů kamene.[6] Sekery s měděnými pravoúhlými břity bylo možné použít nejen na kácení stromů, ale i na štípání prken.[7] Tesly a břity seker byly upevňovány k topůrkům pásky ze surové nevydělávané kůže.

Z tzv. Bonnetova pohřebiště pochází jen velmi málo kovových (měděných a zlatých) předmětů. V důsledku dlouhodobé činnosti vykradačů hrobek se ze zlatých součástí pohřební výbavy nedochovalo téměř nic. Vzhledem k přírodním podmínkám, jež na měděné předměty působí agresivně, byly v okamžiku nálezu velmi křehké a napadené korozí. Ani dnes není stav kovových předmětů příliš uspokojivý.

Na výstavě tedy byly zastoupeny pouze jedním, přes 7 cm dlouhým předmětem, jehož původní vzhled a funkce je dnes jen obtížně poznatelná – snad pocházel ze zrcadla, popřípadě z původně delšího měděného nože (2133). Na jedné straně se snad nacházelo držadlo, zatímco druhý konec byl zaoblený. Předmět byl nalezen v šachtové hrobce a na základě rozboru pohřební výbavy lze říci, že pochází z přelomu 1. a 2. dynastie.[8]

copper chisels (gravers) were affixed to wooden handles and used for fine working of wood. Copper necked, wide-tapering adze blades with a single edge were used together with sandstone rubbers for the refinement of the surfaces of objects made of soft stone types.[6] Rectangular copper axes could be used not only for cutting trees, but also for the cutting of boards.[7] Adzes and axes were attached to their handles by bands of raw leather.

The so-called Bonnet cemetery has yielded only a very small amount of metal (copper and gold) objects. Owing to the long-term activities of tomb robbers, almost nothing has been preserved from the golden parts of the burial equipment. Due to the natural conditions, which are very unfavourable to the preservation of copper objects, these were very brittle and corroded at the point of their discovery, and even now their state is rather unsatisfactory.

They are therefore represented only by a single object in the exhibition. It measures over 7 cm and its original appearance and function is now very difficult to determine. Perhaps it came from a mirror, or an originally longer copper knife (2133). On one side there may have been a handle, the other was rounded. The object was discovered in a shaft tomb and on the basis of the burial equipment here we may state that it comes from the turn of the 1st ad 2nd Dynasties.[8]

---

[6] Stocks (2003: 28–31, figs. 2.10, 2.11).

[7] Stocks (2003: 28).

[8] Bonnet (1928: 48, pl 32, fig. 5).

40 Soubor užitkové keramiky

nilská hlína, v. 23 cm (P 4686); v. 17,6 cm (P 4689);
v. 28,8 cm, průměr ústí 10 cm, max. š. 14,7 cm
(P 5612); v. 25 cm, průměr ústí 14,5 cm,
průměr podstavy 15 cm (P 5626); v. 13,5 cm (P 5629);
v. 25,5 cm, max. š. 14 cm (P 5633); v. 27 cm,
průměr ústí 6 cm, max. š. 13,5 cm (P 5634);
Stará říše, pozdní 5. dynastie, asi 2450–2325 př. n. l.;
Abúsír, mastaba vezíra Ptahšepsese (P 4686,
P 4689), mastaba princezny Chekeretnebtej
(P 5612, P 5626, P 5629, P 5633, P 5634);
NM – Náprstkovo muzeum;
P 4686, P 4689, P 5612, P 5626, P 5629, P 5633,
P 5634

40 Set of Utility Pottery

Nile clay, H: 23 cm (P 4686); H: 17.6 cm (P 4689);
H: 28.8 cm, mouth diam.: 10 cm, max. W: 14.7
cm (P 5612); H: 25 cm, mouth diam.: 14.5 cm,
base diam.: 15 cm (P 5626); H: 13.5 cm (P 5629);
H: 25.5 cm, max. W: 14 cm (P 5633); H: 27 cm,
mouth diam.: 6 cm, max. W: 13.5 cm (P 5634);
Old Kingdom, late 5th Dynasty, ca. 2450–2325 BC;
Abusir, mastaba of vizier Ptahshepses (P 4686,
P 4689), mastaba of Princess Khekeretnebty
(P 5612, P 5626, P 5629, P 5633, P 5634);
NM – Náprstek museum;
P 4686, P 4689, P 5612, P 5626, P 5629, P 5633,
P 5634

Vzhledem ke specifickým archeologickým podmínkám (prostor nad pohřební komorou byl ze statických důvodů vyplněn střepy keramických nádob i jejich celými tvary) panujícím v mastabě princezny Chekeretnebtej je velmi těžké určit stratigrafické vztahy a přesnou chronologii nalezené keramiky.[1] Lze jen stěží stanovit, které nádoby tvořily součást původní pohřební výbavy a které se do komory dostaly poté, co se prolomily stropní bloky.

Z keramiky nalezené v mastabě princezny Chekeretnebtej byly na výstavě představeny pivní džbány (P 5612, P 5633, P 5634) a stojany (P 5626, P 5629).[2] Kolekce byla doplněna o dvě chlebové formy (P 4686, P 4689) pocházející z mastaby vezíra Ptahšepsese.[3] Pivní džbány představují nejrozšířenější typ egyptské keramiky ve Staré říši.[4] Vyznačují se převažující hrotitou podstavou, avšak existují i varianty, které mají podstavu zakulacenou a plochou. Na vystavených nádobách lze vysledovat dvě technologie výroby tohoto druhu keramiky ve Staré říši: v prvním případě (P 5612) byl džbán „stavěn" z předem připravených pásků hlíny,[5] zatímco spodní části dalších dvou džbánů (P 5633, P 5634) byly nejprve modelovány podle formy a pouze horní část těla a okraj byly vytáčeny na kruhu, jejich povrch byl následně vyhlazen. Na plecích džbánu s uraženým hrdlem (P 5633) je černou barvou napsán krátký nápis „(džbán na) vodu na mytí", který se vztahoval k jeho původnímu účelu. Podstavce již byly vytáčeny na kruhu. Používaly se pod pivní džbány a mísy se zaobleným dnem. Ze Staré říše známe dva základní typy podstavců – nízké (pod pivní džbány) a vysoké (pod mísy).

Chlebové formy byly vyráběny specifickým způsobem, kdy jejich spodní část byla modelována pomocí formy a pouze horní část byla vytáčena na kruhu. Používaly se pro tzv. nepřímé pečení chleba. Nejprve byly jejich silné (až 3 cm) stěny předehřáty, byly odstaveny z ohně a teprve poté se do nich nalilo těsto. Žár akumulovaný v jejich stěnách stačil na upečení chleba. Chlebové formy se v Abúsíru objevují i jako votivní předměty ukládané do šachet během rituálů souvisejících s uzavíráním pohřební komory (pohřební šachta soudce Intiho).[6]

Due to specific archaeological conditions (for reasons of statics, the area over the burial chamber was filled with sherds of pottery vessels and with whole items) in the mastaba of Princess Khekeretnebty, it is difficult to determine the stratigraphic relationships and chronology of the discovered pottery.[1] It is uncertain which vessels formed part of the original burial equipment, and which entered the burial after the ceiling blocks had fallen down.

The pottery from the mastaba of Khekeretnebty on display in the exhibition included beer jars (P 5612, P 5633, P 5634) and stands (P 5626, P 5629).[2] The collection was completed by two bread molds (P 4686, P 4689) from the mastaba of vizier Ptahshepses.[3] Beer jars represent the most numerous type of Egyptian pottery in the Old Kingdom.[4] They mostly have a pointed base, but some variants exist with a rounded or flat base. The vessels on display illustrate two technologies of the production of this pottery type in the Old Kingdom: in the first case (P 5612), the jar was "built" from pre-formed bands of clay,[5] while the bottom parts of the other two beer jars (P 5633, P 5634) were first modelled on a core and only their shoulders and rims were made on the wheel and their surface was subsequently smoothed. The shoulders of the beer jar with a cut-off rim (P 5633) bear a short inscription in black ink "(jar for) washing water", which refers to its original content. The stands were made on the wheel. They were used to support beer jars and bowls with a rounded base. We know two basic types of stands in the Old Kingdom – low (for beer jars) and tall (for bowls).

Bread molds were also made in a specific way: their bottom part was modelled on a core and the upper part was made on the wheel. They were used for the so-called indirect bread-baking. First, their up to 3 cms thick walls were pre-heated, taken off the fire, and only then dough was poured into them. The heat accumulated in the walls was enough to bake the bread. Bread molds appear in Abusir also as votive objects, placed into shafts in the course of rituals following the closing of the burial chamber (the burial shaft of judge Inti).[6]

[1] Verner–Callender (2002: 20, 21, 38–40).

[2] Pavlasová (1997: 24, cat. no. 12 (P 5612, P 5629)).

[3] Pavlasová (1997: 24, cat. no. 13 (P 4649)).

[4] Bárta (2006), Kaiser (1969: 54f).

[5] Arnold–Bourriau (1993: 15ff).

[6] Bárta (2003b: 21, fig. 2).

41 Soubor stolní keramiky

nilská hlína, v. 17,4 cm, průměr ústí 7,3 cm,
max. průměr 13,5 cm, d. výlevky 9 cm (P 5638);
průměr ústí 34 cm, tl. střepu 0,5 cm (P 5642);
v. 1,7 cm, průměr ústí 9,7–10,1 cm, (P 5643);
v. 6,6 cm, průměr ústí 11,7 cm, průměr podstavy
5,4 cm (P 5644); v. 8 cm, průměr okraje 33 cm
(P 5753)
Stará říše, 5. dynastie, asi 2450–2325 př. n. l.;
Abúsír, mastaba princezny Chekeretnebtej,
zádušní chrám královny Chentkaus (P 5753);
NM – Náprstkovo muzeum;
P 5638, P 5642–5644, P 5753[1]

Tento soubor je typickým příkladem tzv. médúmského zboží,
tj. keramiky s pečlivě vyhlazeným červeným povrchem. Po-
jmenování bylo odvozeno od lokality Médúm, kde byl při od-
krývání Snofruova pohřebního komplexu tento typ keramiky
poprvé archeologicky prokázán.[2] Médúmské zboží je charak-
teristické především svým kvalitním provedením (točeno na
hrnčířském kruhu, kvalitní výpal, hlazení až leštění) a speci-
fickým červeným zabarvením povrchu.

Klasickým zástupcem médúmského zboží jsou mísy
a misky s rozdílně utvářeným okrajem. Povrch mis bývá vy-
hlazen tak dokonale, že místy dostává až kovový lesk. Typický
zástupce této třídy má různě ven vyhnutý okraj, prohnuté
hrdlo a zaoblenou podstavu (P 5643). Miska pravděpodobně
patřila do původní pohřební výbavy princezny Chekeretneb-
tej, neboť byla nalezena uvnitř zásypu sarkofágu.[3] Dále byla
objevena malá kónická miska (P 5644) s plochou podstavou
a ven ovaleným okrajem s plastickou lištou, která se nacházela
poblíž jihozápadního rohu sarkofágu na vrstvě vápencových
úlomků. Velký talíř s plochou podstavou (P 5642) byl nalezen
na dně přístupové šachty do pohřební komory. Byl použit jako
podnos pro obětinu (gazelí kýtu) umístěnou zde v okamžiku
uzavírání pohřební komory.

Soupravu sestávající z bezuché konvice (P 5638) a hluboké
mísy (P 5753) používali staří Egypťané na umývání rukou. Na
reliéfních vyobrazeních zádušní hostiny se obvykle setkáváme
spíše s konvicí bez hrdla, s bikónickým tělem a prohnutou zo-
bákovitou výlevkou. Zde vystavený typ konvice, tj. s lehce kó-
nickým hrdlem, bikónicky utvářeným tělem a trubkovitou vý-
levkou, není tak obvyklý.[4] Mísu nazývali *šautej*, což naznačuje,
že obsahovala písek, a pojmenování konvice (*hezmenej*) do-
kládá, že byla naplněna směsí vody a natronu. Předpokládá
se, že za života Egypťané používali soupravy vyrobené z mědi
a do hrobek ukládali především jejich keramické napodobe-
niny.[5] Měděné soupravy jako součásti pohřebních výbav při-
náležely pouze vysoce postaveným hodnostářům.

41 Set of Table Ware

Nile clay, H: 17.4 cm, mouth diam.: 7.3 cm,
max. diam.: 13.5 cm, L (spout): 9 cm (P 5638);
mouth diam. 34 cm, wall Th: 0.5 cm (P 5642);
H: 1.7 cm, mouth diam.: 9.7–10.1 cm, (P 5643);
H: 6.6 cm, mouth diam.: 11.7 cm,
base diam.: 5.4 cm (P 5644); H: 8 cm, rim diam.:
33 cm (P 5753);
Old Kingdom, 5th Dynasty, ca. 2450–2325 BC;
Abusir, mastaba of Princess Khekeretnebty,
funerary temple of Queen Khentkaus (P 5753);
NM – Náprstek Museum;
P 5638, P 5642–5644, P 5753[1]

The represented collection is a typical example of the so-called
Meidum ware. i.e. pottery with red finely polished surface. Its
name derived from the toponym Meidum, where this pottery
type was first defined during the exploration of the pyramid
complex of Snofru.[2] Meidum ware is characterized above all
by its extremely fine workmanship (produced on the potter's
wheel, well fired, and smoothed or even polished) and specific
red colour of the surface.

Typical representatives of Meidum ware are bowls and
dishes with rims of various shapes. The surface of the vessels
is usually so finely polished, that it at places achieves almost
a metallic brilliance. The typical item of this type has some
type of everted rim, flaring neck and rounded base (P 5643).
The bowl probably belonged to the original burial equipment
of the Princess Khekeretnebty, since it was found inside the
fill of the sarcophagus.[3] Another item from the burial equip-
ment may be a small conical bowl (P 5644) with a flat base
and roll rim with a plastic ledge, which was discovered near
the southwest corner of the sarcophagus on a layer of lime-
stone fragments. A large plate with a flat base (P 5642) was
found at the bottom of the access shaft to the burial chamber.
It was used to hold offerings (a gazelle leg) placed here
at the time of the closing of the burial chamber.

Ancient Egyptians used the set consisting of an ewer (P
5638) and deep basin (P 5753) for washing their hands not
only in this life, but also in the other world. The relief
depictions of the funerary repast usually show a neckless
biconical ewer with a curved beak-like spout. The ewer
exhibited here has a slightly conical neck, biconical body and
tubular spout and belongs to a less common type.[4] The basin
was called *shauty*, indicating that it contained sand. The term
used for the pot (*hezmeny*) shows that it was filled with
a mixture of water and natron. The Egyptians presumably
used copper sets in the course of their lives, and they placed
their pottery imitations in tombs.[5] Copper sets were used in
the burial equipment of only high ranking officials.

---

[1] Pavlasová (1997: 25, cat. no. 14 (P 5638, P 5642–5644,
P 5753)), Verner–Callender (2002: 40–42).

[2] Bourriau (1981: 18).

[3] Verner–Callender (2002: 41).

[4] Arnold (1999: 419, cat. no. 159).

[5] Arnold (1984: 214).

42 Fajánsové náhrdelníky

fajáns, korálky: v. (max.) 4 cm, d. 0,2–0,4 cm;
Stará říše, 5. dynastie, asi 2450–2325 př. n. l.;
Abúsír, zádušní chrámy královny Chentkaus
a panovníka Raneferefa;
NM – Náprstkovo muzeum;
P 5821, P 6532a, P 6532b, P 6533, P 7079

42 Faience Collars

faience, beads: max. H: 4 cm, L: 0.2–0.4 cm;
Old Kingdom, 5th Dynasty, ca. 2450–2325 BC;
Abusir, funerary temples of Queen Khentkaus and
King Raneferef;
NM – Náprstek Museum;
P 5821, P 6532a, P 6532b, P 6533, P 7079

Výroba fajánsových korálků se plně rozvinula ke konci Předdynastické doby a vzkvétala až do doby řecko-římské. Nejčastěji se objevují korálky trubičkovitého a diskovitého tvaru. Byly součástí náhrdelníků, náramků, nákotníků, opasků i oděvů, buď jako samostatný materiál, nebo v kombinaci s korálky a amulety jiných tvarů a z jiných materiálů. Fajánsové náhrdelníky a opasky sloužily jako amulety, jejichž ochranná síla spočívala především v barvě korálků. Modrozelená barva fajánse symbolizovala život, plodnost, naději ve znovuzrození a nesmrtelnost.[1] Zářivé barvy zároveň oživovaly mužské a ženské oděvy vyráběné většinou z nebarveného, bílého až béžově-hnědého plátna.

Trubičkovité a diskovité korálky pocházející ze zádušních chrámů panovníka Raneferefa a královny Chentkaus byly nalezeny jednotlivě, šňůrky, na kterých byly kdysi navlečeny, se nedochovaly. Velmi pravděpodobně tvořily široké, límcové náhrdelníky zvané vesech (vyobrazené korálky nejsou rekonstruovány do původní podoby). Tvořilo je několik řad vertikálně uspořádaných trubičkovitých korálků, jejichž délka se směrem ke stranám zmenšovala, aby náhrdelníky získaly odpovídající zatočený tvar límce. Řady trubičkovitých korálků střídaly řady malých, diskovitých korálků. Spodní okraj náhrdelníků obvykle zdobily přívěsky ve tvaru kapky, takové korálky však v Abúsíru nalezeny nebyly. Abúsírské vesech náhrdelníky byly tvořeny fajánsovými korálky se zelenou, modrou a černou polevou. Jejich tvar byl jednoduchý, nedochovalo se ani „závaží", které na zádech obvykle vyvažovalo tíhu náhrdelníku.[2]

Od počátku Staré říše byli s náhrdelníkem vesech zobrazováni muži, ženy i bohové. Jako ozdoba s ochrannými účinky se náhrdelník rychle stal nedílnou součástí pohřební výbavy, což dosvědčují četné nálezy z oblasti Gízy a Sakkáry.[3] Je možné, že panovník tímto náhrdelníkem odměňoval úředníky za věrné služby. K náhrdelníku vesech často patřily náramky, v případě žen také nákotníky a další náhrdelník, který byl nošen těsně kolem krku.

The production of faience beads was fully developed in the end of the Predynastic Period and flourished until the Graeco-Roman Period. The beads have most frequently tubular or discoid forms. They were part of collars, bracelets, anklets, belts and clothes, either as the sole material or in combination with beads and amulets of other shapes and materials. Faience collars and belts served as amulets that derived their power above all from the colour of the beads. The blue-green colour of faience symbolised life, fertility, hope in resurrection and immortality.[1] The bright colours also enlivened the clothes of men and women, which were usually made of undyed, white to beige-brown linen.

The tubular and discoid beads from the funerary temples of King Raneferef and Queen Khentkaus were found dispersed; the strings on which they were once hung were not preserved. Most probably they had formed wide collars called wesekh (the represented beads are not reconstructed to their original appearance). The wesekh collars consisted of several rows of vertically arranged tubular beads, the length of which diminished towards the sides, so that the collars would acquire their characteristic shape. Rows of tubular beads alternated with rows of small discoid beads. The lower edge of collars was usually decorated by droplet-shaped pendants, such beads were, however, not found at Abusir. The Abusir wesekh-collars were formed by faience beads with green, blue and black glaze. Their shape was simple, and no counterweight, which was usually placed at the back and served to decrease the weight of the collar, has been found.[2]

Women, men and gods were depicted wearing the wesekh collar since the beginning of the Old Kingdom. As an item of personal adornment endowed with protective powers, it soon became an indispensable part of the burial equipment, as numerous finds form the area of Giza and Saqqara attest.[3] The king may have used such collars to reward officials for their loyal service. The wesekh collar was often accompanied by bracelets, in the case of women also anklets and another necklace, worn tightly around the neck.

---

[1] Andrews (1994).
[2] Ziegler (1999: 330).

[3] Ziegler (1999: 326–27, 329–331).

43 Keramika z Herišefhotepovy hrobky

nilská hlína; 43 (v. 29 cm, max. průměr 10,4 cm,
průměr ústí 4,5 cm); 44 (v. 27,9 cm,
max. průměr 10,4 cm, průměr ústí 4,1 cm);
45 (v. 30,9 cm, max. průměr 11,8 cm,
průměr ústí 10,0 cm); 46 (v. 29,4 cm,
max. průměr 11,5 cm, průměr ústí 10,4 cm);
Střední říše, 2. polovina 11. až počátek
12. dynastie, po 1947 př. n. l.;
Abúsír, pohřebiště před zádušním chrámem
panovníka Niuserrea, hrobka mR 6;
Egyptské muzeum Univerzity v Lipsku;
Inv.-Nr. 43, 44, 45, 46

43 Pottery from the Tomb of Herishefhotep

Nile clay; 43 (H.: 29 cm; max. diam.: 10.4 cm;
mouth diam.: 4.5 cm); 44 (H.: 27.9 cm;
max. diam.: 10.4 cm; mouth diam.: 4.1 cm);
45 (H.: 30.9 cm; max. diam.: 11.8 cm;
mouth diam.: 10.0 cm); 46 (H.: 29.4 cm;
max. diam.: 11.5 cm; mouth diam.: 10.4 cm);
Middle Kingdom, between the 2nd half of the 11th
and the beginning of the 12th Dynasty, after 1947 BC;
Abusir, cemetery in front of the funerary temple
of King Niuserre, tomb mR 6;
Egyptian Museum of the University of Leipzig;
Inv.-Nr. 43, 44, 45, 46

Mezi poměrně početné součásti pohřební výbavy Herišefhotepovy hrobky patřilo pouze pozoruhodně málo keramických nádob.[1] Bohužel, obě misky, z nichž jedna byla použita jako víčko chránící obsah druhé, i dvě tzv. *hes*-nádoby, které byly používány pro rituální úlitbu, byly během 2. světové války zničeny. Kromě nich byly v Herišefhotepově hrobce nalezeny již pouze čtyři zde vystavené nádoby. Jak obě úzké lahve, tak oba vysoké poháry byly vyrobené z nilské hlíny na hrnčířském kruhu a poté dokončeny ručně.[2] Obzvláště nápadný je tmavě červený barevný potah (slip) na vnějších stěnách všech čtyř nádob. Vnitřní stěny poháru (45) potaženy barvou nebyly, ale dochovaly se na nich barevné skvrny, které vznikly pouze nedopatřením při natírání vnějších stěn. Druhý pohár (46) má na svém okraji navíc zřetelné tmavé očazené skvrny.

Všechny čtyři nádoby měly zemřelému na onom světě zajistit trvalý přísun nápojů. V pohřební komoře byly umístěny přímo mezi jeden model lodi a sýpky.

Na základě typologické podobnosti Herišefhotepových nádob s keramickým inventářem pohřebišť ze středního Egypta bylo přijato poměrně pozdní datování jeho celé hrobky. Z analýzy keramiky vyplývá, že Herišefhotepův pohřeb lze zařadit do samotného závěru 11. dynastie nebo na samý počátek 12. dynastie.

Remarkably, the rich burial equipment of Herishefhotep contained only very few pottery vessels.[1] Besides two bowls, one of which served as a lid covering the content of the other, and two so-called *hes*-vessels for cultic libation, which all unfortunately belong to the losses of the Second World War, only the vessels depicted here were found in the tomb of Herishefhotep. Both the two slender flasks and the two tall beakers were made on the potter's wheel of finely tempered Nile clay, and finished manually.[2] Of special interest is the vivid dark red painting on the outer surface of the four vessels. On the other hand, the inner walls of the beaker (45) were not painted, but show only a few small splashes of paint, which were the result of the painting of the outer walls. The other beaker (46) shows visible dark smoke traces on the rim. The purpose of all four vessels was to guarantee the eternal provision of drinks for the deceased in the afterlife, and they were placed in the funerary chamber between the models of a boat and of a granary.

Because of the typological similarity of these containers with vessels found on other Middle Egyptian cemeteries, the dating of the tomb of Herishefhotep is now set somewhat later, to the end of the 11th Dynasty or to the beginning of the 12th Dynasty, in consistence with this ceramological classification.

---

[1] Schäfer (1908: 79, Abb. 125).

[2] Steinmann (1998: 121 (Kat. Nr. 347 = Inv.-Nr. 44, Kat.-Nr. 348 = Inv.-Nr. 43), 123 (Kat.-Nr. 353 = Inv.-Nr. 46, Kat.-Nr. 354 = Inv.-Nr. 45), Tf. 99, 100).

44 Obinadla a pohřební rubáš

Lněné plátno, d. 13,3–59,6 cm, š. 7,5–18 cm,
tloušťka 0,4–0,9 mm;
Střední říše, 2. polovina 11. až počátek
12. dynastie, po 1947 př. n. l.;
Abúsír, pohřebiště před zádušním chrámem
panovníka Niuserrea, hrobka mR 6;
Egyptské muzeum Univerzity v Lipsku;
Inv.-Nr. 6, 7, 8, 9, 10, 11

44 Mummy Bandages and Funerary Shroud

linen, L: 13.3–59.6 cm; W: 7.5–18.0 cm;
Th.: 0.4 mm–0.9 mm;
Middle Kingdom, between the 2nd half of the 11th
and the beginning of the 12th Dynasty, after 1947 BC;
Abusir, cemetery in front of the funerary temple
of King Niuserre, tomb mR 6;
Egyptian Museum of the University of Leipzig;
Inv.-Nr. 6, 7, 8, 9, 10, 11

Všech šest kusů lněných tkanin původně tvořilo součást pohřebního rubáše a obinadel, které byly zachráněny při otevření Herišefhotepova vnitřního sarkofágu.[1] Mumie, která byla v okamžiku nálezu neporušená, spočívala na levém boku zabalená do velkého nařaseného rubáše. Rubáš, z něhož pochází vzorek vlevo dole, kryl mumii od masky a ramenou po špičky nohou, ale vzhledem k přílišné délce byl ze svrchní strany až do výše pasu několikrát přeložen. O dalších pěti zbytcích obinadel dnes nelze vyslovit žádné závěry. Archeologové je přesto posbírali a uchovali jako působivý příklad rozdílné kvality tkaní na samotném počátku Střední říše. Lněné látky jsou dosud vystavovány v historickém rámu, do něhož byly umístěny po převezení do Lipska.

The probes of six different linen cloths from the tomb of Herishefhotep, assembled here in their historical context, all belong to the cloths and mummy bandages that were extracted during the opening of the inner coffin of Herishefhotep.[1] The mummy, that was still completely intact, lay on its left side and was wrapped in a large fringed cloth. This large cloth, here represented by the probe below right, covered the mummy from the shoulders and mask all the way to the feet, and due to its length, it was then turned back upwards and reached up to the belly. The origin of the remaining five probes can no longer be traced. They were, however, assembled by the excavators as a representative sample and indicate in an impressive way, how varying the quality of early Middle Kingdom weavery could be.

---

[1] Schäfer (1908: 60).

45 Široký perlový náhrdelník z Herišefhotepovy hrobky

egyptská fajáns, karneol, d. perel 0,75–2,9 cm,
š. 0,38–0,79 cm, průměr 0,25–0,79 cm,
d. uzávěru 7,7 cm, š. 3,6 cm, tl. 0,5 cm;
Střední říše, 2. polovina 11. až počátek 12. dynastie,
po 1947 př. n. l.;
Abúsír, pohřebiště před zádušním chrámem
panovníka Niuserrea, hrobka mR 6;
Egyptské muzeum Univerzity v Lipsku;
Inv.-Nr. 12/13

Při zkoumání Herišefhotepovy mumie byl na jejích prsou pod pohřebním rubášem nalezen široký náhrdelník[1] z modrozelených fajánsových perel, který byl na několika místech pevně přistehován k obinadlům mumie. Avšak postupně došlo k zetlení jednotlivých stehů a náhrdelník se sesunul do prostoru mezi mumii a východní stěnu rakve, čímž se setřelo jeho původní uspořádání. Z tohoto důvodu je podoba Herišefhotepova náhrdelníku pouze pokusem v rekonstrukci, přičemž větší část požadovaných perel chybí a ani nevíme, kde se nacházejí. Perlové náhrdelníky tohoto typu byly označovány staroegyptským termínem *wesech* a patřily k tradičním ozdobám mumií. Náhrdelníky mohly na základě jejich převážně nazelenalé barvy, symbolizující spojení „prospívat" či „být zdravý, mladý", v přeneseném smyslu slova odkazovat na myšlenku znovuzrození zemřelého.

.

45 Bead Collar from the Tomb of Herishefhotep

Egyptian faience, one carnelian bead, dimensions
of the beads: L: 0.75–2.9 cm; W: 0.38–0.79 cm;
Diam.: 0.35–0.79 cm; dimensions of the fasteners:
L: 7.7 cm; H: 3.6 cm; Th: 0.5 cm;
Middle Kingdom, between the 2nd half of the 11th
and the beginning of the 12th Dynasty, after 1947 BC;
Abusir, cemetery in front of the funerary temple of
King Niuserre, tomb mR 6;
Egyptian Museum of the University of Leipzig;
Inv.-Nr. 12/13

In the course of the extraction of the mummy of Herishefhotep, a collar of blue-green faience beads was found under the large cloth covering the breast the deceased.[1] The collar was fastened with several stitches onto the linen wrapping of the mummy. Since, however, this fastening broke down, the collar slid between the mummy and the eastern sarcophagus wall, and the original ordering of the beads is no longer absolutely certain. Thus, the suggested ordering of the beads represents only an attempt of a reconstruction, not mentioning the fact that many beads are missing and we have no idea as to where these could be. Bead collars of this type, called *wesekh* in ancient Egyptian, belonged to the traditional mummy jewels, and symbolized, due to their most frequent colour – green, a colour that means "prosperity", "youth and freshness" – also the regeneration of the deceased.

---

[1] Schäfer (1908: 60–62).

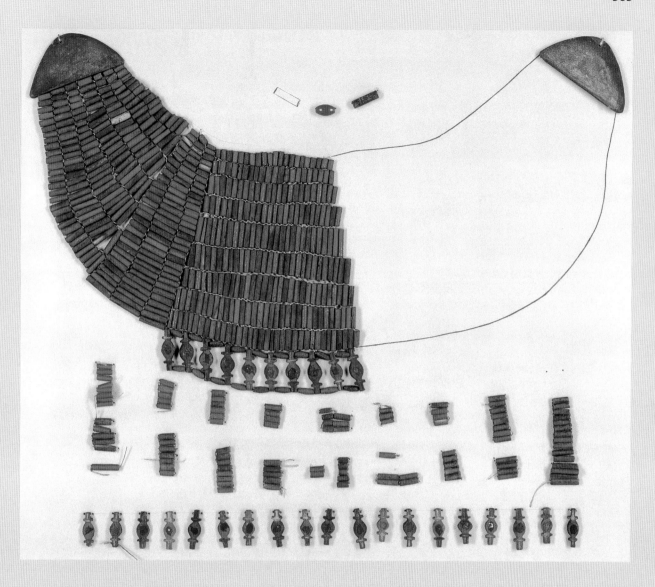

46 Modře malovaná keramika

keramika, v. 19,6 cm, max. průměr 6,2 cm
(P 4780); v. 8,5 cm, š. 7,8 cm (P 4781a);
Nová říše, 18. dynastie, asi 1539–1292 př. n. l.;
Abúsír, mastaba vezíra Ptahšepsese;
NM – Náprstkovo muzeum;
P 4780, P 4781a

46 Blue-painted Pottery

clay, H: 19.6 cm, max. diam.: 6.2 cm (P 4780);
H: 8.5 cm, W: 7.8 cm (P 4781a);
New Kingdom, 18th Dynasty, ca. 1539–1292 BC;
Abusir, mastaba of vizier Ptahshepses;
NM – Náprstek museum;
P 4780, P 4781a

Především v období Nové říše se na keramice často a ve velkém množství objevuje malovaná výzdoba, pro kterou je charakteristická zejména přítomnost modré kobaltové barvy.[1] V nejstarších fázích jsou tvary nádob podobné keramice z Druhé přechodné doby (asi 1755–1630 př. n. l.), ale hlavně v průběhu 18. dynastie dochází k významným změnám – nejdříve v období vlády Hatšepsuty (asi 1473–1458 př. n. l.) a Thutmose III. (asi 1479–1425 př. n. l.) a následně za panování Amenhotepa III. (asi 1390–1353 př. n. l.).[2] Právě za vlády Amenhotepa III. se objevují výzdobné motivy inspirované přírodním bohatstvím země, které posléze pokračují i v Amarnském období.[3] Modře malovaná keramika dosahuje, co do bohatosti tvarů jednotlivých nádob i pestrosti jejich výzdoby, svého vrcholu právě mezi vládou Amenhotepa III. a Haremheba (asi 1319–1292 př. n. l.). Zcela ojedinělou skupinu keramiky představují nádoby ve tvaru lidského či zvířecího těla. Zatímco centrální výzdobný pás na plecích velkých zásobnic obvykle zdobí florální či zvířecí motivy (gazely, antilopy, býci, kachny, apod.) a výjimečně i lidské postavy, výzdoba menších typů se obvykle omezuje na jednoduché barevné pásky, případně doplněné o motivy stylizovaných lístků či květů lotosu. V období 19. dynastie se tvarová škála modře malované keramiky i její motivy opět navracejí k jednoduchosti ranějších fází 18. dynastie.

Modře malovaná keramika je zde zastoupena předměty pocházejícími z Ptahšepsesovy mastaby, kde bylo v 70. letech 20. století nalezeno větší množství zlomků keramiky, které lze datovat do období Nové říše.[4] V severní části mastaby bylo již dříve identifikováno také grafito pocházející pravděpodobně z 50. roku vlády Ramesse II. (asi 1279–1213 př. n. l.). Tato koncentrace nálezů pravděpodobně souvisí s existencí lokálního kultu Sachmety, která byla v době Nové říše uctívána v prostoru nedalekého zádušního chrámu panovníka Sahurea.

Nádoba, z níž pocházely oba zlomky, měla tmavě cihlově červenou barvu s černým jádrem. Na plecích byla původně umístěna tři pásková ucha, z nichž se v neporušeném stavu dochovalo pouze jedno. V nasazení hrdla je dosud pozorovatelné dvojité žlábkování. Povrch byl hladký, zdobený jednoduchými geometrickými motivy uspořádanými do pásků. Mezi nimi se pod žlábkováním hrdla dochovala zřetelná výzdoba v podobě klínků. Plece nádoby jsou pokryty širokým pásem s velkými nepravidelnými motivy. Z barevné škály převažuje světlemodrá a okrová (v případě vodorovných pásů) a hnědočervená (linky).

In the time of the New Kingdom, pottery often carries painted decoration, which is characterized above all by the presence of cobalt blue colour.[1] The earliest examples of the New Kingdom pottery resemble Second Intermediate Period (ca. 1755–1630 BC) vessels in shape, but important changes took place mainly in the course of the 18th Dynasty – first in the time of Hatshepsut (ca. 1473–1458 BC) and Thutmose III (ca. 1479–1425 BC), and then in the time of the reign of Amenhotep III (ca. 1390–1353 BC).[2] Above all in the latter period, decoration motifs inspired with the natural wealth of the land appeared, and continued to be used in the Amarna period.[3] In terms of the variety of shapes and decoration motifs, blue-painted pottery reached its climax in the time between the reign of Amenhotep III and Horemheb (ca. 1319–1292 BC). A unique pottery type is formed by the vessels in the shape of an animal or human body. While the central register on the bodies of large storage jars is usually decorated with floral or animal motifs (gazelles, antelopes, bulls, ducks, etc.), and exceptionally also human figures, the decoration of smaller types is usually limited to simple coloured bands, sometimes enriched by the motifs of stylized leaves or lotus flowers. During the 19th Dynasty, the decoration programme and shapes returned to the simpler motifs of the earlier phases of the 18th Dynasty.

Blue painted pottery is represented in the exhibition by objects coming from the mastaba of Ptahshepses.[4] In the northern part of the mastaba, a graffito had been identified earlier, coming probably from the 50th year of the reign of Rameses II (ca. 1279–1213 BC). This concentration of finds may be connected with the existence of the local New Kingdom cult of the Sakhmet of Sahure, who was worshipped close by in the area of the funerary temple of this king.

This vessel is of a dark terracotta colour with a black core. Three band handles were originally placed on the shoulders of the vessels, but only one of these survived. At the transition to the rim, there is a double groove decoration. The surface is smooth and decorated with geometrical motifs, above all bands. The simple bands under the grooves at the rim are interspersed with a pattern of small wedges. The shoulders of the vessel are covered with a broad band with large, irregular motifs. The prevailing colours are light blue and ochre (in the case of the horizontal bands) and brownish red (lines).

---

[1] Aston (2003).
[2] Hope (1987, 1997).

[3] Hope (1991).
[4] Charvát (1981).

47 Poutnická láhev

keramika, v. 9,9 cm, max. průměr 7,3 cm;
Nová říše, 18. dynastie, asi 1539–1292 př. n. l.
Abúsír, tzv. Bonnetovo pohřebiště, hrobka č. 2;
Egyptské muzeum Univerzity v Lipsku;
Inv.-Nr. 2745

47 Pilgrim Flask

clay, H: 9.9 cm, max. diam.: 7.3 cm;
New Kingdom, 18th Dynasty, ca. 1539–1292 BC;
Abusir, the so-called Bonnet cemetery, tomb No. 2;
Egyptian Museum of the Univerzity of Leipzig;
Inv.-Nr. 2745

Tento typ nádoby – označovaný jako poutnická láhev – se v Egyptě těšil značné oblibě od doby Nové říše až po Byzantské období. Její název je spojován se skutečností, že právě tento druh keramiky představoval nejčastější předmět, s nímž se setkávali starověcí poutníci mířící k návštěvám posvátných míst Egypta.[1] Následně se toto pojmenování rozšířilo a bylo užíváno pro všechny nádoby příslušného tvaru. Původně se zřejmě jednalo o kosmetickou nádobu, jejíž tvar pravděpodobně vychází z cizích vzorů – mykénských či syropalestinských.[2] Tělo nádoby bývá zdobeno několika soustřednými kružnicemi, které mohou představovat imitaci cizích vzorů.

K nejstarším exemplářům v hrobovém kontextu patří nález z hrobky „paní domu" Makety v Káhúnu,[3] který nese právě výše uvedenou výzdobu soustředných kružnic, zatímco další raný exemplář – dnes uložený ve sbírkách Ashmoleova muzea v Oxfordu,[4] pocházející z hrobu č. 474 v Gurábu[5] a datovaný pravděpodobně do období vlády Thutmose III. (asi 1479–1425 př. n. l.) – nemá žádné zbytky malované výzdoby.

Tato poutnická láhev byla nalezena na tzv. Bonnetově pohřebišti v hrobu č. 2 společně s bronzovým zrcadlem, se dvěma prsteny se skaraby, čtyřmi zelenými fajánsovými figurkami Tuarety a dvěma dalšími keramickými nádobami (poutnickou lahví a malou vydutou nádobkou s širokým a vysokým hrdlem). Nádoba má typický čočkovitý tvar se dvěma uchy a na povrchu je zřetelné světlehnědé glazování. Jeden z výše uvedených skarabů pocházejících z hrobu uvádí jméno krále Thutmose III. Lze tedy předpokládat, že i hrob č. 2 můžeme datovat do období vlády tohoto panovníka a nalezená poutnická láhev tak představuje jeden z nejstarších příkladů tohoto typu nádoby.

This type of vessel – labeled as the pilgrim flask – enjoyed great popularity in Egypt in the time between the New Kingdom and the Byzantine period. Its name is connected to the fact that this vessels type was the most typical object encountered by ancient pilgrims traveling to the sacred places of Egypt.[1] Later, the use of this term was extended to all vessels of the corresponding shape. Originally, it referred to a cosmetic container, the shape of which was probably derived from foreign patterns – either Mycenean or Syro-Palestinian.[2] The body of the vessels is usually decorated with several concentric circles, which may also be a foreign inspiration.

The oldest examples found in funerary context include the items from the tomb of the "mistress of the house" Maket at Kahun,[3] which bear the aforementioned decoration of concentric circles. Another early example, without any painted decoration, is now kept in the collections of the Ashmolean Museum at Oxford.[4] It comes from tomb no. 474 at Gurob[5] and dates probably to the time of the reign of Thutmose III (ca. 1479–1425 BC).

This pilgrim flask was discovered on the so-called Bonnet cemetery in tomb No. 2 together with a bronze mirror, two rings with scarabs, four green faience figures of Tweret, and another two pottery vessels (another pilgrim flask and a small bulging vessel with a tall neck). The flask is of a typical lentil shape; it has two handles and a clearly visible light brown glazing on the surface. One of the aforementioned scarabs bears the name of King Thutmose III, which indicates that tomb no. 2 may be dated approximately to the time of the reign of this king. The pilgrim flask discovered here would thus represent one of the oldest examples of its kind.

---

[1] Bourriau (1981: 75).
[2] Holthoer (1977: 99).
[3] Petrie (1891: 21–23).
[4] Bourriau (1981: 75–76).
[5] Brunton–Engelbach (1927: příl. / plate xxxix, 93 B).

48 Kyperská keramika

šedá keramika, v. 14,8 cm, max. průměr 8,8 cm;
Nová říše, 18. dynastie, asi 1539–1292 př. n. l.;
Abúsír, tzv. Bonnetovo pohřebiště, hrobka č. 4;
Egyptské muzeum Univerzity v Lipsku;
Inv.-Nr. 2697

48 Cypriot Pottery

grey clay, H: 14.8 cm, max. diam.: 8.8 cm;
New Kingdom, 18th Dynasty, ca. 1539–1292 BC;
Abusir, the so-called Bonnet cemetery, tomb No. 4;
Egyptian Museum of the University of Leipzig;
Inv.-Nr. 2697

V období Nové říše patřila kyperská keramika ve východním Středomoří k velmi oblíbeným obchodním artiklům. Do Egypta však toto zboží nepřicházelo pouze z center na ostrovním Kypru, ale také z pobřežních oblastí syropalestinského regionu. Právě široká distribuce kyperské keramiky[1] umožňuje poměrně přesnou dataci jednotlivých nálezových kontextů v průběhu 2. tisíciletí př. n. l. a slouží i jako významné historické synchronizační kritérium.

Hovoříme-li v tomto období o kyperských importech, máme nejčastěji na mysli keramiku kyperské pozdní doby bronzové (asi 1575–1050 př. n. l.) – jednobarevnou, s bílým slipem, červenou, leštěnou, točenou na kruhu a keramiku s podstavcovým prstencem. K poslední jmenované skupině, jmenovitě ke zboží s podstavcovým prstencem II, typu Merrillees IBa, řadíme i nádobku nalezenou v hrobu č. 4 na tzv. Bonnetově pohřebišti.[2] Jedná se o džbánek z šedé hlíny, jehož povrch pokrývá bíle malovaná výzdoba v podobě čtyř pravidelných vodorovných linek, táhnoucích se kolem hrdla nádobky, které se následně na jejím těle kříží. Podstavec má charakteristický, poměrně vysoký trumpetovitý tvar.

Tento druh keramiky se v egyptském prostředí poprvé významněji objevuje za vlády Amenhotepa III. (asi 1390–1353 př. n. l.). Velká popularita těchto nádob nesporně přispěla k tomu, že na území Egypta vznikaly i více či méně povedené imitace kyperské keramiky s podstavcovým prstencem. Velmi specifický tvar těla v podobě makovice (*Papaver somniferum*) vedl Merrilleese[3] k názoru, že tyto nádobky byly původně určeny pro transport vzácné tekutiny, kterou mohlo být opium smíšené s medem. Tento obsah byl údajně identifikován v případě čtyř podobných džbánků z Egypta.[4]

In New Kingdom times, Cypriot pottery belonged among the favourite trade articles. These items did not reach Egypt only from the centres on the island of Cyprus, but also from the coastal areas of Syria-Palestine. Precisely this wide distribution of Cypriot pottery[1] throughout the entire eastern Mediterranean enables a reasonably precise dating of their individual finding contexts in the course of the 2nd millennium BC, and serves also as an important synchronization criterion.

Speaking about Cypriot imports in this period, we most usually refer to the pottery of the Cypriot Late Broze Age (ca. 1575–1050 BC) – monochrome pottery, white slip pottery, red lustrous wheel made ware, and base ring pottery.

The latter type, namely base ring ware II, type Merrillees Iba, includes also the vessel found in grave no. 4 on the so-called Bonnet cemetery.[2] It is a small jar of grey clay, the surface of which is covered with a white painted decoration consisting of four regular horizontal lines around the rim of the vessel and crossing one another on its body. The base is of a characteristic tall trumpet shape.

This type of pottery first appears in the course of the reign of Amenhotep III (ca. 1390–1353 BC). The great popularity of these vessels led to their being imitated on Egyptian territory, where more or less successful imitations of Cypriot pottery with a base ring were produced. The very specific body shape resembling a poppy head (*Papaver somniferum*) inspired Merrillees[3] to the opinion that these vessels were originally intended for the transport of a precious liquid, which may have been opium mixed with honey. Such content was purportedly identified in the case of four similar jars from Egypt.[4]

---

[1] Barlow–Bolger–Kling (1991).
[2] Bonnet (1928: 57).
[3] Merrillees (1968).
[4] Bourriau (1981: 126).

49 Keramická zásobnice

hlína, v. 60 cm;
Pozdní doba, 26. dynastie(?), 664–525 př. n. l.;
Abúsír, mastaba vezíra Ptahšepsese;
NM – Náprstkovo muzeum;
P 4719

49 Storage Jar

clay, H: 60 cm;
Late Period, 26th Dynasty (?), 664–525 BC;
Abusir, mastaba of vizier Ptahshepses;
NM – Náprstek Museum;
P 4719

V sajském období, stejně jako v mnohem menším měřítku i v Nové říši, došlo k oživení aktivit v prostoru Ptahšepsesovy mastaby. Z této doby se zde zachovala velká koncentrace pohřbů tvořících tzv. sekundární pohřebiště.[1] Jednotlivé pohřby nepochybně náleží příslušníkům nižších vrstev společnosti – jsou to jednoduché hroby, které mohou, ale nemusí obsahovat dřevěné (zdobené i nezdobené) rakve a relativně chudou pohřební výbavu. Prostor pohřebiště není omezen výhradně na vnitřní prostory mastaby, ale zahrnuje i bezprostřední okolí. V jihozápadní části mimo vlastní mastabu bylo při výzkumu Českého (tehdy Československého) egyptologického ústavu FF UK lokalizováno celkem sedm pohřbů.[2] Dva z nich se od ostatních však odlišovaly. Prvním byl pohřeb kojence ve věku 6–9 měsíců, který byl uložen do velké zásobnice umístěné ve výklenku u vrcholu zdi ze sušených cihel.[3] Ústí nádoby bylo obráceno k západu a tělo bylo v nádobě uloženo s hlavou směřující k ústí zásobnice. V celém prostoru tzv. sekundárního pohřebiště byly nalezeny pouze dva příklady tohoto způsobu pohřbívání – výše uvedený I 374/1 a J 394, uložený v obdobné zásobnici a obsahující kosterní pozůstatky novorozence ve věku tří až šesti měsíců.

Společně s nálezem I 437 tvoří tyto nádoby malou skupinu zásobnic s velkým oválným tělem a oblým (popřípadě plochým) dnem. Kromě I 437 mají zbývající dvě zásobnice dvě ucha. Zásobnice 4719 (I 374/1) má světle červenou barvu a byla vyrobena z hrubé hlíny, ve které jsou zřetelné i částice o průměru větším než 1 mm. Povrch nádoby nebyl nijak upraven a nenese, tak jak je u tohoto typu nádoby běžné, žádné znamky výzdoby. Pod okrajem nádoby jsou viditelné horizontální drážky.[4]

The Saite Period, as well as on a much smaller scale the New Kingdom, witnessed the renewal of the interest in the area of the mastaba of Ptahshepses. A large number of tombs forming a secondary cemetery was preserved here from this time.[1] The individual burials undoubtedly belonged to the members of the lower social classes – they consist of simple tombs which may, but need not contain wooden (either decorated or undecorated) coffins and relatively poor burial equipment. The area of the cemetery is not limited to the inner rooms of the mastaba, but extends also over its immediate vicinity. Near its southwestern corner, the excavations of the Czech (then Czechoslovak) Institute of Egyptology of the Faculty of Arts, Charles University, unearthed altogether seven burials.[2] Two of these burials were different – the body of an about six to nine months old suckling was placed into a large storage jar, which stood in a niche at the crown of the mud brick wall.[3] The mouth of the shaft faced west, and the head of the body within the vessel pointed towards its mouth. The entire area of the secondary cemetery contained only two examples of such burials – the aforementioned I 374/1, and J 394, placed in a similar storage jar and consisting of the skeletal remains of a three to six months year old infant.

Together with I 437, these vessels form a small group of storage jars with a large, oblong body and a rounded or flat bottom. Besides I 434, the remaining two storage jars have two handles. The vessel 4719 (I 374/1) is of red colour, and it was made of rough clay with particles reaching even over 1 mm in diameter. The surface of the clay was left rough and, as was the custom with these objects, there are no traces of decoration. Horizontal bands are visible under the rim of the jar.[4]

---

[1] Strouhal–Bareš (1993).
[2] I 374–I 386, P 4719 – Strouhal–Bareš (1993).
[3] I 374/1 – Strouhal–Bareš (1993: 24–25).
[4] Charvát (1981: 130).

50 Besovy džbány

hlína, v. 5,2 cm, š. 5 cm (P 4840); v. 6,3 cm,
š. 12 cm (P 4912);
Pozdní doba, 664–332 př. n. l.;
Abúsír, mastaba vezíra Ptahšepsese;
NM – Náprstkovo muzeum;
P 4840, P 4912

50 Bes Jars

clay, H: 5.2 cm, W: 5 cm (P 4840); H: 6.3 cm,
W: 12 cm (P 4912);
Late Period, 664–332 BC;
Abusir, mastaba of vizier Ptahshepses;
NM – Náprstek Museum;
P 4840, P 4912

Tento typ nádoby se v egyptském prostředí objevuje poprvé na konci Nové říše a ve Třetí přechodné době, ale největší obliby se mu dostává v Pozdní době, jmenovitě v tzv. sajském období (664–525 př. n. l.).[1] Název této keramiky pochází od vyobrazení tváře boha Besa na těle nádoby. Hlavní rysy jeho tváře jsou nejčastěji vytvořeny vyrytím, vtlačením či vymodelováním. Besovy džbány byly vyráběny ze všech hlavních druhů hlíny a vytáčeny na hrnčířském kruhu.

V nejjednodušší podobě byly do těla nádoby vyryty jednoduché kruhové oči a připojením dalších pásků hlíny vznikly schematické uši a nos. Nejzdobnější příklady Besových džbánů pocházejí již ze závěru Nové říše, kdy byl kromě bůžkovy tváře vymodelován i celý jeho trup, nohy a ruce stejně jako oděv a ozdoby hlavy (např. v podobě péřové koruny). Tyto nádoby byly často zdobeny bohatou vícebarevnou polychromií.

Oba fragmenty ze sbírek Náprstkova muzea pocházejí z nádob, které byly vytočeny z jemné hlíny a měly hlazený povrch. Vnější stěny nádoby, jejíž součástí byl fragment P 4912, byly navíc původně potaženy bílým nátěrem. Větší zlomek P 4912 má světle hnědočervenou barvu. Na rozdíl od P 4840 se u něj dochovala spodní polovina výzdoby – tedy plasticky velmi pečlivě vymodelovaný nos, mírně pootevřená ústa a ruce s jemnými detaily prstů. Tento zlomek byl nalezen v kontextu tzv. sekundárních pohřbů v místnosti S v prostoru E Ptahšepsesovy mastaby.[2] Menší fragment P 4840 má žlutohnědou až žlutošedou barvu a z výzdoby zůstal zachován dobře modelovaný plastický nos a oko, které doplňují ryté náznaky obočí a kníru.

Vessels of this type first appear in Egyptian context towards the end of the New Kingdom and in the Third intermediate period, but they were preferred above all in the time of the Late Period, and particularly in the so-called Saite Period (664–525 BC).[1] The term "Bes jars" derives from the depiction of the face of this god on the body of the vessels. The main features of his face are usually engraved, impressed, or modelled. Bes jars were made out of all main clay types using the potter's wheel.

The simplest of these vessels bear a pair of engraved round eyes and modeled schematic ears and nose. The most splendid examples come already from the end of the New Kingdom, and besides the face of Bes, also his body, legs and hands, as well as his dress and headdress (e.g. in the form of a feather crown) are represented on their bodies. They are often decorated with bright polychromy.

Both fragments from the collections of the Náprstek museum are made of fine clay, have a smooth surface, and fragment P 4912 also an applied white slip. The larger fragment P 4912 has a light brownish red surface. Unlike in the case of the larger fragment, the lower part of the decoration was preserved – a very-well modeled nose, slightly opened mouth, and hands with fingers executed in detail. The latter fragment was discovered in the context of the secondary burials in room S in area E of the mastaba of Ptahshepses.[2] The smaller fragment P 4840 has a yellow-brown to yellow-grey colour, and a well formed modeled nose and an eye with engraved remains of eyebrows and mustache are preserved from the decoration.

---

[1] Aston (1996), Hope (2001).

[2] Charvát (1981: pl. 8–9).

51 Fragmenty fajánsových nádob

fajáns, v. 7,5 cm, š. 17 cm (P 4820a); v. 6,1 cm,
š. 8,2 cm (P 4821); v. 4 cm, š. 4 cm (P 4829);
Nová říše, 18. a 19. dynastie, asi 1539–1190 př. n. l.;
Abúsír, mastaba vezíra Ptahšepsese;
NM – Náprstkovo muzeum;
P 4820a, P 4821, P 4829

51 Fragments of Faience Bowls

faience, H: 7.5 cm, W: 17 cm (P 4820a); H: 6.1 cm,
W: 8.2 cm (P 4821); H: 4 cm, W: 4 cm (P 4829);
New Kingdom, the 18th and 19th Dynasties,
ca. 1539–1190, BC;
Abusir, mastaba of vizier Ptahshepses;
NM – Náprstek Museum;
P 4820a, P 4821, P 4829

Ve starověkém Egyptě představovala fajáns oblíbený materiál, hojně užívaný zejména k výrobě mnoha druhů amuletů, figurek vešebtů, ozdobných předmětů i rozličných typů nádob, které se neliší pouze svým tvarem, ale i užitím.[1] Fajáns, jako materiál používaný ve všech vrstvách egyptské společnosti, nabývá v Nové říši mimořádné popularity a objevují se nejen nové tvary a barvy, ale zejména i nové způsoby jejího užití.[2]

Egyptská fajáns z doby Nové říše je v expozici zastoupena několika fragmenty mělkých misek, nalezených při výzkumu Ptahšepsesovy mastaby.[3] Všechny vystavené exempláře mají světle modrozelenou glazuru a bílohnědé jádro. Florální motivy jsou provedeny v černohnědé barvě. V egyptském prostředí představují tyto předměty nejčastěji votivní dary, zatímco v hrobové výbavě se s nimi setkáváme méně často. K nejčastějším výzdobným motivům na fajánsových nádobách náležejí právě výjevy spojené s prostředím bažin a mokřin – lotosové květy a poupata (*Nymphea caeruela*), papyrusové okolíky, bazénky, ryby (obvykle *Tilapia nilotica*), odkazující na zrození a opětovné znovuzrození, ale též odkazy k plodnosti a bohyni Hathoře – tvář bohyně či sistra. Nález jednotlivých fajánsových misek – stejně jako dalších předmětů datovaných do období Nové říše a pocházejících z prostoru i bezprostředního okolí Ptahšepsesovy mastaby – má pravděpodobně souvislost s existencí lokálního kultu zasvěcenému Sachmetě, který na přelomu 18. a 19. dynastie vrcholil v prostorách nedalekého zádušního chrámu panovníka Sahurea.

Na velké množství fajánsových nádob a jejich zlomků, objevených při archeologickém výzkumu Sahureova pohřebního komplexu Německou orientální společností, upozornil při publikaci výsledků i Ludwig Borchardt.[4] Naprostá většina exemplářů pochází z období 18. a 19. dynastie a na některých fragmentech se dochovala i jména vládnoucích panovníků (Ramesse II. (asi 1279–1213 př. n. l.) a Merenptaha (asi 1213–1198 př. n. l.). Z prostoru Sahureova zádušního chrámu však pochází i další předměty vyrobené z egyptské fajánse, z nichž je bezpochyby nejzajímavější skarab se jménem Amenhotepa III. (asi 1390–1353 př. n. l.) a tzv. Ringplatte nesoucí jméno posledního panovníka 18. dynastie – Haremheba (asi 1319–1292 př. n. l.).

Faience represented a favourite material in ancient Egypt. It was frequently used above all for the making of many types of amulets, ushabti figures, decorative items and various vessel types, that are distinguished not only by their shape but also by their usage.[1] Faience, which was a material used in all layers of the Egyptian society, acquired enormous popularity in the New Kingdom. New shapes and colours appeared, as well as new ways of its employment.[2]

Egyptian faience from the time of the New Kingdom is represented in the exhibition by several fragments of shallow bowls, discovered in course of the exploration of the mastaba of Ptahshepses.[3] All examples on exhibition have a light blue-green glaze and white-brown core. Floral motifs are executed in black-brown colour. In the Egyptian context, these objects most often represent votive gifts, more rarely they can be found in the burial equipment. The most frequent motifs of decoration on faience vessels include scenes connected with marshes and wetlands – lotus flowers and buds (*Nymphea caeruela*), papyrus plants, pools, fish (usually *Tilapia nilotica*), representing birth and resurrection, as well as fertility and the goddess Hathor – through the face of the goddess or a sistrum. The discoveries of the individual faience bowls – as well as other items dated to the time of the New Kingdom and coming from the area and immediate vicinity of the mastaba of Ptahshepses – are probably connected with the existence of the local cult consecrated to Sakhmet, which culminated in the time of the 18th and 19th Dynasties in the area of the nearby funerary temple of King Sahure.

Ludwig Borchardt mentioned the large amount of faience vessels and their fragments discovered in course of the exploration of the funerary temple of Sahure by the German Oriental Society in the publication of the results.[4] The vast majority of examples come from the time of the 18th and 19th Dynasties. On several fragments, the names of the reigning kings have been preserved (Rameses II, ca. 1279–1213 BC; and Merenptah, ca. 1213–1198 BC). Other objects made of Egyptian faience originate from the area of the funerary temple of Sahure. The most interesting of these include undoubtedly the scarab with the name of Amenhotep III (ca. 1390–1353 BC) and the so-called "Ringplatte" bearing the name of the last king of the 18th Dynasty, Horemheb (ca. 1319–1292 BC).

---

[1] Bianchi (1998).
[2] Patch (1998).

[3] Charvát (1981), Charvát (1976: 102–103).
[4] Borchardt (1910: 130ff).

52 Prsten a skarab

bronz a steatit, d. skaraba 1,6 cm, š. skaraba 1,2 cm,
průměr prstenu 3,3 cm (2203);
steatit, d. 1,1 cm, š. 0,8, v. 0,5 cm (2674);
Nová říše, 18. dynastie, asi 1539–1292 př. n. l.;
Abúsír, tzv. Bonnetovo pohřebiště, hrobky č. 3
(2203) a č. 4 (2674);
Egyptské muzeum Univerzity v Lipsku;
Inv.-Nr. 2203, 2674

52 Ring and Scarab

bronze and steatite, L (scarab): 1.6 cm, W (scarab):
1.2 cm, Diam. (ring): 3.3 cm (2203); steatite,
L: 1.1 cm, W: 0.8, H: 0.5 cm (2674);
New Kingdom, 18th Dynasty, ca. 1539–1292 BC;
Abusir, the so-called Bonnet cemetery,
tombs Nos. 3 (2203) and 4 (2674);
Egyptian Museum of the University of Leipzig;
Inv.-Nr. 2203, 2674

Skaraby[1] jako amulety, které zajišťovaly jejich nositelům ochranu před zlem, se v egyptském prostředí objevují od konce První přechodné doby. Obvykle tvořily součást prstenů, náramků či náhrdelníků, ale běžně sloužily také jako pečetítka.[2] Prostřednictvím skarabů bylo též označováno vlastnictví rozličných předmětů. Také abúsírský nálezový kontext – pohřby – potvrzuje přenesený symbolický význam skarabů, kterým byla myšlenka opětovného znovuzrození jedince. Již v nejstarších obdobích totiž byl sluneční pohyb a s ním související proces neustávající obnovy, opakujícího se vzniku a znovuzrození spojován se symbolickým pohybem brouka, který každého rána začíná valit svou kuličku.[3]

V hrobu č. 3 na tzv. Bonnetově pohřebišti byl nalezen bronzový prsten tvořený jednoduchým tenkým bronzovým drátkem, ke kterému byl připojen skarab ze steatitu (2203). Na zádové straně lze pozorovat dobře a detailně vypracovanou hlavičku. Kontury *prothoraxu* a krovek jsou velmi jasné a jednotlivé součásti jsou zřetelně odděleny jednoduchými linkami. Na spodní straně skaraba je čitelný nápis, umístěný v oválu lemujícím okraje. Text na skarabu uvádí trůnní jméno panovníka Amenhotepa III. (asi 1390–1353 př. n. l.) v kartuši, doplněné o epiteton – tj. „Nebmaatre, milovaný Reem".

Z hrobu č. 4 pochází další skarab (2674), vyrobený rovněž ze steatitu. Také v tomto případě je hlavička dobře vypracovaná a okrouhlý *prothorax* je od těla oddělen jednoduchou rovnou linkou. *Prothorax* a krovky rozdělují jednoduché linky. Nohy skaraba nejsou zdobeny. Spodní strana obsahuje hieroglyfický nápis uspořádaný do prostoru vymezeného jednoduchou linkou lemující okraj skaraba. Podle Bonneta[4] se jedná o typ nápisu oblíbeného zejména v době 18. dynastie.

Scarabs[1] were amulets which provided their bearers with protection against evil, appeared in the Egyptian context since the end of the First Intermediate Period. They were usually employed as parts of rings, bracelets or necklaces, but they also often served as sealings. Scarabs[2] were also used to record the owner of various items. Their archaeological context in Abusir – burials – is also consistent with their main symbolism, namely resurrection. Already in the most ancient times, the movement of the sun and the connected process of incessant renewal, recurring creation and resurrection was connected with the symbolical movement of the beetle, that begins to roll its ball of dung every morning.[3]

Tomb No. 3 contained a bronze ring formed by a simple thin bronze thread, with a scarab made of green glazed stone attached to it (2203). A well-worked and detailed head may be seen on the back of the scarab. The contours of the *prothorax* and wing-cases are very clear, and the individual parts are divided by simple lines. The lower part of the scarab bears a legible inscription, placed inside the ellipse lining the edge of the object. The text cites the throne name of King Amenhotep III (ca. 1390–1353 BC) and an epithet – i.e. "Nebmaatre, beloved by Re".

Tomb No. 4 contained another scarab (2674), made also of a green glazed stone. In this case, the head is well elaborated and the rounded *prothorax* is divided from the body by a simple straight line, which also divides the wing-cases. The legs of the scarab are undecorated. The lower part bears an inscription bounded by a line around the edge of the object. According to Bonnet[4], the text is a version of the inscription which was particularly favoured in the time of the 18th Dynasty.

[1] Ben–Tor (1989).
[2] Hornung–Staehelin (1976), Rowe (1936).
[3] Tufnell (1984).
[4] Bonnet (1928: 57–58).

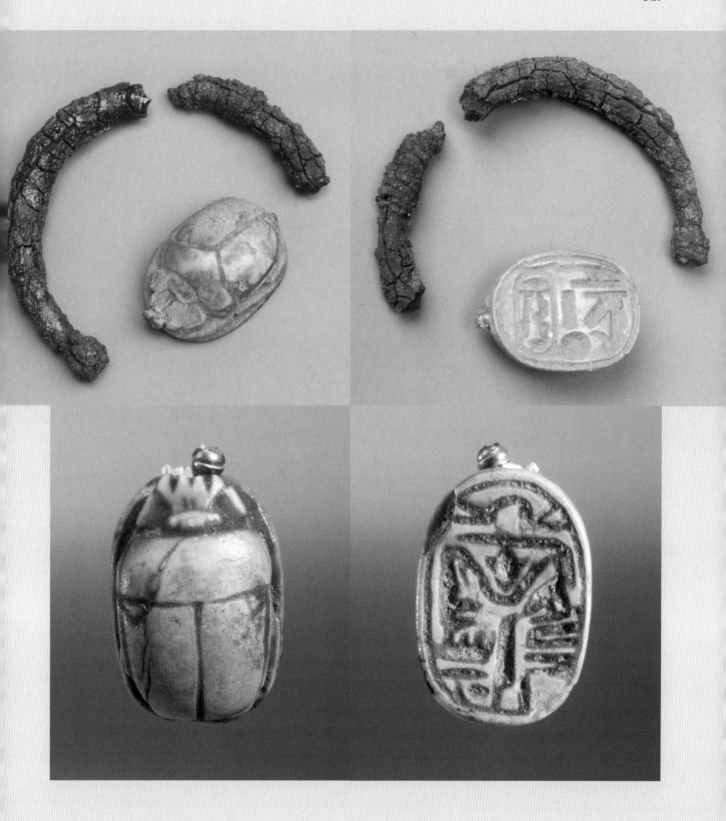

53 Nádobka na kosmetické přípravky (kohl) s víčkem

steatit, v. 4 cm, max. š. 6 cm;
Nová říše, 18. dynastie, asi 1539–1292 př. n. l.;
Abúsír, tzv. Bonnetovo pohřebiště, hrobka 1;
Egyptské muzeum Univerzity v Lipsku;
Inv.-Nr. 3548

53 Kohl Vessel with a Lid

steatite, H: 4 cm, max. W: 6 cm;
New Kingdom, 18th Dynasty, ca. 1539–1292 BC;
Abusir, the so-called Bonnet cemetery, tomb 1;
Egyptian Museum of the University of Leipzig;
Inv.-Nr. 3548

V době Nové říše se výrazným způsobem rozšířila nejen škála tvarů nádob používaných pro uchovávání kosmetických přípravků, ale rovněž rozmanitost materiálů, z nichž byly vyráběny (keramika, sklo, dřevo, fajáns, a především různé druhy kamene – travertin, diorit, bazalt, anhydrid apod). Objevily se dokonce specializované tvary používané pouze pro určitý druh oleje, jako např. nádobky ve tvaru ženské postavy. Tento trend pravděpodobně souvisel se zvýšeným zájmem staroegyptské společnosti o udržení si síly a vitality – jak na tomto, tak na onom světě, což dokládají časté scény pohřebních hostin v nekrálovských hrobkách.[1] K rozšíření používání kosmetických přípravků rovněž přispěly významnou měrou další dva faktory: zintenzivnění obchodních styků s okolními státy a zvýšení přílivu žádaných komodit do Egypta, především však zlepšení majetkových poměrů středních a vyšších vrstev společnosti. Nádobky na kosmetické přípravky se tehdy objevují jako součásti pohřebních výbav i u jinak poměrně chudě vybavených hrobek, v sídlištních vrstvách a v chrámech – jako votivní dary věřících i v tzv. chrámových základových depozitech. Podle Janine Bourriau se v Nové říši postupně do hrobů začalo ukládat tolik nádobek na kosmetické přípravky, až nakonec svým množstvím převýšily dokonce i počet zásobnic na potraviny.[2]

Již ve Střední říši (2080–1755 př. n. l.) se v archeologickém materiálu objevují nádobky zvláštního tvaru, v nichž bylo uskladněno černé oční líčidlo – kohl.[3] Byly povětšinou vyrobeny z různých druhů kamene; měly plochý límcovitý okraj s ústím uzavíratelným víčkem, bikónicky tvarované tělo a poměrně širokou podstavu. Jejich malé rozměry naznačují, že byly určeny vždy pro jednu osobu. Tento tvar se udržel i v době Nové říše.

Tato nádobka pochází z hrobu 1, kde byl mimo jiné nalezen i skarab uvádějící jméno Thutmose III. Bonnet se domníval, že hrob 1 na pohřebišti představoval nejstarší vrstvu pohřbívání v mladších obdobích, a datoval ho již do sklonku Střední říše či na počátek Nové říše.[4]

Analogické nálezy nádobek na kohl pocházejí z pohřebiště výše postavených hodnostářů v Assasífu, na západním břehu Théb.[5] Zde byly nalezeny exempláře, jejichž hrany byly potaženy zlatým plechem.

In the time of the New Kingdom, not only the range of shapes of vessels used for holding cosmetics, but also the variety of materials from which they were made, grew significantly (pottery, glass, wood, faience and above all various stone types – travertine, diorite, basalt, anhydride etc.). Even special shapes appeared, used only for certain oils, such as vessels in the shape of a female figure. This trend is connected with the rising interest of the Egyptian society to maintain strength and vitality both in this and in the other world.[1] There were two other factors that contributed in a significant way to the spread of cosmetics: the intensification of trade relations with other states, and the rise of the influx of valued commodities to Egypt, and above all the improvement of the financial situation of middle and higher classes of the Egyptian society. Vessels for cosmetics appear as parts of the funerary equipment of even otherwise rather poorly equipped tombs, in settlement layers and in temples – both as votive gifts and in the so-called foundation deposits. According to Janine Bourriau, the number of cosmetic vessels placed in tombs gradually rose in the New Kingdom, so that in the end they outnumbered even food storage jars.[2]

Already in the Middle Kingdom (2080–1755 BC), vessels of a special shape appear in the archaeological record. They were used to store black eye paint – kohl.[3] They were made mostly out of stone, they had a flat everted rim and a lid, biconically shaped body and a rather wide base. Their small dimensions indicate that they were mostly used for a single person. This shape was used into the New Kingdom. In the course of the reign of Thutmose III (1479–1425 BC), a new type of eye paint vessels appeared – cylindrical vessels with a side holder for cosmetic sticks used for applying the paint.

This vessel was discovered in tomb 1, which contained among other objects also a scarab mentioning the name of Thutmose III. Bonnet thought that tomb 1 represented the most ancient burial stratum of the more recent periods, and dated it to the end of the Middle Kingdom or to the beginning of the New Kingdom.[4]

Analogical discoveries of kohl vessels come from the cemetery of high-ranking officials at Assasif, at the western bank of Thebes.[5] The edges of the objects found here were lined with gold foil.

---

[1] Schoske (1990).
[2] Bourriau (1984: 365).
[3] Helck (1975).

[4] Bonnet (1928: 55), Ullmann (1981: 17, fig. 16).
[5] Lilyquist (1995: fig. 169).

54 Rekonstrukce fajánsové sítě

korále moderní výroby (originál: fajáns);
Pozdní doba (originál), 26. dynastie,
664–525 př. n. l.;
Abúsír, šachtový hrob kněze Iufaa;
NM – Náprstkovo muzeum, R 215;
rekonstrukci zhotovila Hana Juránková

54 Reconstruction of the Net of Faience Beads

beads of modern making (original: faience);
Late Period (original), 26th Dynasty, 664–525 BC;
Abusir, shaft tomb of priest Iufaa;
NM – Náprstek Museum, R 215;
reconstruction by Hana Juránková

Fajánsové sítě pokrývající mumie se nejčastěji používaly v Pozdní době. Nejstarší ojedinělé doklady pocházejí již z 21. nebo 22. dynastie (asi 945–715 př. n. l.) a tradice jejich užití je doložena dále až do Ptolemaiovské doby.[1] Sítě byly obvykle sestaveny z podlouhlých válcovitých fajánsových perel modrých a zelených odstínů. Vytvářely kosočtverečný vzor a někdy měly lemy z perel kontrastních pestrých barev. V některých případech se používaly perly či fajánsové destičky odlišného vzhledu, jako je tomu např. v hrobce Padineita (26. dynastie).[2]

Stálou součástí sítí byly vložené amulety z fajánse či jiných materiálů, či vzory sestavené rovněž z fajánsových korálků, avšak barevně odlišených od vlastních sítí. Podle členění Flory Silvanové patří Iufaova síť k typu Bb, který pokrýval mumii od ramen po kotníky a obsahoval vložené motivy postav božstev, sestavené z fajánsových korálků.[3] Typickými prvky byly: okřídlené božstvo (skarab, bohyně Nut atd.) v horní části sítě, čtyři synové Horovi a bohyně Eset, Nebthet apod. Všechna tato božstva chrání zemřelého a jeho tělo. Síť se pokládala přímo na obinadla mumie.

Iufaova síť je sestavena z modrých válcovitých korálků tvořících kosočtverečný vzor a má vloženy korálkové motivy božstev v kontrastních barvách – červené, žluté, černé a zelené. Rekonstrukce sítě nezachycuje v úplnosti původní široký náhrdelník, který k ní patřil a původně se skládal ze sedmi řad stylizovaných listů, poupat lotosu, roset a kapek.[4] Rekonstruována je pouze jedna řada s kapkovitým motivem. Pod náhrdelníkem na hrudi se nachází ženské okřídlené božstvo s křídly roztaženými v ochranném gestu a se slunečním kotoučem na hlavě – jedná se pravděpodobně o bohyni Nut.[5] Pod ní jsou čtyři synové Horovi – Amset, Hapi, Duamutef a Kebehsenuf, uspořádáni v párech podél osy těla a obráceni k sobě. Pod nimi vyniká v ose sítě ve žlutém oválu hieroglyfický nápis „Usir, dohlížitel paláce [červené koruny] Iufaa, zrozen z Anchtes". V dolní části sítě klečí dvě bohyně, patrně Eset a Nebthet.[6] Síť byla nalezena v Iufaově vnitřní dřevěné rakvi na silné vrstvě obinadel mumie.[7]

Význam sítí je spojován s bohyní Nutou a bohem Usirem, jenž býval často zobrazován oděný v podobné síti. Síť mohla vyjadřovat astrální rozměr existence Usira a tedy i zemřelého.

Nets of faience beads covering the mummy were used most often in the Late Period. The most ancient individual finds come already from the 21st or 22nd Dynasties (ca. 945–715 BC), and the tradition of their usage is attested all the way into the Ptolemaic period.[1] The nets were usually made of long cylindrical faience beads of blue and green hues. They created a rhomboidal pattern, and sometimes they were enclosed in an edge of beads of contrasting bright colours. In some cases, beads or faience plates of different shapes were used, for example in the tomb of Padineith of the 26th Dynasty.[2]

An indispensable part of these nets consisted of inserted amulets of faience or other materials, or patterns of faience beads of other colours (as we can see in the example of Iufaa's net). According to Silvano's classification, Iufaa's net would belong to type Bb, which covered the mummy from the shoulders to the ankles and contained inserted motifs of deities, made of faience beads.[3] The net was placed directly on the bandages of the mummy.

Iufaa's net is made of blue cylindrical beads in rhomboidal patterns interspersed with bead motifs of deities in contrasting colours: red, yellow, black and green. The reconstruction does not show the complete original wide collar, which belonged to it and originally consisted of seven rows of stylized leaves, lotus buds, rosettes and drops.[4] Here we can see only a single row with a drop motif. Under the collar, on the chest, we can see a female winged deity with her wings spread in a protective gesture and wearing a sun disk on her head. It is probably Nut.[5] Under her are the four sons of Horus, Imset, Hapi, Duamutef and Kebehsenuf, arranged in pairs along the axis of the body and facing each other. In the axis of the net under them and contained within a yellow ellipse, we can see a hieroglyphic inscription, "Osiris, overseer of the palace [of the Red Crown] Iufaa, born of Ankhtes." Two goddesses, probably Isis and Nepthys, kneel in the lower part of the net.[6] The net was discovered in Iufaa's inner wooden coffin on a thick layer of mummy wrappings.[7]

The nets are connected with the goddess Nut and with Osiris, who can often be found depicted dressed in a similar net. The net could have expressed the astral dimension of the existence of Osiris and thus also of the deceased.

---

1 Bosse–Griffiths (1978: 99–106), Silvano (1980: 83).
2 Barsanti (1901: 104).
3 Silvano (1980: 84, 88–91), Bosse–Griffiths (1978: 104–106).
4 Bareš (2000: 8).

5 Silvano (1980: 89).
6 Bareš (2000: 9).
7 Bareš (2000: 8).

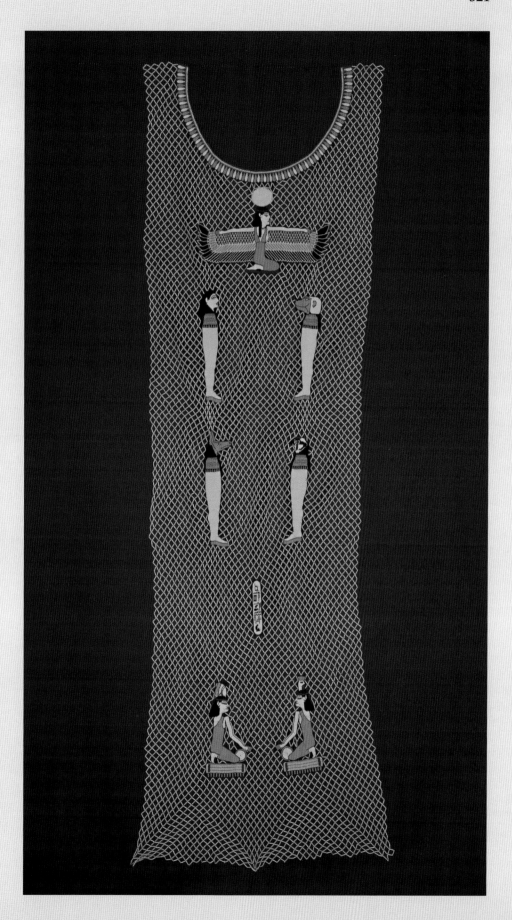

55 Amulety znázorňující významná božstva

fajáns, v. 1,2–3,5 cm;
Pozdní doba, 664–332 př. n. l.
Abúsír, mastaba vezíra Ptahšepsese,
pyramidový komplex královny Chentkaus
– sekundární pohřebiště;
NM – Náprstkovo muzeum;
P 5805d, P 5805b, P 5805a, P 5346, P 5370a,
P 5371b

55 Amulets Depicting Important Deities

faience, H: 1.2–3.5 cm;
Late Period, 664–332 BC;
Abusir, mastaba of vizier Ptahshepses,
pyramid complex of Queen Khentkaus
– secondary cemetery;
NM – Náprstek Museum;
P 5805d, P 5805b, P 5805a, P 5346, P 5370a,
P 5371b

Amulety sloužily jako magické ochranné předměty. Nejčastěji znázorňovaly božstva, zvířata, části těla a různé náboženské symboly. Sílu získávaly ze svého tvaru, materiálu nebo barvy, a sice na principu podobnosti. Účinnost mohl zvyšovat také nápis, který nesly, případně magický výrok, jenž byl nad nimi pronesen. Jejich majitelé doufali, že nabudou odpovídající síly a schopností, budou obdařeni štěstím a chráněni od nebezpečí. Amulety se rovněž používaly při léčení. Jejich magickému působení se přikládal stejný význam jako účinkům podávaných léků. Amulety a šperky s amulety obvykle zdobily a ochraňovaly svého majitele nejen během života, ale také po smrti, kdy jej doprovázely do záhrobí. Zvláštní skupinu tvořily tzv. pohřební amulety vkládané do obinadel při mumifikaci zemřelého.[1]

Amulety se objevují poměrně často již v Předdynastické době. K jejich velkému rozšíření došlo v Pozdní době, kdy se nejběžnějšími staly amulety fajánsové, upřednostňované pro svoji· modrozelenou barvu symbolizující mládí, zdraví a znovuzrození. Velmi oblíbeným námětem byla znázornění bohů a bohyní v jejich rozličných formách.

Bastet (P 5805d, P 5371b) byla původně bohyní města Búbastis ve východní deltě, kde byla uctívána jako lví božstvo s lidským ženským tělem a lví hlavou.[2] Po domestikaci kočky ve 2. tis. př. n. l. postupně nabývala podoby mírumilovnější kočky nebo ženy s kočičí hlavou a náhrdelníkem *menit*, případně sistrem (hudebním nástrojem). Ve formě schematizované sedící kočky se jako fajánsový amulet na náhrdelníku ponejvíce objevuje v Pozdní době. Kočka byla Egypťany ceněna pro svoji plodnost, Bastet byla tedy uctívána jako bohyně plodnosti. Nošení takového amuletu mělo smysl především za života, ale svůj význam mohlo mít také na onom světě, v souvislosti s Bastetiným sistrem spojovaným s radostí, obveselováním a opojením.[3]

Štíhlé ženské tělo se lví hlavou lemovanou dlouhou trojdílnou parukou (P 5805a) patří pravděpodobně bohyni Sachmetě. Původně byla ochrannou bohyní panovníka, v pozdějších dobách převládly její válečnické schopnosti a role v léčitelství a magii. Zde je třeba spatřovat význam amuletů s její podobou. Centrem jejího uctívání byla Memfida. Často byla ztotožňována s dalšími lvími bohyněmi, Bastetou a Tefnutou. Všechny tyto amulety byly nošeny kvůli ochraně a naději v plodnost.[4]

Amulets served as objects of magical protection. Most often they took the form of deities, animals, parts of the human body or various religious symbols. They acquired their power through their form, material, or colour on the basis of the similarity principle. Their effectiveness could have been enhanced by the inscription they carried, or by the magical utterance spoken over them. Their owners hoped to acquire corresponding power and abilities, to be endowed with happiness and protected from danger. Amulets were also used for healing. Their magical influence was considered equally important as the effects of medical remedies. Amulets and jewels with amulets usually adorned and protected their owners not only in life, but they accompanied them to the afterlife after their death. The so-called funerary amulets, that were wrapped inside the bandages during the mummification of the deceased, form a special group.[1]

Amulets are quite frequent already in the Predynastic Period. They enjoyed special favour in the Late Period, when faience amulets became the most frequent. They were favoured due to their blue-green colour that symbolized youth, health and rebirth. The most common forms depicted gods and goddesses in their various appearances.

Bastet (P 5805d, P 5371b) was originally the local goddess of the city of Bubastis in the eastern Delta, where she was worshipped as a lion deity with a female human body and lion head.[2] After the domestication of the cat in the 2nd millennium BC, she gradually took the form of the calmer cat or of a woman with cat's head and the *menit* necklace and eventually the sistrum (a musical instrument). As a faience amulet, she takes the form of a stylized seated cat, and appears above all in the Late Period. The cat was worshipped by the Egyptians above all for its fertility, and Bastet was thus adorned as the goddess of fertility. The wearing of such an amulet was important above all during life, but it could play a role in the other world, in connection with Bastet's sistrum associated with happiness, joy and drunkenness.[3]

The slender female body with a lion's head lined with the tripartite wig (P 5805a) probably belongs to the goddess Sakhmet. Originally she was a patron goddess of the king, but later her military abilities prevailed alongside her role

---

[1] Andrews (1994), Müller–Winkler (1987), Petrie (1914).
[2] Schoske–Wildung (1993: 152).

[3] Andrews (1994: 32–33).
[4] Andrews (1994: 34).

Fajánsové amulety Esety sedící na trůnu a kojící malého syna Hora (Harpokrata) (P 5805b) se v Pozdní době objevují na každé mumii. Eseta vystupuje jako archetypální ochranná bohyně matka, dárkyně a ochránkyně života, uctívaná v mnoha svatyních v celém Egyptě. Pro postavení Esety je stěžejní její role v základním egyptském mýtu o Usirovi, zákeřně zavražděném a znovuzrozeném panovníkovi, v němž vystupuje jako věrná manželka a obětavá matka.[5]

Bůh Thovt byl zpodobňován jako ibis, pavián (P 5370a) nebo ve smíšené podobě s lidským tělem a hlavou ibise (P 5346).[6] Drobné abúsírské amulety se nedochovaly kompletní, z postavy paviána zůstaly zadní nohy a ocas, stojící lidská postava Thovta se silně stylizovanou hlavou ibise je uražená v polovině stehen. Thovt byl bohem moudrosti, Měsíce, vynálezcem písma a písařem bohů zapisujícím u posledního soudu zemřelého. Jeho kult byl součástí všech velkých náboženských center v Egyptě a okolí (Sinaj, Núbie, Súdán).[7]

in healing and magic. The latter functions are reflected in amulets with her portrait. The centre of her cult lay in Memphis. She was often identified with other lion goddesses, Bastet and Tefnut. All these amulets were worn because of the protection they offered and in hope for fertility.[4]

Faience amulets depicting Isis seated on the throne lactating her little son Horus (Harpocrates) (P 5805b) appear on every Late Period mummy. Isis represents the archetypical guardian mother goddess, giver and protector of life, worshipped in many sanctuaries all over Egypt. Her status is to a large extent derived from her role in the basic Egyptian myth about Osiris, the insidiously murdered and resurrected king, where she plays the role of a faithful wife and selfless mother.[5]

The god Thoth is usually depicted as an ibis, baboon (P 5370a), or as a human figure with the head of an ibis (P 5346).[6] The small Abusir amulets were not completely preserved, only the hind legs and tail remain from the baboon, and the standing human figure of Thoth with a highly stylized head of an ibis is detached halfway down the thighs. Thoth was the god of wisdom, Moon, the inventor of script and scribe of the gods keeping record at the final judgment of the deceased. His cult was practiced in all large religious centers in Egypt and her surroundings (the Sinai, Nubia, the Sudan).[7]

---

[5] Andrews (1994: 48), Petrie (1914: 35–36).

[6] Andrews (1994: 49).

[7] Schoske–Wildung (1993: 161).

56 Amulety znázorňující bohy Bese a Pataika

fajáns, v. 1,2–2,5 cm;
Pozdní doba, 664–332 př. n. l.;
Abúsír, mastaba vezíra Ptahšepsese,
pyramidový komplex královny Chentkaus
– sekundární pohřebiště;
NM – Náprstkovo muzeum;
P 5805c, P 5341, P 5384, P 5355, P 5805e

56 Amulets Representing Gods Bes and Pataikos

faience, H: 1.2–2.5 cm;
Late Period, 664–332 BC;
Abusir, mastaba of vizier Ptahshepses,
pyramid complex of Queen Khentkaus
– secondary cemetery;
NM – Náprstek Museum;
P 5805c, P 5341, P 5384, P 5355; P 5805e

Bůh Bes (P 5805c, P 5341, P 5384, P 5355) byl velmi populárním ochranným božstvem spojovaným s domácností a rodinou. Spolu se svým ženským protějškem, hroší bohyní Tueretou, nikdy nepatřil ke skupině „velkých" bohů, v lidové zbožnosti však hráli důležitou roli. Bes je vždy dobře rozeznatelný. Jako jeden z mála bohů byl i na reliéfech a malbách zobrazován zepředu, nikoli z profilu. Podobá se nahému trpaslíkovi s křivýma nohama, jeho ošklivou tvář lemuje lví hříva a uši a na hlavě nese korunu s vysokými pery. Ruce mívá položené na stehnech. Může mít krátkou bederní zástěrku, případně také lví ocas. Někdy byla znázorňována pouze jeho šklebící se hlava s vyceněnými zuby a vyplazeným jazykem. Svou grimasou zastrašoval zlé síly a chránil tak členy domácnosti před hady, štíry a démony. Jeho podoba se objevuje na mnoha domácích předmětech – zrcadlech, kosmetických nádobkách, židlích, postelích, podhlavničkách či keramických džbánech (viz heslo 50).[1]

Besovy amulety nosily nejčastěji ženy, jež chránil při porodu, a malé děti. Pohřební amulety se zpodobněním tohoto boha měly podobnou funkci – ochraňovaly zemřelé při znovuzrození na onom světě.

Bes byl rovněž nositelem funkcí válečnických, neboť Egypťané věřili v apotropaické účinky jeho šeredné tváře na nepřátele. Svým vzezřením trpaslíka však působil i komicky. Stal se proto bohem radosti, tance a hudby, ale také plodnosti a sexuality. Dochovala se jeho zobrazení s bubínkem nebo tamburínou, jejichž rytmické hlučné zvuky měly působit potěšení a zahánět síly zla. Jako tanečníci a hudebníci byli na královském dvoře obdobně ceněni skuteční trpaslíci.[2]

Četnost dochovaných znázornění boha Bese dokazuje jeho velkou oblíbenost, především během Pozdní doby. Přesto se podařilo objevit pouze jediný chrám, který mu byl zasvěcen. Nachází se v oáze Bahríja, starověkém centru produkce vína.[3]

S Besem bývá zaměňován ochranný bůžek Pataikos (P 5805e), který byl rovněž znázorňován jako malý křivonohý trpaslík s velkou hlavou, ovšem jeho podoba byla lidská. Nebyl zdoben korunou ani dalšími atributy. Amulet s postavou Pataika nosily těhotné ženy na ochranu před narozením zdeformovaného dítěte. Pataikos bývá považován za dětské zpodobnění boha Ptaha, vládce memfidské oblasti, která byla centrem výroby tohoto typu amuletu.[4]

Bes (P 5805c, P 5341, P 5384, P 5355) was a very popular protective deity associated with the household and the family. Despite the fact that he and his female counterpart, the hippopotamus goddess Tweret, never belonged to the group of "great" gods, they nonetheless played an important role in folk religion. Bes is always very easy to recognize. He belongs to the very few gods who were even on reliefs and paintings depicted *en face*, not in profile. He takes the form of a naked dwarf with crooked legs, his ugly face is lined with a lion's mane, and he wears a crown with tall plums on his head. His hands rest on his thighs. Occasionally he is wearing a short loincloth or a lion's tail. Sometimes, only his scowling face with bare teeth and his tongue hanging out. His grimace scared off evil forces, and the god thus protected household members from snakes, scorpions and demons. His portrait appears on many household items, such as mirrors, cosmetic containers, chairs, beds, headrests, or pottery jars (cf. catalogue entry 50).[1]

Bes amulets were most frequently worn by women, whom it protected at childbirth, and small children. Funerary amulets with the portrait of this god performed the same function, they protected the dead at their resurrection in the other world.

Bes also fulfilled military roles, because the Egyptians believed in apotropaic effects of his appalling face against their enemies. His dwarf visage had, however, also a comical aspect. He therefore became a god of joy, dance, and music, but also of fertility and sexuality. Depictions of Bes with a drum or tamburine have been preserved. The rhytmical noise of these instruments brought joy and expelled evil forces. Real dwarves were praised on the royal court as dancers and musicians.[2]

The frequency of preserved depictions of god Bes attests to his great popularity, above all in the course of the Late Period. Despite the fact, only a single temple dedicated to him has been discovered hitherto. It is located in the Bahriya oasis, in the ancient wine production centre.[3]

Bes is sometimes confused with the protective god Pataikos (P 5805e). He was also depicted as a small dwarf with crooked legs and big head, but he took human form. He wore no crown or other amulets. Amulets with the figure of Pataikos were worn by pregnant women, whom it protected against the birth of a deformed child. Pataikos is usually considered

---

[1] Andrews (1994: 39–40).
[2] Schoske–Wildung (1993: 108).
[3] Hawass (2002: xxiii).
[4] Schoske–Wildung (1994: 182), Györy (2002: 491–502).

Abúsírské amulety znázorňující Bese a Pataika tvořily součást pohřební výbavy hrobů na sekundárních pohřebištích z Pozdní doby. Zdálo by se tedy, že patří do kategorie pohřebních amuletů. Všechny však mají v horní polovině těla provrtaný podélný otvor a tvořily pravděpodobně součást náhrdelníků, které mohly být nošeny již za života. Amulety jsou zhotoveny z fajánse modré až modrozelené barvy symbolizující znovuzrození, což koresponduje s ochranným působením bohů Bese a Pataika při porodu.

for the child god Ptah, ruler of the Memphite region, which was the centre of the production of this amulet type.[4]

The Abusir amulets depicting Bes and Pataikos were parts of the burial equipment of tombs at the secondary cemeteries of the Late Period. It would seem that they belong to funerary amulets. All have a hole drilled in the upper part of the body, and thus it seems they were part of necklaces, that could have been worn at lifetime. The amulets are made of faience of blue to blue-green colour, symbolizing resurrection, which corresponds to the protective function of Bes and Pataikos at birth.

57 Amulety znázorňující oko *vedžat*

fajáns, š. 1,1–1,9 cm;
Pozdní doba, 664–332 př. n. l.;
Abúsír, mastaba vezíra Ptahšepsese,
pyramidový komplex královny Chentkaus
– sekundární pohřebiště;
NM – Náprstkovo muzeum;
P 5347, P 5350, P 5351, P 5358a, P 5358b,
P 5366a, P 5371a, P 5387a, P 5803b

57 Amulets in the Form of the *udjat* Eye

faience, W: 1.1–1.9 cm;
Late Period, 664–332 BC;
Abusir, mastaba of vizier Ptahshepses,
pyramid complex of Queen Khentkaus
– secondary cemetery;
NM – Náprstek Museum;
P 5347, P 5350, P 5351, P 5358a, P 5358b,
P 5366a, P 5371a, P 5387a, P 5803b

Oko *vedžat*, tzv. Horovo oko, se stalo jedním z nejoblíbenějších staroegyptských ochranných amuletů. Poprvé bylo doloženo ve Staré říši, době stavitelů pyramid, a zůstalo v oblibě až do řecko-římské doby. Mělo podobu lidského oka s vyklenutým obočím a charakteristickým znamením pod spodním víčkem. Znamení nabývalo tvaru kapky umístěné zhruba uprostřed spodního víčka, blíže ke koutku, a zatočené spirály vybíhající přibližně ze stejného místa a orientované opačně. Údajně se jedná o napodobení kresby na hlavičce samičky sokola středozemního. Znázorňováno bylo levé i pravé oko, jeho forma se v detailech během staletí proměňovala. Především v Pozdní době se vyráběly amulety *vedžat* kombinované s jinými božstvy a symboly nebo složené z většího počtu očí, jež měly poskytovat větší ochranu.[1]

Posvátné Horovo oko se objevuje v mýtu popisujícím boj Hora se Sutechem, jenž je základním egyptským mýtem o dobru soupeřícím se zlem o spravedlnost ve světě. V závěrečném zápase vyrval rozzuřený bůh Sutech svému synovci Horovi levé oko a odhodil je až na okraj světa. Thovt, bůh moudrosti, oko zachránil, uzdravil a navrátil Horovi. Původně se jednalo o oko „Hora staršího", Haruera, boha stvořitele a nebeského sokola.[2] Teprve poté, co se Usir stal významným jako bůh mrtvých, začalo být oko *vedžat* identifikováno s okem jeho syna Hora. Podle vlivného usirského mýtu nakonec Hor nabídl své uzdravené oko otci Usirovi. Posvátné Horovo oko se tak stalo symbolem synovské oddanosti a lásky, triumfem Hora nad zlem a smrtí. Tento mytický předobraz z něj činí jeden z nejmocnějších staroegyptských ochranných amuletů.

Oko *vedžat* bylo označováno za „neporušené, netknuté, svázané, obnovené". Amulety s tímto motivem sloužily proti uhranutí, odkazovaly k oddanosti a zmrtvýchvstání. Nejčastěji jsou nalézány na mumiích, ale kvůli ochraně je nosili také živí. Mocné oko bylo často zobrazováno na destičce zakrývající řez balzamovačů na boku zemřelého, kde chránilo otvor a uzdravovalo ránu.[3]

Abúsírské amulety jsou vyrobeny z fajánse modré barvy a patří mezi jednoduché příklady *vedžat* očí, nalézaných ve větším množství na mumifikovaných tělech zemřelých. Některé jednodušší amulety jsou tvořeny pouze obrysem oka s jednoduchou kapkou černé polevy představující zornici a linií zvý-

The *udjat* eye, the so-called eye of Horus, became of the most popular protective amultes. It is first attested in the Old Kingdom, in the time of the pyramid builders, and it remained in favour until the Greco-Roman Period. It took the form of a human eye with an arching brow and characteristic sign under the eye. The sign consisted of a drop located approximately in the middle of the bottom eyelid, closer to the inner corner, and a spiral running from the same spot and oriented the other way. It imitates the pattern on the female Mediterranean falcon. Both the left and right eye were depicted, and the form of the *udjat* underwent some changes in the course of the centuries. Above all the Late Period witnessed the production of *udjat* amulets combined with other deities and symbols or combined from a larger amount of eyes, which enhanced the protection they gave.[1]

The sacred eye of Horus appears in the myth describing the fight of Horus and Seth, which is the basic Egyptian myth about good combating evil for justice in the world. In the final encounter, the furious god Seth tore out the left eye of his nephew Horus and threw it to the edge of the world. Thoth, the god of wisdom, saved the eye, healed it, and returned it to Horus. Originally, *udjat* was the eye of "Horus the Elder", Haeroeris, the creator god and heavenly falcon.[2] First after Osiris became important as the god of the dead, the *udjat* eye began to be identified with the eye of his son Horus. According to the influential Osirean myth, Horus finally offered his healed eye to his father Osiris. The sacred Horus eye thus became the symbol of the devotion and love of a son, and of the triumph of Horus over evil and death. This mythical pattern makes it one of the most potent ancient Egyptian protective amulets.

The *udjat* eye was called the "intact, undamaged, bound, renewed". Amulets with this motif protected against the evil eye, and referred to devotion and resurrection. Most often they are found on mummies, but because of their protective power, living ones wore them too. The powerful eye was often depicted on a tablet covering the embalmers' cut on the side of the deceased, where it protected the opening and healed the wound.[3]

The Abusir amulets are made of faience of blue colour and belong to the simple *udjat* eyes that are usually found in

---

[1] Müller–Winkler (1987: 86–177).
[2] Schoske–Wildung (1993: 182).

[3] Andrews (1994: 43–44).

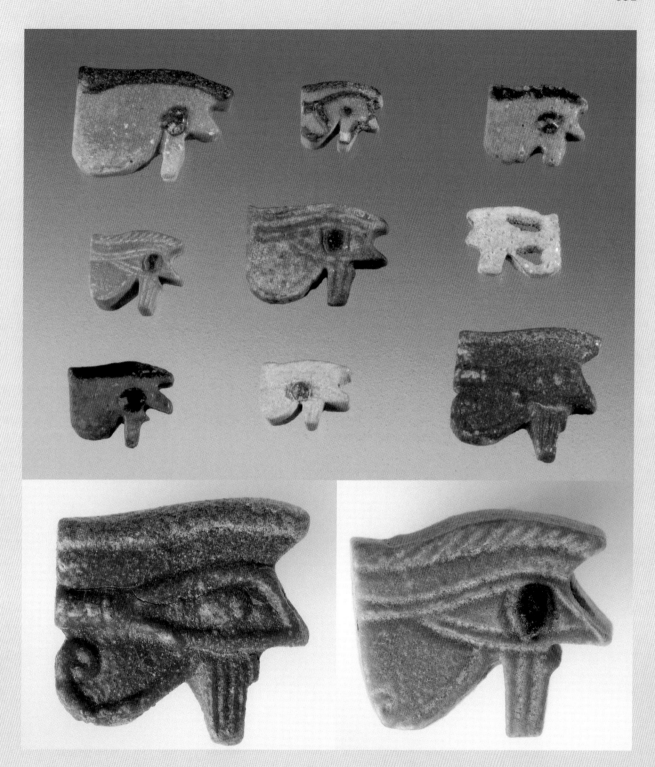

razňující obočí (P 5347, P 5351, P 5366, P 5371), případně tvar celého oka (P 5358a). Propracovanějšími příklady jsou amulety s plasticky provedenými detaily očí (5803b) a černě vyznačenou zornicí (P 5350, P 5387), případně vyrobené technikou prolamování (P 5358b).

greater amounts on mummified bodies. Some simple amulets are formed only by an outline of an eye with a simple drop of black glaye representing the iris and a line emphasizing the brow (P 5347, P 5351, P 5366, P 5371), or the shape of the whole eye (P 5358a). More elaborate cases includes amulets with details modeled in relief (P 5803b) and the iris marked black (P 5350, P 5387), or sometimes made by the technique of openwork (P 5358b).

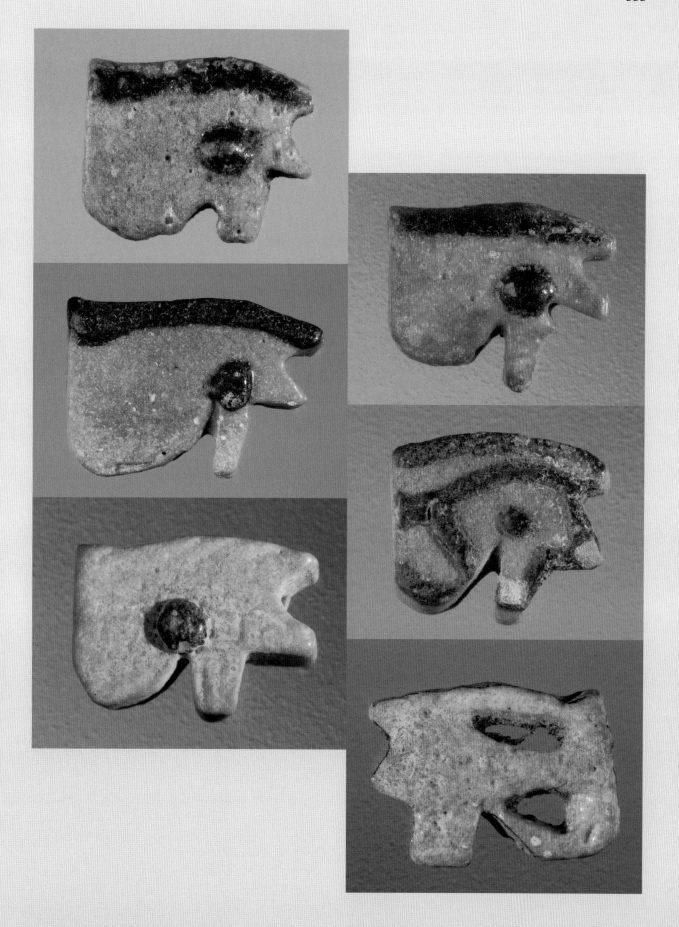

58 Ozdoby z mušlí

d. (mušle v náramku) 1,4–1,8 cm (P 5424a–z),
d. (náhrdelníku) 547 cm (P 5813);
Pozdní doba, 664–332 př. n. l.;
Abúsír, mastaba vezíra Ptahšepsese, pyramidový
komplex královny Chentkaus
– sekundární pohřebiště;
NM – Náprstkovo muzeum;
P 5424a–z, P 5813

58 Shell Jewels

L (of shell in bracelet): 1.4–1.8 cm (P 5424a–z),
L (of necklace): 547 cm (P 5813);
Late Period, 664–332 BC;
Abusir, mastaba of vizier Ptahshepses,
pyramid complex of Queen Khentkaus
– secondary cemetery;
NM – Náprstek Museum;
P 5424a–z, P 5813

Ozdoby z mušlí, pravděpodobně náhrdelník a náramek, byly součástí sekundárních dětských pohřbů. Náramek (P 5424) tvoří 24 mušlí kauri (*zavinutec penízkový*) s odřezanou zadní stranou, náhrdelník (P 5813) je sestaven z mušlí kauri, ulit homolice a jedné lastury ústřice. Ozdoby z mušlí sloužily jako amulety a chránily zemřelého.

S ulitami od Rudého moře se v Egyptě obchodovalo už v Předdynastické době, byly nalezeny již v hrobech z badárské kultury. Jejich obliba trvala po celou dobu faraonského Egypta a mezi mnoha africkými kmeny se udržela dodnes. Z různých ulit měkkýšů byly jako ochranný amulet nejčastěji využívány mušle kauri.[1] V jejich sílu a účinnost se věřilo na základě jejich podobnosti s ženským přirozením. Bývaly součástí náhrdelníků nebo opasků a měly od příslušné části těla odhánět zlé síly, zajišťovat plodnost a ochraňovat ženu v těhotenství.

Velmi brzo začaly být tvary rozličných ulit a lastur kopírovány ve vzácnějších materiálech (fajáns, karneol, achát, živec, zlato atd.). Tyto nápodoby mohly být následně používány společně s mušlemi přírodními.[2] V hrobkách se dochovalo poměrně velké množství mušlí kauri ze zlata, stříbra a elektra, které sloužily jako spony k opaskům. Podobně oblíbené bylo napodobování lastur ústřice,[3] které byly pravděpodobně dalším důležitým ženským amuletem.

Víra v ochrannou moc mušlí kauri přetrvává na africkém kontinentě dodnes. Patnáctileté dívky z kmene Senufo na Pobřeží slonoviny se mušlemi kauri, symboly jejich ženskosti, zdobí během tance, který je vyvrcholením sedm let trvajícího iniciačního přechodového rituálu uvádějícího je mezi dospělé ženy.[4]

Šňůrka s mušlemi kauri je rovněž vhodným votivním darem pro figurku *mama wata*, bohyni vodstva, známou v rovníkové Africe. Zajímavostí je, že tento kult se rozvinul teprve na počátku 20. století.[5]

Cowry shell jewels, probably necklace and bracelet, belonged to secondary child burials. The bracelet (P 5424) is formed by 24 cowry shells (*Cypraea moneta*) with a cut off hind part, the necklace (P 5813) is made of cowry shells, conus conches, and one oyster shell. Shell jewels served as amulets and protected the deceased.

Shells from the Red Sea were traded in Egypt already in the Predynastic Period, since they were discovered in tombs from the Badarian period. They were in favour for the entire duration of Pharaonic Egypt, and they are still popular among many African tribes. Out of all mollusk shells, cowry shells were most frequently used as protective amulets.[1] Their power and effectiveness was derived from their similarity to the female intimate parts. They were parts of necklaces or belts and their task was to expel evil forces from the respective body parts, to ensure fertility and to protect women in pregnancy.

Soon various shells and conches were copied in more precious materials (faience, carneol, agate, feldspar, gold etc.). These imitations could then have been used alongside real shells.[2] A relatively large amount of cowries shells made of gold, silver and electrum were found in burials. They served as belt buckles. The imitation of oyster shells,[3] which were probably another important female amulet, was equally popular.

The faith in the protective power of cowry shells survives on the African continent until today. Fifteen-years old girls from the Senufo tribe on the Ivory Coast adorn themselves with cowry shells, that symbolize their femininity, in the course of the dance that is the climax of their seven-years long initiation transition ritual, after which they enter the ranks of adult women.[4]

A string with cowry shells is also a suitable votive gift for the figure of *mama wata*, the goddess of waters worshipped in Equatorial Africa. Interestingly, this cult developed first in the beginning of the 20th century.[5]

[1] Andrews (1994: 42).
[2] Rigault (1999: 307).
[3] Andrews (1994: 43).
[4] Beckwith–Fisher (1999a: 76–77).
[5] Beckwith–Fisher (1999b: 156).

59 Antropoidní rakev

dřevo, d. 204 cm, max. š. 60 cm;
Pozdní doba (?), 664–332 př. n. l.;
Abúsír, sekundární pohřebiště v okolí
pyramidového komplexu královny Chentkaus II.;
NM – Náprstkovo muzeum;
P 5709

59 Anthropoid Coffin

wood, L: 204 cm, max. W: 60 cm;
Late Period (?), 664–332 BC;
Abusir, pyramid complex of Queen Khentkaus II
– secondary cemetery;
NM – Náprstek Museum;
P 5709

Abúsírská nekropole obsahuje několik sekundárních pohřebišť datovaných do Nové říše (asi 1539–1069 př. n. l.) až Pozdní doby (664–332 př. n. l.). Nejčastěji se zde nacházejí jednoduché pohřby s malým množstvím pohřební výbavy. Pouze v některých z nich byli zemřelí uloženi v dřevěných rakvích. V tomto období byly velmi oblíbené antropoidní rakve zdobené vyobrazeními božstev a náboženskými texty (obětní formule atd.). Ačkoli rakve z konce Nové říše a Pozdní doby oplývají bohatstvím tvarů i výzdoby, u chudších pohřbů se i nadále používaly rakve jednoduše zdobené.[1]

Rakev představovala významnou součást pohřbu – byla sídlem zesnulého na onom světě. Antropoidní rakev v jistém smyslu nahrazovala i jeho tělo a vytvářela ideální mumii. Náboženské texty, případně vyobrazení božstev, zastupovaly a doplňovaly výzdobu hrobky a napomáhaly úspěšné existenci na onom světě.

Zde vyobrazená dřevěná rakev pochází z rozsáhlého sekundárního pohřebiště v okolí pyramidového komplexu královny Chentkaus II. Byla nalezena v jámě u jižní paty Neferirkareovy pyramidy, do níž byla ještě ve Staré říši uložena zádušní loď tohoto panovníka.[2] Víko rakve má antropoidní tvar a spočívá na jednoduše tvarované vaně. Ta je sestavena z 1 až 1,5 cm silných prken spojených dřevěnými svlaky. Polychromní výzdoba rakve je provedena na podkladovém bílém štuku. Obličejová část – maska – zachycuje buclatou tvář s velkýma ušima, kterým chybí nepravý vous. Kůže je naznačena červenou barvou, bělmo očí bílou, řasy a oční panenky černou. Obličej rámuje trojdílná modrá paruka a mezi jejími cípy na hrudi jsou naznačeny pruhy širokého náhrdelníku vesech, a to bílou, červenou a modrou barvou. Z dnešního stavu rakve nelze určit, zda byla na hrudi doplněna o zkřížené ruce. V ose víka je bílý, černými linkami vymezený pruh s černým nápisem napsaným zjednodušenými hieroglyfy. Patrně se jedná o řemeslnou práci opisovače, který sám nerozuměl textu. Text nelze přeložit, navíc je i značně poškozen. Na přední stěně vany jsou zobrazeni tvářemi k sobě dva ležící černí šakali.

Uvnitř rakve byla objevena kostra se zachovanými zbytky obinadel. Poblíž rakve se nacházela kulovitá nádobka z červené hlíny představující zřejmě skromnou pohřební výbavu. Podobných sekundárních pohřbů bylo v Abúsíru nalezeno poměrně velké množství, například na pohřebišti příslušníků rodiny panovníka Džedkarea (viz heslo 60) nebo v prostoru Ptahšepsesovy mastaby.[3]

The Abusir necropolis contains several secondary cemeteries dated between the New Kingdom (ca. 1539–1069 BC) and the Late Period (664–332 BC). Most often they consist of poor burials with few items of burial equipment. Only in few of the tombs the deceased was placed inside a wooden coffin, otherwise mats were used. Anthropoid coffins decorated with depictions of deities and religious texts (offering formulae etc.) were very popular in this period. Despite the fact that coffins from the end of the New Kingdom and the Late Period display a rich variety of forms and decoration, poorer burials still contained only simply decorated coffins.[1]

The coffin represented an important part of the burial. It was the home of the deceased in the other world. The anthropoid coffin also in a way substituted the body and created an ideal mummy. Religious texts and depictions of deities substituted and completed the decoration of the tomb.

The wooden coffin depicted here comes from an extensive secondary cemetery around the pyramid complex of Queen Khentkaus II. It was found in a pit at the southern foot of the pyramid of Neferirkare, where the funerary boat of this king was placed already in the Old Kingdom.[2] The lid of the coffin has an anthropoid shape and rests on a simple case. It consists of 1 to 1.5 cm thick boards connected by wooden ledges. The coffin was first covered with a layer of white stucco and then painted. The facial part – the masque – represents a bulky face with large ears, and lacks the false beard. The face is framed by a blue tripartite wig, and on the chest between its tips are indicated the stripes of the wide wesekh collar in white, red and blue colour. The current state of preservation of the coffin makes it impossible to determine whether crossed arms were on the chest too. A white stripe enclosed by black lines in the axis of the lid bears an inscription of simplified hieroglyphs written in black ink. The text is probably the work of a copyist, who did not understand its meaning. The text is impossible to translate, and it is also highly damaged. Two reclining black jackals are depicted on the front side of the case of the coffin. Inside was found a skeleton with remains of wrappings. A round vessel of red clay was discovered near the coffin. It most likely represents modest burial equipment. Many similar secondary burials were discovered at Abusir, for example in the cemetery of the family members of King Djedkare (cf. catalogue entry 60) or in the area of the Ptahshepses mastaba.[3]

[1] Niwinski (1984).
[2] Verner (1992c).
[3] Strouhal–Bareš (1993).

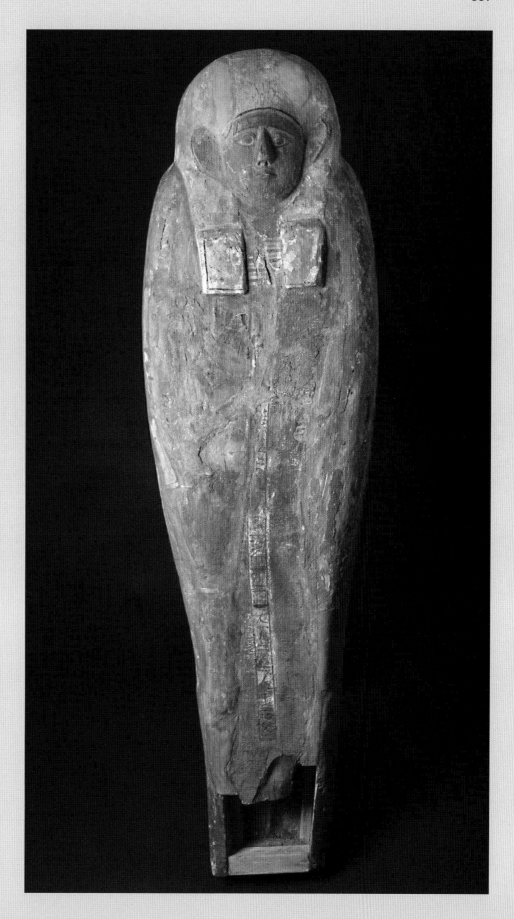

60 Obličejová maska z antropoidní rakve

dřevo, v. 52 cm, max. š. 18 cm;
Pozdní doba (?), 664–332 př. n. l.;
Abúsír, sekundární pohřeb v mastabě prince
Neserkauhora (5. dynastie);
NM – Náprstkovo muzeum;
P 5700

60 Facial Mask from an Anthropoid Coffin

wood, H: 52 cm, maximum W: 18 cm;
Late Period (?), 664–332 BC;
Abusir, secondary burial in the mastaba of Prince
Neserkauhor (5th Dynasty);
NM – Náprstek Museum;
P 5700

Dřevěné rakve jednoduchých tvarů s prostou výzdobou patří k relativně častým nálezům na sekundárních pohřebištích datovaných do Nové říše až Pozdní doby. Zde vyobrazený fragment rakve s obličejovou maskou pochází ze sekundárního pohřbu nalezeného severně od severovýchodního rohu mastaby prince Neserkauhora, která patří ke skupině hrobek příslušníků rodiny panovníka Džedkarea (5. dynastie).[1]

Fragment obličejové masky pochází z antropoidní rakve, která byla zhotovena z nestejně velkých prken spojovaných dřevěnými svlaky. Spáry mezi prkny jsou rozestouplé a fragment víka je velmi poškozen. V okamžiku nálezu bylo ještě možné rozeznat celou rakev, ta však byla natolik poškozená, že se z ní podařilo zachovat pouze obličejovou masku. Zachycenou tvář s neproporcionálně velkýma ušima a k bradě připojeným nepravým vousem rámuje tradiční trojdílná paruka, jejíž dva cípy spočívají na hrudi. Na dále neupraveném (např. vrstvou štuku) povrchu masky se dochovaly zbytky černé barvy, avšak jinak nelze rozeznat žádnou výzdobu ani nápis. Vzhledem ke stavu dochování rakve je její datování do Pozdní doby pouze rámcové.

Zde vyobrazená obličejová maska představuje jeden z typických nálezů pocházejících z výzkumů sekundárních pohřebišť, která se rozkládala na celém území abúsírské nekropole (viz heslo 59). Společně s maskou byly nalezeny rozmetané pozůstatky pohřbu se zbytky obinadel, zachovaných na kostře.

Wooden coffins of simple shape and decoration are among relatively frequent discoveries in the secondary cemeteries dated to the time between the New Kingdom and the Late Period. The fragment with the facial mask depicted here comes from the secondary burials found to the north of the northeastern corner of the mastaba of Prince Neserkauhor, which belongs to the group of tombs of the members of the family of King Djedkare (5th Dynasty).[1]

The fragment of the facial mask comes from an anthropoid coffin made of boards of uneven size connected by wooden ledges. The joints between the boards are cracked and the fragment of the lid is highly damaged. At the moment of discovery, the entire coffin could be seen, but it was so damaged that nothing but the facial mask could be rescued. The face with disproportionately large ears and false beard attached to the chin is lined by the traditional tripartite wig, the tips of which rest on the chest. The untreated (e.g. by stucco) surface of the coffin bears some traces of black colour, but otherwise no decoration or inscription is discernible. The dating of the coffin to the Late Period is, due to its bad state of preservation, only approximate.

The facial mask depicted here represents one of the typical objects discovered in the course of excavations of the secondary cemeteries that extended over the entire area of the Abusir necropolis (cf. entry 59). Scattered remains of the burial were discovered alongside the mask, and the skeleton still retained some of the original mummy wrappings.

---

[1] Verner–Callender (2002: 55–61).

61 Soška Ptah-Sokar-Usira

dřevo, polychromie patrně zčásti na štukové vrstvě,
v. 53 cm, š. 13 cm;
Pozdní doba (?), 664–332 př. n. l.;
původ neznámý;
stará sbírka NM – Náprstkova muzea;
P 2786

61 Statuette of Ptah-Sokar-Osiris

wood, polychromy apparently applied on a layer
of stucco, H: 53 cm, W: 13 cm;
Late Period (?), 664–332 BC;
provenance unknown;
Old collection of the NM – Náprstek Museum;
P 2786

Takzvané duté sošky Ptah-Sokar-Usira nebo též obaly na svitky patří k poměrně běžným součástem pohřebních výbav od 19. dynastie až do řecko-římské doby. Sošky stojícího mumiformního božstva symbolizovaly přání zesnulého splynout s bohem Usirem a znovu ožít na onom světě.[1] V královských pohřbech se jich zpravidla vyskytoval větší počet.

Od 19. dynastie se sošky boha Usira objevily také u pohřbů nekrálovských osob; každá hrobka mívala obvykle jednu sošku. V Pozdní době, asi od roku 700 př. n. l., se rozšířilo kompozitní božstvo označované jako Ptah-Sokar-Usir. Jeho typickým znakem je koruna *atef* složená ze pštrosích per, rohů a slunečního kotouče. Jak ranější sošky Usira, tak pozdější sošky Ptah-Sokar-Usira mívají v těle či v hranolovitém podstavci dutinu, která mohla obsahovat papyrový svitek – Knihu mrtvých, ale i jiné předměty (obinadla nasáklá pryskyřicí apod.).[2]

Exemplář z Náprstkova muzea zachycuje lidskou postavu v mumiformní podobě. Nese na hlavě tzv. Tatenenovu korunu složenou ze slunečního kotouče, beraních rohů a dvou pštrosích per. Vzor na peří je naznačen červenou a tmavou barvou. Sluneční kotouč je vymodelován ve spodní čtvrtině obou per v mírně vystupujícím reliéfu. Hlavu kryje trojdílná paruka původně tmavé barvy. Polychromie rukou a tváře imituje zlacení. Obočí, řasy a oči jsou naznačeny černě a soška nemá nepravý vous. Zdobí ji náhrdelník *vesech* naznačený světle žlutou a černou barvou. Na prsou vystupují z naznačených obinadel zkřížené ruce zdobené náramky namalovanými černou linkou. Tělo má červenou barvu. Na přední straně vede v ose sošky světlý pruh, který je ohraničen dvěma černými linkami s černým hieroglyfickým nápisem, jenž je poškozený a prakticky nečitelný. Snad udával jméno a určení příbuzenských svazků zesnulého, jemuž soška patřila.

Soška stojí na hranolovitém podstavci, v jehož přední části je sedící sokol s červeně zbarveným tělem, tmavší hlavou a naznačeným opeřením. Proti obvyklému schématu[3] je otočen tváří od postavy, což může být výsledkem sekundárního umístění při snaze o rekonstrukci. Rámcově lze sošku datovat do Pozdní doby.[4]

Všechna božstva „obsažená" v synkretické božské osobnosti Ptah-Sokar-Usira mají vztah k mennoferské nekropoli. Ptah je bohem Mennoferu, Sokar božstvem tamního pohřebiště a Usir je vládcem mrtvých a onoho světa. Usir je navíc pánem

Statuettes of Ptah-Sokar-Osiris, so-called hollow statuettes of Ptah-Sokar-Osiris or also scroll cases form a relatively standard part of funerary equipment between the 19th Dynasty and the Graeco-Roman Period. Statuettes of a standing mummiform deity symbolised the wish of the deceased to unite with Osiris and come back to life in the other world.[1] Royal burials probably contained more of them.

Since the 19th Dynasty, statuettes of Osiris appeared also in non-royal burials. One tomb usually contained one statuette. In the Late Period, ca. since the year 700 BC, a composite deity appeared. He was called Ptah-Sokar-Osiris. His typical attribute is the *atef* crown, consisting of ostrich feathers, horns, and the sun disk. Both the earlier Osiris statues and the later statues of Ptah-Sokar-Osiris had in the body or base a cavity that usually contained a papyrus scroll with the Book of the Dead, but also other objects (wrappings soaked with resin etc.).[2]

The example from the Náprstek Museum represents a mummiform human figure. Its head is decorated by the so-called Tatenen crown composed of the sun disk, ram's horns and two ostrich feathers. The pattern on the feathers is indicated in red and dark colour. The sun disk is formed in low relief and occupies the lower quarter of both feathers. The head is covered by a tripartite wig originally of dark colour. The polychromy of the hands and face imitates gilding. The eyebrows, lashes, and eyes are painted black and the statue has no false beard. It is decorated by a *wesekh* collar executed in light yellow and black colours. On the chest, crossed hands protrude from the painted wrappings. They are decorated with bracelets indicated in a black line. The body is painted red. The front side of the lid contains a light band running down along the axis. It is delimited by two black lines and contains a black hieroglyphic inscription that is damaged and practically illegible. Perhaps it contained the name and relations of the deceased owner of the statuette.

The statuette stands on a parallelepiped base. In the front part of the base is a seated falcon with a red body, dark head and indication of feathers. Against the common scheme,[3] the falcon faces away from the figure, which may be the result of its secondary placement in the course of an attempted reconstruction. It may be dated approximately to the Late Period.[4]

---

[1] Raven (1978: 254–257).
[2] Raven (1978: 266).

[3] Donatelli (1988: 206 Fig. 281); Raven (1978: Pl. 39–40).
[4] Raven (1978: 266–273), Krauspe (1997: 88).

Abúsíru. V egyptštině se jmenovalo toto místo *Per-Usir*, řecky Búsíris a arabsky tedy Abúsír. Název tak lze přeložit „Usirovo sídlo".

All deities "contained" in the syncretic divine figure of Ptah-Sokar-Osiris are related to the Memphite necropolis. Ptah is the god of Memphis, Sokar the deity of its necropolis, and Osiris is the ruler of the dead and the other world. Osiris is also the lord of Abusir. In ancient Egyptian this place was called *Per-Usir*, in Greek Busiris, and finally in Arabic, Abusir. The name can be translated as "The seat of Osiris".

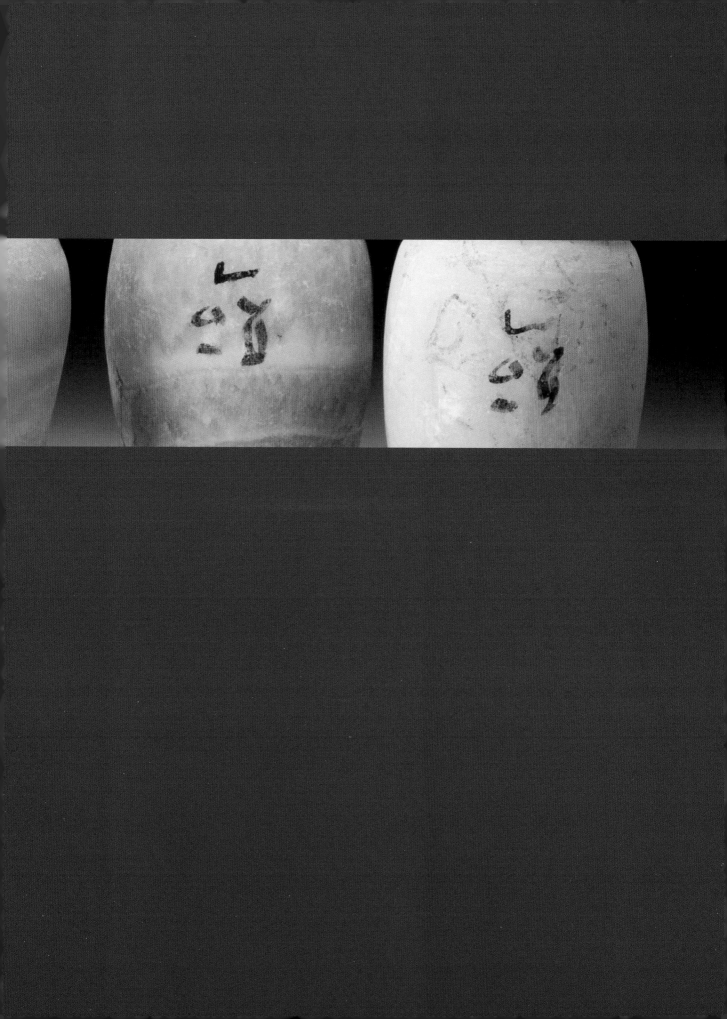

ZKRATKY / ABBREVIATIONS

AA	American Anthropologist, Arlington
ÄA	Ägyptologische Abhandlungen, Wiesbaden
AegMon	Aegyptiaca Monasteriensia, Aachen
AH	Aegyptiaca Helvetica, Basel–Gent
APAW	Abhandlungen der Preussischen Akademie der Wissenschaften, Phil.-hist. Klasse, Berlin
AR	Archeologické rozhledy, Praha
BÄBA	Beiträge zur ägyptischen Bauforschung und Altertumskunde, Wiesbaden
BACE	Bulletin of the Australian Centre for Egyptology, Sydney
BdE	Bibliothèque d'Étude, Le Caire
BG	Bibliothèque Général, Le Caire
BSAE	British School of Archaeology in Egypt, London, do/till 1940
CCÉ	Cahiers de la Céramique Égyptien, Le Caire
CdE	Chronique d'Égypte, Brussels
CRE	Current Research in Egyptology, Oxford
EA	Egyptian Archaeology, London
GM	Göttinger Miszellen, Göttingen
GOF	Göttinger Orient-Forschungen, Göttingen
HÄB	Hildesheimer Ägyptologische Beiträge, Hildesheim
JBL	Journal of Biblical Literature, Atlanta
JEA	Journal of Egyptian Archaeology, London
JNES	Journal of Near Eastern Studies, Chicago
LdÄ	Lexikon der Ägyptologie, Helck, Wolfgang–Westendorf, Wolfhart (eds.), Wiesbaden
MÄS	Münchener Ägyptologische Studien, Berlin
MÄU	Münchener Ägyptologische Untersuchungen, Berlin
MDAIK	Mitteilungen des Deutschen Archäologischen Instituts, Abteilung Kairo, Berlin–Wiesbaden–Mainz am Rhein
MonAeg	Monumenta Aegyptiaca, Bruxelles
OBO	Orbis Biblicus et Orientalis, Freiburg–Göttingen
OKAA	Old Kingdom Art and Archaeology, Prague
OLA	Orientalia Lovaniensia Analecta, Leuven
OMRO	Oudheidkundige Mededeelingen uit het Rijksmuseum van Oudheden te Leiden, Leiden
RevArch	Revue Archéologique, Paris
SAGA	Studien zur Archäologie und Geschichte Altägyptens, Heidelberg
SAK	Studien zur Altägyptischen Kultur, Hamburg
SAS	Schriften aus der Ägyptischen Sammlung, Staatliche Sammlung Ägyptischer Kunst, München
SPAW	Sitzungsberichte der Preussischen Akademie der Wissenschaften, Phil.-hist. Klasse, Berlin
SDAIK	Sonderschrift, Deutsches Archäologisches Institut – Abteilung Kairo, Mainz am Rhein
WM	Wilbour Monographs, New York and Brooklyn
WVDOG	Wissenschaftliche Veröffentlichungen der Deutschen Orient-Gesellschaft, Berlin–Leipzig
WZKM	Wiener Zeitschrift für die Kunde des Morgenlandes, Wien
ZÄS	Zeitschrift für Ägyptische Sprache und Altertumskunde, Leipzig–Berlin

LITERATURA / BIBLIOGRAPHY

Aldred, Cyril
1965 *Egypt to the End of the Old Kingdom*. London: Thames and Hudson.

Amélineau, Émile Clément
1902 *Les Nouvelles Fouilles d'Abydos 1896–1897*, Paris: Ernest Leroux.

Andrews, Carol
1994 *Amulets of Ancient Egypt*, London: British Museum Press.

Anthes, Rudolf
1965 *Mit Rahineh 1956*, Philadelphia: The University Museum, University of Pennsylvania.
1971 "Was veranlaßte Chefren zum Bau des Tempels vor der Sfinx?", in: Festschrift Ricke, Wiesbaden [BÄBA 12].

Applegate, Alex–Zedeño, Maria N.
2001 "Site E-92-9: A Possible Late Neolithic Solar Calendar", in: Wendorf, Fred–Schild, Romuald–et al. (eds.), 463–467.

Arnold, Dieter
1992 *Die Tempel Ägyptens: Götterwohnungen, Kultstätten, Baudenkmäler*, Zürich: Artemis & Winkler.

Arnold, Dorothea
1984 "Reinigungsgefäße", in: *LdÄ*, Bd. V, 213–220.

Arnold, Dorothea (ed.)
1999 *Egyptian Art in the Age of the Pyramids*, New York: The Metropolitan Museum of Art.

Arnold, Dorothea–Bourriau, Janine (eds.)
1993 *An Introduction to Ancient Egyptian Pottery. Fascicle 1*, Mainz am Rhein: Phillip von Zabern [SDAIK 17].

Arnold, Dorothea–Pischikova, Elena
1999 "Stone Vessels. Luxury Items with Manifoldplications", in: Arnold, Dorothea (ed.), 121–131.

Aston, Barbara G.
1994 *Ancient Egyptian Stone Vessels. Materials and Forms*, Heidelberg: Heidelberger Orientverlag [SAGA 5].

Aston, David A.
1996 *Egyptian Pottery of the Late New Kingdom and the Third Intermediate Period (Twelfth-Seventh Centuries B. C.)*, Heidelberg: Heidelberger Orientverlag [SAGA 13].
2003 "New Kingdom Pottery Phases as Revealed Through Well-Dated Tomb Contexts", in: Bietak, Manfred (ed.), *The Synchronisation of Civilisations in the Eastern Mediterranean in the Second Millennium B. C. II. Proceedings of the SCIEM 2000 – Euroconference, Haindorf 2nd of May–7th of May 2001*, Wien: Verlag der Österreichischen Akademie der Wissen-schaften [Österreichische Akademie der Wissenschaften, Denkschrift der Gesamtakademie, Band XXIX], 135–162.

Atiya, Aziz S. (ed.)
1991 *The Coptic Encyclopedia, 8 Vols*, New York: Macmillan.

D'Auria, Sue–Lacovara, Peter–Roehrig, Cathrine H. (eds.)
1992 *Mummies and Magic. The Funerary Arts of Ancient Egypt*, Dallas: Dallas Museum of Arts.

Bagnall, Roger S.
1993 *Egypt in Late Antiquity*, Princeton: Princeton University Press.

Baines, John
1973 "The Destruction of the Pyramid Complex of Sahure", GM 4, 9–14.
1985a "Color Terminology and Color Classification: Ancient Egyptian Color Terminology and Polychromy", AA 87, 282–297.
1985b *Fecundity Figures. Egyptian Personification and the Iconology of a Genre*, Warminster: Aris and Philips.

Balcz, Heinrich
1932 "Die Gefäßdarstellungen des Alten Reiches", MDAIK 3, 50–87, 89–114.
1934 "Die Gefäßdarstellungen des Alten Reiches", MDAIK 5, 45–94.

Balík, Michael–Vachala, Břetislav–Macek, Karel
2002 *Mastaba. Objevování a rekonstrukce staroegyptské hrobky*, Praha: Grada Publishing.

Bareš, Ladislav
1999 *The Shaft Tomb of Udjahorresnet at Abusir*, Praha: Karolinum.
2000 "The Destruction of the Monuments at the Necropolis at Abusir", in: Bárta, Miroslav–Krejčí, Jaromír (eds.), 1–16.
2002a "Demotic Sources from the Saite-Persian Cemetery at Abusir: A preliminary evaluation", in: Ryholt, Kim (ed.), *Acts of the Seventh International Conference of Demotic Studies Copenhagen, 23–27 August 1999*, Copenhagen: Museum Tusculanum Press, 36–37.
2002b "Some Remarks on Cult Installations in the Late Period Shaft Tombs in Egypt", BACE 13, 17–27.
2003 "The Shaft Tomb of Iufaa at Abusir", in: Hawass, Zahi (ed.), *Egyptology at the Dawn of the Twenty-first Century. Proceedings of the Eighth International Congress of Egyptologists Cairo 2000*, Cairo: The American University in Cairo Press [vol. 1], 44–48.

Bareš, Ladislav–Bárta, Miroslav–Smoláriková, Květa–Strouhal, Eugen
2003 "Abusir – Spring 2002", ZÄS 130, 147–159.

Bareš, Ladislav–Dvořák, Martin–Smoláriková, Květa–Strouhal, Eugen

2002 "The Shaft Tomb of Iufaa at Abusir in 2001",
ZÄS 129, 97–108.

Bareš, Ladislav–Strouhal, Eugen
2000 "The Shaft tomb of Iufaa – season of 1997/98",
ZÄS 127, 5–14.

Barlow, Jane A.–Bolger, Diane L.–Kling, Barbara (eds.)
1991 *Cypriote Ceramics: Reading the Prehistoric Record*,
Philadelphia: The University Museum [University Museum
Monograph 74, University Museum Symposium Series II].

Barsanti, Alexandre
1901 "Fouilles autour de la Pyramide d'Ounas (1900–1901)
VIII. Tombeau de Péténeit. Rapport sur la découverte",
ASAE 2, 97–104.

Bárta, Miroslav
1997 "Pojetí času ve společnosti a v hmotné kultuře",
AR XLIX, 278–293.
1998 "Die Tauschhandelszenen aus dem Grab des Fetekti",
SAK 26, 19–34.
1999 "The Title Inspector of the Palace during the Egyptian
Old Kingdom", ArOr 67, 1–20.
2000 "The Mastaba of Ptahshepses Junior II at Abusir",
Ägypten und Levante X, 45–66.
2001 *Abusir V. The Cemeteries at Abusir South I*. Praha: SetOut.
2002a "The Czech Institute's ten Years of Excavation at
Abusir South", KMT. A Modern Journal of Ancient Egypt
13/1, 1–11.
2002b "The L-shaped Chapels Discovered by A. Mariette
at Saqqara: a Case for Innovation?", in: Eldamaty,
Mamdouh–Trad, Mai (eds.), 87–98.
2003a "Architectural Innovations in the Development
of the Non–royal Tomb during the Reign of Nyuserra",
in: Jánosi, Peter (ed.), *Architecture and its Significance*,
Wien: Verlag der Österreichischen Akademie
der Wissenschaften, 105–125.
2003b "Funerary Rites and Cults at Abusir South",
in: Kloth, Nicole–Martin, Karl–Pardey, Eva (eds.),
*Es werde niedergelegt als Schriftstück. Festschrift für Hartwig
Altenmüller zum 65. Geburtstag*, Hamburg: Buske Verlag
[SAK Beihefte, Bd. 9], 17–30.

Bárta, Miroslav–Callender, Vivian G.
1996 "A Family of Judges at Abusir South", KMT.
A Modern Journal of Ancient Egypt 7/2, 32–39.

Bárta, Miroslav–Coppens, Filip–Krejčí, Jaromír (eds.)
2006 *Abusir and Saqqara in the Year 2005. Proceedings of the
Conference Held in Prague (June 27–July 5, 2005)*, Prague:
Charles University in Prague.

Bárta, Miroslav–Krejčí, Jaromír (eds.)
2000 *Abusir and Saqqara in the Year 2000*, Prague: Academy
of Sciences of the Czech Republic, Oriental Institute
[Archiv Orientální. Supplementa IX].

Bárta, Miroslav–Vachala, Břetislav
2001 "The Tomb of Hetepi at Abu Sir South", EA 19, 33–35.

Bárta, Miroslav–Voděra, Kamil
2002 *Memories of 4500 years ago*, Brandýs n. Labem:
FOTO–GRAFIKA.

Beckerath, Jürgen von
1984 *Handbuch der ägyptischen Königsnamen*, Mainz:
Philipp von Zabern [MÄS 20].

Beckwith, Carol – Fisher, Angela
1999a *Afrika – Kulte, Feste, Rituale*, vol. I, München:
C.J. Bucher Verlag
1999b *Afrika – Kulte, Feste, Rituale*, vol. II, München:
C.J. Bucher Verlag

Begelsbacher-Fischer, Barbara
1981 *Untersuchungen zur Götterwelt des Alten Reiches im
Spiegel der Privatgräber der V. und VI. Dynastie*, Freiburg:
Universitätsverlag Freiburg Schweiz/Vandenhoeck &
Ruprecht Göttingen [OBO 37].

Benešovská, Hana
2002 *Fragmenty soch z Neferefreova pyramidového komplexu
v Abúsíru*, Praha: Univerzita Karlova v Praze
[nepubl. diplomová práce/unpubl. MA thesis].
2006 "Statues from the Pyramid Complex of the King
Raneferef", in: Verner, Miroslav. *The Pyramid Complex
of Raneferef*, Praha: Serifa [Abusir IX], 360–437.

Ben–Tor, Daphna
1989 *The Scarab: A Reflection of Ancient Egypt*, Jerusalem:
The Israel Museum.

Bianchi, Robert Steven
1998 "Symbols and Meanings", in: Friedman, Florence
Dunn (ed.), *Gifts of the Nile: Ancient Egyptian Faience*,
London: Thames and Hudson, 22–31.

von Bissing, Friedrich W.–Kees, Hermann
1923 *Das Re-Heiligtum des Königs Ne-woser-re (Rathures).
Herausg. von F. H. F. von Bissing. Band II. Die kleine
Festdarstellung*. Leipzig: J.C. Hinrichs

Blackman, Aylward Manley
1914 *The Rock Tombs of Meir. Vol. 1. The Tomb-chapel
of Ukh-hotp's Son Senbi*, London: Paul Kegan
[Memoir of Archaeological Survey of Egypt, vol. 22].

Blaschta, Dirk
2003 *Das frühdynastische Gräberfeld von Abusir*, Leipzig:
(nepubl. magisterská práce/unpubl. M.A. thesis).

Blenkinsopp, Joseph
1987 "The Mission of Udjahorresnet and those of Ezra
and Nehemiah", JBL 106, 409–421.

Boehmer, Rainer Michael
1991 "Gebel el-Arak und Gebel el-Tarif Griff: keine
Fälschungen", MDAIK 47, 51–60.

Bonnet, Hans
1928 *Ein frühgeschichtliches Gräberfeld bei Abusir*, Leipzig:
J.C. Hinrichs [Veröffentlichungen der Ernst von Sieglin
Expedition 4].

Borchardt, Ludwig
1905 *Das Rẹ–Heiligtum des Königs Ne–woser–rẹ (Rathures)*,
Bd. 1, Der Bau, Berlin: Dunker.
1907 *Das Grabdenkmal des Königs Ne–user–rẹ*, Leipzig:
J.C. Hinrichs [WVDOG 7].
1909 *Das Grabdenkmal des Königs Nefer–ir–ke3–ra*, Leipzig:
J.C. Hinrichs [WVDOG 11].

1910–1913 *Das Grabdenkmal des Königs Sa3–hu–ra*, Leipzig: J.C. Hinrichs [I. (WVDOG 14), II. (WVDOG 26)].

Bosse-Griffiths, Kate
1978 "Some Egyptian Bead-Work faces in the Wellcome Collection at University College, Swansea", JEA 64, 99–106.

Botti, Giuseppe–Romanelli, Pietro
1951 *Le sculture del Museo Gregoriano Egizio*, Roma: Tipografia Poliglotta Vaticana [Monumenti Musei e Gallerie Pontificie 9].

Bourriau, Janine
1981 *Umm el–Ga^cab. Pottery from the Nile Valley before the Arab Conquest*, Cambridge: Cambridge University Press.
1984 "Salbgefäße", in: *LdÄ*, Bd. V, 362–366.

Bresciani, Edda
1985 "Uggiahorresnet a Menfi", Egitto e Vicino Oriente 8, 1–6.

Briant, Pierre
1996 *Histoire de l'Empire perse. De Cyrus à Alexandre*, Paris: Favard.

Browarski, Edward
1982 "Sokar", in: *LdÄ*, Bd. V, 1055–1074.

Brunton, Guy–Caton-Thompson, Gertrude
1928 *The Badarian Civilisation and the Predynastic Remains near Badari*, London: Quaritch.

Brunton, Guy–Engelbach, Reginald
1927 *Gurob*, London: British School of Archaeology in Egypt, University College and Bernard Quaritch.

Charvát, Peter
1976 "Pottery from the Site of the Mastaba of Ptahshepses", in: Verner, Miroslav (ed.), *Preliminary Report on the Czechoslovak Excavations in the Mastaba of Ptahshepses at Abusir*, Prague: Charles University Prague, 95–107.
1981 *Czechoslovak Excavations at Abusir, The Mastaba of Ptahshepses – The Pottery*, Prague: Universitas Carolina Pragensis.

Crum, Walter E.
1909 *Catalogue of the Coptic Manuscripts in the Collection of the John Rylands Library Manchester*, Manchester: The University Press.

Daoud, Khaled A.
2000 "Abusir during the Herakleopolitan Period", in: Bárta, Miroslav–Krejčí, Jaromír (eds.), 193–206.

Deines, Hildegard von–Grapow, Hermann–Westendorf, Wolfhart
1958 *Die medizinischen Texte in hieroglyphischer Umschreibung autographiert*, Berlin: Akademie-Verlag [Grundrisse der Medizin der alten Ägypter, Band IV. 1].

Donatelli, Laura
1988 "Kleine Gegenstände der Grabesausstattung im Laufe der verschiedenen Zeitepochen", in: Donadoni-Roveri, Anna Maria (ed.), *Das Alte Ägypten – Die religiösen Vorstellungen*, Torino: Istituto Bancario San Paolo.

Drenkhahn, Rosemarie
1976 *Die Handwerker und ihre Tätigkeiten im alten Ägypten*,

Wiesbaden: Harrassowitz [Ägyptologische Abhandlungen 31].

Dreyer, Günther–et al.
1996 "Umm el-Qaab. Nachuntersuchungen im frühzeitlichen Königsfriedhof. 7./8. Vorbericht", MDAIK 52, 11–81.
2000 "Umm el-Qaab. Nachuntersuchungen im frühzeitlichen Königsfriedhof. 11./12. Vorbericht", MDAIK 56, 43–129.

Dunham, Dows
1978 *Zawiyet el–Aryan, The Cemeteries adjacent to the Layer Pyramid*, Boston: Museum of Fine Arts.

Dümichen, Johannes
1884 *Der Grabpalast des Patuamenap in der Thebanischen Nekropolis. Abt. 1*, Leipzig: Hinrichs'sche Buchhandlung.

Dvořák, Martin
2001 "Přírodovědný průzkum a konzervace umělecké výzdoby Hetepiho hrobky", in: Hašek, Vladimír–Nekuda, Rostislav–Unger, Josef (eds.), 40–46.
2003 "Přírodovědný průzkum a konzervace nálezů Intiho hrobky v jižním Abúsíru", in: Hašek, Vladimír–Nekuda, Rostislav–Unger, Josef (eds.), 312–316.

Edel, Elmar–Wenig, Steffen
1974 *Die Jahreszeitenreliefs aus dem Sonnenheiligtum des Königs Ne-user-re. Staatliche Museen zu Berlin. Mitteilungen aus der Ägyptischen Sammlung*, Band VII, Berlin: Akademie-Verlag.

Eggebrecht, Arne
1973 *Schlachtungsbräuche im Alten Ägypten und ihre Wiedergabe im Flachbild bis zum Ende des Alten Reiches*, München: vl. náklad/author published.

El-Awady, Tarek
2006 "The Royal Family of Sahura. New Evidence", in: Bárta, Miroslav–Coppens, Filip–Krejčí, Jaromír (eds.), 191–218.

Eldamaty, Mamdouh–Trad, Mai (eds.)
2002 *Egyptian Museum Collections around the World. Studies for the Centennial of the Egyptian Museum, Cairo*. Cairo: Supreme Council of Antiquities [2 vols.].

El-Sayed, Ramadan
1975 *Documents relatifs a Sais et ses divinités*, Le Caire: L'Institut Français d'Archéologie Orientale [BdÉ 69].

Emery, Walter B.
1938 *The Tomb of Hemaka*, Cairo: SAE.
1939 *Hor Aha*, Cairo: SAE.
1949 *Great Tombs of the First Dynasty I. Excavations at Saqqara*, Cairo: Governmental Press.
1954 *Great Tombs of the First Dynasty II. Excavations at Saqqara*, London: Egypt Exploration Society [vol. 46].
1958 *Great Tombs of the First Dynasty III. Excavations at Saqqara*, London: Egypt Exploration Society [vol. 47].

Epigraphic Survey
1980 *The Epigraphic Survey. The Tomb of Kheruef*, The University of Chicago OIP 102.

Erman, Adolf
1919 *Reden, Rufe und Lieder auf Gräberbildern des Alten Reiches*, Berlin: Akademie der Wissenschaften [APAW 15].

Fischer, Henry G.
1959 "A Scribe of the Army in a Saqqara Mastaba of the Early Fifth Dynasty", JNES 18/4, 233–272.
1977 "Some Emblematic Uses of Hieroglyphs with Particular Reference to an Archaic Ritual Vessel", in: *Ancient Egypt in the Metropolitan Museum Journal, volumes 1–11 (1968–1976)*, 31–49.
1980 "Kopfstütze", in: *LdÄ*, Bd. III, 686–693.

Gamer-Wallert, Ingrid
1982 "Nadel", in: *LdÄ*, Bd. IV, 294.

Gardiner, Allan
2001 *Egyptian Grammar. Being an Introduction to the Study of Hieroglyphs*, 3rd revised edition, Oxford: Griffith Institute.

Gestermann, Luisa
1987 *Kontinuität und Wandel in Politik und Verwaltung des frühen Mittleren Reiches in Ägypten*, Wiesbaden: Harrassowitz [GOF IV.18].

Graves-Brown, Carolyn A.
2005 "The Spitting Goddess and the Stony Eye: Divinity and flint in Pharaonic Egypt", in: Piquette, Kathryn–Love, Serena (eds.), *Current Research in Egyptology 2003: Proceedings of the Fourth Annual Symposium which took place at the Institute of Archaeology, University College London, 18–19 January 2003*, Oxford: Oxbow Books.

Grossmann, Peter
2002a "Die Unterkunftsbauten der Mönche in den frühchristlichen Klöstern und Eremitagen Ägyptens", *Edith–Stein–Jahrbuch 8*, 65–85.
2002b *Christliche Architektur in Ägypten*, Leiden–Boston–Köln: Brill [Handbuch der Orientalistik, Abt. 1: The Near and Middle East, Bd. 62].

Guksch, Heike–Polz, Daniel (eds.)
1998 *Stationen. Beiträge zur Kulturgeschichte Ägyptens. Festschrift für Rainer Stadelmann*, Mainz: Philipp von Zabern.

Gundlach, Rolf–Rochholz, Mathias (eds.)
1994 *Ägyptische Tempel – Struktur, Funktion und Programm (Akten der Ägyptologischen Tempeltagungen in Gosen 1990 und in Mainz 1992)*, Hildesheim: Gerstenberg Vlg. [HÄB 37].

Günther, Peter–Wellauer, Rudolf
1988 *Ägyptische Steingefäße der Sammlung Rudolf Schmidt Solothurn*, Zürich.

Györy, Hedvig
2002 "Changes in Styles of Ordinary Pataikos Amulets", in: Eldamaty, Mamdouh–Trad, Mai (eds.), *Egyptian Museum Collections around the World: Studies for the Centennial of the Egyptian Museum*, vol. I., Cairo: Supreme Council of Antiquities.

Hall, Rosalind
1986 *Egyptian Textiles*, Aylesbury: Shire Publications [Shire Egyptology 4].

Harpur, Yvonne
1988 *Decoration in Egyptian Tombs of the Old Kingdom. Studies in Orientation and Scene Content*, London–New York: Kegan Paul International.

Harvey, Julia C.
1999 "Old Kingdom Wooden Statues", in: Ziegler, Christiane (ed.), *L'art de l'Ancien Empire égyptien*, Paris: Musée du Louvre [La documentation Française].

Hassan, Selim
1938 "Excavations at Saqqara (1937–1938)", ASAE 38, 503–521.
1943 "Fouilles sur la Chaussée d'Ounas (1941–1943)", ASAE 43, 439–442.
1955 "The Causeway of *Wnis* at Saqqara", ZÄS 80, 136–139.

Hašek, Vladimír–Nekuda, Rostislav–Unger, Josef (eds.)
2001 *Ve službách archeologie III. Sborník k 75. narozeninám Prof. RNDr. Jana Jelínka, DrSc.*, Brno: Muzejní a vlastivědná společnost v Brně, Archeologický ústav Akademie věd Slovenské republiky v Nitře.
2003 *Ve službách archeologie IV. Sborník k 75. narozeninám Prof. PhDr. Vladimíra Nekudy, DrSc.*, Brno: Muzejní a vlastivědná společnost, Geodrill Brno, Archeologický ústav, Slovenská akadémia vied Nitra.

Hawass, Zahi
2000 *The Valley of the Golden Mummies*, New York: Harry N. Abrams.
2002 *Hidden Treasures of the Egyptian Museum: One Hundred Masterpieces from the Centennial Exhibition*, Cairo: AUC Press/ Supreme Council of Antiquities.

Hawass, Zahi–Verner, Miroslav
1996 "Newly Discovered Blocks from Causeway of Sahure (Archaeological Report)", MDAIK 52, 177–186.
2003 "The Surprising Abusir Blocks", in: Hawass, Zahi (ed.), *The Treasures of the Pyramids*, Cairo: The American University in Cairo Press, 260–263.

Helck, Wolfgang
1975 "Augenschminke", in: *LdÄ*, Bd. I, 567.
1990 *Thinitische Topfmarken*, Wiesbaden: Harrassowitz [ÄA 50].

Hendrickx, Stan
1994a *Elkab V. The Naqada III Cemetery*, Bruxelles: Musées Royaux d'Art et d'Histoire.
1994b *Antiquités Préhistoriques et Protodynastiques d'Égypte*, Bruxelles: Musées Royaux d'Art et d'Histoire [Guides du Département Égyptien, Nr. 8].
1996 "The Relative Chronology of the Naqada Culture: Problems and Possibilities", in: Spencer, Jeffrey (ed.), *Aspects of Early Egypt*, London: British Museum Press, 36–69.

Hendrickx, Stan–Bielen, Stijn–de Paepe, Paul
2001 "Excavating in the Museum: The Stone Vessel Fragments from the Royal Tombs at Umm el-Qaab in the Egyptian Collection of the Royal Museums for Art and History at Brussels", MDAIK 57, 73–108.

Heuser, Gustav
1929 *Die Personennamen der Kopten.* [Studien zur Epigraphik und Papyruskunde, Bd. 1, Schrift 2] Leipzig: vl. náklad/author published.

Holm-Rasmussen, Torben
1988 "Collaboration in Early Achaemenid Egypt", in:

Christiansen, Erik–Damsgaard-Madsen, Aksel–Hallager, Erik (eds.), *Studies in Ancient History and Numismatics, Presented to Rudi Thomsen*, Aarhus: Universitetsforlag, 29–38.

Holthoer, Rostislav
1977 *New Kingdom Pharaonic Sites: The Pottery*, Copenhagen–Stockholm: Munksgaard [The Scandinavian Joint Expedition to Sudanese Nubia, 5].

Hölzl, Regine
2001 "Zur Typologie der Opfertafeln und Kultbecken", GM 183, 53–69.

Hope, Colin A.
1987 "Innovation in the Decoration of Ceramics in the mid-18th Dynasty", CCÉ 1, 97–122.
1991 "Blue-Painted and Polychrome Decorated Pottery from Amarna: A Preliminary Corpus", CCÉ 2, 17–92.
1997 "Some Memphite Blue-Painted Pottery of the mid-18th Dynasty", in: Phillips, Jacke. (ed.), *Ancient Egypt. The Aegean and the Near East. Studies in Honour of Martha Rhoads Bell*, San Antonio: Van Siclen Books, 249–286.
2001 *Egyptian Pottery*, 2nd edition, Princes Risborough: Shire Publications Ltd. [Shire Egyptology 5].

Hornung, Erik–Staehelin, Elisabeth
1974 *Studien zum Sedfest*, Genève: Éditions de Belles Lettres [AH 1].
1976 *Skarabäen und andere Siegelamulette aus Basler Sammlungen*, Mainz: Phillip von Zabern [Ägyptische Denkmäler in der Schweiz, 1].

Hussein, Abd el-Salam Mohamed
1943 "Fouilles sur la chausée d'Ounas (1941–1943)", ASAE 43, 439–442.

Ikram, Salima–Dodson, Aidan
1998 *The Mummy in Ancient Egypt. Equipping the Dead for Eternity*, Cairo: The American University in Cairo Press.

Jánosi, Peter
2000 "Im Schatten der Pyramiden – Die Mastabas in Abusir. Einige Beobachtungen zum Grabbau der 5. Dynastie", in: Bárta, Miroslav–Krejčí, Jaromír (eds.), 445–466.

Jeffreys, David G.–Strouhal, Eugen
1980 "North Saqqâra 1978–9: The Coptic Cemetery Site at the Sacred Animal Necropolis. Preliminary Report", JEA 66, 28–35.

Jeffreys, David G.–Tavares, Ana
1994 "The Historic Landscape of Early Dynastic Memphis", MDAIK 50, 143–173.

Jéquier, Gustave
1938 *Le monument funéraire de Pépi II*, Vol. 2, Le Caire: Service des antiquité de l'Égypt.

Joest, Franziskus Ch.
2002 "Vom Ursprung des Mönchtums", Edith–Stein–Jahrbuch 8, 21–33.

Jørgensen, M.
1996 *Egypt I – Catalogue Ny Carlsberg Glyptotek*, Copenhaven: Ny Carlsberg Glyptotek, 102–149.

Junker, Herman
1929 *Giza I. Bericht über die von der Akademie der Wissenschaften in Wien auf gemeinsame Kosten mit Dr. Wilhelm Pelizaeus unternommenen Grabungen auf dem Friedhof des Alten Reiches bei den Pyramiden von Giza*, Wien–Leipzig: Hölder–Pichler–Tempsky [Bd. 1. Die Mastabas der IV. Dynastie auf dem Westfriedhof].

Kahl, Jochen
1997 "Die Farbgebung in der frühen Hieroglyphenschrift", ZÄS 124, 44–56.

Kaiser, Werner
1956 "Zu den Sonnenheiligtümern der 5. Dynastie", MDAIK 14, 104–116.
1969 "Die Tongefässe", in: Ricke, Herbert (ed.), *Das Sonnenheiligtum des Königs Userkaf*, Bd. II [BÄBA 8].
1971 *Die kleine Hebseddarstellung im Sonnenheiligtum des Neuserre*, Wiesbaden: Schweizerisches Institut für ägyptische Bauforschung und Altertumskunde in Kairo [BÄBA 12], 87–105.
1998 "Zur Entstehung der Mastaba des Alten Reiches", in: Guksch, Heike–Polz, Daniel (eds.), 73–86.

Kaiser, Werner–*et al.*
1997 "Stadt und Tempel von Elephantine. 23./24. Grabungsbericht", MDAIK 53, 117–193.

Kammerzell, Frank
1993 *Studien zu Sprache und Geschichte der Karer in Ägypten*, Wiesbaden: Harrassowitz [GOF, Reihe 4., Ägypten, Bd. 27].

Kaplony, Peter
1968 *Steingefässe mit Inschriften der Frühzeit und des Alten Reichs*, Bruxelles: Fondation Égyptologique Reine Elisabeth [MonAeg 1].
1977 *Die Rollsiegel des Alten Reiche I.*, Bruxelles: Fondation Égyptologique Reine Elisabeth [MonAeg 2].
1981 *Die Rollsiegel des Alten Reiches II.*, Bruxelles: Fondation Égyptologique Reine Elisabeth [MonAeg 3].

Kees, Hermann
1928 *Das Re-Heiligtum des Königs Ne-woser-re (Rathures). Herausg. von F. H. F. von Bissing. Band III. Die grosse Festdarstellung.* Leipzig: J.C. Hinrichs.

Kessler, Dieter
1989 *Die Heiligen Tiere und der König, Beiträge zur Organisation, Kult und Theologie der spätzeitlichen Friedhöfe*, Wiesbaden: Harrassowitz [ÄA 16].

el–Khouli, Ali
1978 *Egyptian Stone Vessels Predynastic to Dynasty III. Typology and Analysis*, 3 Vols. Mainz: Philipp von Zabern.

Klasens, Adolf
1958 "The Excavations of the Leiden Museum of Antiquities at Abu Roash: Report of the Second Season 1958. Part I", OMRO 39, 32–55.

Koura, Basma
1999 *Die „7-Heilige Öle" und andere Öl- und Fettnamen. Eine lexikographische Untersuchung zu den Bezeichnungen von Ölen, Fetten und Salben bei den Alten Ägyptern von der*

Frühzeit bis zum Anfang der Ptolemäerzeit (von 3000 v. Chr. – ca. 305 v. Chr.), Aachen: Shaker Verlag [AegMon 2.].

Krauspe, Renate
1997 *Katalog ägyptischer Sammlungen in Leipzig. Band I, Statuen und Statuetten*, Mainz am Rhein: Philipp von Zabern [Ägyptisches Museum der Universität Leipzig].

Krauspe, Renate (ed.)
1997 *Das Ägyptische Museum der Universität Leipzig, Sonderheft der Antiken Welt*, Mainz: Philipp von Zabern [Zaberns Bildbände zur Archäologie].

Krejčí, Jaromír
2000 "The Royal Necropolis at Abusir during the Old Kingdom", in: Bárta, Miroslav–Krejčí, Jaromír (eds.), 467–484.

Kroeper, Karla
1996 "Minshat Abu Omar – Burials with palettes", in: Spencer, Jeffrey (ed.), *Aspects of Early Egypt*, London: British Museum Press, 70–92.

Laming-Macadam, Miles F.
1949 *The Temples of Kawa. The Inscriptions*, Oxford: Oxford University Press.

Landgráfová, Renata
2000 "Fragment of Fayence Inlays with the Titulary of Queen Khentkaus", GM 177, 33–39.
2004 "Fragments of Faience Inlays from the Funerary Temple of Khentkaus II.", ZÄS 131, 134–155.
2006 "The Function of the Faience Inlays in the Funerary Temple of Raneferef at Abusir", in: Bárta, Miroslav (ed.), *Old Kingdom Art and Archaeology*, Prague: Charles University in Prague, 203–208.

Lapp, Günther
1993 *Typologie der Särge und Sargkammern von der 6. bis 13. Dynastie*, Heidelberg: Heidelberger Orientverlag [SAGA 7].

Leclant, Jean (ed.)
1979 *Ägypten. Erster Band. Das Alte und das Mittlere Reich*, München: Beck.

Lee, Lorna–Quirke, Stephen
2000 "Painting materials", in: Nicholson, Paul T.–Shaw, Ian (eds.), *Ancient Egyptian Materials and Technology*, Cambridge: Cambridge University Press, 104–120.

Lesko, Leonard H.
1991 "Ancient Egyptian Cosmogonies and Cosmology", in: Shafer, Byron E. (ed.), *Religion in Ancient Egypt. Gods, Myths, and Personal Practice*, London: Cornell University Press, 90–122.

Lichtheim Miriam
1976 *Ancient Egyptian Literature*. Volume II: *The New Kingdom*, Berkeley–Los Angeles–London: University of California Press.

Lilyquist, Christine
1995 *Egyptian Stone Vessels Khian to Tuthmosis IV*, New York: The Metropolitan Museum of Art.
2003 *The Tomb of Three Foreign Wives of Tuthmosis III*, New York: The Metropolitan Museum of Art.

Lloyd, Allen B.
1979 "Coptic and Greek Inscriptions and Sealings", in: Martin, Geoffrey T., *The Tomb of Hetepka and Other Reliefs and Inscriptions from the Sacred Animal Necropolis, North Saqqâra 1964–1973*, London: Egypt Exploration Society [Texts from Excavations 4], 102–120.
1982 "The Inscription of Udjahorresnet, a Collaborator's Testament", JEA 68, 166–180.

Love, Serena–Piquette, Kathryn (eds.)
2005 *Current Research in Egyptology 2003*, Oxford: Oxbow Books.

Lucas, Alfred–Harris, John R.
1989 *Ancient Egyptian Materials and Industries*, London: Histories Mysteris of Man Ltd.

Málek, Jaromír
2000 "Old Kingdom Rulers as „Local Saints" in the Memphite Area during the Middle Kingdom", in: Bárta, Miroslav–Krejčí, Jaromír (eds.), 241–258.

Manuelian, Peter Der
2003 *Slab Stelae of the Giza Necropolis*, New Haven and Philadelphia: The Peabody Museum of Natural History of Yale University – The University of Pennsylvania Museum of Archaeology and Anthropology [Publications of the Pennsylvania–Yale Expedition to Egypt, No. 7].

Martin, Geoffrey T.
1985 *Scarabs, Cylinders and Other Ancient Egyptian Seals*, Warminster: Aris and Phillips Ltd.
1994 "A Relief of Nectanebo I and Other Reused Blocks in Apa Jeremias Monastery, Saqqâra", in: Eyre, Christopher–Leahy, Antony–Leahy, Lisa Montagno (eds.), *The Unbroken Reed. Studies in the Culture and Heritage of Ancient Egypt. In Honour of A. F. Shore*, London: Egypt Exploration Society [Occasional Papers 11], 205–216.

Martin, Karl
1977 *Ein Garantsymbol des Lebens*, Hildesheim: Gerstenberg Vlg. [HÄB 3].
1980 "Kanopen II", in: *LdÄ*, Bd. III, 316–319.
1984 "Sedfest (Hb–sd)", in: *LdÄ*, Bd. V, 782–790.

McKim Malville, John–Mazar, Amihai– Schild, Romuald–Wendorf, Fred
1998 "Megalits and Neolithic Astronomy in Southern Egypt", in: NATURE 392/2 April, 488–491.

Megally, Mounir
1981 "Two Visitors' Graffiti from Abusir", CdE 56, 218–240.

Merrillees, Robert
1968 *The Cypriote Bronze Age Pottery Found in Egypt*, Lund: P. Åström [Studies in Mediterranean Archaeology, XVIII].

Midant–Reynes, Beatrix
1984 "La taille des couteaux de silex du type Gebel-el-Araq et la dénomination du silex en égyptien", in: Krzyżaniak, Lech–Kobusiewicz, Michał (eds.), *Origin and Early Development of Food-producing Cultures in North-Eastern*

Africa, Poznan: Polish Academy of Sciences. Poznań Branch, 261–264.

Möller, Georg
  1912 *Hieratische Paläographie : die aegyptische Buchschrift in ihrer Entwicklung von der 5. Dynastie bis zur Römischen Kaiserzeit. Bd. 3., Von der 22. Dynastie bis zum 3. Jahrhundert nach Chr.*, Leipzig: Hinrichs'sche Buchhandlung.

Morgan, Jacques de
  1894 "Découverte du mastaba de Ptah-chepsés dans la nécropole d'Abou–Sir", RevArch 24, 18–33.

Mostafa, Maha M. F.
  1982 *Untersuchungen zu Opfertafeln im Alten Reich*, Hildesheim: Gerstenberg Verlag [HÄB 17].

Müller, Friedrich. W.
  1915 *Die anthropologischen Ergebnisse des Gräberfeldes von Abusir el-Meleq*, Leipzig: J.C. Hinrichs [WVDOG 27].

Müller-Winkler, Claudia
  1987 *Die ägyptischen Objekt-Amulette*, Freiburg: Universitätsverlag Freiburg Schweiz/Vandenhoeck & Ruprecht Göttingen [OBO Seria Archaeologica 5].

Needler, Winifred
  1984 *Predynastic and Archaic Egypt in the Brooklyn Museum*, Brooklyn: Brooklyn Museum Press [WM 9].

Niwinski, Andrzej
  1984 "Sarg Neues Reich – Spätzeit", in: *LdÄ*, Bd. V, 434–468.

Oerter, Wolf B.
  2000 "Koptische Funde aus Abusir", in: Bárta, Miroslav–Krejčí, Jaromír (eds.), 55–66.

Patch, Diana Craig
  1998 "By Necessity or Design: Faience Use in Ancient Egypt", in: Friedman, Florence Dunn (ed.), *Gifts of the Nile: Ancient Egyptian Faience*, London: Thames and Hudson, 32–41.

Patočková, Barbora
  1994 *Fragmenty soch z Ptahšepsesovy mastaby v Abúsíru*, Praha: Univerzita Karlova v Praze, Filozofická fakulta [nepubl. diplomová práce/unpubl. MA thesis].
  1998 "Fragment des statues découverts dans le Mastaba de Ptahchepses à Abousir", in: Grimal, Nicholas (ed.), *Les critères de datation stylistique à l'Ancien Empire*, Le Caire: Institut français d'archéologie orientale [BdÉ 120], 227–233.

Pavlasová, Sylva (ed.)
  1997 *Země pyramid a faraonů. Starověký Egypt ve sbírkách Náprstkova muzea (The Land of pyramids and pharaohs. Ancient Egypt in the Náprstek museum collection)*, Praha: MM Design.

Payne, Joan Crowfoot
  1993 *Catalogue of the Predynastic Egyptian Collection in the Ashmolean Museum*, Oxford: Clarendon Press.

Peden, Alexander J.
  2001 *The Graffiti of Pharaonic Egypt : Scope and Roles of Informal Writings (c. 3100–332 B.C.)*, Leiden: Brill [Probleme der Ägyptologie 17].

Petrie, William Matthew Flinders
  1891 *Illahun, Kahun and Gurob*, London: D. Nutt.
  1900 *The Royal Tombs of the First Dynasty*. Part I, London: Egypt Exploration Fund.
  1901 *Royal Tombs of the Earliest Dynasties*. Part II. Extra Plates, London: Egypt Exploration Fund [BSAE 21].
  1907 *Gizeh and Rifeh*, London: Bernard Quaritch [BSAE 13].
  1914 *Amulets*, London: Constable & Company LTD.
  1920 *Prehistoric Egypt Illustrated by over 1000 Objects in University College, London*, London: Bernard Quaritch [BSAE 31].
  1927 *Objects of Daily Use*, London: Bernard Quaritch [BSAE 42].

Piehl, Karl
  1894 "Notes de philologie égyptienne", in: Proceedings of the Society of Biblical Archaeology 16, 249–254.

Posener, Georges
  1936 *La première domination perse en Égypte. Recueil d'inscriptions hiéroglyphiques*, Le Caire: Institut français d'archéologie orientale [BdÉ 11].

Posener-Kriéger, Paule
  1973 "Les papyrus de l'Ancien empire", in: Kaplony, Peter (ed.), *Textes et langages de l'Égypte pharaonique: cent cinquante années de recherches 1822–1972: hommage à Jean–François Champollion*, T. 2, Le Caire: Institut français d'archéologie orientale [BdÉ 64/2], 25–35.
  1976 *Les archives du temple funéraire de Néferirkarê–Kakaï. (Les papyrus d'Abousir), Traduction et commentaire I–II*, Le Caire: Institut français d'archéologie orientale [BdÉ 65].
  1979 "Les papyrus d'Abousir et l'économie des temples funéraires de l'Ancien empire", in: Lipinski, Edward (ed.), *State and Temple Economy in the Ancient Near East.* Leuven: Departement Orientalistiek, Katholieke Universiteit [Orientalia Lovaniensia Analecta 5/1], 133–151.
  1985a "Remarques préliminaires sur les nouveaux papyrus d'Abousir", in: *Ägypten. Dauer und Wandel. Symposium anläßlich des 75 jährigen Bestehens des Deutschen Archäologischen Instituts, Kairo*, Mainz am Rhein: Phillip von Zabern [SDAIK 18], 35–43.
  1985b "Décrets envoyés au temple funéraire de Rêneferef", in: Posener-Kriéger, Paule (ed.), *Mélanges Gamal Eddin Mokhtar II,* Le Caire: Institut français d'archéologie orientale [BdÉ 97/2], 195–210.
  1991 "Quelques pièces du matériel cultuel du temple funéraire de Rêneferef", MDAIK 47, 293–304.
  1997 "News from Abusir", in: Quirke, Stephen (ed.), *The Temple in Ancient Egypt. New discoveries and recent research*, London: British Museum Press, 17–23.

Posener-Kriéger, Paule–de Cenival, Jean L.
  1968 *Hieratic Papyri in the British Museum. Fifth Series. The Abu Sir Papyri*. London: Trustees of the British Museum.

Pusch, Edgar B.
  1979 *Das Senet-Brettspiel im Alten Ägypten*, München–Berlin: Deutscher Kunstverlag [MÄS 38].

Quibell, James E.–Green, Frederick W.
1902 *Hierakonpolis. Part 2*, London: Quaritch [Egyptian Research Account, vol. 5]
Quirke, Stephen
2001 *The Cult of Ra. Sun–worship in Ancient Egypt*, London: Thames & Hudson.
Radwan, Ali
1983 *Die Kupfer- und Bronzegefäße: von den Anfängen bis zum Beginn der Spätzeit*, München: Beck [Prähistorische Bronzefunde. Abt. 2, Band 2].
1991 "Ein Treppengrab aus der 1. Dynastie aus Abusir," MDAIK 47, 305-308.
1995 "Recent Excavations of Cairo University at Abusir: A Cemetery of the 1st Dynasty", in: Kesler, Dieter–Schulz, Regine (eds.), *Gedenkschrift für Winfried Barta. Htp dj n Hzj*, Frankfurt am Main: Peter Lang [MÄU 4], 311–314.
2000 "Mastaba XVII at Abusir (First Dynasty): Preliminary results and general remarks", in: Bárta, Miroslav–Krejčí, Jaromír (eds.), 509-514.
Raven, Maarten J.
1978 "Papyrus-Sheaths and Ptah-Sokar Osiris Statues", OMRO LIX-LX, 1978–79, 251–296.
1984 *Symbols of Resurrection. Three Studies in Ancient Egyptian Iconography*, Leiden: Rijksmuseum van Oudheden.
Reisner, George A.
1931 *Mycerinus. The temples of the third pyramid at Giza*, Cambridge, Mass.: Harvard University Press.
1932 *A Provincial Cemetery of the Pyramid Age Naga ed–Der, Part III*, Berkeley–Los Angeles: University of California Press [University of California Publications, Egyptian Archaeology, Vol. VI.].
1936 *The Development of the Egyptian Tomb Down to the Accession of Cheops*, Cambridge, Mass.: Harvard University Press.
Reisner, George A.–Smith, William S.
1955 *A History of the Giza Necropolis*. Vol. 2, *The Tomb of Hetep-Heres the Mother of Cheops: A Study of Egyptian Civilization in the Old Kingdom*, Cambridge, Mass.: Harward University Press.
Ricke, Herbert
1965–1969 *Sonnenheiligtum des Königs Userkaf* I, II, Cairo: Schweizerisches Institut für ägyptische Bauforschung und Altertumskunde in Kairo [BÄBA 7, 8].
Ricke, Herbert (ed.)
1970 *Der Harmachistempel des Chephren in Giseh*, Cairo: Schweizerisches Institut für ägyptische Bauforschung und Altertumskunde in Kairo [BÄBA 10].
Rigault, Patricia
1999 "Necklace with Frog Amulet", in: Arnold, Dorothea (ed.), 307.
Robins, Gay
2001 *Egyptian Statues*, Princes Risborough: Shire Publications [Shire Egyptology 26].

Rochholz, Matthias
1994 "Sedfest, Sonnenheiligtum und Pyramidenbezirk. Zur Deutung der Grabanlagen der Könige der 5. und 6. Dynastie", in: Gundlach, Rolf–Rochholz, Matthias (eds.), 255–280.
Roehrig, Cathrine H.
1992 "Headrest", in: D'Auria, Sue–Lacovara, Peter–Roehrig, Cathrine H. (eds.), 78, cat. no. 8.
Romano, James F.
1989 *The Bes-Image in Pharaonic Egypt*, New York University 1989, Ann Arbour: UMI Dissertation Service.
Rowe, Alan
1936 *Catalogue of Egyptian Scarabs, Scaraboids, Seals and Amulets in the Palestine Archaeological Museum*, Cairo: Imprimerie de l'Institut français d'archéologie orientale.
Sadek, Ashraf I.
1988 *Popular Religion in Egypt during the New Kingdom*, Hildesheim: Gerstenberg Vlg. [HÄB 27].
Saleh, Muhammad–Sourouzian, Hourig
1986 *Die Hauptwerke im Ägyptischen Museum Kairo*, Mainz: Philipp von Zabern.
Schäfer, Heinrich
1902 *Ein Bruchstück altägyptischer Annalen*, Berlin: Verlag der königlichen Akademie der Wissenschaften.
1908 *Priestergräber und andere Grabfunde vom Ende des Alten Reiches bis zur griechischen Zeit vom Totentempel des Ne-user-re*, Leipzig: J.C. Hinrichs [Ausgrabungen der Deutschen Orient–Gesellschaft in Abusir 1902–1904, Bd. 2].
Scharff, Alexander
1926 *Die archäologischen Ergebnisse des vorgeschichtlichen Gräberfeldes von Abusir el-Meleq*, Leipzig: J.C. Hinrichs [WVDOG 49].
Schlott, Adelheid
1989 *Schrift und Schreiber im Alten Ägypten*, München: Beck.
Schlögl, Hermann A.
1980 *Der Gott Tatenen. Nach Texten und Bildern des Neuen Reiches*, Fribourg–Göttingen: Academic Press Fribourg [OBO 29].
Schoske, Sylvia
1990 *Schönheit – Abglanz der Göttlichkeit. Kosmetik im Alten Ägypten*, München: Staatliche Sammlung Ägyptischer Kunst [SAS, Ht. 5].
Schoske, Sylvia–Wildung, Dietrich
1993 *Gott und Götter im alten Ägypten*, Mainz am Rhein: Verlag Philipp von Zabern.
Seidlmayer, Stephan J.
1990 *Gräberfelder aus dem Übergang vom Alten zum Mittleren Reich*, Heidelberg: Heidelberger Orientverlag [SAGA 1].
1997 "Zwei Anmerkungen zur Dynastie der Herakleopoliten", GM 157, 81–90.
2000 "The First Intermediate Period", in: Shaw, Ian (ed.), *The Oxford History of Ancient Egypt*, Oxford: Oxford University Press, 118–147.
Sethe, Kurth

1934 *Zur Geschichte der Einbalsamierung bei den Ägyptern und einiger damit verbundener Bräuche*, SPAW, 211–239.

Shafer, Byron E. (ed.)
1991 *Religion in Ancient Egypt. Gods, Myths, and Personal Practice*, London: Cornell University Press.

Silvano F.
1980 "Le reticelle funerarie nell'Antico Egitto: Proposte di Interpretazione", Egitto e Vicino Oriente III, 83–97.

Shaw, Ian–Nicholson, Paul
1995, *British Museum Dictionary of Ancient Egypt*, London: British Museum Press.

Smoláriková, Květa
1999 "The Pottery", in: Bareš, Ladislav, *The Shaft Tomb of Udjahorresnet at Abusir. With a chapter on pottery by Květa Smoláriková and an appendix by Eugen Strouhal*, Prague: SetOut [Abusir IV], 87–104.
2000 "Greek Cemetery at Abusir," in: Bárta, Miroslav–Krejčí, Jaromír (eds.), 67–72.
2002 *Abusir VII. Greek Imports in Egypt*, Prague: SetOut.

Spencer, Jeffrey A.
1980 *Aspects of Early Dynastic Objects. Catalogue of Egyptian Antiquities in the British Museum V*, London: British Museum Press.
1993 *Early Egypt. The Rise of Civilization in the Nile Valley*, London: British Museum Press.

Stadelmann, Rainer
1991 *Die ägyptischen Pyramiden – vom Ziegelbau zum Weltwunder*, Mainz: Philipp von Zabern [Kulturgeschichte der antiken Welt, Bd. 30].

Steinmann, Frank
1998 *Tongefäße von der Vordynastischen Zeit bis zum Ende des Mittleren Reiches*, Mainz: Philipp von Zabern [Katalog Ägyptischer Sammlungen in Leipzig, Bd. 2].

Stocks, Denys A.
1993 "Making stone vessels in ancient Mesopotamia and Egypt", Antiquity 67, 596–603.
2003 *Experiments in Egyptian Archaeology. Stoneworking Technology in Ancient Egypt*, London–New York: Routledge.

Strouhal, Eugen
1984a "Paleopathology of Dentition of the Ancient Egyptians from Abusir", Garcia de Orta, sér. Antropobiologie, 3/1–2, 163–172.
1984b "Princess Khekeretnebty and Tisethor: Anthropological Analysis", Anthropologie 22/2, 171–183.
1992 "Anthropological and Archaeological Identification of an Ancient Egyptian Royal Family (5th Dynasty)", International Journal of Anthropology 7, 43–63.
2002a "The Relation of Iufaa to Persons found beside his Shaft–Tomb at Abusir", in: Coppens, Filip (ed.), *Abusir and Saqqara in the Year 2001. Proceedings of the Symposium* (Prague, September 25th–27th, 2001), ArOr 70/3, 403–414.
2002b "The Relation of Iufaa to Persons found beside his Shaft–Tomb at Abusir", Anthropologie 40/1, 37–50.
2003 "Three Mummies from the Royal Cemetery at Abusir", in: Hawass, Zahi (ed.), *Egyptology at the Dawn of the Twenty-first Century. Proceedings of the Eigth International Congress of Egyptologists, Cairo 2000*, Cairo: The American University in Cairo Press, 478–485.

Strouhal, Eugen–et al.
1993 "King Djedkare Isesi and His Daughters", in: Davies, W. V.–Walker R. (eds.), *Biological Anthropology of the Nile Valley*, London: The British Museum and the Study of Ancient Egypt, 104–118.

Strouhal, Eugen–Bareš, Ladislav
1993 *Secondary Cemetery in the Mastaba of Ptahsepses at Abusir*, Prague: Charles University in Prague.

Strouhal, Eugen–Němečková, Alena
2002 "Faraon Raneferef a jeho středověký nájemník". Histologie, antropologie, egyptologie, spolupráce vzdálených oborů. Vesmír 81/3, 156–159.
2004 "Paleopathological Find of a Sacral Neurilemmoma", American Journal of Physical Anthropology 125/4, 320–328.

Strouhal, Eugen–Němečková, Alena–Khattar, Fadi
in press-a "Radiographic examination of a sacral neurilemmoma from Ancient Egypt", International Journal of Osteoarchaeology.
in press-b "Pathography of Imakhetkherresnet, the Sister of Priest Iufaa", Acta medico-historica adriatica.

Strouhal, Eugen–Němečková, Alena–Kouba, Michal
2003 "Palaeopathology of Iufaa and Other Persons Found Besides his Shaft Tomb at Abusir", International Journal of Osteoarchaeology 13/6, 331–338.

Strouhal, Eugen–Reisenauer, Roman
1963 "A Contribution to the Anthropology of Recent Egyptian Population. I. Anthropology of Abusir and Qift", Anthropologie 1/3, 1–33.
1964 "A Contribution to the Anthropology of Recent Egyptian Population. II. Regional Variablity of Some Morphological Features", Anthropologie 2/2, 1–32.

Strouhal, Eugen–Vyhnánek, Luboš
2000 "The Identification of the Remains of King Neferefra Found in his Pyramid at Abusir", in: Bárta, Miroslav–Krejčí, Jaromír (eds.), 551–560.

Svoboda, Jiří–Vachala, Břetislav
1989 "Kamenné nože z Abúsíru (EAR). Artefakt v pohledu dvou historických disciplín [Stone Knives from Abusir (EAR). An Artefact from the Point of View of Two Historic Scientific Branches]", AR 41, 361–367.

Tacke, Nikolaus
1996 "Die Entwicklung der Mumienmaske im Alten Reich", MDAIK 52, 307–336.

Tillmann, Andreas
1999 "Dynastic Stone Tools", in: Bard, Kathryne A. (ed.), *Encyclopedia of the Archaeology of Ancient Egypt*, London–New York: Routledge, 265–265.

Timm, Stefan
1991 *Das christlich–koptische Ägypten in arabischer Zeit. Teil V*, Wiesbaden: Harrassowitz [Beihefte zum Tübinger Atlas des Vorderen Orients, Reihe B, Nr. 41/5].

Tiradritti, Francesco (ed.)

2000 *The Treasures of the Egyptian Museum*, Cairo: The American University in Cairo Press.

Tufnell, Olga

1984 *Studies on Scarab Seals: Scarab Seals and their Contribution to History in the Early Second Millennium B.C.*, II, Warminster: Aris & Phillips.

Ullmann, Ernst (ed.)

1981 *Kunstschätze der Karl-Marx-Universität Leipzig*, Leipzig: Seemann Verlag.

Vachala, Břetislav

1986 "Achnatonův chvalozpěv na Slunce", Nový Orient 41/9, 280–281.

1989 "Životopis vrchního lékaře Udžehorresneta", Nový Orient 44/8, 248–250.

2000 *Nejstarší literární texty v nekrálovských hrobkách egyptské Staré říše*, Brno: NAUMA.

2001 "Hetepiho hrobka v Abúsíru (Egypt)", in: Hašek, Vladimír–Nekuda, Rostislav–Unger, Josef (eds.), 201–204.

2002 *Guide des sites d'Abousir*, Le Caire: Institut français d'archéologie orientale [BG 24].

2003 "Výzdobný program Intiho hrobní kaple v Abúsíru (EAR)", in: Hašek, Vladimír–Nekuda, Rostislav–Unger, Josef (eds.), 317–322.

2004 *Abusir VIII: Die Relieffragmente aus der Mastaba des Ptahschepses in Abusir*, Prague: SetOut

van den Brink, Edwin C. M.

1992 "Corpus and Numerical Evaluation of the Thinite Potmarks", in: Friedman, Reneé–Adams, Barbara (eds.), *The Followers of Horus. Studies dedicated to Michael Allen Hoffman 1944–1990*, Oxford: Oxbow [Egyptian Studies Association Publication No.2, Oxbow Monograph 20], 265–296.

Vanderslayen, Claude

1985 *Das alte Ägypten*, Berlin: Propyläenverlag [Propyläen Kunstgeschichte].

Vandier d'Abbadie, Jacques

1972 *Catalogue des objets de toilette égyptiens*, Paris: Éditions des Musées Nationaux.

Vassilika, Eleni

1999 *Egyptian Art*, Cambridge: Cambridge University Press.

te Velde, Hermann

1982 "Ptah", in: *LdÄ*, Bd. IV, 1177–1180

Verner, Miroslav

1984 "Excavations at Abusir. Season 1982", ZÄS 111, 70–78.

1984–1985 "Ein entfallener und ein neuen Beleg zur Geschichte der achtstengligen Lotossäule", Bulletin de la Société d'Egyptologie (Genève) 9–10, 323–336.

1986a *The Mastaba of Ptahshepses. Reliefs* I/1–2, Prague: Karolinum [Abusir I].

1986b "Excavations at Abusir. Season 1984/85", ZÄS 113, 154–160.

1986c "A Slaughterhouse from the Old Kingdom", MDAIK 42, 181–190.

1989 "La tombe d'Oudjahorresnet et le cimetière Saïto-perse d'Abousir", BIFAO 89, 283–290.

1992a "Excavations at Abusir, Season 1990/1991 – Preliminary Report II: Archaeological survey of Abusir", ZÄS 119, 116–124.

1992b *Baugraffiti der Ptahschepses-Mastaba*, Praha: Karolinum [Abusir II].

1992c "Funerary Boats of Neferirkare and Raneferef", in: Luft, Ulrich (ed.), *The Intellectual Heritage of Egypt. Studies presented to László Kákosy by Friends and Colleagues on the Occasion of his 60th Birthday*, Budapest: Le Chaire d'Égyptologie de l'Université Loránd Eőtvős [Studia Aegyptiaca 14], 587–602.

1993 "The Tomb of Kaaper", ZÄS 120, 84–105.

1994a *Zapomenuté pyramidy, ztracení faraoni. Abúsír*, Praha: Academia.

1994b "The Tomb of Fetekta and a Late 5 – Early Dyn. 6 Cemetery in South Abusir", MDAIK 50, 295–305.

1995a "An Early Old Kingdom Cemetery at Abusir", ZÄS 122, 78–90.

1995b *The Pyramid Complex of Khentkaus*, Praha: Academia [Abusir III].

1997 "Excavations at Abusir. Seasons of 1994/1995 and 1995/96", ZÄS 124, 71–86.

1998 "The Tomb of Iufaa at Abusir", EA 14, 39–41.

2001 "Archaeological remarks on the 4th and 5th Dynasty Chronology", ArOr 69, 363–418.

2002a *Abusir. Realm of Osiris*, Cairo–New York: The American University in Cairo Press.

2002b "Once more to Niuserre's Dyad München (ÄS 6794)", in: Eldamaty, Mamdouh–Trad, Mai (eds.), *Egyptian Museum Collections around the World. Studies for the Centennial of the Egyptian Museum*, Cairo: Supreme Council of Antiquities, [vol. 2], 1195–1203.

2002c *The Pyramids. The Mystery, Culture, and Science of Egypt's Great Monuments*. Cairo: The American University in Cairo Press.

2003 „The Mysterious Sun Temples", KMT 14/1, 44–57.

2006 *The Pyramid Complex of Raneferef*, Praha: Serifa [Abusir IX].

Verner, Miroslav (ed.)

1976 *Preliminary Report on Czechoslovak Excavations in the Mastaba of Ptahshepses at Abusir*. Praha: Karolinum.

Verner, Miroslav–Bareš, Ladislav–Vachala, Břetislav

1997 *Ilustrovaná encyklopedie starého Egypta*, Praha: Karolinum

Verner, Miroslav–Callender, Vivian G.

2002 *Abusir VI. Djedkare's Family Cemetery*, Prague: SetOut.

Vlčková, Petra

2001 *Soubor kamenných nádob z pyramidového komplexu panovníka Neferefrea v Abúsíru*, Praha: Univerzita Karlova v Praze, Filozofická fakulta [nepubl. diplomová práce/unpubl. MA thesis].

2005 "Abusir South at the End of the Old Kingdom and During the First Intermediate Period", in: Love, Serena–Piquette, Kathryn (eds.), 163–178.

2006 "The Stone Vessels from the Mortuary
   Complex of King Raneferef", in: Verner, Miroslav. *The
   Pyramid Complex of Raneferef*, Praha: Serifa [Abusir IX],
   325–359.

Vymazalová, Hana
   2006 "An Extraordinary Revenue Account from
   the Papyrus Archive of Raneferef", in: Daoud,
   Khaled–Abd El-Fatah, Sawsan (eds.), *The World of Ancient
   Egypt: Essays in Honor of Ahmed Abd El-Qader El-Sawi*,
   Cairo: Supreme Council of Antiquities, 261–265.

Wallert, Ingrid
   1967 *Der verzierte Löffel. Seine Formgeschichte und
   Verwendung im Alten Ägypten*, Wiesbaden: Harrassowitz
   [ÄA 16].

Watzinger, Carl
   1905 *Griechische Holzsarkophage aus der Zeit Alexanders
   des Grossen*, Leipzig: Hinrichs'sche Buchhandlung
   [WVDOG 6].

Wendorf, Fred–McKim Malville, J.
   2001 "The Megalithic Alighments", in: Wendorf,
   Fred–Schild, Romuald–*et al.* (eds.), 489–502.

Wendorf, Fred–Schild, Romuald–*et al.* (eds.)
   2001 *Holocene Settlement of the Egyptian Sahara*, New York:
   Kluwer Academic/Plenum Publisher [The Archaeology
   of Nabta Playa, vol. 1].

Wietheger, Cecilia
   1992 *Das Jeremiaskloster zu Saqqara unter besonderer

Berücksichtigung der Inschriften*, Altenberge: Oros-Verlag
   [Arbeiten zum spätantiken und koptischen Ägypten 1].

Wildung, Dieter
   1984 *Ni-user-re. Sonnenkönig – Sonnengott*, München:
   Lipp GmbH [SAS 1].
   1985 *Sesostris und Amenemhet – Ägypten im Mittleren Reich*,
   München: Hirmer.

Wildung, Dietrich–Kroeper, Karla
   1994 *Minshat Abu Omar I. Ein vor– und frühgeschichtlicher
   Friedhof im Nildelta, Gräber 1–114*, Mainz: Philipp von Zabern.

Wilkinson, Richard H.
   1994 *Symbol and Magic in Egyptian Art*, London: Thames
   and Hudson.

Wilkinson, Toby A.H.
   2000 *Royal Annals of Ancient Egypt, The Palermo Stone and
   its associated fragments*, London–New York: Kegan Paul
   International.

Willems, Harco
   1988 *Chests of Life: a Study of the Typology and Conceptual
   Development of Middle Kingdom Standart Class Coffins*,
   Leiden: Ex Oriente Lux.

Winter, Erich
   1956 *Zur Deutung der Sonnenheiligtümer der 5. Dynastie*,
   WZKM 54, 222–233.

Ziegler, Christiane (ed.)
   1999 *L'art égyptien au temps des pyramides*, Paris: Réunion
   des Musée Nationaux.

ABÚSÍR

Tajemství pouště a pyramid
Secrets of the Desert and the Pyramids

Vydaly

Národní muzeum
Václavské náměstí 68, Praha 1

Český egyptologický ústav
a České národní egyptologické centrum
Filozofická fakulta, Univerzita Karlova v Praze
Celetná 20, Praha 1

Praha 2006

Vydání této publikace bylo financováno z projektu
Českého národního egyptologického centra
(MŠMT, LN 00A064)

Obálka a zlom Oleg Man
Redaktorky publikace Hana Benešovská, Petra Vlčková
Grafická úprava Jolana Malátková

Sazba a tisk **SERIFA**® s. r. o., Jinonická 80,
150 00 Praha 5

Vydání 1.

ISBN 80-7036-171-9

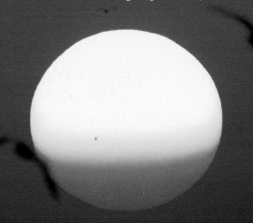

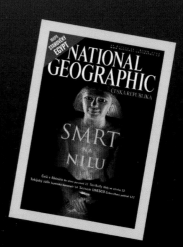